普通高等教育经管类专业系列教材

# 财务管理学
## （第3版）

蔡永鸿　马小会　主　编

隋志纯　夏　天　李争艳　王晓楠　副主编

清华大学出版社
北　京

## 内 容 简 介

本书是一本全面系统地介绍有关财务管理理论与实务的教材，内容包括财务管理总论、财务管理基础、筹资管理、投资管理、营运资金管理、利润分配管理和财务分析。

本书根据应用型本科院校会计专业主干课程"财务管理"的教学基本要求和有关财务制度的规定编写而成。本书以我国最新颁布的各项财会法规为依据，以股份制企业为例，依照国际规范，科学安排财务管理的结构体系，系统地进行了财务管理的理论研究，详细分析了财务管理的常见问题和技术方法。

本书适合作为高等院校会计专业和财务管理专业的教材，也适合作为应用型院校相关专业的教材。

本书封面贴有清华大学出版社防伪标签，无标签者不得销售。

版权所有，侵权必究。举报：010-62782989，beiqinquan@tup.tsinghua.edu.cn。

**图书在版编目(CIP)数据**

财务管理学 / 蔡永鸿，马小会主编 . —3 版 . —北京：清华大学出版社，2021.11
普通高等教育经管类专业系列教材
ISBN 978-7-302-58838-2

Ⅰ.①财… Ⅱ.①蔡…②马… Ⅲ.①财务管理－高等学校－教材 Ⅳ.① F275

中国版本图书馆 CIP 数据核字 (2021) 第 158155 号

责任编辑：施　猛
封面设计：周晓亮
版式设计：方加青
责任校对：马遥遥
责任印制：宋　林

出版发行：清华大学出版社
网　　址：http://www.tup.com.cn，http://www.wqbook.com
地　　址：北京清华大学学研大厦 A 座　　邮　编：100084
社 总 机：010-62770175　　邮　购：010-62786544
投稿与读者服务：010-62776969，c-service@tup.tsinghua.edu.cn
质 量 反 馈：010-62772015，zhiliang@tup.tsinghua.edu.cn

印 装 者：三河市铭诚印务有限公司
经　　销：全国新华书店
开　　本：185mm×260mm　　印　张：21.25　　字　数：414 千字
版　　次：2012 年 12 月第 1 版　2021 年 11 月第 3 版　印　次：2021 年 11 月第 1 次印刷
定　　价：68.00 元

产品编号：089242-01

# 前 言(第3版)

财务管理是利用价值形式对企业生产经营过程进行的管理,是组织企业财务活动、处理企业与相关各方财务关系的一项综合性经济管理工作。财务管理以企业决策为出发点,研究企业的筹资决策和投资决策,即企业实物投资和资本运作的决策过程。企业的生存与发展离不开良好的财务管理环境和先进的财务管理手段,财务管理是企业管理的核心。市场经济越发展,财务管理越重要,科学有效的财务管理是企业价值保持增长的基本前提。

《财务管理学》(第3版)是根据高等院校人才培养目标、教学大纲及课程教学的实际需要编写而成的。本书把企业管理活动的一般规律、理论与实践紧密结合,吸收了最新的财务管理理论,以企业价值最大化为目标,以企业价值增长为途径,以收益和风险管理为主线,系统地介绍了财务管理理论、方法和技术。本书每章以学习导读、学习目标和引导案例开篇,以理论阐释配套例题展开分析,并配套章后练习题进行收尾,旨在实现引导、学习、演练的全面一体化,形成层次递进式体系。

《财务管理学》(第3版)在第2版的基础上,对书中的内容、数据、案例进行了增删、修订和调整。根据教学需要和本科学生学习特点,删除了第9章财务控制与业绩考核等相关内容,更新了书中的例题,力求做到与时俱进。本书共分8章,第1章、第2章介绍财务管理的基本理论和基础知识,第3章至第7章分别讲解财务管理的筹资、投资、营运和利润分配这4方面内容,第8章系统地讲解企业如何进行财务分析。本次修订,在体系安排方面更加注重学科知识的逻辑性,在写作方面更加注重理财技术的应用性。

本书由蔡永鸿和马小会担任主编,隋志纯、夏天、李争艳和王晓楠担任副主编,张利民、岳春玲参与编写工作,具体分工如下:第1章由马小会(沈阳工学院)、蔡永鸿(沈阳工学院)编写,第2章由马小会编写,第3章由隋志纯(沈阳工学院)、王晓楠(沈阳工学院)编写,第4章由蔡永鸿、马小会编写,第5章由李争艳(沈阳工学院)、蔡永鸿、王晓楠编写,第6章由马小会、夏天(沈阳大学)编写,第7章由张利民(沈阳工学院)、王晓楠、岳春玲(沈阳工学院)编写,第8章由马小会(沈阳工学院)编写,全书由马小会统稿审定。

由于编者水平有限,书中难免存在不足之处,敬请广大读者批评指正。反馈邮箱:wkservice@vip.163.com。

编　者
2021年3月

# 前　言(第2版)

财务管理是利用价值形式对企业生产经营过程进行管理，是组织企业财务活动、处理企业与相关各方财务关系的一项综合性经济管理工作。企业的生存与发展离不开良好的财务管理环境和先进的财务管理手段，财务管理是企业管理的核心。市场经济越发展，财务管理越重要。科学有效的财务管理是企业价值保持增长的基本前提。

《财务管理学》(第2版)是根据高等院校的人才培养目标、教学大纲及该课程教学的实际状况编写而成的。在参考大量的有关著作和文献的基础上，我们按照企业财务管理活动的一般规律和理论与实践紧密结合的原则，编写本书。本书吸收了最新的财务管理理论，以企业价值最大化为目标，以企业价值增长为途径，以收益和风险管理为主线，系统地介绍了财务管理理论、方法和技术。本书每章以本章学习内容、学习目标和引导案例开篇，以理论阐释配套例题展开分析，并以配套章后练习题进行收尾，旨在实现引导、学习、演练的全面一体化，形成层次递进式体系。

在本次教材修订中，我们根据国家财经政策法规的变化做了一些调整，具体包括：针对第1版的不足，第1章增加了财务管理体制的内容，第2章增加了成本性态分析的知识；为了使投资知识更加系统化，整合了项目投资和证券投资；在阐述营运资金管理的基础上，增加了流动负债管理的内容；为了提高学生对知识的熟练程度，增加了课后习题数量；对于其他章节，修正了部分文字和数据，修订了部分内容。

本书共分9章，第1章、第2章介绍财务管理的基本理论和计算基础知识，第3章至第7章分别讲解财务管理的投资、筹资、营运和分配这4方面的内容，第8章系统地讲解企业如何进行财务分析，第9章介绍财务控制和业绩考核。

本书由马小会和蔡永鸿担任主编，隋志纯、夏天、李争艳和岳春玲担任副主编，具体分工如下：第1章、第8章由马小会、夏天(沈阳工学院)编写，第2章、第5章由李争艳、蔡永鸿(沈阳工学院)编写，第3章、第9章由蔡永鸿、隋志纯(沈阳工学院)编写，第4章、第7章由李争艳、岳春玲(沈阳工学院)编写，第6章由马小会、夏天(沈阳工学院)编写，全书由马小会统稿审定。

由于编者水平有限，书中难免存在不足之处，敬请广大师生和读者批评指正。反馈邮箱：wkservice@vip.163.com。

编　者

2016年8月

# 前　言(第1版)

财务管理是指利用价值形式对企业生产经营过程进行管理，是组织企业财务活动、处理企业与相关各方财务关系的一项综合性经济管理工作。财务管理是企业管理的核心，企业的生存与发展都离不开良好的财务管理环境和先进的财务管理手段。市场经济越发达，财务管理越重要。科学有效的财务管理是企业价值保持增长的基本前提。

《财务管理学》是根据高等院校的人才培养目标、教学大纲及该课程教学的实际状况编写而成的。在参考了大量的有关著作和文献的基础上，我们按照企业财务管理活动的一般规律和理论与实践紧密结合的原则，编写了本书。本书吸收了最新的财务管理理论，以企业价值最大化为目标，以企业价值增长为途径，以收益和风险管理为主线，系统介绍了财务管理的理论、方法和技术。本书在阐释理论的同时，编写、采用了一些典型案例；在章节安排上，为了使学生能够更好地掌握和运用所学知识，特意把投资的理论安排在基本理论知识讲解之后。本书每章以本章学习目的、学习目标和引导案例开篇，以理论阐释配套例题进行分析展开，并配套章后练习题进行收尾，旨在实现引导、学习、演练的全面一体化，形成了层次递进式的体系。本书是一本适用于高等院校会计专业和财务管理专业的教材，也是一本适合应用型院校的教材。

本书共有10章，第1、2章介绍财务管理的基本理论和价值计算的基础知识，第3~8章分别讲解财务管理的投资、筹资、营运和分配这4个方面的内容，第9章介绍财务控制和业绩考核，第10章系统地讲解了企业进行财务分析的相关知识。

本书由马小会和蔡永鸿老师担任主编，隋志纯和李争艳老师担任副主编，郑新娜老师参编，具体分工如下：第1、2、8章由马小会(沈阳理工大学应用技术学院)编写，第3、10章由蔡永鸿(沈阳理工大学应用技术学院)编写，第4、7章由隋志纯(沈阳理工大学应用技术学院)编写，第5、6章由李争艳(沈阳理工大学应用技术学院)编写，第9章由郑新娜(沈阳理工大学应用技术学院)编写，全书由马小会统稿审定。

由于编者水平有限，书中难免存在不足之处，恭请广大师生和读者批评指正。反馈邮箱：wkservice@vip.163.com。

编　者
2012年9月

# 目 录

| 第1章 财务管理总论 ··················· 1 |
|---|

- 1.1 财务管理的概念 ··················· 2
  - 1.1.1 财务活动 ··················· 3
  - 1.1.2 财务关系 ··················· 4
- 1.2 财务管理的目标 ··················· 5
  - 1.2.1 财务管理目标的类型 ··· 6
  - 1.2.2 财务管理目标的协调 ··· 8
  - 1.2.3 影响财务管理目标实现的因素 ··················· 10
- 1.3 财务管理的基本环节与原则 ·· 12
  - 1.3.1 财务管理的基本环节 ······ 12
  - 1.3.2 财务管理的原则 ··········· 13
- 1.4 财务管理的环境 ··················· 14
  - 1.4.1 法律环境 ··················· 15
  - 1.4.2 金融市场环境 ··············· 16
  - 1.4.3 经济环境 ··················· 19
- 1.5 财务管理的体制 ··················· 21
  - 1.5.1 企业财务管理体制的一般模式 ··················· 21
  - 1.5.2 集权与分权的选择 ······ 22
  - 1.5.3 企业财务管理体制的设计原则 ··················· 23
  - 1.5.4 集权与分权相结合型财务管理体制的一般内容 ··· 24

**第2章 财务管理基础 ··················· 30**

- 2.1 货币时间价值 ··················· 31
  - 2.1.1 货币时间价值理论 ········ 31
  - 2.1.2 货币时间价值的计算 ····· 32
- 2.2 风险与收益 ··················· 42
  - 2.2.1 风险概述 ··················· 42
  - 2.2.2 风险衡量 ··················· 44
  - 2.2.3 风险收益分析 ··············· 46
- 2.3 成本性态 ··················· 48
  - 2.3.1 成本性态的概念 ··········· 48
  - 2.3.2 变动成本 ··················· 48
  - 2.3.3 固定成本 ··················· 49
  - 2.3.4 混合成本 ··················· 51
  - 2.3.5 边际贡献 ··················· 52
  - 2.3.6 盈亏平衡分析 ··············· 54

**第3章 筹资管理(上) ··················· 63**

- 3.1 企业筹资概述 ··················· 64
  - 3.1.1 企业筹资的含义、动机与分类 ··················· 64
  - 3.1.2 企业筹资渠道与方式 ····· 66
  - 3.1.3 企业筹资原则 ··············· 67
- 3.2 资金需要量的预测 ··············· 68
  - 3.2.1 定性估测法 ··················· 68
  - 3.2.2 定量预测法 ··················· 68
- 3.3 负债筹资 ··················· 74
  - 3.3.1 银行借款 ··················· 74
  - 3.3.2 债券筹资 ··················· 78
  - 3.3.3 融资租赁 ··················· 82

3.4 股权筹资 ················ 88
    3.4.1 吸收直接投资 ·········· 88
    3.4.2 发行股票 ············ 91
    3.4.3 企业自留资金 ·········· 95
3.5 混合筹资 ················ 95
    3.5.1 可转换债券 ··········· 95
    3.5.2 认股权证 ············ 99

## 第4章 筹资管理(下) ·········· 104
4.1 资本成本 ················ 106
    4.1.1 资本成本概述 ·········· 106
    4.1.2 个别资本成本 ·········· 108
    4.1.3 综合资本成本 ·········· 113
    4.1.4 边际资本成本 ·········· 116
4.2 杠杆原理 ················ 119
    4.2.1 经营杠杆 ············ 119
    4.2.2 财务杠杆 ············ 123
    4.2.3 复合杠杆 ············ 126
4.3 资本结构 ················ 127
    4.3.1 资本结构的概念及影响
          因素 ············· 127
    4.3.2 最佳资本结构的确定
          方法 ············· 130

## 第5章 投资管理 ············· 147
5.1 投资管理概述 ·············· 149
    5.1.1 企业投资的意义 ········· 149
    5.1.2 企业投资管理的特点 ······ 150
    5.1.3 企业投资的分类 ········· 151
    5.1.4 投资管理的原则 ········· 152
5.2 项目投资决策的相关理论 ······ 154
    5.2.1 项目投资概述 ·········· 154
    5.2.2 项目投资的分类 ········· 156
5.3 项目投资的现金流量 ········· 157
    5.3.1 现金流量概述 ·········· 157
    5.3.2 现金流量的内容 ········· 159

    5.3.3 净现金流量的计算 ······· 162
5.4 项目投资决策评价指标 ······· 165
    5.4.1 项目投资决策评价指标
          概述 ············· 165
    5.4.2 项目投资决策评价指标的
          运用 ············· 172
    5.4.3 固定资产更新的决策 ······ 181
    5.4.4 所得税与折旧对项目投资的
          影响 ············· 183
5.5 证券投资管理 ············· 186
    5.5.1 证券概述 ············ 186
    5.5.2 债券投资 ············ 190
    5.5.3 股票投资 ············ 194
    5.5.4 证券组合投资 ·········· 198

## 第6章 营运资金管理 ·········· 206
6.1 营运资金管理概述 ·········· 207
    6.1.1 营运资金的概念和特点 ····· 207
    6.1.2 营运资金的规模控制 ····· 207
6.2 现金管理 ················ 212
    6.2.1 持有现金的动机 ········· 212
    6.2.2 最佳现金持有量的确定 ···· 213
    6.2.3 现金收支的日常管理 ····· 218
6.3 应收账款管理 ············· 220
    6.3.1 应收账款的功能与成本 ···· 220
    6.3.2 信用政策 ············ 221
    6.3.3 应收账款的日常管理 ····· 226
6.4 存货管理 ················ 228
    6.4.1 存货的功能与存货管理的
          目标 ············· 229
    6.4.2 存货成本 ············ 230
    6.4.3 存货决策方法 ·········· 231
    6.4.4 存货的日常管理 ········· 236
6.5 流动负债管理 ············· 237
    6.5.1 短期借款 ············ 237
    6.5.2 短期融资 ············ 239

  6.5.3 商业信用 ……………… 240
  6.5.4 流动负债经营的优劣势 ·· 243

**第7章 利润分配管理** …………… 250
 7.1 利润分配 ………………………… 251
  7.1.1 利润分配概述 …………… 251
  7.1.2 利润分配的顺序 ………… 252
 7.2 股利理论 ………………………… 253
  7.2.1 股利无关论 ……………… 253
  7.2.2 股利相关论 ……………… 254
 7.3 股利政策 ………………………… 256
  7.3.1 影响股利分配的因素 …… 256
  7.3.2 股利政策的类型 ………… 258
  7.3.3 股利支付形式 …………… 262
  7.3.4 股利支付程序 …………… 264
 7.4 股票分割和股票回购 ……… 265
  7.4.1 股票分割 ………………… 265
  7.4.2 股票回购 ………………… 267

**第8章 财务分析** ………………… 274
 8.1 财务分析概述 …………………… 275
  8.1.1 财务分析的概念和内容 ·· 275
  8.1.2 财务分析的步骤 ………… 277
  8.1.3 财务分析的局限性 ……… 278

 8.2 财务分析的基本方法 ……… 279
  8.2.1 比率分析法 ……………… 279
  8.2.2 趋势分析法 ……………… 280
  8.2.3 因素分析法 ……………… 281
 8.3 财务指标分析 …………………… 286
  8.3.1 偿债能力分析 …………… 288
  8.3.2 营运能力分析 …………… 295
  8.3.3 盈利能力分析 …………… 298
  8.3.4 市场价值分析 …………… 300
  8.3.5 财务状况综合分析 ……… 302

**参考文献** ………………………………… 314

**附录A 复利终值系数表**
  ($F/P$，$i$，$n$) ……………………… 315

**附录B 复利现值系数表**
  ($P/F$，$i$，$n$) ……………………… 318

**附录C 年金终值系数表**
  ($F/A$，$i$，$n$) ……………………… 321

**附录D 年金现值系数表**
  ($P/A$，$i$，$n$) ……………………… 324

# 第1章 财务管理总论

## 本章学习导读

财务管理学是研究如何通过计划、决策、控制、考核、监督等管理活动对资金进行管理,以提高资金效益的一门经营管理学科。它是以经济学原理和经济管理理论为指导,结合组织生产力,处理生产关系的有关问题,对企业和国民经济各部门财务管理工作进行科学总结而形成的知识体系。

## 本章学习目标

(1) 理解财务管理的概念及财务管理的目标;
(2) 掌握财务管理的基本环节和原则;
(3) 理解财务管理的环境;
(4) 理解财务管理的体制。

## 引导案例

### 鄂尔多斯集团实行"四统一分"财务管理

**1. 财务中心:四大职能的重中之重**

为了加强企业的财务资金管理,鄂尔多斯集团集中掌握四大职能:投资中心、管理中心、财务中心、技术中心。这四大职能中的基础和根本职能是财务管理。集团在1997年组建了财务公司。它的主要职能可概括为"四统一分,二级管理,两个重点,六项工作"。

(1)"四统一分"。"四统"即机构统一、人员统一、制度统一、资金统一。①机构统一。集团下属企业财务部门的设立全部由集团财务公司统一决定,大企业设部,中企业设科,小企业设股。②人员统一。全集团所有的财务人员由集团财务公司派驻和管理,实行垂直领导,人员的工资、奖金、升迁、职称评定,全部实行垂直管理。③制度统一。财务方面的制度由财务公司统一执行。过去各成员企业的报销制度各行其是,你一个标准,我一个标准,非常混乱。现在就是一个制度,各成员企业必须严格统一执行。④资金统一。全集团所有的资金由财务公司一个账户统一管理。所有下属企业在外的开户一律取消,成立内部银行,从源头上管理资金流向。

过去有些企业乱借钱、乱担保，给集团造成很大的损失。"一分"即分别核算，各成员企业仍旧独立核算、自负盈亏。"四统一分"把过去管不住、管不到位的地方从源头上管住了，只要动用资金，就先报预算，由集团审批，不合理的不予批准。

(2) "二级管理"。集团一级核算，各企业一级管理。集团把下属的各投资主体管住，各企业再对自己的车间、总务、工会、分厂等部门进行二级管理。

(3) "两个重点"。集团的财务管理以资金和成本为重点。采取"抓大放小"的方式抓资金的源头；控制成本，以倒算成本、模拟市场来进行成本指标的分解。

(4) "六项工作"。①比价采购。原辅材料的采购，采取货比三家的方式进行。②工程招标。集团所有的建筑、安装、设备维修全部实行招标制，提高透明度。集团下属的建筑安装公司和其他非集团企业同样参与竞标。③预算控制。集团所有单位和部门的支出都要实行预算申报，由集团统一进行资金预算管理。④成本否决。集团把成本指标分解到下属企业以后，相关企业如果完不成，要对这个企业领导进行否决，领导任免与业绩挂钩。⑤费用包干。除有成本的单位外，党政工作处、事业发展处、企业管理处、劳资处、财务处、财务公司等行政部门都采用成本费用包干的制度，即核定一定费用，超支不补，节约部分给予奖励。⑥盈亏考核。指标有考核，与部门的经营责任、员工业绩、员工职务的升迁都有呼应关系。

**2. 财务管理从被动转为主动**

集团子公司想用资金，首先必须保证回款，并预先提出申请。比如，集团某个企业预计年销售额2 000万元，那就给它的账上记下2 000万元。企业要买原料，需要预付款，必须把原料的购进单、用户单、支借单和用款申请报告提供给财务公司，如果三证齐全，自己的账上有资金，就可以批准动用；如果账上没有钱，那要首先向财务贷款，财务公司给予贷款后，计收利息。子公司在财务公司存款也要收取利息。这样各家的核算清晰方便，财务公司也实现了统一监控。

子公司给职工发放福利费，要先打报告。如集团规定每个职工的福利费一年是100元，子公司想发200元，财务公司就可以不给发放。这要在过去，集团是管不了的，但新制度的出台改变了这一局面，促使财务管理由过去的事后管理变成现在的事前分析、事中管理、事后控制。这样，就把过去的被动管理变成主动管理。

资料来源：李建明.鄂尔多斯集团"四统一分"的财务管理[J].工厂管理，2009(9).

## 1.1 财务管理的概念

财务管理工作是近代社会化大生产的产物。在作坊、工场手工业生产方式下，财务活动比较简单，财务管理工作与会计工作是结合在一起进行的。产业革命后，特别是19世纪末托拉斯出现以后，企业的财务活动随之复杂化，包括制定投资方案、筹集经营资金、对外提供财务信息并对利润进行分配，这就构成企业经营管理中一项独立的职能：筹措、使用和分配资金。单独履行这一职能的工作即为财务管理工作。早期的财务管理以集资为主要内容。经历20世纪30年代资本主义经济大危机后，西方企业经营者看到了只重视筹措资金管理的严重缺陷，在财务管理中采取了许多对资金使用加强日常监督和日常控制的措施，财务管理发展到以监督为核心。第二次世界大战以后，随着市场经济的发展和竞争的加剧，资本主义企业的财务管理工作又逐步转向以事前控制为主，在企业管理中形成较完善的财务控制系统。与上述发展过程相适应，财务管理学也经历了以集资、财务监督和全面财务控制为主要研究内容的三个发展阶段。

企业财务是指企业在生产经营过程中客观存在的资金运动及其所体现的经济利益关系。前者称为财务活动，后者称为财务关系。

财务管理是企业组织财务活动、处理企业与各方面财务关系的一项经济管理工作，是企业管理的重要组成部分。

### 1.1.1 财务活动

财务活动是指企业资金的筹集、投资、营运和分配等一系列行为中的资金运动。资金运动是指资金的流入和资金的流出。企业的财务活动具体表现为以下几方面。

**1. 筹资活动**

企业依法采取各种方式从各种渠道筹措其生产经营所需的资金，资金进入企业，是资金运动的起点。按资金的使用权和所有权的性质，将资金分为借入和投入两大部分。对于借入的资金，企业应按期支付利息、到期偿还本金；对于投入的资金，企业实现盈利后应支付红利或股利。不论资金以什么形态出现，企业筹集到资金，表现为资金的流入；企业偿还借款、支付利息和红利等，表现为资金的流出。这些资金运动是企业筹资引起的财务活动。

**2. 投资活动**

企业可用依法获得的资金，进行有效的投资和使用，以谋取经济效益。资金的投放包括对外投资、对内投资。对外投资主要是购买其他企业股票、债券或与其他企业联营等；对内投资主要是购置固定资产、流动资产、无形资产等。企业收回对外投资或变卖资产获得现金，表现为资金的流入；企业购买股票、债券，表现为资金的流出。这些资金运动是企业投资引起的财务活动。

**3. 资金营运活动**

企业总是保留一定数量的流动资产和流动负债,以满足企业日常生产经营的需要。企业购入材料或商品,支付工资和各种营业费用,需要付出资金;企业从事生产和销售,可收回资金。它们在企业生产经营中周而复始地循环,形成营运活动,从而引起企业的财务活动。

**4. 资金分配活动**

企业通过销售活动获得收入,在补偿了成本和费用后,便实现利润或亏损;企业通过对外投资活动,也可能实现利润或亏损。企业还必须依法纳税,并对税后利润按照会计准则和公司章程进行分配。在获取利润和支付税金、红利的过程中产生的资金收付行为,是企业资金分配活动引起的财务活动。

企业财务活动的4个环节是相互联系、相互依存的有机整体,共同构成企业财务活动的完整过程,是企业财务管理的基本内容。

### 1.1.2 财务关系

财务关系是指企业在开展财务活动时与有关方面所发生的经济利益关系。企业进行投资、筹资、营运及资金分配等,会因交易双方在经济活动中所处的地位不同,以及各自拥有的权利、承担的义务和追求的经济利益不同而形成不同性质和特色的财务关系。

**1. 企业与投资者之间的财务关系**

此类财务关系是指投资者按照投资合同、章程、协议出资,企业按照投资者的出资比例依据合同、章程、协议支付投资报酬所形成的经济关系。这种关系在财务上体现了所有权的性质,反映了受资与投资的财务关系。

**2. 企业与受资者之间的财务关系**

此类财务关系是指企业以购买股票或直接投资的形式向其他企业投资,被投资者即受资者依规定分配给企业投资报酬所形成的经济关系。这种关系在财务上体现了所有权的性质,反映了投资与受资的财务关系。

**3. 企业与国家之间的财务关系**

企业是国家的一个组成部分,企业应在国家统一的宏观管理下进行生产经营活动。所以,企业的生产经营受国家的宏观经济政策、法律、法规的制约,并且企业有义务向国家依法纳税，从而形成管理与被管理的经济关系，在财务上表现为一种强制与无偿分配的财务关系。

**4. 企业与债权人之间的财务关系**

企业以借款和发行债券、赊购等形式向债权人借入资金，并按合同等有关约定按时付息，到期偿还本金。企业的债权人主要有债券持有人、贷款机构、商业信用提供者、其他出借资金给企业的单位和个人。企业利用债权人的资金后，要按约定的利息率及时间向债权人支付利息。债务到期时，按时向债权人归还本金。企业与债权人的关系表现为债务与债权关系。

**5. 企业与债务人之间的财务关系**

企业以向债务人提供借款和商业信用、购买债券等形式借出资金，并按约定条件，要求债务人支付利息偿还本金，从而形成企业与债权人、债务人之间的经济关系。这在财务上体现了借贷性质，反映了债务与债权的财务关系。

**6. 企业内部各部门之间的财务关系**

企业内部各部门之间，在企业生产经营各环节中形成了相互提供产品与劳务、分工与协作的权、责、利经济关系。在实行内部经济核算的企业中，这种关系体现为内部价格的资金结算关系，反映了企业内部各部门之间的财务关系。

**7. 企业与职工之间的财务关系**

职工是企业的劳动者，也是企业价值的创造者。企业的生产活动必须要有职工的参与才能进行，企业价值的实现及增值，必须通过职工的劳动得以实现。企业根据按劳分配的原则，以职工提供的劳动数量和质量为依据，付给职工劳动报酬，从而形成一种经济关系，反映了职工与企业共同分配劳动成果的财务关系。

企业的财务活动反映企业的资金运动，而企业的财务关系则反映企业与各方面的经济利益关系，从而体现企业财务的本质。

## 1.2 财务管理的目标

财务管理目标又称理财目标，是指企业进行财务活动所要达到的根本目的，它决定了企业财务管理的基本方向。财务管理目标是一切财务活动的出发点和归宿，是评价企业理财活动是否合理的基本标准。

企业财务管理目标是企业经营目标在财务上的集中和概括，是企业一切理财活动的出发点和归宿。制定财务管理目标是现代企业财务管理成功的前提，只有确定合理的财务管理目标，财务管理工作才会有明确的方向。因此，企业应根据自身的实际情况和市场经济体制对企业财务管理的要求，科学合理地选择、确定财务管理目标。

企业财务管理目标具有以下几个特征。

**1. 财务管理目标具有相对稳定性**

随着宏观经济体制、企业经营方式的变化，以及人们认识的发展和深化，财务管理目标也可能发生变化。但是，宏观经济体制和企业经营方式的变化是渐进的，只有发展到一定阶段以后才会产生质变；人们的认识在达到一个新的高度以后，也需要有一个达成共识、被普遍接受的过程。因此，财务管理目标作为人们对客观规律性的一种概括，总体来说是相对稳定的。

**2. 财务管理目标具有可操作性**

财务管理目标是实行财务目标管理的前提，它应起到组织动员的作用，能据以制定经济指标并进行分解，从而实现对职工的控制，进行科学的绩效考评。因此，财务管理目标必须具有可操作性，具体来说包括可以计量、可以追溯、可以控制。

**3. 财务管理目标具有层次性**

财务管理目标是企业财务管理系统顺利运行的前提条件，同时它本身也是一个系统。各种各样的理财目标构成了一个网络，这个网络反映了各个目标之间的内在联系。财务管理目标的层次性，是由企业财务管理内容和方法的多样性以及相互关系的层次性决定的。

## 1.2.1 财务管理目标的类型

当今理论界对企业财务管理目标有诸多评价，其中具有代表性的观点有以下几种。

**1. 利润最大化**

利润最大化是指企业通过对财务活动和经营活动的管理，不断增加企业利润。企业利润历经会计利润和经济利润两个不同的发展阶段。利润最大化曾经被人们广泛接受，在西方微观经济学的分析中就有"企业追求利润最大化"的假定。这一观点认为，利润代表企业新创造的财富，利润越多则说明企业的财富增加越多，越接近企业的目标。同时，利润的多少在一定程度上反映了企业经济效益的高低和企业竞争能力的大小。因此，追逐利润最大化可作为企业财务管理目标。

假设有A、B两家企业，有如下几种情况：①两家企业的利润都是1 000万元，哪家企业的理财目标实现得更好？②如果A企业今年赚取1 000万元，而B企业去年赚取1 000万元，哪家企业经营状况更好？③如果A、B企业都在今年赚取1 000万元，哪家企业经营状况更好？④如果A企业赚的1 000万元全部收回了现金，而B企业全部是应收账款，哪家企业经营状况更好？⑤如果A、B企业同时赚取的1 000万元利润都收回了现金，哪家企业经营状况更好？在上述条件下，如果A企业是投资1 000万元建成的，而B企业是投资5 000万元建成的，哪家企业经营状况更好？

由以上问题可以看出，利润最大化的观点存在以下一些缺陷。

(1) 这里的利润是指企业在一定时期内实现的利润总额，它没有考虑取得利润的具体时间，即没有考虑资金的时间价值。

(2) 没有考虑所获利润与投入资金额之间的关系，使不同资金规模的企业或同一企业在不同期间的利润总额缺乏可比性。

(3) 没有考虑应承担的风险因素。

(4) 片面追求利润最大化往往会使企业财务决策带有短期行为的倾向，只顾实现目前的最大利润，而不顾企业的长远发展，如忽视产品开发、人才培养、技术装备更新等。

**2. 资金利润率或每股盈余最大化**

资金利润率或每股盈余最大化是指企业财务管理以实现企业的资金利润率最高或每股盈余最大为目标。这种观点认为：资金利润率或每股盈余最大化考虑了所获利润与投入资金额或股本数之间的关系，使不同资金规模的企业或同一企业在不同期间的利润具有可比性。

该观点存在以下两个缺陷。

(1) 没有考虑每股收益取得的时间。

(2) 不能避免企业的短期行为。

**3. 股东财富最大化**

这种观点认为，企业主要是由股东出资形成的，股东创办企业的目的是增加财富，他们是企业的所有者，企业追求股东财富最大化是理所当然的事。在股份制经济条件下，股东财富由其所拥有的股票数量和股票市场价格两方面决定。在股票数量一定的前提下，当股票价格达到最高时，则股东财富达到最多，所以股东财富最大化又可以表现为股票价格最大化。

股东财富最大化与利润最大化目标相比，有着积极的方面。这是因为：①利用股票市价来计量，具有可计量性，利于期末对管理者的业绩进行考核；②考虑了资金的时间价值和风险因素；③在一定程度上能够克服企业在追求利润上的短期行为,因为股票价格在某种程度上反映了企业未来现金流量的现值。

同时,也应该看到,追求股东财富最大化存在以下一些缺陷。

(1) 股东价值最大化只有在上市公司才会有比较清晰的价值反映,对非上市公司很难适用。

(2) 它要求金融市场是有效的。由于股票的分散和信息的不对称,经理人员为实现自身利益的最大化,有可能以损失股东的利益为代价做出逆向选择。因此,股东财富最大化的目标也受到理论界的质疑。

**4. 企业价值最大化**

企业价值最大化是指通过财务上的合理经营,采取最优的财务政策,充分利用资金的时间价值和风险与报酬的关系,保证将企业的长期稳定发展摆在首位,强调在企业价值增长中应满足各方利益关系,不断增加企业财富,实现企业总价值最大化。企业价值最大化具有深刻的内涵,其宗旨是把企业的长期稳定发展放在首位,着重强调必须正确处理各种利益关系,最大限度地兼顾企业各利益主体的利益。企业的价值,在于它能带给所有者预期报酬,包括获得股利和出售股权换取现金。

相比股东财富最大化而言,企业价值最大化把企业相关的利益主体进行糅合,形成企业这个唯一的主体,在企业价值最大化的前提下,必能增加利益相关者的投资价值。但是,企业价值最大化的主要问题在于对企业价值的评估,由于评估的标准和方式都存在较强的主观性,能否保证股价客观和准确,直接影响企业价值的确定。

## 1.2.2 财务管理目标的协调

企业所有者和债权人都为企业提供了资金,但是他们处在企业生产经营之外,只有经营者在企业里直接从事生产经营管理工作。企业所有者、经营者和债权人之间构成了企业最重要的财务关系。企业是所有者即股东的企业,财务管理目标是指股东的目标。股东委托经营者代表他们管理企业,为实现他们的目标而努力,但经营者和股东的目标并不完全一致。债权人把资金借给企业,并不是为了实现"股东财富最大化",与股东的目标也不一致。企业必须协调这三方面的冲突,才能实现"股东财富最大化"的目标。

**1. 所有者与经营者的矛盾与协调**

企业是所有者的企业,企业价值最大化代表了所有者的利益。现代公司制企业的所有权与经营权完全分离,经营者不持有公司股票或持部分股票,其经营的积极性就会降低,因为经营者拼命工作的所得不能全部归自己所有,他就会少做一些让自己轻松点,更不愿意为提高股价而冒险,甚至还会想办法用企业的钱为自己谋福利,如坐豪华轿车、奢侈的出差旅行等,因为这些开支可计入企业成本由全体股东分担。他还可能蓄意压低股票价格,以自己的名义借款买回,导致股东财富受损,自己从中渔利。由于两者行为目标不同,必然导致经营者利益和股东财富最大化的冲突,即经理个人利益最大化和股东财富最大化的矛盾。

1) 协调矛盾的方法

为了协调所有者与经营者的矛盾,防止经理背离股东目标,一般可采取两种方法。

(1) 监督。经理背离股东目标的条件是,双方信息不一致。经理掌握企业实际的经营控制权,对企业财务信息的掌握远远多于股东。为了协调这种矛盾,股东除要求经营者定期公布财务报表外,还应尽量获取更多信息,对经理进行必要的监督。但监督只能减少经理违背股东意愿的行为,因为股东是分散的,得不到充分的信息,实际上做不到全面监督,也会受到合理成本的制约。

(2) 激励。激励是指将经理的管理绩效与经理所得的报酬联系起来,使经理分享企业增加的财富,鼓励他们自觉采取符合股东目标的行为。如允许经理在未来某个时间以约定的固定价格购买一定数量的公司股票。股票价格提高后,经理自然获取股票涨价收益;或以每股收益、资产报酬率、净资产收益率以及资产流动性指标等对经理的绩效进行考核,以其增长率为标准,给经理以现金、股票奖励。但激励作用与激励成本相关,报酬太低,不起激励作用;报酬太高,又会增加股东的激励成本,减少股东自身利益。可见,激励也只能减少经理违背股东意愿的行为,不能解决全部问题。

通常情况下,企业采用监督和激励相结合的办法来协调经理的目标与企业的目标,力求使监督成本、激励成本和经理背离股东目标的损失之和达到最小。

2) 外部市场竞争因素

除了企业自身的努力之外,外部市场竞争也会促使经理把公司股票价格最高化作为他首要的经营目标,主要表现在以下方面。

(1) 经理人才市场评价。经理人才作为一种人力资源,其价值是由市场决定的。来自资本市场的信息反映了经理的经营绩效,公司股价高说明经理经营有方。如股东财富增加,经理在人才市场上的价值也会增加,则聘用他的公司会愿意向他付出高报酬。此时经理追求利益最大化的愿望便与股东财富最大化的目标相一致。

(2) 经理被解聘的威胁。现代公司股权的分散使个别股东很难通过投票表决来撤换不称职的总经理。同时由于经理被授予很大的权力,他们实际上控制了公司。这些都导致股东即便看到经理经营企业不力、业绩欠佳也无能为力。进入20世纪80年代以来,许多大公司被机构投资者控股,养老基金、共同基金和保险公司在大企业中所占的股份，足以使它们有能力解聘总经理。由于高级经理被解聘的威胁会动摇他们稳固的地位，因而促使他们不断创新、努力经营，为股东的利益最大化服务。

(3) 公司被兼并的威胁。当公司经理经营不力或决策错误，导致股票价格下降到一定水平时，就会面临被其他公司兼并的危险。被兼并公司的经理在合并公司的地位一般都会下降，甚至会被解雇，这对经理利益的损害是很大的。因此经理人员为保住自己的地位和已有的权力，会竭尽全力使公司的股价最高化，这是和股东利益一致的。

**2. 所有者与债权人的矛盾与协调**

企业的资本来自股东和债权人。债权人的投资回报是固定的，而股东收益随企业经营效益的变化而变化。当企业经营业绩好时，债权人所得的固定利息只是企业收益中的一小部分，大部分利润归股东所有。当企业经营状况差、陷入财务困境时，债权人则要承担资本无法追回的风险。这就使得所有者的财务目标与债权人渴望实现的目标可能发生矛盾。首先，所有者可能未经债权人同意，要求经营者投资于比债权人预计风险要高的项目，这会增加负债的风险。高风险的项目一旦成功，额外利润就会被所有者独享；但若失败，债权人却要与所有者共同负担由此而造成的损失。这对债权人来说，风险与收益是不对称的。其次，所有者或股东未征得现有债权人同意，而要求经营者发行新债券或借新债，这会增大企业破产风险，致使旧债券或旧债务的价值降低，从而侵犯了债权人的利益。因此，当企业财务拮据时，所有者和债权人之间的利益冲突会加剧。

所有者与债权人的上述矛盾，一般可通过以下方式解决。

(1) 限制性借款。它是通过限制借款用途、借款的担保条款和借款的信用条件来防止和迫使股东不能利用上述两种方法剥夺债权人的债权价值。

(2) 收回借款、不再借款。当债权人发现公司有侵蚀其债权价值的意图时，可收回债权和不给予公司重新放款，从而来保护自身权益。

除债权人外，与企业经营者有关的各方都与企业有合同关系，都存在利益冲突和限制条款。企业经营者若侵犯职工雇员、客户、供应商和所在社区的利益，都将影响企业目标的实现。所以说，企业是在一系列限制条件下实现企业价值最大化的。

### 1.2.3 影响财务管理目标实现的因素

财务管理目标是企业价值或股东财富最大化。对于上市公司来说，可以用股票价格代表股东财富，因此，股价高低可反映财务管理目标的实现程度。

公司股价受公司外部环境和公司管理决策两方面因素的影响。关于外部环境的影响将在本节后面论述。从公司管理者可以控制的因素的角度看，股价的高低取决于企业的投资报酬率的高低和风险的大小，而企业的报酬率和风险又是由企业的投资项目、资本结构和股利政策决定的。因此，这5个因素会影响企业的价值。财务管理正是通过制定有效的投资决策、筹资决策和股利决策来提高报酬率、降低风险，从而实现目标的。

**1. 投资报酬率**

在风险相同的情况下，投资报酬率可以体现股东财富，即表示股东财富中的每一元钱投资所带来的报酬。股东财富的多少要看投资报酬率，而不是盈利总额。

**2. 风险**

任何决策都是面向未来的，其结果都具有不确定性，即风险。决策时要在风险和报酬之间进行权衡，才有可能获得预期的结果，不能只考虑每股盈余，而不考虑风险。风险与渴望得到的额外报酬相称时，方案才是可取的。

**3. 投资项目**

一般来说，被企业采纳的投资项目，都会增加企业报酬，否则企业就没有必要为它投资。与此同时，任何项目都有风险，区别只在于风险大小不同。企业的投资计划会改变其报酬率和风险，并影响股票的价格。

**4. 资金结构**

资金结构是指所有者权益与负债的比例关系。一般情况下，企业借债的利息率低于其投资的预期报酬率，可以通过借债取得短期资金来增加公司的预期每股盈余，但同时也会扩大预期每股盈余的风险。因为一旦情况发生变化，如销售萎缩等，实际的报酬率低于利率，则负债不但没有增加每股盈余，反而会使每股盈余减少，企业甚至可能因不能按期支付本息而破产。资金结构不当是公司破产的一个重要原因。

**5. 股利政策**

股利政策是指在公司赚得的当期盈余中，有多少作为股利发放给股东，有多少保留下来准备再投资使用，以便使未来可以继续保持盈余。股东既希望分红，又希望每股盈余在未来不断增长。两者有矛盾，前者是当前利益，后者是长远利益。增加保留盈余的比例，会提高未来的报酬率，但再投资的风险比立刻分红的风险要大。

## 1.3 财务管理的基本环节与原则

### 1.3.1 财务管理的基本环节

财务管理的基本环节是指企业财务管理工作的程序、步骤和相应的方法,具体包括财务预测、财务决策、财务预算、财务控制、财务分析等环节,它们相互联系、相互制约、密切配合,周而复始地运行,形成财务管理工作的完整循环。

**1. 财务预测**

财务预测是指根据企业财务活动的历史资料,结合具体条件和要求,运用科学的方法,对企业未来的财务活动、财务成果及财务状况和发展趋势进行科学的测算和预计。财务预测是财务决策的基础,是编制财务预算的前提,是企业组织日常财务活动的必要条件。它的工作程序包括:确定预测对象和目的;搜集和整理相关资料;确定定性和定量的预测分析方法;进行测算;提出多种方案和设想,供财务决策时选择。

**2. 财务决策**

财务决策是指财务人员在财务管理目标的总体要求下,依据财务预测所提出的多种方案和设想,采用专门的方法,经过分析与对比,从多种备选方案中选出最优方案的过程。在市场经济条件下,管理的重心在经营,经营的重心在决策,财务管理的基本职能就是决策。财务决策的好坏,直接影响企业经营的成败。它的工作程序包括:提出项目,确定决策对象;搜集资料,提出备选方案;采用特定方法,对备选方案进行分析、评价;选出最优方案。

**3. 财务预算**

财务预算是指以财务预测提供的信息和财务决策确定的方案为基础,运用技术手段和方法,对未来的财务活动及其所反映的指标进行具体规划的过程。财务预算将财务预测和财务决策的结果具体化,是控制和分析财务活动的依据。它的工作程序包括:分析财务环境,制定预算指标;协调人力、财力、物力,对资源进行综合平衡;编制财务预算。

**4. 财务控制**

财务控制以财务预算为依据,对企业财务活动进行日常的监督、协调和限制,以便使企业的各项财务活动达到财务预算中规定的目标。财务控制是落实财务预算任务、保证财务预算目标实现的重要保证。它的工作程序包括：制定控制标准；执行标准；确定差异；分析差异；考核奖惩。

**5. 财务分析**

财务分析是指以会计核算资料和其他有关方面提供的资料为依据，采用专门的方法，对企业的财务活动及其结果进行分析、评价的过程。通过财务分析过程，可以掌握财务预算的执行情况，评价财务状况，研究和掌握财务活动的规律，有利于提高企业财务管理工作，提高经济效益。它的工作程序包括：对财务指标进行实际与预算的比较，做出评价；分析差异原因，明确责任；落实改进措施，完善管理工作。

### 1.3.2 财务管理的原则

财务管理的原则是指人们在理财活动中对财务管理共同的、理性的认识，是理财活动应遵守的准则。它是从企业财务管理实践中总结出来的理财行为规范，反映企业理财活动的内在要求。为保证企业理财目标的实现，企业应遵守的财务管理原则主要包括以下几项。

**1. 企业价值最大化原则**

现代企业制度中的财务管理要对企业经济效益进行专门管理，这需要从价值角度，遵循资金运动规律，通过一系列方法，对资金活动进行科学的统筹安排和使用，并且密切注视资金的变化和走向，随时调整改进，以实现企业增值、所有者权益最大化、企业价值最大化的目标。

**2. 风险与报酬权衡原则**

风险和报酬之间存在相互依存的关系，即高报酬的投资机会必然伴随高风险，风险小的投资机会必然只能带来较低的报酬。投资人必须在报酬和风险之间做出权衡。如果两个投资机会除了报酬不同以外，其他条件(包括风险)都相同，人们会选择报酬较高的投资机会；如果两个投资机会除了风险不同以外，其他条件(包括报酬)都相同，人们会选择风险较小的投资机会。人们都倾向于高报酬和低风险，而且都在按照他们自己的经济利益行事，那么就需要对风险和报酬进行权衡。

**3. 投资分散化原则**

投资分散化原则，是指为了降低投资风险，不要把全部资金投资于一家企业，而要分散投资，其理论依据是投资组合理论。该原则具有普遍意义，不仅适用于证券投资，公司做各项决策时都应注意该原则。

#### 4. 资本市场有效原则

资本市场有效原则，是指在资本市场上金融资产的市场价格是各种信息综合影响的结果，而且面对新的信息企业能迅速做出调整。该原则既要求企业理财时重视市场对企业的估价，又要求企业理财时慎重使用金融工具。

#### 5. 货币时间价值原则

货币时间价值原则，是指在财务计量时要考虑货币时间价值因素。"货币时间价值"是指货币在经过一定时间的投资和再投资后所增加的价值。这是一种普遍的客观经济现象。该原则的首要应用是现值概念。在财务估价中，广泛使用现值计量资产的价值。该原则的另一个重要应用是"早收晚付"理念。

#### 6. 资源配置原则

资源配置原则，是指企业在理财工作中，必须注意资源的合理配置，发挥财务配置财力资源的内在功能，进而充分发挥财务管理对经济发展的促进作用。企业财务管理通过合理配置财力资源，可以有力地推动企业生产规模与结构的调整、产品质量的提高和企业经济效益的提高。

#### 7. 利益关系协调原则

利益关系协调原则，是指企业在理财工作中，应根据财务管理工作所涉及的财务关系，理顺不同利益者之间的利益关系。合理分配收益、协调各方利益关系是做好财务管理工作的一项根本原则。

#### 8. "成本—效益"原则

"成本—效益"原则，是指企业在理财工作中，应时刻追求经济效益，以较低的成本支出带来最高的经济效益，使企业最大限度地实现管理目标。企业对各项财务决策都要进行成本—效益分析：在做方案决策时，预计的收益要大于预计投入的成本；在决策执行过程中，追加的支出应带来超额的收益；当项目收益难以确定时，在既定的目标下，应使成本最低。

## 1.4 财务管理的环境

财务管理的环境又称理财环境，它是指对企业财务活动产生影响的企业内部和外部的各种约束条件。企业只有在理财环境的各种因素作用下实现财务活动的协调平衡，才能生存和发展。

理财环境包括内部理财环境和外部理财环境。对于内部理财环境，企业自身可以设计、调整；而外部理财环境会限制、约束企业的理财活动，是财务管理人员应该关注的重点，企业理财应适应外部环境因素的要求和变化。

外部理财环境包括以下几方面。

### 1.4.1 法律环境

企业理财的法律环境是指企业和外部发生经济关系时所应遵守的各种法律、法规和规章制度。企业理财活动，无论是筹资、投资还是利润分配，都要和企业外部发生经济关系。在处理这些经济关系时，应当遵守相关的法律规范。

**1. 企业组织法规**

企业组织必须依法成立，不同类型的企业在组建过程中适用不同的法律。在我国，这些法律包括《中华人民共和国公司法》《中华人民共和国个人独资企业法》《中华人民共和国合伙企业法》《中华人民共和国中外合资经营企业法》《中华人民共和国中外合作经营企业法》《中华人民共和国外资企业法》等，这些法规详细规定了不同类型的企业组织设立的条件、设立的程序、组织机构、组织变更以及终止的条件和程序等。例如，《中华人民共和国公司法》(以下简称《公司法》)对公司的设立条件、设立程序、组织机构、组织变更、终止条件、终止程序等都做了规定，也对公司生产经营的主要方面做了规定。公司一旦成立，其主要的活动都要按照《公司法》的规定进行。因此《公司法》是公司理财最重要的强制性规范，公司理财活动不能违反该法律，公司的自主权不能超出该法律的限制。

**2. 税法**

税法是国家制定的用以调整国家与纳税人之间在征纳税方面的权利与义务的法律规范的总称。税法是国家法律的重要组成部分，是保障国家和纳税人合法权益的法律规范。税法按征收对象的不同可以分为：①针对流转额课税的税法，以企业的销售所得为征税对象，主要包括增值税、消费税、营业税和进出口关税。②针对所得额课税的税法，包括企业所得税、个人所得税。其中，企业所得税适用于在中华人民共和国境内的企业和其他取得收入的组织(不包括个人独资企业和合伙企业)，上述企业在我国境内和境外的生产、经营所得和其他所得为应纳税所得额，一般按25%的税率计算缴纳税款。③针对自然资源课税的税法，目前主要以矿产资源和土地为征税对象，包括资源税、城镇土地使用税等。④针对财产课税的税法，以纳税人所有的财产为征税对象，主要有房产税。⑤针对行为课税的税法，以纳税人的某种特定行为为征税对象，主要有印花税、城市维护建设税等。

任何企业都有纳税的法定义务。税负是企业的一种费用，它增加了企业的现金流出，对企业理财有重要的影响。企业都希望在不违反税法的前提下，减轻税务负担。税负的减少，只能靠投资、筹资和利润分配等财务决策的精心安排和筹划，而不允许在纳税行为已发生时去偷税、漏税。这就要求财务人员熟悉并精通税法，为实现理财目标服务。

**3. 财务法规**

财务法规主要是指《企业财务通则》《企业会计准则》和《企业会计制度》。

《企业财务通则》是各类企业进行财务活动、实施财务管理的基本规范。我国第一个《企业财务通则》于1994年7月1日起施行。随着经济环境的不断发展，2006年，财政部颁发了新的《企业财务通则》，于2007年1月1日起开始施行。新的《企业财务通则》围绕企业财务管理环节，明确了资金筹集、资产运用、成本控制、收益分配、信息管理、财务监督六大财务管理要素，并结合不同的财务管理要素，对财务管理方法和政策要求做出了规范。

《企业会计准则》是针对所有企业制度的会计核算规则，分为基本准则和具体准则，实施范围是大中型企业，自2007年1月1日起在上市公司中施行，自2008年1月1日起在国有大中型企业施行，并于2014年7月23日修订。

企业会计制度是企业的一项重大制度，一方面是受国家法令和制度的约束，另一方面要适应专业的条件。基层单位的会计制度要根据统一《企业会计制度》的规定，并适应企业的内部条件。为规范小企业的会计行为，财政部颁布了《小企业会计制度》，自2005年1月1日起在全国小企业范围内实施。该制度从2013年1月1日废止，实行《小企业会计准则》。

此外，还有与企业理财有关的其他经济法规，如证券法、结算法规、合同法等。企业理财人员要熟悉这些法规，在守法的前提下完成财务管理职能，实现企业的财务目标。

## 1.4.2 金融市场环境

广义的金融市场是指一切资本流动的场所，包括实物资本和货币资本的流动场所。它的交易对象包括货币借贷、票据承兑和贴现、有价证券的买卖、黄金和外汇买卖、国内外保险、生产资料的产权交换等。狭义的金融市场是指有价证券市场。

**1. 金融市场与企业理财的关系**

金融市场是企业投资和筹资的场所，具体体现在以下几个方面。

(1) 金融市场上存在多种多样方便灵活的筹资方式，公司需要资金时，可以到金融市场选择合适的筹资方式筹集所需资金，以保证生产经营的顺利进行；当公司有多余的资金时，又可以到金融市场选择灵活多样的投资方式，为资金的使用寻找出路。

(2) 企业通过金融市场使长短期资金相互转化。当公司持有长期债券和股票等长期资产时，可以在金融市场转手变现，成为短期资金，而短期票据也可以通过贴现变成现金；与此相反，短期资金也可以在金融市场上转变为股票和长期债券等长期资产。

(3) 金融市场为企业理财提供有意义的信息。金融市场的利率变动和各种金融资产的价格变动，都反映了资金的供求状况、宏观经济状况甚至发行股票和债券公司的经营状况和盈利水平。这些信息是公司进行财务管理的重要依据，财务人员应随时关注。

**2. 金融市场的分类和组成**

1) 金融市场的分类

金融市场按不同的标准，有不同的分类。

(1) 按交易期限，金融市场可划分为货币市场和资本市场。货币市场是指交易对象期限不超过一年的资金交易市场，也称为短期资金市场。资本市场是指交易对象期限在一年以上的股票和债券交易市场，也称为长期金融市场。

(2) 按交割时间，金融市场可划分为现货市场和期货市场。现货市场是指买卖双方成交后，当场或几天之后买方付款、卖方交出证券的交易市场。期货市场是指买卖双方成交后，在双方约定的未来某一特定的时日才交割的市场交易。

(3) 按交易性质，金融市场可划分为发行市场和流通市场。发行市场是指从事新证券和票据等金融工具买卖的转让市场，也叫初级市场或一级市场。流通市场是指从事已上市的旧证券或票据等金融工具买卖的转让市场，也叫次级市场或二级市场。

(4) 按交易的直接对象，金融市场可划分为票据承兑市场、票据贴现市场、有价证券市场、黄金市场、外汇市场等。

2) 金融市场的组成

金融市场由主体、客体和参加人组成。

市场主体是指银行和非银行金融机构，他们是连接投资人和筹资人的桥梁。客体是指金融市场上的交易对象，如股票、债券、商业票据等。参加人是指客体的供应者和需求者，如企业、政府部门和个人等。

金融机构主要包括商业银行、投资银行、证券公司、保险公司、各类基金管理公司。商业银行的主要作用是资金的存贷，它们从广大居民手中吸收存款，再以借款的形式将这些资金提供给企业等资金需求者。投资银行在现代公司筹资活动中处于非常重要的地位，任何公司发行债券或股票，都要借助投资银行的帮助。目前在我国，投资银行的业务主要由各类证券公司来承担。保险公司和各类基金管理公司是金融市场上主要的机构投资者，它们从广大投保人和基金投资者手中聚集了大量资金，同时，又投资于证券市场，成为公司基金的一项重要来源。目前，我国有多家保险公司和基金管理公司，这些机构投资者在金融市场上的作用将越来越重要。

**3. 金融工具**

金融工具是指在金融市场中可交易的金融资产。金融工具按发行和流通的场所，可以划分为货币市场证券和资本市场证券。

(1) 货币市场证券。货币市场证券属于短期债务，到期日通常为一年或更短的时间，主要是政府、银行及工商业企业发行的短期信用工具，具有期限短、流动性强、风险小的特点。货币市场证券包括商业本票、银行承兑汇票、国库券、银行同业拆借、短期债券等。

(2) 资本市场证券。资本市场证券是公司或政府发行的长期证券。到期期限超过一年，实质是一年期以上的中长期资本市场证券，包括普通股、优先股、长期公司债券、国债、衍生金融工具等。

**4. 利率**

在金融市场上，利率是资本使用权的价格，它体现了资本的使用价值。我国的利率分为法定利率和市场利率。

法定利率是指政府通过央行确定、公布各银行都必须执行的利率。市场利率是指金融市场上资金供求双方通过竞争形成的利率。市场利率受法定利率的影响，法定利率也要考虑市场供求状况，一般来说两者并无显著脱节现象。

金融市场上的利率可用公式表示为

利率=纯粹利率+通货膨胀贴水+风险报酬率=纯粹利率+通货膨胀补偿率+变现力附加率+违约风险附加率+到期风险附加率

(1) 纯粹利率。它是指无风险、无通货膨胀条件下的平均利率。纯粹利率的高低受平均利润率、资金供求关系和国家调节的影响。

利息为利润的一部分，利息率依存于利润率，并受平均利润率的制约。利息率最高不能超过平均利润率，但其占平均利润率的比重，取决于金融业和工商业之间的竞争结果。

在平均利润率不变的情况下，金融市场上的供求关系决定了利率水平。经济高涨时，资金需求量上升，若供应量不变，则利率上升；经济衰退时，正好相反。

政府为防止经济过热，通过央行减少货币供应量，利率上升；政府为刺激经济发展，增加货币发行，则情况相反。

(2) 通货膨胀补偿率。由于通货膨胀使货币贬值，降低了货币的实际购买力，导致投资者的真实报酬下降，为了弥补因通货膨胀造成的购买力损失，在利率中给予的补偿，称为通货膨胀补偿率贴水。

(3) 变现力附加率。变现力是指资产转变为现金的能力。在利率中考虑变现力，一般应从有价证券的角度出发。政府债券和大公司的股票容易被人接受，投资人随时可以出售以收回投资，变现能力强。一些小公司鲜为人知，债券、股票不易变现，投资人要求附加变现率(提高利率1%～2%)作为补偿。

(4) 违约风险附加率。违约风险是指借款人无法按时支付利息或本金而给投资人带来的风险。它反映了借款人按期支付本金、利息的信用程度。违约风险越大，投资人要求的利率报酬越高。

债券评级实际上就是评定违约风险的大小，信用等级越低，违约风险越大。在其他因素不变的情况下，各信用等级的债券利率水平同国库券利率之间的差额，便是违约风险报酬率。

(5) 到期风险附加率，是指因到期时间长短不同而形成的利率差别。一项负债的到期日越长，债权人承担的不确定因素就越多，承担的风险也越大。

### 1.4.3 经济环境

**1. 经济周期**

在市场经济条件下，经济发展通常带有一定的波动性，大体上经历复苏、繁荣、衰退、萧条几个阶段的循环，这就是经济周期。

我国的经济发展与运行也呈现特有的周期特征，存在一定的经济波动。过去曾多次出现经济超高速增长、发展过快的情况，不得不进行治理整顿或宏观调控。鉴于经济周期影响的严重性，财务学者探讨了企业在不同经济周期中的经营理财策略(如表1-1所示)。

表1-1 不同经济周期的理财策略

| 复苏阶段 | 繁荣阶段 | 衰退阶段 | 萧条阶段 |
| --- | --- | --- | --- |
| 1. 增加厂房设备<br>2. 实行长期租赁<br>3. 增加存货<br>4. 引入新产品<br>5. 增加劳动力 | 1. 扩充厂房设备<br>2. 继续增加存货<br>3. 提高价格<br>4. 开展营销规划<br>5. 增加劳动力 | 1. 停止扩展<br>2. 出售多余设备<br>3. 停产不利产品<br>4. 削减存货<br>5. 停止扩招雇员 | 1. 建立投资标准<br>2. 保持市场份额<br>3. 缩减管理费用<br>4. 放弃次要部门<br>5. 削减存货<br>6. 裁减雇员 |

一般而言，在经济复苏阶段，社会购买力初步提高，企业应及时确定合适的投资机会，开发新产品，采取增加存货和放宽信用条件的应收账款管理政策等理财策略，为企业今后的发展奠定基础。在经济繁荣阶段，市场需求旺盛，企业应采取扩展的策略，如扩大生产规模，增加投资，增添机器设备、存货和劳动力，这就要求财务人员迅速筹集所需资金。在衰退阶段，企业应缩减规模，减少风险投资，投资无风险资产，以获得稳定的报酬。在萧条阶段，企业应维持现有规模，并设置新的投资标准，适当考虑一下低风险的投资机会。总之，企业在面对周期性的经济波动时，必须预测经济变动情况，适当调整财务政策。

**2. 通货膨胀**

通货膨胀不仅降低了消费者的购买力，也给公司理财带来很大困难。通货膨胀对企业财务活动的影响主要表现在以下几个方面：①引起资金占用的大量增加，从而增加企业的资金需要；②引起企业利润的虚增；③引起企业利润的上升，加大企业的资金成本；④引起有价证券价格的下降；⑤引起资金供应紧张，增加企业的筹资难度。

企业对通货膨胀本身无能为力，只有政府才能控制通货膨胀。鉴于以上因素，财务人员需要分析通货膨胀对资本成本和投资报酬率的影响。为了实现预期报酬率，企业应调整收入和成本。同时，使用套期保值等方法尽量减少损失，如买进现货、卖出期货或进行相反的操作等。

**3. 政府的经济政策**

为了使国民经济稳步发展，政府应发挥调控宏观经济的职能，国民经济的发展规划、国家的产业政策、经济体制的改革措施、政府制定的行政法规等，都会对企业的财务活动产生重大影响。

企业在进行财务决策时，要认真研究政府政策，按照政策导向行事，最好能预见政府政策的变化和调整趋势，从而使企业趋利除弊。

**4. 竞争**

竞争广泛存在于市场经济中，企业不可回避。企业之间、产品之间、新老产品之间的竞争，涉及设备、技术、人才、推销、管理等各个方面。竞争能促使企业用更好的方法生产更好的产品，对经济发展起推动作用。企业为了改善竞争地位往往需要大规模投资，投资成功，企业的盈利就会增加。

竞争是"商业战争"，综合了企业的全部实力和智慧，经济增长、通货膨胀、利率波动带来的财务问题以及企业的对策，都会在竞争中体现出来。

## 1.5 财务管理的体制

企业财务管理体制是明确企业各财务层级财务权限、责任和利益的制度,其核心问题是如何配置财务管理权限,企业财务管理体制决定了企业财务管理的运行机制和实施模式。

### 1.5.1 企业财务管理体制的一般模式

概括地说,企业财务管理体制可分为以下三种类型。

**1. 集权型财务管理体制**

集权型财务管理体制是指企业对各所属单位实行集中统一的财务管理,各所属单位没有财务决策权,企业总部的财务部门不但参与决策和执行决策,在特定情况下还直接参与所属单位的执行过程。

在集权型财务管理体制下,企业内部的主要管理权限集中于企业总部,各所属单位执行企业总部的各项指令。它的优点是:企业内部的各项决策均由企业总部制定和部署,企业内部可充分展示一体化管理的优势,利用企业的人才、智力、信息资源,努力降低资金成本和风险损失,使决策的统一化、制度化得到有力保障。采用集权型财务管理体制,有利于在整个企业内部优化配置资源,有利于实行内部调拨价格,有利于内部采取避税措施及防范汇率风险等。它的缺点是:集权过度会使各所属单位缺乏主动性、积极性,丧失活力,也可能因为决策程序相对复杂而失去适应市场的弹性,丧失市场机会。

**2. 分权型财务管理体制**

分权型财务管理体制是指企业将财务决策权与管理权完全下放到各所属单位,各所属单位只需将一些决策结果报请企业总部备案即可。

在分权型财务管理体制下,企业内部的管理体制分散于各所属单位,各所属单位在人、财、物、供、产、销等方面有决定权。它的优点是:由于各所属单位负责人有权对影响经营成果的因素进行控制,加之身在基层,了解情况,有利于针对本单位存在的问题及时做出有效决策,因地制宜地搞好各项业务,也有利于分散经营风险,促进所属单位管理人员及财务人员的成长。它的缺点是:各所属单位大多从本位利益出发安排财务活动,缺乏全局观念和整体意识,可能导致资金管理分散、资金成本增加、费用失控、利润分配无序等。

**3. 集权与分权相结合型财务管理体制**

集权与分权相结合型财务管理体制的实质就是集权下的分权，企业对各所属单位在所有重大问题的决策与处理上实行高度集权，各所属单位则对日常经营活动具有较大的自主权。

集权与分权相结合型财务管理体制意在以企业发展战略和经营目标为核心，将企业内的重大决策权集中于企业总部，而赋予各所属单位自主经营权。它主要有以下几个特点。

(1) 在制度上，应制定统一的内部管理制度，明确财务权限及收益分配方法，各所属单位应遵照执行，并根据自身特点加以补充。

(2) 在管理上，利用企业的各项优势，对部分权限集中管理。

(3) 在经营上，充分调动各所属单位的生产经营积极性。各所属单位围绕企业发展战略和经营目标，在遵守企业统一制度的前提下，可自主制定生产经营的各项决策。为避免配合失误，明确责任，凡需要由企业总部决定的事项，在规定时间内，企业内部应明确答复，否则，各所属单位有权自行处置。

集权与分权相结合型财务管理体制吸收了集权型和分权型财务管理体制的优点，避免了两者的缺点，从而具有较强的优越性。

### 1.5.2 集权与分权的选择

企业的财务特征决定了分权的必然性，而企业的规模效应、风险防范又要求集权。集权和分权各有特点，各有利弊。对集权与分权的选择、对分权程度的把握历来是企业管理的一个难点。

从聚合资源优势，贯彻实施企业发展战略和经营目标的角度，集权型财务管理体制显然是最具保障力的。但是，企业要采用集权型财务管理体制，除了企业管理高层必须具备高水平的素质能力外，在企业内部还必须有一个能及时、准确地传递信息的网络系统，并能通过对信息传递过程的严格控制来保障信息的质量。如果能够达到这些要求，集权型财务管理体制的复合优势可能会不断强化，但各所属单位或组织机构的积极性、创造性与应变能力却可能被不断削弱。

分权型财务管理体制实质上是把决策管理权在不同程度上下放到比较接近信息源的各所属单位或组织机构，从而节约信息传递与过程控制等的相关成本，并能大大提高信息的决策价值与利用效率。但随着权力的分散，就会产生企业管理目标换位问题(只顾本部门利益)，这是采用分权型财务管理体制通常无法完全避免的一种成本或代价。集权型或分权型财务管理体制的选择，本质上体现了企业的管理政策，是企业基于环境约束与发展战略考虑顺势而定的权变性策略。

财务管理体制的集权和分权，需要考虑企业与各所属单位之间的资本关系和业务关系的具体特征，以及集权与分权的"成本"和"利益"。作为企业实体，各所属单位之间往往具有某种业务上的联系，特别是那些实施纵向一体化战略的企业，要求各所属单位保持密切的业务联系。各所属单位之间业务联系越密切，就越有必要采用相对集中的财务管理体制。只有在企业掌握各所属单位一定比例的有表决权的股份(如50%以上)之后，各所属单位的财务决策才有可能相对"集中"于企业总部。

集中的"成本"主要是各所属单位积极性的损失和财务决策效率的下降，分散的"成本"主要是可能发生的各所属单位财务决策目标及财务行为与企业整体财务目标的背离以及财务资源利用效率的下降。集中的"利益"主要是容易协调企业财务目标和提高财务资源的利用效率，分散的"利益"主要是提高财务决策效率和调动各所属单位的积极性。集权和分权应该考虑的因素还包括环境、规模和管理者的管理水平。

### 1.5.3　企业财务管理体制的设计原则

一家企业如何选择适合自身的财务管理体制，如何在不同的发展阶段更新财务管理模式，在企业管理中非常重要。从企业的角度出发，其财务管理体制的设定或变更应当遵循如下4项原则。

**1. 与现代企业制度要求相适应的原则**

现代企业制度要求企业管理是一种综合管理、战略管理，因此，企业财务管理不是也不可能是企业总部财务部门这单一职能部门的财务管理，当然也不是各所属单位财务部门的财务管理，它是一种战略管理。这种管理要求：①从企业整体的角度对企业的财务战略进行定位；②对企业的财务管理行为进行统一规范，做到高层的决策结果能被低层的战略经营单位完全执行；③以制度管理代替个人的行为管理，从而保证企业管理的连续性；④以现代企业财务分层管理思想指导具体的管理实践。

**2. 与现代企业产权制度要求相适应的原则**

现代企业制度是一种产权制度，它以产权为依托，对各种经济主体在产权关系中的权利、责任、义务进行合理有效的组织、调节与制度安排，它具有"产权清晰、责任明确、政企分开、管理科学"的特征。

企业内部相互间关系的处理应以产权制度安排为基本依据。企业作为各所属单位的股东，根据产权关系享有作为终极股东的基本权利，特别是对所属单位资产的收益权、管理者的选择权、重大事项的决策权等。但是，企业各所属单位往往不是企业的分支机构或分公司，其经营权是其行使民事责任的基本保障，它以自己的经营与资产对其盈亏负责。

企业与各所属单位之间的产权关系确认了两个不同主体的存在，这是现代企业制度特别是现代企业产权制度的根本要求。在西方，在处理母子公司关系时，法律明确要求保护子公司权益，其制度安排大致为：①确定与规定董事的诚信义务与法律责任，实现对子公司的保护；②保护子公司不受母公司不利指示的损害，从而保护子公司权益；③规定子公司有权向母公司起诉，从而保护自身利益与权利。

**3. 明确企业对各所属单位管理中的决策权、执行权与监督权的三者分立原则**

现代企业要做到管理科学，必须首先在决策与管理程序上做到科学、民主，因此，决策权、执行权与监督权三权分立的制度必不可少。这一管理原则的作用就在于加强决策的科学性与民主性，强化决策执行的刚性和可考核性，强化监督的独立性和公正性，从而形成良性循环。

**4. 与企业组织体制相对应的原则**

企业组织体制主要有U型组织、H型组织和M型组织三种基本形式。U型组织产生于现代企业的早期阶段，是现代企业基本的组织结构形式。U型组织以智能化管理为核心，其典型特征是在管理分工下实行集权控制。H型组织即控股公司体制。集团总部即控股公司，利用股权关系以出资者的身份行使对子公司的管理权。它的典型特征是过度分权。M型组织即事业部制。事业部是总部设置的中间管理组织，不是独立法人，不能独立对外从事生产经营活动。因此，从这个意义上来说，M型组织的集权程度比H型组织更高。但是，随着企业管理实践的深入，H型组织的财务管理体制也在不断演化。现代意义上的H型组织既可以实施分权管理，也可以实施集权管理。M型组织下的事业部在企业的统一领导下，可以拥有一定的经营自主权，实行独立经营、独立核算，甚至可以在总部的授权下做出兼并、收购和增加新的生产线等重大事项决策。

## 1.5.4 集权与分权相结合型财务管理体制的一般内容

企业采用集权与分权相结合型财务管理体制，企业总部应做到制度统一、资金集中、信息集成和人员委派。具体的集权内容主要有：集中制度制定权，集中筹资、融资权，集中投资权，集中用资、担保权，集中固定资产购置权，集中财务机构设置权，集中收益分配权。具体的分权内容主要有：分散经营自主权，分散人员管理权，分散业务定价权，分散费用开支的审批权。

**1. 集权内容**

(1) 集中制度制定权。企业根据国家法律、法规和《企业会计准则》《企业财务通则》的要求，结合企业自身的实际情况和发展战略、管理需要，制定统一的财务管理制度，在全企业范围内统一施行。各所属单位只有制度执行权，而无制度制定权和解释权，但可以根据自身需要制定实施细则和补充规定。

(2) 集中筹资、融资权。资金筹资是企业资金运动的起点，为了使企业内部筹资风险最小、筹资成本最低，应由企业总部统一筹集资金，各所属单位有偿使用。如需银行贷款，可由企业总部办理贷款总额，各所属单位分别办理贷款手续，按规定自行付息；如需发行短期商业票据，企业总部应充分考虑企业资金占用情况，并注意在到期日存足款项，不要因为票据到期不能兑现而影响企业信誉；如需利用海外兵团筹集外资，应统一由企业总部根据国家现行政策办理相关手续，并严格审查贷款合同条款，注意汇率及利率变动因素，防止出现损失。企业总部对各所属单位的现金使用状况进行追踪审查，具体做法是各所属单位按规定时间向企业总部上报"现金流量表"，动态描述各所属单位的现金增减状况和分析各所属单位的资金存量是否合理。遇有部分所属单位资金存量过多、运用不畅，而其他所属单位又急需资金的情况，企业总部可调动资金，并应支付利息。企业内部应严禁各所属单位之间放贷，如需临时拆借资金，在规定金额之上的，应报企业总部批准。

(3) 集中投资权。企业对外投资必须遵守的原则涉及效益性、分散风险性、安全性、整体性及合理性方面。无论是企业总部还是各所属单位的对外投资都必须经过立项、可行性研究、论证、决策的过程，其间除专业人员外，必须有财务人员参加。财务人员应会同有关专业人员，通过仔细调查了解，开展可行性分析，预测今后若干年内市场变化趋势及可能发生风险的概率、投资该项目的建设期、投资回收期、投资回报率等，写出财务报告，报送领导参考。为了保证投资效益的实现，分散及减少投资风险，企业对外投资可实行限额管理，超过限额的投资其决策权属企业总部。被投资项目一经批准确立，财务部门应协助有关部门对项目进行跟踪管理，对出现的与可行性报告不符的偏差，应及时报有关部门予以纠正；对投资效益不能达到预期目的的项目，应及时清理解决，并应追究有关人员的责任。同时应完善投资管理流程，企业可根据自身特点建立一套具有可操作性的财务考核指标体系，规避财务风险。

(4) 集中用资、担保权。企业总部应加强资金使用安全性的管理，对大额资金的拨付要严格监督，建立审批手续，并严格执行。这是因为各所属单位财务状况的好坏关系企业所投资本的保值和增值问题，同时各所属单位因资金受阻导致获利能力下降，会降低企业的投资回报率。因此，各所属单位用于经营项目的资金要按照经营规划范围使用,用于资本项目上的资金支付,应履行企业规定的报批手续。

企业如担保不慎,会引起信用风险。企业对外担保权应归企业总部管理,未经批准,各所属单位不得为外部企业提供担保,企业内部各所属单位相互担保,应经企业总部同意。同时企业总部为各所属单位提供担保应制定相应的审批程序,可由各所属单位与银行签订贷款协议,企业总部为各所属单位做贷款担保,同时要求各所属单位向企业总部提供"反担保",保证资金使用合理及按时归还,使贷款得到监控。同时,企业对逾期未收贷款,应做出硬性规定。对过去的逾期未收贷款,应指定专人,统一步调,积极清理,谁经手、谁批准,就由谁去收回贷款。

(5) 集中固定资产购置权。各所属单位财务机构的设置必须报企业总部批准,财务人员由企业总部统一招聘,财务负责人或财务主管人员由企业总部统一委派。

(6) 集中财务机构设置权。各所属单位财务机构的设置必须报企业总部批准,财务人员由企业总部统一招聘,财务负责人或财务主管人员由企业总部统一委派。

(7) 集中收益分配权。属于法律、法规明确规定的按规定分配,剩余部分由企业总部本着长远利益与现实利益相结合的原则,确定分留比例。各所属单位留存的收益原则上可自行分配,但应报企业总部备案。

**2. 分权内容**

(1) 分散经营自主权。各所属单位负责人主持本企业的生产经营管理工作,组织实施年度经营计划,决定生产和销售,研究和考虑市场周围的环境,了解和注意同行业的经营情况和战略措施。各单位应按规定时间向企业总部汇报生产管理工作情况。对于突发的重大事件,要及时向企业总部汇报。

(2) 分散人员管理权。各所属单位负责人有权任免下属管理人员,有权决定员工的聘用与辞退,企业总部原则上不应干预。财务主管人员的任免应报经企业总部批准或由企业总部统一委派。

(3) 分散业务定价权。相关业务的价格,应由各所属单位的经营部门自行拟订。

(4) 分散费用开支审批权。各所属单位在经营中必然发生各种费用,各所属单位应在遵守财务制度的原则下,由其负责人批准各种合理的用于企业经营管理的费用开支。

## 章后练习题

**1. 单项选择题**

(1) 企业支付利息属于由( )引起的财务活动。
　　A. 投资　　　　　B. 分配　　　　　C. 筹资　　　　　D. 资金营运

(2) 在财务管理中，对企业各种收入进行分割和分派的行为是指(　　)。
　　A. 广义分配　　　B. 筹资活动　　　C. 资金营运活动　　D. 狭义分配
(3) 下列选项中，(　　)属于企业购买商品或接受劳务形成的财务关系。
　　A. 企业与供应商之间的财务关系　　　B. 企业与债务人之间的财务关系
　　C. 企业与客户之间的财务关系　　　　D. 企业与受资者之间的财务关系
(4) 下列选项中，既能考虑资金的时间价值和投资风险，又有利于克服管理上的片面性和短期行为的财务管理目标是(　　)。
　　A. 企业价值最大化　　　　　　　B. 利润最大化
　　C. 每股收益最大化　　　　　　　D. 资本利润率最大化
(5) 已知短期国库券利率为5%，纯利率为4%，市场利率为8%，则通货膨胀补偿率为(　　)。
　　A. 3%　　　　B. 1%　　　　C. -1%　　　　D. 4%
(6) 以企业价值最大化作为财务管理目标存在的问题有(　　)。
　　A. 没有考虑资金的时间价值　　　B. 没有考虑投资的风险价值
　　C. 容易引起短期行为　　　　　　D. 企业的价值难以确定
(7) 企业的财务活动是(　　)。
　　A. 资金运动　　　　　　　　　　B. 产品运动
　　C. 实物商品运动　　　　　　　　D. 金融商品运动
(8) 下列选项中，不属于资金营运活动的是(　　)。
　　A. 购置固定资产
　　B. 销售商品、收回资金
　　C. 采购材料、支付资金
　　D. 采取短期借款方式筹集资金以满足经营需要
(9) 企业与受资者之间的财务关系是(　　)。
　　A. 债权关系　　　　　　　　　　B. 债务关系
　　C. 所有权关系　　　　　　　　　D. 资金结算关系
(10) 企业与政府间的财务关系体现为(　　)。
　　A. 债权债务关系　　　　　　　　B. 强制和无偿的分配关系
　　C. 资金结算关系　　　　　　　　D. 风险收益对等关系

**2. 多项选择题**

(1) 下列各项中，属于广义的投资的是(　　)。
　　A. 发行股票　　　　　　　　　　B. 购买其他公司债券
　　C. 与其他企业联营　　　　　　　D. 购买无形资产

(2) 假定甲公司向乙公司赊销产品，并持有丙公司的债券和丁公司的股票，且向戊公司支付公司债利息。假定不考虑其他条件，从甲公司的角度看，下列各项中属于本企业与债务人之间的财务关系的是(    )。

　　A. 甲公司与乙公司之间的关系　　　　B. 甲公司与丁公司之间的关系
　　C. 甲公司与丙公司之间的关系　　　　D. 甲公司与戊公司之间的关系

(3) 企业价值最大化的缺点包括(    )。

　　A. 股价很难反映企业所有者权益的价值
　　B. 法人股东对股票价值的增加没有足够的兴趣
　　C. 片面追求利润最大化，可能导致企业短期行为
　　D. 对于非股票上市企业的估价不易做到客观和准确，导致企业价值确定困难

(4) 下列选项中，属于协调所有者与债权人之间的矛盾的措施是(    )。

　　A. 限制性借款　　　　　　　　　　　B. 接收
　　C. "股票选择权"方式　　　　　　　　D. 收回借款或停止借款

(5) 在不存在通货膨胀的情况下，利率的组成因素包括(    )。

　　A. 纯利率　　　　　　　　　　　　　B. 违约风险收益率
　　C. 流动性风险收益率　　　　　　　　D. 期限风险收益率

(6) 财务活动主要包括(    )。

　　A. 筹资活动　　B. 投资活动　　C. 资金营运活动　　D. 分配活动

(7) 债权人为了防止其利益不受损害，可采取的保护措施有(    )。

　　A. 提前收回借款
　　B. 拒绝提供新的借款
　　C. 在借款合同中规定资金的用途
　　D. 取得立法保护，如优先于股东分配剩余财产

(8) 利润最大化目标的缺点是(    )。

　　A. 容易产生追求短期利润的行为
　　B. 没有考虑获取利润和所承担风险的大小
　　C. 没有考虑利润的取得时间
　　D. 没有考虑所获利润和投入资本额的关系

(9) 下列各项中，属于企业筹资引起的财务活动的有(    )。

　　A. 偿还借款　　B. 购买国库券　　C. 支付股票股利　　D. 利用商业信用

(10) 广义的分配活动包括(    )。

　　A. 弥补生产经营耗费，缴纳流转税　　B. 缴纳所得税
　　C. 提取公积金和公益金　　　　　　　D. 向股东分配股利

**3. 判断题**

(1) 民营企业与政府之间的财务关系体现为一种投资与受资关系。（  ）

(2) 金融工具是在信用活动中产生的、能够证明债权债务关系并据以进行货币资金交易的合法凭证，它对债权债务双方所应承担的义务和享有的权利均具有法律效力。（  ）

(3) 从资金的借贷关系看，利率是一定时期运用资金的交易价格。（  ）

(4) 短期证券市场的交易对象易于变为货币，所以也称为资本市场。（  ）

(5) "解聘"是一种通过市场约束经营者的办法。（  ）

(6) 企业价值就是账面资产价值。（  ）

(7) 将企业价值最大化作为财务管理目标考虑了资金的时间价值，但没有考虑投资的风险价值。（  ）

(8) 将企业价值最大化作为财务管理目标的首要任务就是要协调相关利益群体的关系，化解他们之的利益冲突。（  ）

(9) 企业资金运动的实质反映的是经济利益关系。（  ）

(10) 在金融市场上，资金被当作一种特殊的商品来交易，其交易价格表现为利率。（  ）

# 第2章 财务管理基础

## 本章学习导读

资金的时间价值或货币的时间价值是金融的基本概念。当资金用于存款或投资时，理应获得利息，这样，资金的未来终值应大于现值。资金不会自动随时间而增值，资金的时间价值经过实际的投资才能实现。风险报酬是投资者因冒风险进行投资而要求的，超过无风险报酬的额外报酬。风险和报酬的基本关系是风险越大，要求的报酬率越高。资金的时间价值和风险报酬是财务管理的重要基本理论，也是学习后续章节的基础。成本按照性态和决策相关性进行划分，有助于企业进行成本利润分析，是企业筹资分析的基础。

## 本章学习目标

(1) 理解货币时间价值观念；
(2) 掌握复利终值和现值的计算方法；
(3) 掌握各种年金终值和现值的计算方法；
(4) 掌握风险和收益的含义以及风险和收益的衡量；
(5) 掌握成本性态、变动成本与固定成本的含义。

## ●引导案例●

### 拿破仑带给法兰西的尴尬

拿破仑于1797年3月在卢森堡第一国立小学演讲时说了这样一番话："为了答谢贵校对我，尤其是对我夫人约瑟芬的盛情款待，我不仅要在今天呈上一束玫瑰花，并且在未来的日子里，只要我们法兰西存在一天，每年的今天我将亲自派人送给贵校一束价值相等的玫瑰花，作为法兰西与卢森堡友谊的象征。"时过境迁，拿破仑穷于应付连绵的战争和此起彼伏的政治事件，最终惨败而被流放到圣赫勒拿岛，把在卢森堡许下的诺言忘得一干二净。可卢森堡对此却念念不忘。1984年年底，卢森堡旧事重提，向法国提出违背"赠送玫瑰花"诺言的索赔，要求要么从1797年起，用3路易作为一束玫瑰花的本金，以5厘复利(即利滚利)计息，清偿这笔玫瑰款；要么法国政府在法国各大报刊上公开承认拿破仑是个言而无信的小人。起初，法国政府准备不惜重金赎回拿破仑的声誉,但被计算机算出的数字惊呆了。原本"3 路易"的许诺,本息竟高达 1 375 596 法郎。经过慎重考虑,法国政府字斟句酌地答复道:"以后,无论在精神上还是在物质上,法国将矢志不渝地对卢森堡大公国的中小学教育事业予以支持与赞助,来兑现我们的拿破仑将军许下的玫瑰花诺言。"此番回应最终得到了卢森堡人民的谅解。

资料来源:豆丁网.http://www.docin.com/p-205414226.html.

## 2.1 货币时间价值

### 2.1.1 货币时间价值理论

货币时间价值又称资金时间价值、资本时间价值,是指货币经历一定时间的投资和再投资所增加的价值,即一定量资金在不同时点上的价值量的差额,也就是资金在投资和再投资过程中随着时间的推移而发生的增值。货币时间价值是资金在周转使用中产生的,是资金所有者让渡资金使用权而参与社会财富分配的一种形式。比如,将今天的 100 元钱存入银行,在年利率为 10%的情况下,一年后就会变成 110元,可见经过一年时间,这 100 元钱发生了 10 元的增值。人们将资金在使用过程中随时间的推移而发生增值的现象,称为资金具有时间价值的属性。货币时间价值是一个客观存在的经济范畴,在企业财务管理中引入货币时间价值概念,是搞好财务活动、提高财务管理水平的必要保证。

**1. 货币时间价值的理论学说**

(1) 凯恩斯等西方经济学家认为,货币时间价值是投资者推迟消费耐心而相应给予的报酬。这种报酬量应当与推迟消费的时间成正比,单位时间内这种报酬占投资的百分率称为时间价值。它的大小在很大程度上取决于投资者的投资偏好、消费倾向等心理因素。

(2) 马克思在《资本论》中阐述,资本主义的货币时间价值是在没有风险和没有通货膨胀条件下的社会平均资本利润率,是剩余价值的基本部分。货币时间价值的本质是资本时间价值,它是剩余劳动时间带来的剩余价值。货币时间价值与剩余劳动时间和生产经营的循环周转有直接关系。

**2. 研究货币时间价值的原因**

从量的规定性来看，货币时间价值是指在没有风险和没有通货膨胀条件下的社会平均资本利润率。由于市场竞争的存在，企业进行各种投资活动的投资利润率趋于平均化，这就要求企业在进行某项投资时至少要取得社会平均利润率。因此，时间价值就成为评价投资方案的基本标准。

财务管理研究的重点是创造和衡量价值。财务管理中的价值是资产的现金流量的现值，因而，财务管理对货币时间价值的研究，主要是从量的角度对资金的筹集、投放使用及回收等进行分析，以便找出适用于分析方案的数学模型，改善财务决策的质量。因而，把货币时间价值引入财务管理，在资金筹集、运用和分配等方面考虑这一因素，是提高财务管理水平，做好筹资、投资、分配决策的有效保证。

**3. 货币时间价值量的确定**

通常情况下，货币时间价值被认为是在没有风险和没有通货膨胀条件下的社会平均资本利润率。货币时间价值应用得很广泛，所以货币时间价值的确定不能以个别剩余价值为标准，而应以社会平均剩余价值(即社会平均利润率)为标准。

应注意的是，衡量货币时间价值量的利息率与一般利息率概念，如银行存贷利息率、股息率、债券利息率等是有区别的。一般利息率除了包含货币时间价值因素外，还包含风险价值和通货膨胀因素，并受供求关系的影响。

**4. 货币时间价值的表示形式**

货币时间价值的表示形式包括相对数和绝对数两种。货币时间价值的相对数是时间价值率，它是指扣除风险报酬和通货膨胀贴水后的平均资本利润率或平均报酬率；货币时间价值的绝对数是时间价值额，它是资本在生产经营过程中的真实价值额，即一定数额的资本与时间价值率的乘积。

## 2.1.2 货币时间价值的计算

**1. 单利和复利**

利息的计算方法有单利和复利两种。单利是指在一定时期内根据本金计算利息，当前产生的利息在下一期不作为本金，不重复计算利息。复利是指不仅本金要计算利息，利息也要计算利息，即俗称的"利滚利"。复利的概念充分体现了货币时间价值的含义。

## 2. 复利的计算

(1) 复利终值。复利终值是指一定量的本金加上按复利计算的若干期内所得利息的总数，计算公式为

$$F=P(1+i)^n=P(F/P, i, n)$$

式中，$F$ 为本利和，即资金的终值；$P$ 为本金，即现值；$i$ 为利率；$n$ 为期数；$(1+i)^n$ 称为复利终值系数，记作 $(F/P, i, n)$，在具体运算中不必自行计算，一般可以直接从复利终值系数表中查出。

【例2-1】李强到银行办理整存整取业务，存入款项1 000元，5年期，银行存款年利率为10%，按年复利，5年后李强能从银行得到多少钱？

解：$F=1\,000×(F/P, 10\%, 5)=1\,000×1.610=1\,610(元)$

(2) 复利现值。复利现值是指未来某一时点上的一笔资金按复利计算的现在价值。复利现值是复利终值的逆运算，计算公式为

$$P=F(1+i)^{-n}=F(P/F, i, n)$$

式中，$(1+i)^{-n}$ 称为复利现值系数，记作 $(P/F, i, n)$，不必自行计算，可以直接从复利现值系数表中查出。

【例2-2】李强到银行办理整存整取业务，想在5年后从银行取得10 000元，银行存款年利率为10%，按年复利，他现在应存入多少钱？

解：$P=10\,000×(P/F, 10\%, 5)=10\,000×0.621=6\,210(元)$

## 3. 年金的概念与计算

### 1) 年金的概念

年金是指在一定时期内，以相同的时间间隔连续发生的等额收付款项，通常以 $A$ 表示。折旧、利息、租金、保险费等通常表现为年金的形式。根据年金发生时点的不同，年金可分为普通年金(后付年金)、预付年金(即付年金，也称为先付年金)、递延年金(延期年金)和永续年金(永久年金，或无限支付年金)。普通年金是指从第1期起，每期期末等额发生的系列收付款项，又称后付年金。预付年金又称先付年金或即付年金，是指从第1期起，每期期初等额发生的系列收付款项，它与普通年金的区别仅在于收付款的时点不同。递延年金是指第一次收付款的发生时间不在第1期期末，而在第2期或第2期以后才开始发生的等额系列收付款项。永续年金是指无限期等额收付的年金。

### 2) 普通年金

(1) 普通年金终值的计算。普通年金终值是指一定时期内每期期末等额收入或支出款项的复利终值之和。若 $F$ 为本利和，$A$ 为年金，$i$ 为利率，$n$ 为期限，则普通年金终值的计算如图2-1所示。

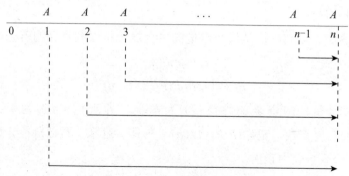

图2-1 普通年金终值的计算

第1年年末的$A$折算到第$n$年年末的终值为$A(1+i)^{n-1}$;

第2年年末的$A$折算到第$n$年年末的终值为$A(1+i)^{n-2}$;

第3年年末的$A$折算到第$n$年年末的终值为$A(1+i)^{n-3}$;

……

第$n-1$年年末的$A$折算到第$n$年年末的终值为$A(1+i)^1$;

第$n$年年末的$A$折算到第$n$年年末的终值为$A(1+i)^0$。

年金终值的计算公式为

$$F=A(1+i)^{n-1}+A(1+i)^{n-2}+\cdots+A(1+i)^1+A(1+i)^0 \tag{2-1}$$

将式(2-1)两边同乘上$(1+i)$得

$$(1+i)F=A(1+i)^n+A(1+i)^{n-1}+\cdots+A(1+i)^1 \tag{2-2}$$

用式(2-2)减式(2-1)得

$$(1+i)F-F=A(1+i)^n-A$$

经整理,得

$$F=A\frac{(1+i)^n-1}{i}$$

式中,$\frac{(1+i)^n-1}{i}$通常称为利率为$i$、期数为$n$的"1元年金终值系数",用符号$(F/A, i, n)$表示,其数值可以直接查阅年金终值系数表。

年金终值的计算公式又可表示为

$$F=A\frac{(1+i)^n-1}{i}=A(F/A, i, n)$$

【例2-3】顺通公司拟于5年后购置一台预计价值为800万元的大型变压机组。现每年从利润中留存150万元存入银行作为专项基金,按银行复利计息,年利率为8%,5年后这笔基金是否足够购买大型变压机组?

根据题意,每年从利润留存中存入银行的款项均相等,表现为年金,求5年后的价值,即为年金终值。

解：$F=150\times(F/A, 8\%, 5) =150\times5.866=879.9$(万元)

上述计算可表明，该公司每年年末从利润中留出150万元存入银行，银行复利计息，年利率8%，5年后这笔基金为879.9万元，高于预计价值800万元，足够购买大型变压机组。

(2) 偿债基金的计算。偿债基金是指为了在未来某一时点偿还一定的金额而提前在每年年末存入的相等的金额。它是年金终值的逆运算，亦属于已知整取求零存的问题，即由已知的年金终值$F$，求年金$A$。计算公式为

$$A = F\frac{i}{(1+i)^n - 1}$$

式中，$\frac{i}{(1+i)^n - 1}$ 称为利率为$i$、期限为$n$的"偿债基金系数"，记为$(A/F, i, n)$，其数值可通过查偿债基金系数表得到，一般可根据年金终值系数的倒数推算出来，所以上式也可表示为

$$A=F(A/F, i, n)=F[1/(F/A, i, n)]$$

【例2-4】顺通公司拟于5年后购置一台预计价值为800万元的大型变压机组。现每年从利润中留存一部分款项存入银行作为专项基金，按银行复利计息，年利率8%，每年应从利润中留存多少款项？

解：因为$800=A(A/F, 8\%, 5) =A\times5.866$，所以$A=\dfrac{800}{5.866}=136.38$(万元)

上述计算表明，该公司每年年末从利润中留出136.38万元存入银行，银行复利计息，年利率8%，5年后这笔基金为800万元，可以购买大型变压机组。

(3) 普通年金现值的计算。普通年金现值是指一定时期内每期期末取得或付出相等金额的复利现值之和，如图2-2所示。

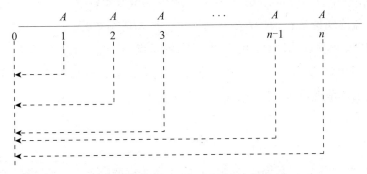

图2-2 普通年金现值的计算

第1年年末的$A$折算到第1年年初的现值为$A(1+i)^{-1}$；
第2年年末的$A$折算到第1年年初的现值为$A(1+i)^{-2}$；
第3年年末的$A$折算到第1年年初的现值为$A(1+i)^{-3}$；

……

第$(n-1)$年年末的$A$折算到第1年年初的现值为$A(1+i)^{-(n-1)}$;

第$n$年年末的$A$折算到第1年年初的现值为$A(1+i)^{-n}$。

年金现值的计算公式为

$$P=A(1+i)^{-1}+A(1+i)^{-2}+\cdots+A(1+i)^{-(n-1)}+A(1+i)^{-n} \quad (2\text{-}3)$$

将式(2-3)两边同乘上$(1+i)$得

$$(1+i)P=A+A(1+i)^{-1}+\cdots+A(1+i)^{-(n-2)}+A(1+i)^{-(n-1)} \quad (2\text{-}4)$$

用式(2-4)减式(2-3)得

$$(1+i)P-P=A[1-(1+i)^{-n}]$$

经整理,得

$$P=A\frac{1-(1+i)^{-n}}{i}$$

式中,$\frac{1-(1+i)^{-n}}{i}$称为利率为$i$、期限为$n$的"1元年金现值系数",记作$(P/A, i, n)$,其数值可以直接查阅书后附表。

年金现值的计算公式又可表示为

$$P=A\frac{1-(1+i)^{-n}}{i}=A(P/A, i, n)$$

【例2-5】顺通拟筹资300万元,用于投资一条生产线。该生产线投产以后预计在今后的10年间每年的收益为35万元,公司要求的最低投资报酬率是12%,这项投资是否合算?

因生产线投产以后预计每年收益均为35万元,表现为年金,可以用年金现值公式求每年收益的现值之和。

解:$P=35\times(P/A, 12\%, 10)=35\times5.650=197.75$(万元)

每年收益的现值之和为197.75万元,小于拟筹资额300万元,这项投资不合算。

(4) 年资本回收额的计算。年资本回收额是指在一定时期内,等额回收初始投入资本或清偿所欠债务的金额。它是年金现值的逆运算,亦属于已知整存求零取的问题,即由已知年金现值$P$,求年金$A$。计算公式为

$$A=P\frac{i}{1-(1+i)^{-n}}$$

式中,$\frac{i}{1-(1+i)^{-n}}$称为利率为$i$、期限为$n$的"资本回收系数",记作$(A/P, i, n)$,其数值可通过查阅资本回收系数表得到,一般可根据年金现值系数的倒数推算出来,所以上式也可表示为

$$A=P(A/P, i, n)=P[1/(P/A, i, n)]$$

**【例2-6】** 顺通公司拟筹资300万元,用于投资一条生产线。公司要求的最低投资报酬率是12%,该生产线投产以后10年间每年的收益至少为多少时,这项投资才合算?

解:因为300=$A(A/P, 12\%, 10\%)=A\times 5.650$,所以A=$\dfrac{300}{5.650}$=53.097(万元)

上述计算表明,该生产线投产以后预计在今后10年间每年的收益至少应该为53.097万元时,这项投资才合算。

3) 预付年金

预付年金,亦称先付年金,即在每期期初收付款项的年金。它与普通年金的区别仅在于收付款的时点不同,如图2-3所示。

图2-3 普通年金和预付年金对比

从图2-3可见,$n$期的预付年金与$n$期的普通年金,其收付款次数是一样的,只是收付款时点不一样。如果计算年金终值,预付年金要比普通年金多计一期的利息;如果计算年金现值,则预付年金要比普通年金少折现一期,因此,只要在普通年金的现值、终值的基础上,乘上$(1+i)$便可计算出预付年金的终值与现值。

(1) 预付年金终值的计算。预付年金的终值,是指在一定时期内,每期期初等额的系列收付款项的复利终值和,其值可以在普通年金终值的基础上做适当的调整然后计算得出。计算公式为

$$F=A(F/A, i, n)(1+i)$$

即

$$F=A[\dfrac{(1+i)^n-1}{i}](1+i)$$

$$=A[\dfrac{(1+i)^{n+1}-1}{i}-1]$$

式中,$[\dfrac{(1+i)^{n+1}-1}{i}-1]$称为预付年金终值系数,记作$[(F/A, i, n+1)-1]$,它是在普通年金终值系数的基础上,期数加1、系数减1所得到的结果。预付年金终值的计算公式也可表示为

$$F=A[(F/A, i, n+1)-1]$$

【例2-7】某人连续每年年初存入银行2 000元,连续存6年,年利率为6%,则到第6年年末的本利和是多少?

解:$F=2\,000×(F/A,6\%,6)×(1+6\%)=2\,000×6.975\,3×1.06=14\,787.636(元)$

或 $F=2\,000×[(F/A,6\%,6+1)-1]=2\,000×(8.393\,8-1)=14\,787.6(元)$

(2) 预付年金现值的计算。预付年金现值是指在一定时期内,每期期初等额的系列收付款项的复利现值和。计算公式为

$$P=A(P/A,i,n)(1+i)$$

即
$$P=A[\frac{1-(1+i)^{-n}}{i}](1+i)$$
$$=A[\frac{1-(1+i)^{-(n-1)}}{i}+1]$$

式中,$[\frac{1-(1+i)^{-(n-1)}}{i}+1]$ 称为预付年金现值系数,记作$[(P/A,i,n-1)+1]$,它是在普通年金现值系数的基础上,期数减1、系数加1所得到的结果。预付年金现值的计算公式也可表示为

$$P=A[(P/A,i,n-1)+1]$$

【例2-8】某企业租用一台机器8年,每年年初要支付租金5 000元,年利率为6%,这些租金相当于现在一次性支付多少钱?

解:$P=5\,000×(P/A,6\%,8)×(1+6\%)=5\,000×6.209\,8×1.06=32\,911.94(元)$

或 $P=5\,000×[(P/A,6\%,8-1)+1]=5\,000×(5.582\,4+1)=32\,912(元)$

4) 递延年金

递延年金是指第一次收付款发生时间不在第1期期末,而是在第2期或第2期以后才开始发生的等额系列收付款项。它是普通年金的特殊形式。递延年金与普通年金的区别如图2-4所示。

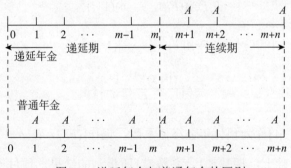

图2-4 递延年金与普通年金的区别

从图2-4中可知,递延年金与普通年金相比,尽管期限一样,都是$m+n$期,但普通年金在$m+n$期内,每个期末都要发生等额收付款。而递延年金在$m+n$期内,前$m$期

无等额收付款项发生，称为递延期，只在后$n$期才发生等额收付款。

递延年金终值的大小，与递延期无关，只与收付期有关，它的计算方法与普通年金终值相同，计算公式为

$$F=A(F/A, i, n)$$

假设最初有$m$年没有收付款项，后面$n$年的每年年底，有年金为$A$，则该递延普通年金现值可用以下三种方法求得。

计算方法一：把递延年金视为$n$期的普通年金，先求出在递延期期末的现值，再将此现值折现到第1期期初，公式为

$$P=A(P/A, i, n)(P/F, i, m)$$

计算方法二：先计算$m+n$期的普通年金现值，再扣除实际并未发生递延期($m$期)的普通年金现值，即可求得递延年金现值，公式为

$$P=A[(P/A, i, m+n)-(P/A, i, m)]$$

计算方法三：先计算递延年金终值，再将其折算到第1年年初，即可求得递延年金现值，公式为

$$P=A(F/A, i, n)(P/F, i, m+n)$$

【例2-9】某人今年30岁，打算从现在开始存入银行一笔款项作为退休养老金，准备30年后每年年末从银行提取1 000元，连续提取20年，银行复利计息，年利率为5%，他现在应存入银行多少钱？

思路：此题为延期年金现值计算。先将20年内每年年末支取的1 000元换算到第30年时点的现在值(用年金现值计算，期限为20年)，再折算到现在时点的现值(用复利现值计算，期限为30年)。

解：$P$=1 000×$(P/A, 5\%, 20)(P/F, 5\%, 30)$=1 000×12.462×0.231=2 879(元)

上述计算表明，某人在60岁退休，并连续20年每年支取1 000元，现在应存入银行2 879元钱(银行复利计息，年利率为5%)。

5) 永续年金

永续年金是指无限期收付的年金。例如，无期限的附息债券可视为永续普通年金。

由于假设永续年金没有终止的时间，因此不存在终值，只存在现值。永续年金现值的计算公式可由普通年金的现值计算公式推导得出。

设每年的年金为$A$，年复利率为$i$，则该永续(普通)年金现值为

$$P=A\frac{1-(1+i)^{-n}}{i}$$

当$n\to+\infty$，$(1+i)^{-n}\to 0$，永续年金现值的计算公式为

$$P=A/i$$

式中，$1/i$称为永续年金现值系数。

【例2-10】某职业技术学院准备建立一项永久性奖学金制度，初步计算每年需10万元，若银行按复利计息，年利率为5%，现在应存入银行多少钱？

思路：永久性奖学金每年需支付10万元，表现为永续年金，求现在存多少钱，即求现值。

解：$P=\dfrac{10}{5\%}=200(万元)$

上述计算表明，只要现在存入银行200万元，就能建立一项永久性奖学金制度，每年支付10万元。

**4. 货币时间价值计算的特殊问题**

1) 不等额现金流量现值的计算

前文所讲的年金计算方法要求每次收入或支出的款项都是相等的，但在财务管理中，更多的情况是每次收入或支出的款项并不相等。

假设：$A_0$——第0年年末的付款；

　　　$A_1$——第1年年末的付款；

　　　$A_2$——第2年年末的付款；

　　　$A_3$——第3年年末的付款；

　　　$A_n$——第n年年末的付款。

【例2-11】顺通公司现有一个投资项目(见表2-1)。银行借款利率为10%，求项目的投资额现值。

表2-1　顺通公司投资项目资料

| 投资期/年 | 0 | 1 | 2 | 3 |
| --- | --- | --- | --- | --- |
| 投资额/万元 | 1 000 | 2 000 | 1 500 | 3 000 |

解：投资额现值=1 000+2 000×(P/F，10%，1)+1 500×(P/F，10%，2)+3 000×(P/F，10%，3)

=1 000+2 000×0.909+1 500×0.826+3 000×0.751

=6 310(万元)

2) 年金和不等额现金流量混合情况下的现值

在年金和不等额现金流量混合的情况下，能用年金公式计算现值便用年金公式计算；不能用年金计算的部分用复利公式计算，然后把它们汇总，便可得出年金和不等额现金流量混合情况下的现值。

【例2-12】顺通公司现有一个投资项目，投产后每年获得的现金流见表2-2，折现率9%，求项目所获得的现金流的现值。

表2-2 顺通公司现金流量

| 年次 | 1 | 2 | 3 | 4 | 5 | 6 | 7 | 8 | 9 | 10 |
|---|---|---|---|---|---|---|---|---|---|---|
| 现金流量/万元 | 100 | 100 | 100 | 100 | 200 | 200 | 200 | 200 | 200 | 300 |

解：$P$=100×($P/A$，9%，4)+200×($P/A$，9%，5)×($P/F$，9%，4)+300×($P/F$，9%，10)

=100×3.240+200×2.755+300×0.422

=1 001.6(万元)

3) 复利计息方式下利率的计算(内插法的运用)

在前文中，计算现值和终值时都假定利率是给定的，但在财务管理中，经常会遇到已知计息期数、终值和现值，求利率的问题。

一般情况下，计算利率时，首先要计算有关的时间价值系数，或者复利终值(现值)系数，或者年金终值(现值)系数，然后查表。如果表中有这个系数，则对应的利率即为要求的利率；如果表中没有这个系数，则可查出最接近的一大一小两个系数，采用内插法求出。

【例2-13】李强现在向银行存入20 000元，问年利率$i$为多少时，才能保证在以后9年中每年可以取出4 000元。

解：根据普通年金现值公式，则有

20 000=4 000×($P/A$，$i$，9)

($P/A$，$i$，9)=5

查表并用内插法求解，查出期数为9、年金现值系数比较接近5的一大一小两个系数为

($P/A$，12%，9)=5.328 2

($P/A$，14%，9)=4.946 4

| 利率 | 年金现值系数 |
|---|---|
| 14% | 4.946 4 |
| $i$ | 5 |
| 12% | 5.328 2 |

$$\frac{i-12\%}{14\%-12\%} = \frac{5-5.328\ 2}{4.946\ 4-5.328\ 2}$$

$i$=13.72%

对于永续年金来说，则可以直接根据公式来求。

【例2-14】吴先生存入1 000 000元，奖励每年的高考文理科状元共20 000元，奖学金每年发放一次。银行存款年利率为多少时，才可以设定成永久性奖励基金？

解：由于每年都要拿出20 000元，因此奖学金的性质是一项永续年金，其现值应为1 000 000元，因此

$i=20\,000/1\,000\,000=2\%$

也就是说，利率不低于2%才能保证奖学金制度的正常运行。

4) 名义利率和实际利率

如果以"年"作为基本计息期，每年计算一次复利，此时的年利率为名义利率($r$)，如果按照短于1年的计息期计算复利，并用全年利息额除以年初的本金，此时得到的利率为实际利率($i$)，计算公式为

$$实际利率\ i = \frac{p(1+\frac{r}{m})^m - p}{p} = (1+\frac{r}{m})^m - 1$$

【例2-15】假设有资金100 000元，准备购买债券。现有两家公司发行债券，情况如表2-3所示，分析实际利率和名义利率。

表2-3 A、B公司复利次数

| 公司名 | 名义利率$r$ | 复利次数$m$ | 实际利率$i$ |
|---|---|---|---|
| A公司 | 8% | $m=1$ | $i=?$ |
| B公司 | 6% | $m=2$ | $i=?$ |

解：A公司实际利率$=(1+\frac{8\%}{1})^1 - 1 = 8\%$

B公司实际利率$=(1+\frac{6\%}{2})^2 - 1 = 6.09\%$

结论：当$m=1$时，实际利率=名义利率

当$m>1$时，实际利率>名义利率

# 2.2 风险与收益

## 2.2.1 风险概述

风险是指在一定条件下和一定时期内可能发生的各种结果的变动程度。

**1. 风险的特征**

(1) 风险是事件本身的不确定性，具有客观性。

(2) 这种风险是"一定条件下"的风险。

(3) 风险的大小随时间的延续而变化。

(4) 风险可能给投资人带来超出预期的收益，也可能带来超出预期的损失。

(5) 风险是针对特定主体的,如项目、企业、投资人,风险主体与收益主体相对应。

(6) 风险是指"预期"收益率的不确定性,而非实际的收益率。

**2. 风险的类别**

对于企业的风险,可以从不同角度去观察。

(1) 从投资者的角度观察,企业风险可分为市场风险和特有风险两类。

市场风险,是指影响市场所有资产的风险,如政策变动、战争、经济周期性波动、利率变动等带来的风险,它是源自整个经济系统影响企业经营的普遍因素,是无法通过分散投资或组合投资规避的风险,也称系统风险、不可分散风险。

特有风险,是指由于企业自身经营等原因带来的风险,如新产品开发失败、工人罢工、输送失败、失去重要合同等带来的风险。它是个别企业的特有事件造成的风险,是可以通过多元化投资规避的风险,也称非系统风险、可分散风险。

(2) 从经营者和筹资者的角度观察,企业风险可分为经营风险和财务风险(筹资风险)。

经营风险,是指企业固有的,由于生产经营上的原因而导致的未来经营收益的不确定性。它是企业因生产经营上的原因而导致利润变动的风险,也称营业风险。

影响经营风险的主要因素有以下几个。

① 原材料投入价格变动、新材料或新设备的出现等因素带来的供应方面的风险;

② 产品质量高低、新产品开发成败、生产组织合理与否等因素带来的生产方面的风险;

③ 销售的稳定性;

④ 外部环境的变化,即劳动力市场的供求关系变化、发生通货膨胀、自然气候恶劣、税收政策以及其他宏观政策的调整。

财务风险,是指由于举债而给企业财务成果带来的不确定性。它是由全部资本中的债务资本比率(如果没有优先股的话)的变化带来的风险,也称因负债而增加的风险。

在经营风险一定的前提下,采用固定资金成本筹资方式所筹资金的比重越大,这种附加给普通股东的风险就越大。因此,也可以说,债务比率与财务风险成正比。

企业举债经营,会给企业的自有资金的盈利能力造成影响。当息税前利润率高于借入资金利息率时,使用借入资金可提高自有资金利润率,同时举债需要还本付息;当息税前利润率低于借入资金利息率,需动用自有资金的一部分利润来支付利息(因为是法定要支付的),从而降低自有资金利润率,如果企业息税前利润还不够支付利息费用，就要用自有资金来支付，使企业发生亏损，一旦无力偿付到期债务，企业便会陷入财务困境——亏损严重，财务状况恶化，丧失支付能力，就会破产。

影响企业财务风险(筹资风险)的主要因素有：资金供求的变化；利率水平的变动；获利能力的变化；资金结构的变化(资金结构的变化对筹资风险的影响最为直接。企业负债比例越高，筹资风险越大；反之，负债比例越低，筹资风险越小)。

**3. 风险报酬**

风险报酬是指投资者因冒风险进行投资而要求的超过货币时间价值的那部分额外报酬，也称风险价值。它的表示形式有风险价值额和风险价值率。

### 2.2.2 风险衡量

风险衡量通常采用概率、期望值、离散程度和标准离差率这几个指标。

**1. 概率**

随机事件是指在相同条件下，可能发生也可能不发生的某一事件。概率是表示随机事件发生可能性大小的数值，即该事件发生的可能性机会。

通常把肯定发生事件的概率定为1，把肯定不发生事件的概率定为0，而一般随机事件的发生概率是介于0与1之间的一个数。通常用$X$表示随机事件，$X_i$表示随机事件的第$i$种结果，$P_i$为出现该种结果的相应概率。

【例2-16】某有限公司拟投资一条生产线，生产豆奶或果汁。根据市场调查，预计在三种不同的市场情况下，可能获得的年净利润及其概率等资料如表2-4所示，分析概率分布情况。

表2-4 预计年净利润及概率表

| 市场情况 | 概率($P_i$) | 预计年净利润($X_i$)/万元 | |
| --- | --- | --- | --- |
| | | 生产豆奶 | 生产果汁 |
| 繁荣 | 0.3 | 600 | 700 |
| 一般 | 0.5 | 500 | 400 |
| 衰败 | 0.2 | 100 | 200 |

表2-4中的数据表明，在市场繁荣的情况下，生产豆奶和果汁的预计年净利润分别为600万元和700万元，其可能性为30%；在市场一般的情况下，生产豆奶和果汁的预计年净利润分别为500万元和400万元，其可能性为50%；在市场衰败的情况下，生产豆奶和果汁的预计年净利润分别为100万元和200万元，其可能性为20%。

概率必须符合下列两个条件：① $0 < P_i < 1$；② $\sum_{i=1}^{n} P_i = 1$

概率分布是指某一事件的各种结果发生可能性的概率分布。在实际应用中，概率分布有两种类型：一种是不连续的概率分布，其特点是概率分布在各个特定的点上，即为离散型分布；另一种是连续的概率分布，其特点是概率分布在连续图像上的两个点的区间上，即为连续型分布。

**2. 期望值**

期望值是指概率分布中的所有可能结果，它是以各自相应的概率为权数计算的加权平均值，代表投资者合理的预期收益，通常用符号$E$表示，计算公式为

$$E=\sum_{i=1}^{n}X_iP_i$$

式中，$X_i$为各情况收益率；$P_i$为各情况概率。

【例2-17】根据例2-16的资料，计算生产豆奶和果汁的预计年净利润的期望值。

$E_{豆奶}$=600×0.3+500×0.5+100×0.2=450(万元)

$E_{果汁}$=700×0.3+400×0.5+200×0.2=450(万元)

计算结果表明，两个方案预计年利润的期望值相同，均为450万元，说明利用期望值判断两个方案的风险是相同的。因此，需根据预计净利润的具体数值与期望值的偏离程度即离散程度，来判断风险的大小。

**3. 离散程度**

表示随机变量离散程度的指标有平均差、方差、标准离差和全距等，最常用的是标准离差。标准离差用于反映概率分布中各种可能的结果对期望值的偏离程度，通常用符号$\sigma$表示，计算公式为

$$\sigma=\sqrt{\sum_{i=1}^{n}(X_i-E)^2P_i}$$

【例2-18】根据例2-17的资料及计算结果，计算生产豆奶和果汁的预计年净利润的标准离差。

$\sigma_{豆奶}=\sqrt{(600-450)^2\times0.3+(500-450)^2\times0.5+(100-450)^2\times0.2}$=180.28(万元)

$\sigma_{果汁}=\sqrt{(700-450)^2\times0.3+(400-450)^2\times0.5+(200-450)^2\times0.2}$=196.85(万元)

标准离差以绝对数衡量投资项目的风险，在期望值相同的条件下，标准离差越大，风险越大；反之，标准离差越小，则风险越小。

**4. 标准离差率**

标准离差率是标准离差与期望值的比值，通常用$\rho$表示，计算公式为

$$\rho=\frac{\sigma}{E}$$

标准离差作为绝对数，只适用于期望值相同的决策方案的风险程度的评价和比较；对于期望值不同的决策方案，只能借助于标准离差率这一相对数值来评价和比较各自的风险程度。

【例2-19】根据例2-18的资料，计算生产豆奶和果汁的标准离差率。

$$\rho_{豆奶}=\frac{180.28}{450}\times100\%=40.06\%$$

$$\rho_{果汁}=\frac{196.85}{450}\times100\%=43.74\%$$

在期望值不同的条件下，标准离差率越大，风险越大；反之，标准离差率越小，则风险越小。

### 2.2.3 风险收益分析

**1. 风险与收益的一般关系**

对于每项资产来说，所要求的必要收益率可用以下模式来度量

$$必要收益率=无风险收益率+风险收益率$$

式中，无风险收益率(通常用$R_f$表示)是纯粹利率与通货膨胀补贴之和，通常用短期国债的收益率来近似替代；而风险收益率表示因承担该项资产的风险而要求的额外补偿，其大小则视所承担风险的大小以及投资者对风险的偏好而定。

从理论上来说，风险收益率可以表述为风险价值系数($b$)与标准离差率($V$)的乘积，即

$$风险收益率=bV$$

因此

$$必要收益率R=R_f+bV$$

风险价值系数($b$)的大小取决于投资者对风险的偏好，对风险越是回避，风险价值系数($b$)的值也就越大；反之，对风险的容忍程度越高，则说明承受风险的能力越强，那么要求的风险补偿也就没那么高，风险价值系数($b$)就会比较小。标准离差率($V$)的大小则由该项资产的风险大小所决定。

**2. 资本资产定价模型**

1) 资本资产定价模型(capital asset pricing model，CAPM)的基本原理

$$某项资产的必要收益率=无风险收益率+风险收益率$$
$$=无风险收益率+某项资产的\beta\times(市场组合的平均收益率-无风险收益率)$$
$$资产组合的必要收益率=无风险收益率+资产组合的\beta\times(市场组合的平均收益率-无风险收益率)$$

用公式表示为

$$R=R_f+\beta(R_m-R_f)$$

式中，$R$表示某资产的必要收益率；$\beta$表示该资产的系统风险系数；$R_f$表示无风险收益率(通常以短期国债的利率来近似替代)；$R_m$表示市场组合平均收益率(通常用股票价格指数的平均收益率来代替)；$(R_m-R_f)$称为市场风险溢酬。

某资产的风险收益率是市场风险溢酬与该资产$\beta$系数的乘积，即

$$风险收益率=\beta(R_m-R_f)$$

2) 证券市场线

如果把CAPM的核心关系式中的$\beta$看作自变量，将必要收益率$R$作为因变量，将无风险利率$R_f$和市场风险溢酬$(R_m-R_f)$作为已知系数，那么这个关系式在数学上就是一个直线方程，称为证券市场线(见图2-5)，简称$SML$。$SML$就是关系式$R=R_f+\beta(R_m-R_f)$所代表的直线。该直线的横坐标是$\beta$系数，纵坐标是必要收益率。

$SML$上每个点的横、纵坐标对应着每一项资产(或资产组合)的$\beta$系数和必要收益率。因此，任意一项资产或资产组合的$\beta$系数和必要收益率都可以在$SML$上找到对应的点。

(1) 在证券市场上，截距为无风险收益率。当无风险收益率变大而其他条件不变时，所有资产的必要收益率都会上涨，且增加同样的数值；反之亦然。

(2) 斜率为风险溢酬。风险厌恶程度越高，要求的补偿越高，证券市场线的斜率就越大。

(3) 在CAPM理论框架下，假设市场是均衡的，则CAPM还可以描述为

$$预期收益率=必要收益率=R_f+\beta(R_m-R_f)$$

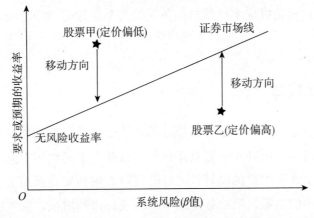

股票甲：预期的实际收益率大于补偿系统风险要求的收益率，即定价偏低
股票乙：预期的实际收益率小于补偿系统风险要求的收益率，即定价偏高

图2-5　证券市场线

## 2.3 成本性态

### 2.3.1 成本性态的概念

成本是企业管理的重要杠杆，是影响经营决策的关键性指标。成本性态又叫成本习性，是指成本总额的变动与业务量(生产量或者销售量)总数之间的依存关系，即成本如何随着业务量的变动而产生不同的变动。因为这种依存关系是客观存在的，所以称为性态、习性或特性。按照成本性态的不同，通常将成本分为固定成本和变动成本两大类。

这里的成本，是指企业为取得营业收入而付出的制造成本和非制造成本，即它不仅包括产品的全部生产成本，还包括由企业的销售费用和管理费用等构成的期间成本。

这里的业务量，是指企业在一定的生产经营期内投入或完成的经营工作量的通称，可用多种计量单位来表示。业务量包括绝对量和相对量两大类。其中，绝对量可细分为实物量、价值量和时间量三种形式；相对量可以用百分比和比率等形式来反映。具体使用什么计量单位，应视管理要求和现实可能而定。业务量是企业生产活动的业务基础，可以是产品产量、人工小时、机器工作小时、销售量等。在研究成本性态时，应选择与所考察的成本存在直接联系的业务量。

成本性态分析，就是研究成本与业务量之间的依存关系，考察不同类别的成本和业务量之间的特定数量关系，把握业务量的变动对于各类成本变动的影响。可见，成本性态分析也就是将成本按其与业务量的关系进行适当的分类，这个问题将在本节详细说明。

### 2.3.2 变动成本

凡成本总额在一定时期和一定业务量范围内随业务量总数的增减成正比例变动的成本，称为变动成本。国外企业把直接材料、直接人工都归属于变动成本，我国工业企业中直接用于产品生产的原材料、辅助材料、燃料费用及加工费用等也属于变动成本。变动成本的总额，随业务量的增减而成正比例增减，发生同方向变动，但就单位产品变动成本而言，变动成本是固定不变的。

【例2-20】某服装厂加工毛料西服，每套服装需用毛料价值200元，根据其生产情况，设每套服装毛料成本(即单位变动成本)为$b$，产量为$x$套，那么该厂生产该种服装的毛料总成本为$bx$，它们的关系如表2-5所示，试分析如何降低变动成本。

表2-5 西服产量和毛料成本资料

| 西服产量$x$/套 | 每套西服毛料成本$b$/元 | 全部西服毛料变动成本总额$bx$/元 |
| --- | --- | --- |
| 100 | 200 | 20 000 |
| 200 | 200 | 40 000 |
| 300 | 200 | 60 000 |
| 400 | 200 | 80 000 |
| 500 | 200 | 100 000 |

将表2-5中的西服产量和毛料成本之间的关系用图形表示，如图2-6所示。

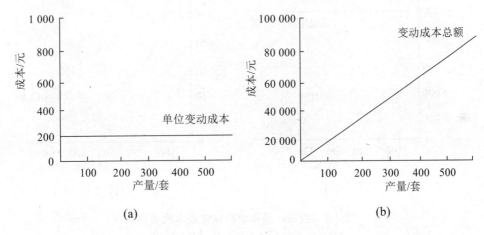

图2-6 西服产量和变动成本的关系

由图2-6可以看出，单位产品的变动成本是不变的(变动成本总额线的斜率为常数，单位变动成本线为水平线)。所以，要想降低变动成本，主要应从技术革新和技术改造、降低单位产品的材料消耗和工资含量等方面着手。

### 2.3.3 固定成本

凡成本总额在一定时期和一定业务量范围内，不随业务量的变化而变化，保持固定不变的成本，均称为固定成本。如按直线法计提的固定资产折旧、厂房设备租金、管理人员工资、车间管理费等。固定成本是相对于产品总量而言的，就单位产品中的固定成本来看，却是随产量变化而朝反方向变化的，即业务量增加，单位固定成本减少。

【例2-21】基于例2-20的数据，说明该厂固定成本总额和单位固定成本之间的数量特点。假定该厂每月生产西服最大产量为500套，固定成本总额$a$为10 000元，则单位产品固定成本为$a/x$，其中$x$为西服的月产量(套)，其数量关系如表2-6所示。

表2-6　西服产量和固定成本资料

| 西服月产量 $x$/套 | 月固定成本总额 $a$/元 | 单位固定成本 $a/x$/元 |
|---|---|---|
| 100 | 10 000 | 100.0 |
| 200 | 10 000 | 50.0 |
| 300 | 10 000 | 33.3 |
| 400 | 10 000 | 25.0 |
| 500 | 10 000 | 20.0 |

将表2-6中西服产量和单位固定成本的关系用图形表示，如图2-7所示。

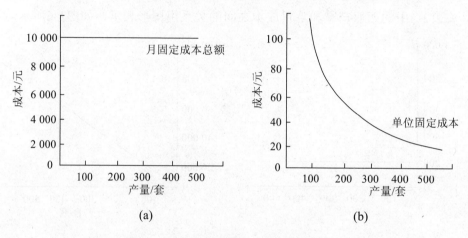

图2-7　西服产量和单位固定成本的关系

由图2-7可以看出，当西服产量在500套以内时，固定成本总额是不变的，而单位产品成本中所包含的固定成本，则随着产量的增加而降低。由此可见，在固定成本总额不变的条件下，增加产品产量可以降低单位产品成本中的固定成本，这也正是规模产量带来的好处。

从对变动成本和固定成本的分析来看，我们所说的变动成本和固定成本，是就其成本总额而言的；而从单位变动成本和单位固定成本而言，恰恰单位变动成本是固定的，而单位固定成本是变动的。这是我们需要注意的。

另外，还要注意，变动成本和固定成本就其总额来看，它与业务量是成正比例变化，还是不随业务量发生变化，都应在一定的相关范围之内。所谓相关范围，包括一定时间、一定业务量的双重含义。

由此可见，按成本性态把成本分为变动成本和固定成本，是建立在以下两个假设前提下的：一是变动成本反映的是线性关系；二是固定成本总额只能在相关范围内保持不变。

如【例2-20】，从固定成本来看，该服装厂目前的最大生产能力是500套服装，如果生产700套服装，就需要增加设备，势必要增加固定成本。再如，在物价上涨的情况下，即使产量仍为500套，由于时间发生变化，固定成本也会发生变动。如最多生产量为500套、物价不上涨等，都是我们所说的相关范围。

有些行业中，变动成本总额与业务量之间的变动比例也存在一定的相关范围。在相关范围内，变动成本总额与业务量成正比例变化；在相关范围外，变动成本总额与业务量则不一定成正比例变动。这种现象在化工行业的产品生产中比较突出。

### 2.3.4 混合成本

混合成本，是指随着业务量的增减变动，其总额虽然也相应地发生变化，但变动的幅度并不与业务量的变动保持严格的正比例关系。混合成本同时包含固定成本与变动成本两个因素。它通常有一个初始量，类似固定成本，在这个基础上，业务量增加了，成本总额也相应增加，类似变动成本。如保管费、运输设备的维护保养费等，都是带有混合成本性质的费用。

【例2-22】某商店租用送货卡车一辆，租约规定租金同时按两种标准计算。每季支付租金1 200元，卡车行驶每千米支付租金1.20元。设该商店当年送货卡车共行驶3 800千米，共支付租金9 360元。某商店各季度送货行驶里程及租金支付情况，如表2-7所示，试分析该商店的混合成本。

表2-7 某商店各季度送货行驶里程及租金支付情况

| 项目 | 时间 | | | | 合计 |
| --- | --- | --- | --- | --- | --- |
| | 第一季度 | 第二季度 | 第三季度 | 第四季度 | |
| 里程/千米 | 800 | 750 | 950 | 1 300 | 3 800 |
| 固定租金/元 | 1 200 | 1 200 | 1 200 | 1 200 | 4 800 |
| 变动租金/元 | 960 | 900 | 1 140 | 1 560 | 4 560 |
| 合计/元 | 2 160 | 2 100 | 2 340 | 2 760 | 9 360 |

根据表2-7的有关数据，可将混合成本与季度业务量之间的关系用图2-8表示。

从图2-8中可以看出，无论卡车送货还是不送货，也无论行驶里程多少，季度成本都以1 200元为起点，即必须缴纳1 200元，这一部分是固定的，即固定成本部分。当卡车送货里程增加时，成本额也随之增加，即图中所画斜线，这一部分是变动的，即变动成本部分。

前文已经讲过，在实际工作中，有些成本项目与业务量的依存关系是复杂的。混合成本兼有变动成本和固定成本两种性质，虽然成本总额也随产量变动而变动，但不成正比例，不能简单地归入变动成本或固定成本，因而称为混合成本。

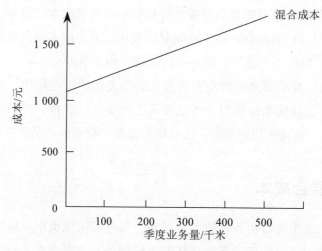

图2-8 混合成本与季度业务量的关系

### 2.3.5 边际贡献

**1. 边际贡献的计算**

边际贡献,也称为贡献边际、贡献毛益、边际利润或创利额,是本量利分析中反映产品创利能力的一个重要指标,是产品的销售收入减去变动成本后的余额。边际贡献的表现形式有三种:边际贡献额、单位边际贡献和边际贡献率。

边际贡献额简称边际贡献(用TCM表示),是指产品的销售收入总额减去变动成本总额后的余额。单位边际贡献(用CM表示)是单位概念,是指产品的销售单价减去单位变动成本后的余额,反映的是单位产品的创利能力,即每增加一个单位产品的销售可提供的创利额。边际贡献率(用CMR表示)是相对数概念,是指边际贡献额占销售收入总额的百分比,或者单位边际贡献占销售单价的百分比,反映的是每百元销售额中能提供的边际贡献额。假设销售量为$x$,边际贡献额、单位边际贡献和边际贡献率的计算公式分别为

边际贡献额(TCM)=销售收入总额(SP$x$)−变动成本总额(VC$x$)=单位边际贡献(CM$x$)×销售量

单位边际贡献(CM)=单价(SP)−单位变动成本(VC)=$\dfrac{\text{边际贡献额(TCM)}}{\text{销售量}x}$

边际贡献率(CMR)=$\dfrac{\text{边际贡献额(TCM)}}{\text{销售收入总额(SP}x\text{)}}$×100%=$\dfrac{\text{单位边际贡献(CM)}}{\text{单价(SP)}}$×100%

公式用字母表示为

$$TCM=SPx-VCx=(SP-VC)x=CMx$$

## 第2章 财务管理基础 | 53

$$CM=SP-VC=\frac{TCM}{x}$$

$$m=M$$

$$CMR=\frac{TCM}{SPx}\times100\%=\frac{CM}{SP}\times100\%$$

**2. 边际贡献率的相关指标**

与边际贡献率密切相关的指标是变动成本率(用VCR表示)。变动成本率是指变动成本与销售收入总额的比率，或者单位变动成本与销售单价的比率，反映的是每百元销售额中变动成本所占的金额。变动成本率的计算公式为

$$变动成本率=\frac{变动成本总额}{销售收入总额}\times100\%=\frac{单位变动成本}{单价}\times100\%$$

公式用字母表示为

$$VCR=\frac{VCx}{SPx}\times100\%=\frac{VC}{SP}\times100\%$$

因为边际贡献等于销售收入总额减去变动成本总额，所以

$$\frac{边际贡献额}{销售收入总额}+\frac{变动成本总额}{销售收入总额}=1$$

也就是说

$$边际贡献率+变动成本率=1$$

两者的互补关系为

$$边际贡献率+变动成本率=1$$

$$变动成本率=1-边际贡献率$$

由此可见，边际贡献率与变动成本率是一对性质互补的指标。产品的变动成本率低，则其边际贡献率就高，创利能力就强；反之，产品的变动成本率高，则其边际贡献率就低，创利能力就弱。因此，边际贡献率是一个正指标，其值越大越好；而变动成本率则相反，它是一个负指标，其值越小越好。边际贡献指标在管理会计中的应用十分广泛，特别是在短期经营决策和控制中起着非常重要的作用。

**【例2-23】** 一家企业只生产和销售甲产品，已知甲产品的销售单价为80元，单位变动成本为56元，每个月的固定成本为18 000元，本月销售量为1 000件。

要求：计算边际贡献、单位边际贡献、边际贡献率、变动成本率和本月的营业利润。

解：边际贡献=销售收入总额-变动成本总额

$$=SPx-VCx$$

$$=(80-56)\times1\ 000$$

$$=24\ 000(元)$$

单位边际贡献=单价-单位变动成本=SP-VC=80-56=24(元)

边际贡献率=$\dfrac{单位边际贡献}{单价}\times 100\%=\dfrac{24}{80}\times 100\%=30\%$

变动成本率=1-边际贡献率=1-30%=70%

本月营业利润=(单价-单位变动成本)×销售量-固定成本

$\qquad\qquad$=(SP-VC)x-FC

$\qquad\qquad$=(80-56)×1 000-18 000

$\qquad\qquad$=6 000(元)

## 2.3.6 盈亏平衡分析

盈亏平衡点是指使企业达到不盈不亏，即盈亏平衡状态的销售量，在该业务量水平上，企业的营业利润为零，销售收入等于总成本或者边际贡献等于固定成本。盈亏平衡点也被称为盈亏临界点、损益平衡点、保本点等。盈亏平衡点分析就是利用本量利函数关系预测企业在何种条件下达到盈亏平衡状态，确定盈亏平衡点，通过分析盈亏平衡点对销售量、成本和营业利润产生的影响，为企业合理准确地进行计划、决策和控制提供有用的信息。盈亏平衡点通常有两种表现形式：一种是业务量表现形式，称为盈亏平衡点销售量，即销售多少数量的产品才能够使企业达到盈亏平衡状态；另一种是货币金额表现形式，称为盈亏平衡点销售额，即销售多少金额的产品才能够使企业达到盈亏平衡状态，不盈不亏。盈亏平衡点的确定方法主要有基本公式法、边际贡献法及图示法等。

**1. 基本公式法**

基本公式法，是指根据标准型的本量利关系式，当企业营业利润为零达到盈亏平衡状态时，计算得出此时的销售量和销售额的一种方法。此时的销售量和销售额分别称为盈亏平衡点销售量和盈亏平衡点销售额，简称保本量和保本额。

标准型的本量利关系式为

$\qquad\qquad$营业利润=(单价-单位变动成本)×销售量-固定成本

$\qquad\qquad\qquad$P=(SP-VC)x-FC

在盈亏平衡状态即P=0时，公式为

$\qquad\qquad$(单价-单位变动成本)×销售量-固定成本=0

$\qquad\qquad\qquad$(SP-VC)x-FC=0

$\qquad\qquad$盈亏平衡点销售量=$\dfrac{固定成本}{单价-单位变动成本}$

盈亏平衡点销售额=盈亏平衡点销售量×单价=$\dfrac{\text{固定成本}}{\text{单价}-\text{单位变动成本}}$×单价

$$x_0 = \dfrac{FC}{SP-VC}$$

$$S_0 = \left(\dfrac{FC}{SP-VC}\right)SP$$

式中，$x_0$为保本量；$S_0$为保本额。

【例2-24】一家企业只生产和销售B产品，该产品的单位售价为40元，单位变动成本为24元，本月相关固定成本为64 000元。

要求：计算该企业本月销售量为多少件时才能达到盈亏平衡，此时的销售额为多少元？

解：根据盈亏平衡点基本公式

盈亏平衡点销售量=4 000(件)

盈亏平衡点销售额=$x_0 S$=4 000×40=160 000(元)

**2. 边际贡献法**

边际贡献法，是指根据贡献型的本量利关系式，当企业营业利润为零，达到盈亏平衡状态时，计算得出此时的销售量和销售额的一种分析方法。

贡献型的本量利关系式为

营业利润=边际贡献额−固定成本

=单位边际贡献×销售量−固定成本

=销售收入总额×边际贡献率−固定成本

$P = CMx - FC$

$\quad = (SPx)CMR - FC$

在盈亏平衡状态即$P=0$时，公式为

单位边际贡献×销售量−固定成本=0

$CMx - FC = 0$

另　　　　　销售收入总额×边际贡献率−固定成本=0

$(SPx)CMR - FC = 0$

所以　　　　盈亏平衡点销售量=$\dfrac{\text{固定成本}}{\text{单位边际贡献}}$

盈亏平衡点销售额=盈亏平衡点销售量×单价=$\dfrac{\text{固定成本}}{\text{边际贡献率}}$

$$x_0 = \dfrac{FC}{CM}, \quad S_0 = \dfrac{FC}{CMR}$$

式中，$x_0$为保本量；$S_0$为保本额。

**【例2-25】** 资料同例2-23，采用边际贡献法进行盈亏平衡点分析。

解：单位边际贡献(CM)=SP-VC=40-24=16(元)

边际贡献率(CMR)=$\frac{40-24}{40}×100\%=40\%$

盈亏平衡点销售量($x_0$)=$\frac{64\ 000}{40-24}$=4 000(件)

盈亏平衡点销售额($S_0$)=$\frac{64\ 000}{40-24}×40$=160 000(元)

分析结果可知，基本公式法和边际贡献法的计算原理是相同的，但采用边际贡献法，我们可以得出营业利润、边际贡献和固定成本三者之间的关系。乙企业每销售一件B产品可获得40元的销售收入，扣除发生的24元变动成本，从而产生16元的边际贡献。每月的固定成本不受销售量的影响，保持64 000元的水平，因此乙企业本月销售4 000件产品或销售收入为160 000元时，边际贡献额为64 000元，正好弥补固定成本，企业达到盈亏平衡点。当B产品销售量超过4 000件的盈亏平衡点时，每增加一件产品的销售量，增加的边际贡献创造的营业利润将增加16元；而当销售量低于4 000件时，每减少一件产品的销售量，营业利润将减少16元。

### 3. 图示法

图示法，是指在直角坐标系中通过本量利分析图进行盈亏平衡点分析的一种方法，即在直角坐标系上绘出反映企业不同业务量水平条件下的盈亏状况的图形，也称为盈亏平衡图。图示法直观明了、简便易懂，能够从动态的角度形象地反映成本、业务量及营业利润三者内在的联系，成为本量利分析中应用最广泛的方法。但是，由于它是目测绘制而成的，难以保证数据与结果的准确。因此，企业通常在进行本量利目标规划时，还要结合公式法及其他方法。

在图示法中，总成本线以固定成本为基础，固定成本线置于变动成本线之下。固定成本线能够清晰地反映固定成本总额不变的特点，同时揭示盈亏平衡点、盈利区与亏损区的关系，其绘制步骤如下所述。

(1) 选定直角坐标系，在第Ⅰ象限内以横轴表示销售量(或其他业务量)，以纵轴表示成本和销售收入的金额。

(2) 绘制固定成本线。在纵轴上找出固定成本对应的数值，以此点(0,固定成本值)为起点，绘制一条与横轴平行的直线，即固定成本线。

(3) 绘制总成本线。以点(0,固定成本值)为起点，以单位变动成本为斜率，绘制总成本线。也可根据"总成本=单位变动成本×销售量+固定成本(销售量＞0)"的函数关系，在横轴上任取一点销售量计算出其对应的总成本值，在直角坐标系内标出该点(任取一点销售量，该销售量对应的总成本值)，连接该点和点(0,固定成本值)，即可确定总成本线。

(4) 绘制销售收入线。以坐标原点(0，0)为起点，以单价为斜率，绘制销售收入线。具体做法是在横轴上任取一点销售量，计算出其对应的销售收入，在直角坐标系内标出该点(任取一点销售量，该销售量对应的销售收入值)，连接该点和坐标原点(0，0)，即可确定销售收入线。

(5) 确定盈亏平衡点。在盈亏平衡图中，销售收入线与总成本线的交点即为盈亏平衡点，在此销售量下，销售收入总额等于总成本额。

【例2-26】资料同例2-23，采用图示法基本式进行盈亏平衡点分析。

按照上述步骤绘制乙企业的盈亏平衡图，如图2-9所示。

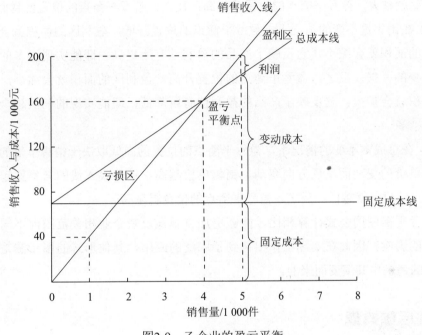

图2-9 乙企业的盈亏平衡

从图2-9中可以看出，销售收入线与总成本线在销售量为4 000件、销售收入为160 000元时相交，这就是盈亏平衡点的销售量和盈亏平衡点的销售额。当销售量小于4 000件时，乙企业处于亏损状态，且亏损额随销售量的减少而逐渐增加；当销售量大于4 000件时，乙企业处于盈利状态，且利润随着销售量的增长而增加。企业利润的高低取决于销售收入和总成本之间的数量对比，而销售收入的多少取决于销售单价和销售量两个因素，总成本的大小取决于变动成本和固定成本两个因素。因此，盈亏平衡点的位置取决于销售单价、单位变动成本和固定成本因素。

通过盈亏平衡点分析，可以总结出以下几个方面的规律。

(1) 在盈亏平衡点不变的情况下，即在销售单价、单位变动成本和固定成本不变的情况下，销售量超过盈亏平衡点一个单位，即可获得一个单位边际贡献的盈利。所以，销售量超过盈亏平衡点时，销售量越大，能实现的利润就越多；反之，销售量越小,企业能实现的利润就越少。当销售量不到盈亏平衡点时,销售量越大,招致的亏损就越少;反之,销售量越小,企业的亏损就越多。

(2) 在销售单价、单位变动成本不变的情况下,盈亏平衡点的高低取决于固定成本总额的大小,随固定成本总额的变动而同方向变动。固定成本总额越大,总成本线与纵轴的交点的位置越高,盈亏平衡点的位置就越高;反之,盈亏平衡点的位置就越低。

(3) 在销售单价、固定成本总额不变的情况下,盈亏平衡点的高低取决于单位变动成本的大小,随单位变动成本的变化而同方向变化。单位变动成本越高,总成本线的斜率就越大,盈亏平衡点的位置就越高;反之,盈亏平衡点的位置就越低。

(4) 在销售量不变的情况下,盈亏平衡点的位置降低,盈利区的面积就会扩大,亏损区的面积就会缩小。它反映了产品的盈利性有所提高,即能实现更多的利润或产生更少的亏损;反之,盈亏平衡点的位置升高,盈利区的面积就会缩小,而亏损区的面积就会扩大。它反映了产品的盈利性有所降低,即能实现的利润越少或产生的亏损越多。

(5) 在总成本不变的情况下,盈亏平衡点的位置的高低取决于销售单价的高低,随销售单价的变动而呈反方向变动。销售单价越高,销售收入线的斜率就越大,盈亏平衡点的位置就越低;反之,盈亏平衡点的位置就越高。

盈亏平衡图同公式计算相比,能够更加直观地反映企业相关范围内不同业务量对利润的影响,因此在实际工作中得到了广泛的应用,其他形式的图示法是出于不同角度的考虑由其演变而来的。

## 章后练习题

**1. 单项选择题**

(1) 货币时间价值是指在没有风险和没有通货膨胀下的(    )。
    A. 利息率                        B. 社会平均资金利润率
    C. 利润率                        D. 银行存款年利率

(2) 年资本回收额是(    )。
    A. 复利终值的逆运算          B. 年金现值的逆运算
    C. 年金终值的逆运算          D. 复利现值的逆运算

(3) 已知终值,求年金的系数,称之为(    )。
    A. 年金终值系数              B. 年金现值系数
    C. 偿债基金系数              D. 资本回收系数

(4) 在期望值相同的情况下,标准离差越大的方案,其风险( )。

　　A. 无法判断　　　　B. 两者无关　　　　C. 越小　　　　D. 越大

(5) 比较不同投资方案的风险程度应用的指标是( )。

　　A. 期望值　　　　B. 平方差　　　　C. 标准差　　　　D. 标准离差率

(6) 下列选项中,( )属于没有终值的年金。

　　A. 普通年金　　　　B. 即付年金　　　　C. 递延年金　　　　D. 永续年金

(7) 距今若干期后发生的每期期末收款或付款的年金称为( )。

　　A. 普通年金　　　　　　　　　　B. 先付年金

　　C. 递延年金　　　　　　　　　　D. 永续年金

(8) 某项年金前4年没有流入,后5年每年年初流入4 000元,则该项年金的递延期是( )年。

　　A. 4　　　　B. 3　　　　C. 2　　　　D. 5

(9) 关于递延年金,下列说法错误的是( )。

　　A. 递延年金是指隔若干期以后才开始发生的系列等额收付款项

　　B. 递延年金没有终值

　　C. 递延年金现值的大小与递延期有关,递延期越长,现值越小

　　D. 递延年金终值与递延期无关

(10) 下列各项中,代表即付年金终值系数的是( )。

　　A. $[(F/A, i, n+1)+1]$　　　　　　B. $[(F/A, i, n+1)-1]$

　　C. $[(F/A, i, n-1)-1]$　　　　　　D. $[(F/A, i, n-1)+1]$

**2. 多项选择题**

(1) 下列表述中,正确的有( )。

　　A. 偿债基金系数与年金现值系数互为倒数

　　B. 偿债基金系数与年金终值系数互为倒数

　　C. 资本回收系数与年金现值系数互为倒数

　　D. 资本回收系数与年金终值系数互为倒数

(2) 年金是指一定时期内每期等额收付的系列款项。下列各项中,属于年金形式的是( )。

　　A. 按照直线法计提的折旧　　　　B. 等额分期付款

　　C. 融资租赁的租金　　　　　　　D. 养老金

(3) 某项年金前3年没有流入,从第4年开始每年年末流入1 000元,共计4次,假设年利率为8%,则该递延年金现值的计算公式正确的是( )。

　　A. $1 000×(P/A, 8\%, 4)×(P/A, 8\%, 4)$

B. $1\,000\times[(P/A,8\%,8)-(P/A,8\%,4)]$

C. $1\,000\times[(P/A,8\%,7)-(P/A,8\%,3)]$

D. $1\,000\times(F/A,8\%,4)\times(P/A,8\%,7)$

(4) 某人决定在未来5年内每年年初存入银行1 000元，共存5次，年利率为2%，则在第5年年末能一次性取出的款项额计算正确的是( )。

A. $1\,000\times(F/A,2\%,5)$

B. $1\,000\times(F/A,2\%,5)\times(1+2\%)$

C. $1\,000\times(F/A,2\%,5)\times(F/P,2\%,1)$

D. $1\,000\times[(F/A,2\%,6)-1]$

(5) 下列各项中，属于普通年金形式的项目有( )。

A. 零存整取储蓄存款的整取额　　　B. 定期定额支付的养老金

C. 年资本回收额　　　　　　　　　D. 偿债基金

(6) 货币时间价值可以用( )来表示。

A. 纯利率

B. 社会平均资金利润率

C. 通货膨胀率极低情况下的国债利率

D. 不考虑通货膨胀下的无风险报酬率

(7) 下列各项年金中，既有现值又有终值的年金是( )。

A. 普通年金　　　B. 递延年金　　　C. 先付年金　　　D. 永续年金

(8) 下列选项中，可视为永续年金的例子有( )。

A. 零存整取

B. 存本取息

C. 利率较高、持续期限较长的等额定期的系列收支

D. 整存整取

(9) 在期数和利率一定的条件下，下列等式不正确的是( )。

A. 偿债基金系数=1/普通年金现值系数

B. 资本回收系数=1/普通年金终值系数

C. $(1+i)n=1/(1+i)-n$

D. $(P/F,i,n)\times(F/P,i,n)=1$

(10) 企业取得借款100万元，借款的年利率是8%，每半年复利一次，期限为5年，则该项借款的终值是( )。

A. $100\times(F/P,8\%,5)$　　　　　　B. $100\times(F/P,4\%,10)$

C. $100\times(F/A,8\%,5)$　　　　　　D. $100\times(F/P,8.16\%,5)$

## 3. 判断题

(1) 风险收益率的大小与风险有关，风险越大，风险收益率一定越大。（    ）

(2) 标准离差率只能用来比较具有不同预期收益率的资产的风险。（    ）

(3) 系统风险，又被称为市场风险或不可分散风险，是影响所有资产的、不能通过资产组合来消除的风险。这部分风险是由那些影响整个市场的风险因素所引起的。（    ）

(4) 可以通过资产多样化达到完全消除风险的目的。（    ）

(5) 先付年金和普通年金的区别在于计息时间与付款时间不同。（    ）

(6) 在通货膨胀很低的情况下，公司债券的利率可视为货币时间价值。（    ）

(7) 递延年金有终值，终值的大小与递延期是相关的，在其他条件相同的情况下，递延期越长，则递延年金的终值越大。（    ）

(8) 先付年金的现值系数是在普通年金的现值系数的基础上，系数加1、期数减1得到的。（    ）

(9) 利率不仅包含时间价值，而且包含风险价值和通货膨胀补偿率。（    ）

(10) 货币时间价值，是指一定量资金在不同时点上的价值量差额。资金的时间价值源自资金进入社会再生产过程后的价值增值。通常情况下，它相当于没有风险的社会平均利润率，是利润平均化规律发生作用的结果。（    ）

## 4. 计算题

(1) 某公司现有甲、乙两个投资项目可供选择，有关资料见表2-8。

表2-8　甲、乙投资项目的预测信息

| 市场销售情况 | 概率 | 甲项目的收益率 | 乙项目的收益率 |
| --- | --- | --- | --- |
| 很好 | 0.3 | 20% | 30% |
| 一般 | 0.4 | 16% | 10% |
| 很差 | 0.3 | 12% | -10% |

要求：

① 计算甲、乙两个项目的预期收益率、标准差和标准离差率；

② 比较甲、乙两个项目的风险，说明该公司应该选择哪个项目；

(2) 某人欲购小汽车，有两种付款方式。方式一：现金一次付清，价款为20万元。方式二：从购车的第一年年末起，每年年末付5万元，5年付清，折现率为10%。

要求：

① 用现值比较哪种方式对购车者有利。

② 用终值比较哪种方式对购车者有利。

③ 对买卖双方而言，比较公平的分期付款额应是多少？

(3) 李先生准备购买一套新房,开发商提供了两种付款方案让李先生选择:

A方案,从第4年年末开始支付,每年年末支付2万元,一共支付8年。

B方案,按揭买房,每年年初支付1.5万元,一共支付10年。

假设银行利率为5%,请问李先生应该选择哪种方案。

(4) 某公司拟购置一处房产,房主提出两种付款方案:①从现在起,每年年初支付20万元,连续支付10次;②从第5年开始,每年年初支付25万元,连续支付10次。

要求:假设公司的资本成本率为10%,该公司应选择哪个方案?

(5) 某公司2017年年初对甲设备投资100 000元,该项目2017年年初完工投产,2019年、2020年、2021年年末预期收益各为20 000元、30 000元、50 000元,银行存款利率为10%。

要求:

① 按复利计算2019年年初投资额的终值;

② 按复利计算2019年年初各年预期收益的现值。

(6) 某企业有A、B两个投资项目,计划投资额均为1 000万元,其收益(净现值)的概率分布如表2-9所示。

表2-9 投资项目的收益概率分布

| 平均状况 | 概率 | A项目净现值/万元 | B项目净现值/万元 |
| --- | --- | --- | --- |
| 好 | 0.2 | 200 | 300 |
| 一般 | 0.6 | 100 | 100 |
| 差 | 0.2 | 50 | −50 |

要求:

① 分别计算A、B两个项目净现值的期望值;

② 分别计算A、B两个项目期望值的标准差;

③ 判断A、B两个项目的优劣。

# 第3章 筹资管理(上)

## 本章学习导读

企业从事经营活动,首先必须解决通过什么方式、在什么时间筹集多少资金的问题。在进行筹资活动时,财务人员首先要预测企业需要多少资金,通过什么方式筹集资金,是通过发行股票取得资金还是向债权人借入资金,两种资金占总资金的比例应为多少,等等。假设公司决定借入资金,那么是发行债券好,还是从银行借入资金好呢?资金应该是长期的还是短期的?资金的偿付是固定的还是可变的?等等。财务人员面对这些问题时,一方面要保证筹集的资金能满足企业经营与投资的需要;另一方面要使筹资风险在企业的掌控之中,一旦外部环境发生变化,企业不至于由于偿还债务而陷入破产。

## 本章学习目标

(1) 正确理解企业的筹资动机;

(2) 理解并掌握企业筹资、筹资渠道、筹资方式等基本概念,掌握筹资渠道与筹资方式的区别;

(3) 了解企业筹资的基本原则、企业筹资的分类、权益资金和负债资金的种类,以及各种筹资方式的优缺点;

(4) 理解并掌握销售百分比法等资金需要量的预测方法。

## 引导案例

### 抚顺西露天矿筹集资金问题

抚顺西露天矿由于煤炭资源枯竭面临转向经营,有人提出利用现有资源搞工业旅游。公司董事会经过研究认为:工业旅游在国内旅游市场上属空白领域,有很广阔的发展前景;抚顺过去以煤都闻名,在这方面有得天独厚的先决条件;结合抚顺当地的旅游资源和辽宁省内的丰富的旅游项目和资源,再结合辽宁中部发展规划,这个项目既有利于抚顺煤矿有限公司的转产,也有利于辽宁省经济的发展,并给辽宁这个工业大省开创工业旅游做出了典范。提案人通过市场调查、方案论证,认为该项目有很好的经济前景,会带动整个公司扭亏转盈,获得持续发展,但实施这一策略有很多实际困难，例如：资金问题、公司负债较重、连年亏损等，无力将煤矿设施改造为旅游设施；公司转向经营，面临债务重组或企业重组、重设、合并等问题；公司对旅游市场很陌生，对旅游产品缺乏管理和开发经验；需对职工进行转行培训、下岗安置；等等。

董事长认为，公司转向经营势在必行，主要困难是资金问题。最后董事会决定：委托主管财务的副总经理负责，组成专家小组，进行调查、研究、分析，根据项目议题，提出几个筹资备选方案，进行项目可行性研究，从而进行项目决策。抚顺西露天矿向集团申请设立抚顺工业旅游有限责任公司，采取吸收直接投资的方式，按出资比例计算股权，投资人有抚顺煤炭有限公司、辽宁友谊旅游公司、中国银行抚顺分行、中国工商银行抚顺分行、中国海外旅游发展公司5家企业及原煤矿公司下岗分流职工。出资比例为前2家公司分别出资25%，后3家公司各出资10%，职工股为20%；抚顺煤炭有限公司以实物出资，中国工商银行抚顺分行以债转股，其他3家公司及职工均以现金出资。注册金额1 000万元。公司职工有高级管理人员3人，下岗分流职工200人，共计203人。职工出资额200万元，平均每人1万元。公司总经理、业务经理、财务经理3位高级管理人员为外聘，不参股。董事会由6人组成，5家出资企业分别派1个代表，职工代表为2人。

资料来源：吴伟容.财务管理学[M].北京：电子工业出版社，2010.

## 3.1 企业筹资概述

### 3.1.1 企业筹资的含义、动机与分类

**1. 企业筹资的含义**

企业筹资是指企业根据生产经营活动对资金的需求情况，通过金融机构、金融市场和其他渠道，采取适当的方式，获取所需资金的一种财务活动。筹集资金是企业理财的起点。企业设立并进行生产经营活动、投资活动都需要一定数额的资金作为保障。资金的来源渠道、资金的需要量、资金的取得方式以及如何有效合理地筹集资金等问题，都需要企业认真研究。

**2. 企业筹集资金的动机**

筹资动机服务于财务管理的总体目标。在不同时期或不同阶段，企业财务管理

的财务目标也不同,企业为实现其财务目标而进行筹资的动机也不尽相同,主要有以下几种。

(1) 新建筹资动机,即在企业新建时为满足正常生产经营活动所需的铺底资金而产生的筹资动机。企业新建时,要按照经营方针所确定的生产经营规模核定固定资金需要量和流动资金需要量,同时筹措相应的资本金,资本金不足部分即需筹集短期或长期的银行借款(或发行债券)。

(2) 扩张筹资动机,即企业因扩大生产经营规模或追加对外投资而产生的筹资动机。具有良好的发展前景、处于成长时期的企业,通常会产生扩张筹资动机。扩张筹资动机所产生的直接结果,是企业的资产总额和权益总额的增加。

(3) 偿债筹资动机,即企业为了偿还某项债务而形成的借款动机。偿债筹资有两种情况:一是调整性偿债筹资,即企业具有足够的能力支付到期旧债,但为了调整原有的资本结构,举借一种新债务,从而使资本结构更加合理;二是恶化性偿债筹资,即企业现有的支付能力已不足以偿付到期旧债,被迫举新债还旧债,这表明企业的财务状况已经恶化。

(4) 混合筹资动机,即因企业既需要扩大经营的长期资金又需要偿还债务的现金而形成的筹资动机,包含扩张筹资和偿债筹资两种动机,结果既会增加企业资产总额,又能调整企业资本结构。

**3. 企业筹资的分类**

(1) 按使用期限的长短,资金可分为长期资金和短期资金。

长期资金是指需要期限在一年以上的资金,主要通过吸收直接投资、发行股票、发行长期债券、长期银行借款、融资租赁等形式来筹集。长期资金的成本要高于短期资金的成本,但由于这类资金能够被企业长期稳定地占用,这对于降低经营风险与短期财务风险,都是非常有益的。

短期资金是指需要期限在一年以内的资金,它是由于企业在生产经营过程中短期性的资金周转而引起的。主要通过短期借款、商业信用、发行融资债券等方式来筹集,短期资金的还本付息压力大于长期资金,因而财务风险较高。

(2) 按其来源,资金可分为权益资金和负债资金。

权益资金又称自有资金、主权资金,是企业依法筹集并长期拥有、具有自主支配权的资金。从出资者的角度看,企业的权益资金是出资者投入企业的资产及其所产生的权益。

负债资金又称借入资金或债务资金,是企业依法筹集并依约使用、按期支付使用费并需到期偿还的资金,主要包括银行或非银行金融机构的各种借款、应付债券、应付票据等。负债资金以还本付息为条件,作为资金的出借方,其出借资金的风险较低，相应的回报也较低；作为筹资方的企业则相反，其相应的筹资成本较低，从而给企业带来较高的权益资金收益率，但企业财务风险会增大。如果将权益资金和负债资金进行筹资组合、优化配置，则既可以降低筹资成本，提高企业效益和市场价值，又可以降低财务风险。

### 3.1.2 企业筹资渠道与方式

企业筹资需要通过一定的渠道，采用一定的方式，并使筹资、渠道和方式三者密切配合起来。

**1. 筹资渠道**

筹资渠道是指筹集资金的方向和资金的来源，体现资金的源泉和流量，主要有如下几种。

(1) 国家财政资金。国家对企业的投资是指代表国家的机构向企业注入资金。它是国有企业资金来源的主要渠道。现有国有企业的资金来源，大部分是过去由国家以投资方式形成的。

(2) 银行信贷资金。银行信贷资金是指银行对企业的各种贷款。它是企业重要的资金来源。银行贷款方式灵活多样，可以适应各类企业的各种筹资需要。

(3) 非银行金融机构资金。非银行金融机构主要有信托投资公司、租赁公司、保险公司、证券公司、企业集团的财务公司。非银行金融机构资金是指非银行金融机构向企业投入资金或借贷款项。它们可以为一些企业直接提供部分资金或为企业筹资提供服务。

(4) 其他企业资金。企业在生产经营过程中，往往形成部分闲置资金，同时为了达到一定的目的也需要相互投资、融资，这都为筹资企业提供了资金来源。

(5) 职工资金和社会资金。企业职工和城乡居民的闲散资金，可以对企业进行投资，为企业所利用。

(6) 企业自留资金。企业通过生产经营内部形成的资金，主要是计提折旧及提取公积金和未分配利润而形成的税后留利资金。

(7) 境外资金。境外资金是指我国境外投资者以及我国香港、澳门和台湾地区投资者投入的资金，是外商投资企业的重要资金来源。

在上述各种筹资渠道中，国家投入资金、其他企业资金、职工资金和社会资金、企业自留资金、境外资金，可以成为特定企业权益资本的筹资渠道；银行信贷资金、非银行金融机构资金、其他企业资金、职工资金和社会资金、境外资金，可以成为特定企业债务资本的筹资渠道。

**2. 筹资方式**

筹资方式是指企业筹集资金的手段、方式，体现资金的路线和流向，主要有吸收直接投资、发行股票、留存收益、银行借款、发行债券、商业信用、融资租赁等方式。

**3. 企业筹资渠道与筹资方式的配合**

企业的筹资方式与筹资渠道有着密切的关系。一定的筹资方式可能只适用于某一特定的筹资渠道，但同一筹资渠道的资本往往可以采取不同的筹资方式获得，而同一筹资方式又往往适用于不同的筹资渠道。因此，企业在筹资时，必须实现两者的合理配合，具体见表3-1。

表3-1 筹资渠道与筹资方式对应关系

| 筹资渠道 | 筹资方式 | | | | | | |
|---|---|---|---|---|---|---|---|
| | 吸收直接投资 | 发行股票 | 留存收益 | 银行借款 | 发行债券 | 商业信用 | 融资租赁 |
| 国家财政资金 | √ | √ | | | | | |
| 银行信贷资金 | | | | √ | | | |
| 非银行金融机构资金 | √ | √ | | √ | √ | | √ |
| 其他企业资金 | √ | √ | | | | | √ |
| 职工资金和社会资金 | √ | √ | | | √ | | |
| 企业自留资金 | √ | | √ | | | | |
| 境外资金 | √ | √ | | | √ | √ | √ |

### 3.1.3 企业筹资原则

为了合理有效地筹集企业所需资金，企业在融资过程中，必须遵循一定的筹资原则，以便提高筹资效率，降低筹资成本。

(1) 筹资数量合理性原则。企业筹资不论通过什么渠道，采取什么筹资方式，都必须预先确定合理的资金需要量，以需定筹。既要防止筹资不足，影响生产经营的正常进行；又要防止筹资过多，造成资金浪费、闲置，要保证筹资量和需要量相互平衡。

(2) 筹资时间及时性原则。按照货币时间价值的原理，同等数量的资金在不同时点上具有不同的价值。企业筹集资金应根据资金投放使用的时间来合理安排，使筹资和用资在时间上相衔接。既要避免过早筹资使资金过早到位，导致资金投放前的闲置，又要避免资金到位滞后，错过资金投放的最佳时机。

(3) 筹资成本效益性原则。不同的资金来源，其资金成本各不相同，取得资金的难易程度也有差异。筹集资金应从实际情况出发，认真选择有利的筹资渠道，采用合理、恰当的筹资方式，以求降低筹资成本，谋求最大的筹资效益。

(4) 资金结构优化性原则。企业在筹资过程中，必须注意使企业的权益资金与借入资金保持合理的比例关系，长期资金和短期资金保持合理的比例关系；使负债的多少与权益资本及企业的偿债能力相适应；使企业减少财务风险，优化资金结构。

## 3.2 资金需要量的预测

资金需要量是企业筹集资金的数量依据，必须采用科学、合理的方法准确预测。筹资目的不同，资金需要量也不同：以设立公司为目的的筹资活动，其资金需要量由公司规模、行业类型等因素决定；以企业投资为目的的筹资活动，其资金需要量由投资规模、投资种类等因素决定；以满足企业日常生产经营资金需求为目的的筹资活动，其资金的需要量需采用恰当的方法进行预测。

本节所介绍的预测方法，是对企业日常资金需要量的预测。常用的预测方法有定性估测法和定量预测法。

### 3.2.1 定性估测法

定性估测法，又称为经验测算法，它是指由具有一定的理论知识和丰富的实际业务经验及综合判断能力的专家和专业人员，根据经验和已掌握的实际情况，对目标的未来发展趋势和发展结果进行预测、估算。

在对企业日常资金需要量进行预测时，定性估测法适用于：缺少历史统计数据和原始资料的情况；需要对相关因素做出合理判断的情况；在生产经营活动过程中专家和专业人士的主观因素起主要作用的情况。

定性估测法的主要特点：在企业缺乏完备、准确的历史资料的情况下，依靠预测人员的经验和主观判断，确定资金需要量。

### 3.2.2 定量预测法

定量预测法包括销售百分比法和线性预测法。

**1. 销售百分比法**

销售百分比法是根据销售额与资产负债表、利润表的相关项目(敏感项目)间的比例关系，预测各项目短期资金需用量的方法。

该种方法有两个基本假定：假定收入、费用、资产、负债与销售收入存在稳定的百分比关系；假定销售预测已经完成，未来销售额一定。

在上述假定的前提下，根据预计销售额和相应的敏感资产和敏感负债的百分比来预计资产、负债和所有者权益，然后利用会计等式确定资金需用量。一般借助预计利润表和预计资产负债表来确定其资金需要量。

具体的计算方法有两种：一种方法是先根据销售总额和敏感资产、敏感负债的百分比预计资产、负债和所有者权益的总额，然后确定融资需求；另一种方法是先根据销售的增加额预计资产、负债和所有者权益的增加额，然后确定融资需求。

1) 根据销售总额预测

根据销售总额和敏感资产、敏感负债的百分比预计资产、负债和所有者权益的总额，然后确定融资需求。一般需借助预计利润表和预计资产负债表来确定其资金需要量。

(1) 预计利润表。预计利润表是利用销售百分比法的原理预测留存利润的一种报表，其基本格式与实际的利润表相同。用预计利润表来预测留存利润的过程如下所述。

第一，取得基期实际利润表资料，并计算确定利润表中各项目与销售额间的百分比；

第二，取得预测年度销售收入的预计数，结合基期利润表各项目和实际销售额间的比例(假设该比例保持基期水平)计算预计年度利润表各项目的预计数，编制预计利润表；

第三，利用年度税后利润预计数与预定的留存比例，确定并计算留存利润的数额。

(2) 预计资产负债表。预计资产负债表是运用销售百分比法原理预计外部筹资需要量的一种报表，其基本格式与实际资产负债表相同。

通过预计资产负债表，可以预计敏感资产与敏感负债及留存利润等有关项目的数额，从而确定企业外部筹资需要量。

在运用销售百分比法时，应首先确定资产或负债中与销售额有固定不变比例关系的项目，即随着销售的变动而同步变动的项目。例如，销售额为10 000元时占用的存货为2 000元，则20%为存货与销售之间的固定比例。当销售额增加到20 000元时，存货相应要增加至4 000元，20%的固定比例不变。在财务上将这些项目统称为敏感项目。敏感项目包括敏感资产项目(如现金、应收账款、存货、固定资产净值等)和敏感负债项目(如应付账款、应付费用等)两部分。与敏感项目相对应的属于非敏感项目，如对外投资、短期借款、长期负债和实收资本等，它们在短期内都不会随销售规模的扩大而改变。

**【例3-1】** A公司为开拓亚洲市场,扩大生产规模,现拟筹集资金以弥补资金的不足。对资金需求数量的预测,应结合2021年的销售额增长情况、公司预计的留存利润情况而定。可以根据2020年实现净利的情况,采用销售百分比法预测资金需用量。2020年实际利润表及有关项目与销售百分比如表3-2所示。试确定2021年利润表并预测留存利润。

表3-2 利润表

A公司　　　　　　　　　　　2020年12月31日　　　　　　　　　　　万元

| 项目 | 本月发生额 | 本年累计发生额 | 占主营业务收入的百分比/% |
|---|---|---|---|
| 营业收入 |  | 75 600 | 100 |
| 减:营业成本 |  | 42 336 | 56 |
| 税金及附加 |  | 4 158 | 5.5 |
| 销售费用 |  | 1 134 | 1.5 |
| 管理费用 |  | 907.2 | 1.2 |
| 财务费用 |  | 1 814.4 | 2.4 |
| 加:投资收益 |  | 3 024 | 4 |
| 营业利润 |  | 28 274.4 | 37.4 |
| 加:营业外收入 |  | 2 532.6 | 3.35 |
| 减:营业外支出 |  | 756 | 1 |
| 利润总额 |  | 30 051 | 39.75 |
| 减:所得税费用 |  | 9 015.3 | 11.925 |
| 净利润 |  | 21 035.7 | 27.825 |

解:预计2021年度主营业务收入将增长20%,假设利润表中各项目与主营业务收入的比例关系不变,股利支付率为40%。预测2021年度预计利润表及有关项目与销售的百分比如表3-3所示。

表3-3 预计利润表

A公司　　　　　　　　　　　2021年度　　　　　　　　　　　万元

| 项目 | 2020年发生额 | 占销售的百分比/% | 2021年预计量 |
|---|---|---|---|
| 营业收入 | 75 600 | 100 | 90 720 |
| 减:营业成本 | 42 336 | 56 | 50 803.2 |
| 税金及附加 | 4 158 | 5.5 | 4 989.6 |
| 销售费用 | 1 134 | 1.5 | 1 360.8 |
| 管理费用 | 907.2 | 1.2 | 1 088.64 |
| 财务费用 | 1 814.4 | 2.4 | 2 177.28 |
| 加:投资收益 | 3 024 | 4 | 3 628.8 |
| 营业利润 | 28 274.4 | 37.4 | 33 929.28 |
| 加:营业外收入 | 2 532.6 | 3.35 | 3 039.12 |
| 减:营业外支出 | 756 | 1 | 907.2 |
| 利润总额 | 30 051 | 39.75 | 36 061.2 |
| 减:所得税费用 | 9 015.3 | 11.925 | 10 818.36 |
| 净利润 | 21 035.7 | 27.825 | 25 242.84 |

2021年预测留存利润=25 242.84×(1-40%)=15 145.704(万元)

A公司2020年的实际资产负债表及其敏感项目的销售百分比如表3-4所示。

表3-4 资产负债表(简化式)

A公司　　　　　　　　　　　2020年12月31日　　　　　　　　　　　　　　万元

| 资产 | 年初数 | 年末数 | 销售额百分比/% | 负债及所有者权益 | 年初数 | 年末数 | 销售额百分比/% |
|---|---|---|---|---|---|---|---|
| 货币资金 |  | 1 852.2 | 2.45 | 短期借款 |  | 1 500 |  |
| 应收款项净额 |  | 11 982.6 | 15.85 | 应付款项 |  | 6 312.6 | 8.35 |
| 存货 |  | 22 302 | 29.5 | 预收账款 |  | 113.4 | 0.15 |
| 预付账款 |  | 1 058.4 | 1.4 | 其他流动负债 |  | 255 |  |
| 流动资产合计 |  | 37 195.2 | 49.2 | 流动负债合计 |  | 8 181 | 8.5 |
| 长期投资 |  | 8 354 |  | 长期负债 |  | 20 000 |  |
| 固定资产净值 |  | 58 590 | 77.5 | 负债合计 |  | 28 181 |  |
| 无形资产及其他资产 |  | 2 090.8 |  | 所有者权益合计 |  | 78 049 |  |
| 资产总额 |  | 106 230 | 126.7 | 负债及所有者权益总额 |  | 106 230 | 8.5 |

2021年预计资产负债表如表3-5所示。

表3-5 预计资产负债表(简化式)

A公司　　　　　　　　　　　2021年度　　　　　　　　　　　　　　　　万元

| 资产 | 年初数 | 销售额百分比/% | 年末数 | 负债及所有者权益 | 年初数 | 销售额百分比/% | 年末数 |
|---|---|---|---|---|---|---|---|
| 货币资金 | 1 852.2 | 2.45 | 2 222.64 | 短期借款 | 1 500 |  | 1 500 |
| 应收款项净额 | 11 982.6 | 15.85 | 14 379.12 | 应付款项 | 6 312.6 | 8.35 | 7 575.12 |
| 存货 | 22 302 | 29.5 | 26 762.4 | 预收账款 | 113.4 | 0.15 | 136.08 |
| 预付账款 | 1 058.4 | 1.4 | 1 270.08 | 其他流动负债 | 255 |  | 255 |
| 流动资产合计 | 37 195.2 | 49.2 | 44 634.24 | 流动负债合计 | 8 181 | 8.5 | 9 466.2 |
| 长期投资 | 8 354 |  | 8 354 | 长期负债 | 20 000 |  | 20 000 |
| 固定资产净值 | 58 590 | 77.5 | 70 308 | 负债合计 | 28 181 | 8.5 | 29 466.2 |
| 无形资产及其他资产 | 2 090.8 |  | 2 090.8 | 所有者权益本年留存利润合计 | 78 049 |  | 93 194.7 |
|  |  |  |  | 外筹资金需用量 |  |  | 2 726.13 |
| 资产总额 | 106 230 | 126.7 | 125 387.04 | 负债及所有者权益总额 | 106 230 | 8.5 | 125 387.04 |

外筹资金需用量=125 387.04−(29 466.2+93 194.7)=2 726.14(万元)

2) 根据销售增加额预测

根据销售增加额，首先预计资产、负债和所有者权益的增加额，再根据计划期销售收入、计划期销售净利润率及计划期留存收益率确定融资需求，计算公式为

外部筹资需要量=(资产占销售额比例−负债占销售额比例)×计划期销售增加额−计划期销售额×计划期销售净利率×计划期留存收益率

根据例3-1的资料，用公式计算外部筹资需要量，则有

外部筹资需要量=(126.7%−8.5%)×75 600×20%−75 600×(1+20%)×27.825%×(1−40%)
=17 871.84−15 145.704=2 726.13(万元)

**2. 线性预测法**

线性预测法，又称资金习性预测法，它是指企业在日常生产经营中，在企业生产能力范围内，资金需要量与业务量(产销量)之间存在一定的线性关系，从而可将资金按照资金的习性分为不变资金与可变资金。

不变资金是指资金的需要量与业务量不存在直接关系，在生产能力一定的范围内，它不随业务量变化而变化，它是固定的。例如，企业为了保证持续不断的生产经营需要，最低数额的现金存款、原材料的保险储备、库存商品的必要储备以及为保持一定生产规模的固定资产占用的资金等。

可变资金是指资金的需要量与业务量之间存在正比例关系，它随业务量变化而变化，它是变动的。例如，企业为了正常的生产经营需要，除最低储备以外，现金、原材料、库存商品、应收账款等方面占用的资金。

企业在确定日常资金需要量时，可以根据这种对应关系，按照线性方程模型，采用线性回归分析法，预测筹资规模。在财务管理中，常用的线性方程模型为

$$y=a+bx$$

式中，$y$为资金需要量；$a$为不变资金；$b$为单位业务量所需要的变动资金；$x$为业务量(以销售量代替)。

在实际运用中，需要利用历史资料来确定$a$和$b$的数值，然后在已知业务量($x$)的基础上，确定其筹资规模($y$)。具体的计算方法有高低点法、图解法、线性回归法。

【例3-2】A公司的主要产品为建筑起重机和除雪机。进入2016年以来除雪机的市场需求量大大增加；而建筑起重机在2021年以后由于市场已趋向饱和，近几年来没有订单，基本已停产。该公司2016—2021年除雪机销售量(业务量)和资金需要量的历史资料如表3-6所示。假定2022年的除雪机销售量为24台，试确定2016年的筹资规模。

表3-6　A公司2016—2021年销售量与资金需要量表

| 年度 | 销售量($x$)/台 | 资金需要量($y$)/万元 |
|---|---|---|
| 2016 | 10 | 2 900 |
| 2017 | 14 | 3 100 |
| 2018 | 18 | 3 300 |
| 2019 | 16 | 3 200 |
| 2020 | 17 | 3 250 |
| 2021 | 20 | 3 400 |

1) 高低点法

根据历史资料，选择最高的销售量及其资金需要量和最低的销售量及其资金需要量，带入线性方程$y=a+bx$中，建立一个二元一次方程组

$$\begin{cases} 2\,900 = a + b \times 10 \\ 3\,400 = a + b \times 20 \end{cases}$$

解方程组，得：$a=2\,400$(万元)，$b=50$(万元)。

将$a=2\,400$、$b=50$代入$y=a+bx$中，求出当$x=24$(台)时，$y=3\,600$(万元)

若2017年的销售量为24台，则筹资规模为3 600万元。

2) 图解法

(1) 画出$x$轴，代表销售量，每一个单位表示5台销量；画出$y$轴，代表资金数量，每一个单位表示1 000万元。

(2) 根据表3-6列示的2016—2021年销售量与资金需要量的数据，在坐标图中分别找出相应的点。

(3) 连接坐标图中的各点，将会得到一条直线，直线与$y$轴的交点，为不变资金$a$的数值，将$a$值代入线性方程$y=a+bx$中，即求出$b$的数值。

(4) 将$a$值和$b$值代入$y=a+bx$中，并求出当$x=24$(台)时$y$的数值。资金需要量和产销量的关系如图3-1所示。

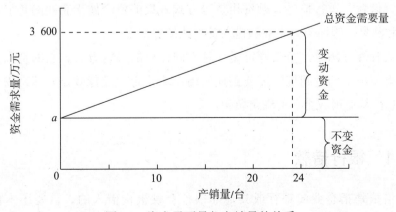

图3-1　资金需要量与产销量的关系

3) 线性回归法

(1) 根据线性方程 $y=a+bx$ 整理，得

$$\begin{cases} \sum y = na + b\sum y \\ \sum xy = a\sum x + b\sum x^2 \end{cases}$$

解方程组，得出 $a = \dfrac{\sum xy - \sum x^2}{\sum x - n\sum x^2}$，$b = \dfrac{\sum x \sum y - n\sum xy}{(\sum x)^2 - n\sum x^2}$

(2) 根据表3-5中的数据，整理并计算出：$a=2\,400$(万元)，$b=50$(万元)

(3) 将 $a=2\,400$、$b=50$ 代入 $y=a+bx$ 中，求出：当 $x=24$(台)时，$y=3\,600$(万元)

2016年的销售量若为24台，则筹资规模为3 600万元。

运用线性预测法，必须注意以下几个方面的问题。

第一，资金需要量与业务量间的线性关系应符合实际情况，如果线性关系不存在，则需改用多元回归法。

第二，确定不变资金与单位变动资金时，应利用预测年度连续前几年的历史资料。一般认为，历史跨度越长，计算越准确。为满足计算需要，在条件允许的情况下，应尽量使用多于3年的历史资料。

第三，在具体测算中，应有意识地考虑通货膨胀对资金需要的影响。

## 3.3 负债筹资

负债是指过去的交易、事项形成的现时义务，履行该义务预期会导致经济利益流出企业，即负债是企业所承担的能以货币计量、需以资产或劳务偿付的债务。企业通过银行借款、发行债券、融资租赁等方式筹集的资金属于企业的负债。负债要归还本金和利息，因而称为企业的借入资金或债务资金。

与普通股筹资相比，负债筹资是一种不同性质的筹资方式。它的特点为：筹集的资金具有使用上的时间性，需要到期偿还；无论企业经营效益好坏，需要固定支付债务利息，从而形成企业的固定负担。

### 3.3.1 银行借款

银行借款是指企业向银行或其他非银行金融机构借入的、需要还本付息的款项，包括偿还期限超过1年的长期借款和不足1年的短期借款，主要用于企业购建固

定资产和满足流动资金周转的需要。

**1. 银行借款的种类**

1) 按提供贷款的机构分类

按提供贷款的机构分类,可将银行借款分为政策性银行贷款、商业性银行贷款和其他金融机构贷款。

(1) 政策性银行贷款是指执行国家政策性贷款业务的银行向企业发放的贷款,通常为长期贷款。如国家开发银行贷款,主要满足企业承建国家重点建设项目的资金需要;中国进出口信贷银行贷款,主要为大型设备的进出口提供买方信贷或卖方信贷;中国农业发展银行贷款,主要用于确保国家对粮、棉、油等政策性收购资金的供应。

(2) 商业性银行贷款是指由各商业银行,如中国工商银行、中国建设银行、中国农业银行、中国银行等,向工商企业提供的贷款,用以满足企业生产经营的资金需要,包括短期贷款和长期贷款。

(3) 其他金融机构贷款,如从信托投资公司取得的实物或货币形式的信托投资贷款,从财务公司取得的各种中长期贷款,从保险公司取得的贷款等。其他金融机构的贷款一般较商业银行贷款的期限要长,要求的利率较高,对借款企业的信用要求和担保的选择比较严格。

2) 按机构对贷款有无担保要求分类

按机构对贷款有无担保要求分类,可将银行借款分为信用贷款和担保贷款。

(1) 信用贷款是指以借款人的信誉或保证人的信用为依据而获得的贷款。企业取得这种贷款,无须以财产作抵押。对于这种贷款,由于风险较高,银行通常要收取较高的利息,往往还附加一定的限制条件。

(2) 担保贷款是指由借款人或第三方依法提供担保而获得的贷款。担保包括保证责任、财务抵押、财产质押。由此,担保贷款包括保证贷款、抵押贷款和质押贷款三种基本类型。

① 保证贷款是指按《中华人民共和国担保法》(以下简称《担保法》)规定的保证方式,以第三人作为保证人承诺在借款人不能偿还借款时,按约定承担一定保证责任或连带责任而取得的贷款。

② 抵押贷款是指按《担保法》规定的抵押方式,以借款人或第三人的财产作为抵押物而取得的贷款。抵押是指债务人或第三人不转移财产的占有,将该财产作为债权的担保,债务人不履行债务时,债权人有权将该财产折价或者以拍卖、变卖的价款优先受偿。作为贷款担保的抵押品,可以是不动产、机器设备、交通运输工具等实物资产,可以是依法有权处分的土地使用权,也可以是股票、债券等有价证券

等,它们必须是能够变现的资产。如果贷款到期借款企业不能或不愿偿还贷款,银行可取消企业对抵押品的赎回权。抵押贷款有利于降低银行贷款的风险,提高贷款的安全性。

③ 质押贷款是指按《担保法》规定的质押方式,以借款人或第三人的动产或财产权利作为质押物而取得的贷款。质押是指债务人或第三人将其动产或财产权利移交给债权人占有,将该动产或财务权利作为债权的担保,债务人不履行债务时,债权人有权以该动产或财产权利折价或者以拍卖、变卖的价款优先受偿。作为贷款担保的质押品,可以是汇票、支票、债券、存款单、提单等信用凭证,可以是依法可以转让的股份、股票等有价证券,也可以是依法可以转让的商标专用权、专利权、著作权中的财产权等。

3) 按企业取得贷款的用途分类

按企业取得贷款的用途分类,可将银行借款分为基本建设贷款、专项贷款和流动资金贷款。

(1) 基本建设贷款是指企业因从事新建、改建、扩建等基本建设项目需要资金而向银行申请借入的款项。

(2) 专项贷款是指企业因为专门用途而向银行申请借入的款项,包括更新改造技改贷款、大修理贷款、研发和新产品研制贷款、小型技术措施贷款、出口专项贷款、引进技术转让费周转金贷款、进口设备外汇贷款、进口设备人民币贷款及国内配套设备贷款等。

(3) 流动资金贷款是指企业为满足流动资金的需求而向银行申请借入的款项,包括流动基金借款、生产周转借款、临时借款、结算借款和卖方信贷。

**2. 银行借款的程序**

1) 提出申请,银行审批

企业根据筹资需求向银行提出书面申请,按银行要求的条件和内容填报借款申请书。银行按照有关政策和贷款条件,对借款企业进行信用审查,依据审批权限,核准公司申请的借款金额和用款计划。银行审查的主要内容是:公司的财务状况;信用情况;盈利的稳定性;发展前景;借款投资项目的可行性;抵押品和担保情况。

2) 签订合同,取得借款

借款申请获批准后,银行与企业进一步协商贷款的具体条件,签订正式的借款合同,规定贷款的数额、利率、期限和一些约束性条款。借款合同签订后,企业在核定的贷款指标范围内,根据用款计划和实际需要,一次或分次将贷款转入公司的存款结算户,以便使用。

### 3. 长期借款的保护性条款

长期借款金额高、期限长、风险大，除借款合同的基本条款之外，债权人通常还在借款合同中附加各种保护性条款，以确保企业按要求使用借款和按时足额偿还借款。保护性条款一般有以下三类。

1) 例行性保护条款

这类条款作为例行常规，在大多数借款合同中都会出现，主要包括以下几方面。

(1) 定期向提供贷款的金融机构提交财务报表，以使债权人随时掌握公司的财务状况和经营成果。

(2) 不准在正常情况下出售较多的非产成品存货，以保持企业正常的生产经营能力。

(3) 如期清偿应缴纳税金和其他到期债务，以防被罚款而造成不必要的现金流失。

(4) 不准以资产作为其他承诺的担保或抵押。

(5) 不准贴现应收票据或出售应收账款，以避免或有负债等。

2) 一般性保护条款

一般性保护条款是对企业资产的流动性及偿债能力等方面的要求条款，这类条款应用于大多数借款合同，主要包括以下几方面。

(1) 保持企业的资产流动性。要求企业需持有一定最低限度的货币资金及其他流动资产，以保持企业资产的流动性和偿债能力，一般规定了企业必须保持的最低营运资金数额和最低流动比率数值。

(2) 限制企业非经营性支出。如限制支付现金股利、购入股票和职工加薪的数额规模，以减少企业资金的过度外流。

(3) 限制企业资本支出的规模。控制企业资产结构中的长期性资产的比例，以减少公司日后不得不变卖固定资产以偿还贷款的可能性。

(4) 限制公司再举债规模。这样做的目的是防止其他债权人取得对公司资产的优先索偿权。

(5) 限制公司的长期投资。如规定公司不准投资短期内不能收回资金的项目，不能未经银行等债权人同意而与其他公司合并等。

3) 特殊性保护条款

这类条款是针对因某些特殊情况而出现在部分借款合同中的条款，只有在特殊情况下才能生效。主要包括：要求公司的主要领导人购买人身保险；借款的用途不得改变；违约惩罚条款等。

上述各项条款结合使用，将有利于全面保护银行等债权人的权益。但借款合同是经双方充分协商后决定的，其最终结果取决于双方谈判能力的强弱，而不是完全取决于银行等债权人的主观愿望。

**4. 银行借款的优缺点**

1) 银行借款的优点

(1) 筹资速度快。银行借款与发行证券相比，不需印刷证券、报请证券委批准，一般所需时间较短，可以较快的速度满足企业对资金的需要。

(2) 筹资成本低。银行借款与发行债券相比，借款利率相对较低，且不需支付发行费用。

(3) 借款灵活性强。企业与银行直接接触，洽谈借款事宜。借入款项后若情况发生变化，可再次协商。到期还款若有困难，可以争取银行的谅解，也可以延期归还。

2) 银行借款的缺点

(1) 筹资数额有限。银行借款金额有限，往往不能满足企业对资金的需要。

(2) 限制条款多。银行为了降低自身的经营风险，及时收回款项，可能会向企业提出许多不利的限制条款。

## 3.3.2 债券筹资

**1. 债券的定义及种类**

1) 债券的定义

债券是经济主体为筹集资金，依照法定程序发行的、用以记载和反映债权债务关系，并承诺按一定利率定期支付利息，到期偿还本金的有价证券，是债券持有人拥有公司债权的债权凭证。由企业发行的债券，称为企业债券或公司债券。这里所说的债券，指的是期限超过一年的公司债券，其发行目的通常是为建设大型项目筹集大笔长期资金。

2) 债券的种类

(1) 按债券上是否标明持券人的姓名或名称，债券分为记名债券和无记名债券。这种分类类似记名股票与无记名股票的划分。在公司债券上记载持券人姓名或名称的为记名债券，反之为无记名债券。两种债券在转让上的差别也与记名股票、无记名股票相似。

(2) 按能否转换为公司股票，债券分为可转换债券和不可转换债券。若公司债券能转换为公司股票，为可转换债券，反之为不可转换债券。一般来讲，前种债券的利率要低于后种债券。

(3) 按有无特定的财产担保，债券分为抵押债券和信用债券。抵押债券是指发行公司有特定财产作为担保品的债券。按担保品的不同，又可分为不动产抵押债券、

动产抵押债券、信托抵押债券。信托抵押债券是指公司以其特有的有价证券为担保而发行的债券。信用债券是指发行公司没有抵押品担保,完全凭信用发行的债券。这种债券通常是由信用良好的公司发行的,利率一般略高于抵押债券。

(4) 按是否参加公司盈余分配,债券分为参加分配债券和不参加分配债券。参加分配债券是指债券持有人除可获得预先规定的利息外,还享有一定程度的参与发行公司收益分配的权利,其参与分配的方式与比例必须事先规定。现实中这种债券一般很少。不参加分配债券是指债券持有人没有参与收益分配的权利。公司债券大多为不参加分配债券。

(5) 按利率的不同,债券分为固定利率债券和浮动利率债券。固定利率债券的利率在发行债券时即已确定并载于债券票面。浮动利率债券的利率水平在发行债券之初不固定,而是根据有关利率,如银行存贷款利率水平等加以确定。

(6) 按照偿还方式的不同,债券分为到期一次偿还债券和分期偿还债券。发行公司于债券到期日一次集中清偿本金的,为到期一次偿还债券。一次发行而分期、分批偿还的债券为分期偿还债券。

**2. 发行债券的资格与条件**

1) 发行债券的资格

《中华人民共和国公司法》(以下简称《公司法》)规定,股份有限公司、国有独资公司和两个以上的国有企业或者其他两个以上的国有投资主体投资设立的有限责任公司,可以发行公司债券。

2) 发行债券的条件

我国《公司法》还规定,发行公司债券的公司,必须具备以下条件:①股份有限公司的净资产额不低于人民币3 000万元,有限责任公司的净资产额不低于人民币6 000万元。②累计债券总额不超过公司净资产额的40%。③最近3年平均可分配利润足以支付公司债券1年的利息。④筹集的资金投向符合国家产业政策。⑤债券的利率不得超过国务院限定的水平。⑥国务院规定的其他条件。

另外,发行公司债券所筹集的资金,必须用于审批机关审批的用途,不得用于弥补亏损和非生产性支出,否则会损害债权人的利益。

凡有下列情况之一的,不得再次发行公司债券:①前一次发行的公司债券尚未募足。②对已发行的公司债券或其债务有违约或者延迟支付本息的事实,且处于持续状态。

**3. 发行债券的程序**

(1) 发行债券的决议或决定。我国《公司法》规定,可以发行公司债券的主体有三类，即股份有限公司、国有独资公司和国有有限责任公司。三类公司做出发行债券决议的机构不一样，但总体来说，都由公司最高机构做出。

(2) 发行债券的申请与批准。公司向社会公众发行债券募集资金，数额大而且债权人多，所牵涉的利益范围大，因此必须对公司债券的发行进行审批。

(3) 制定募集办法并予以公告。发行公司债券的申请被批准后，应由发行公司制定公司债券募集办法。办法中应载明公司名称、债券总额和票面金额、债券利率、还本付息的期限与方式、债券发行的起止日期、公司净资产额、已发行尚未到期的债券总额、公司债券的承销机构。

公司制定好募集办法后，应按当时当地通常合理的方法向社会公告。

(4) 募集借款。公司发出公司债券募集公告后，开始在公告所定的期限内募集借款。

一般来说，公司债券的发行方式有公司向社会直接发行(也称自行发行)和证券经营机构承销发行(也称委托发行)两种。在我国，根据有关法规，公司发行债券须与证券经营机构签订承销合同，由其承销。

在公司发行的债券上，必须载明公司名称、债券票面金额、利率、偿还期限等事项，并由董事长签名、公司盖章。

公司发行的债券应备查登记，以便使股东、债权人可以查阅了解，便于有关机关监督，同时也便于公司随时掌握债券的发行情况。

**4. 发行债券的要素**

(1) 债券的面值。债券面值包括币种和票面金额。币种可以为本国货币，也可以为外币，这取决于债券发行地区及对象。票面金额为债券到期时偿还债务的金额。票面金额印在债券上，固定不变，到期必须足额偿还。

(2) 债券的期限。债券从发行之日起至到期日之间，为债券期限。

(3) 债券的利率。债券上一般注明年利率。利率有固定的，也有浮动的。债券面值与票面利率之积为债券的年利息。

(4) 偿还方式。债券的偿还方式有分期付息、到期还本及到期一次还本付息两种。

(5) 发行价格。债券的发行价格有三种：一是按债券面值等价发行，等价发行又叫面值发行；二是低于债券面值折价发行；三是高于债券面值溢价发行。

债券之所以会偏离面值发行是因为债券票面利率与金融市场平均利率不一致。如果债券利率大于市场利率，则由于未来利息多计，导致债券内在价值大而应采用溢价发行；如果债券利率小于市场利率，则由于未来利息少计，导致债券内在价值小而应采用折价发行。债券发行价格应该与它的价值贴近。债券溢价、折价可依据资金时间价值原理算出的内在价值确定。

若每年年末支付利息,则到期支付面值的债券发行价格的计算公式为

债券发行价格=债券应付年利息×按市场利率和期限计算的年金现值系数+

债券面值×按市场利率和债券期限计算的现值系数

$$=\sum_{t=1}^{n}\frac{I}{(1+i)^t}+\frac{M}{(1+i)^n}$$

式中,$I$为年利息;$M$为到期还本金额(债券面值);$i$为市场平均利率;$n$为期限。

若到期一次还本付息(利息按单利计算),则债券发行价格的计算公式为

债券发行价格=按票面利率和期限计算债券到期的本利和×

按市场利率和期限计算的现值系数$=\dfrac{M(1+nr)}{(1+i)^t}$

式中,$M$为到期还本金额(债券面值);$i$为市场平均利率;$n$为期限;$r$为票面利率。

【例3-3】A公司发行债券筹资,面值1 000元,期限5年,发行时市场利率为10%,每年年末付息,到期还本。

(1) 假设票面利率为8%、10%、12%,分别计算债券的发行价格。

解:当票面利率为8%时:

$$债券发行价格=\sum_{t=1}^{5}\frac{1\,000\times 8\%}{(1+10\%)^t}+\frac{1\,000}{(1+10\%)^5}$$

$=80\times(P/A,10\%,5)+1\,000\times(P/F,10\%,5)$

$=80\times 3.790\,8+1\,000\times 0.620\,9=924.16(元)$

当票面利率为10%时:

$$债券发行价格=\sum_{t=1}^{5}\frac{1\,000\times 10\%}{(1+10\%)^t}+\frac{1\,000}{(1+10\%)^5}$$

$=100\times(P/A,10\%,5)+1\,000\times(P/F,10\%,5)$

$=100\times 3.790\,8+1\,000\times 0.620\,9=999.98(元)$

当票面利率为12%时:

$$债券发行价格=\sum_{t=1}^{5}\frac{1\,000\times 12\%}{(1+10\%)^t}+\frac{1\,000}{(1+10\%)^5}$$

$=120\times(P/A,10\%,5)+1\,000\times(P/F,10\%,5)$

$=120\times 3.790\,8+1\,000\times 0.620\,9=1\,075.80(元)$

(2) 根据上述资料,改为单利计息,到期还本,其他条件不变,试计算债券发行价格。

当票面利率为8%时：

债券发行价格=1 000×(1+5×8%)×(P/F，10%，5)=1 400×0.620 9=869.26(元)

当票面利率为10%时：

债券发行价格=1 000×(1+5×10%)×(P/F，10%，5)=1 500×0.620 9=931.35(元)

当票面利率为12%时：

债券发行价格=1 000×(1+5×12%)×(P/F，10%，5)=1 600×0.620 9=993.44(元)

**5. 债券筹资的优缺点**

1) 债券筹资的优点

(1) 资金成本低。债券利息作为财务费用在税前列支，具有抵税效益；而股票的股利需由税后利润发放，从而使债券筹资成本低于股票筹资成本。

(2) 不分散股东的控制权。由于债券持有人只有债权而无经营权，无权干涉企业的经营管理，股东能够保持对企业原有的控制权。

(3) 利率固定，通货膨胀时期，可减轻企业负担。债券利率在发行时已固定，如遇通货膨胀，则实际减轻了企业负担。

(4) 企业盈利情况好，可带来财务杠杆利益。当企业利润率高于债券利息率时，加大负债比例，财务杠杆效益会使原有投资者获得更大的利益。这也是负债筹资的优点。

2) 债券筹资的缺点

(1) 筹资风险高。债券筹资期间只有资金的使用权，没有资金的所有权，因而需到期偿还，并有按期支付利息的义务。当企业经营不善时，由于财务杠杆效益，会给企业和股东带来更大的损失，甚至会使企业因不能偿还债务而破产。

(2) 限制条件多。债券持有人为了保障其债权的安全，往往要在债券合同上签订一些保护性条款，给企业造成许多约束，影响企业财务的灵活性。

(3) 筹资数量有限。债券筹资数量虽然比银行借款多，但它毕竟属于负债筹资，企业负债比例过高，不仅会增加企业财务风险，同时会影响企业信誉，并且会导致企业资金结构不合理，从而使企业总体资金成本增加。

### 3.3.3 融资租赁

**1. 融资租赁的定义**

融资租赁又称财务租赁、资本租赁。它是承租人为融通资金而向出租人租用由出租人出资按承租人要求购买的租赁物的租赁方式。它是以融物为形式、以融资为实质的经济行为,是出租人为承租人提供信贷的信用业务。融资租赁通常为长期租赁。

**2. 融资租赁的特点**

(1) 承租方能实际控制租赁资产。资产所有权形式上属于出租方,但承租方能实质性地控制该项资产,并有权在承租期内取得该项资产的所有权。

(2) 融资租赁是一种不可解约的租赁。租赁合同比较稳定,在租赁期内,承租人必须连续缴纳租金,非经双方同意,中途不得退租。这样既能保证承租人长期使用该项资产,又能保证出租人收回投资并有所得益。

(3) 租赁期长。租赁期一般是租赁资产使用寿命期的绝大部分。

(4) 出租方一般不提供维修、保养方面的服务。

(5) 租赁期满,租赁资产处置灵活。承租人可选择留用、续租、退还,通常由承租人留购。

**3. 融资租赁的形式**

(1) 直接租赁,即承租人直接向出租人租入所需资产。直接租赁的出租人主要是制造厂商、租赁公司。直接租赁是融资租赁中较为普遍的一种,是融资租赁的典型形式。

(2) 售后回租,即承租人先把其拥有主权的资产出售给出租人,然后将其租回的租赁。这种租赁方式既可使承租人通过出售资产获得一笔资金,以改善其财务状况,满足企业对资金的需要,又能使承租人通过回租而保留企业对该项资产的使用权。

(3) 杠杆租赁,即由资金出借人为出租人提供部分资产的资金,再由出租人购入资产租给承租人的租赁形式。杠杆租赁涉及出租人、承租人和资金出借人三方。从承租人的角度来看,它与其他融资租赁形式并无多大区别。从出租人的角度来看,他只支付购买资产的部分资金(20%~40%),其余部分(60%~80%)是向资金出借人借来的。在杠杆租赁方式下,出租人具有三重身份,即资产所有权者、出租人、债务人。出租人既向承租人收取租金,又向借款人偿还本息,其间的差额就是出租人的杠杆收益。从资金出借人的角度来看,它向出租人借出资金是由出租人以租赁物为抵押的,它的债权对出租人没有追索权,但对租赁物有第一留置权,即当承租人不履行支付租金义务时,资金出借人不能向出租人追索债务,但可向法院申请执行其担保物权。该项租赁物被清偿的所得,首先用于清偿资金出借人的债务,如有剩余再给出租人。

**4. 融资租赁的程序**

(1) 做出租赁决策。当企业需要长期使用某项设备而又没有购买该项设备所需的资金时，一般有两种选择：一种选择是筹措资金购买该设备；另一种选择是融资租入该项设备。孰优孰劣，可以通过现金流量分析做出抉择。

(2) 选择租赁公司。当企业决定采用融资租赁的方式取得某设备时，即应开始选择租赁公司。根据融资条件、租赁费率等有关资料进行比较，择优选定。

(3) 办理租赁委托。当企业选定租赁公司后，便可向其提出申请，办理委托。这种委托包括填写"租赁申请书"及提供描述企业财务状况的文件资料。

(4) 签订购货协议。租赁公司受理租赁委托后，由租赁公司与承租企业的一方或双方选择设备的制造商或销售商，进行技术与商务谈判，签订购货协议。

(5) 签订租赁合同。租赁合同由承租企业与租赁公司签订，用以明确双方的权利与义务。它是租赁业务的重要文件，具有法律效力，包括一般条款和特殊条款两部分。

(6) 办理验货及投保。承租企业收到租赁设备，要进行验收。验收合格后签发租赁设备收据及验收合格证并提交租赁公司，租赁公司据以向制造商或销售商付款。同时，承租企业向保险公司办理投保事宜。

(7) 交付租金。承租企业在租赁期内按合同规定的租金数额、交付日期和交付方式向租赁公司交付租金。

(8) 租赁期满的设备处理。融资租赁合同期满，承租企业可按合同规定对租赁设备做留购、续租或退租处理。一般情况下，租赁公司会把租赁设备在期满时以低价甚至无偿转给承租企业。

**5. 融资租赁租金的计算**

融资租赁的租金是承租企业支付给租赁公司让渡租赁设备的使用权或价值的代价。租金的数额大小、支付方式对承租企业的财务状况有直接影响，也是租赁决策的重要依据。

1) 租金的构成

(1) 租赁资产的价款。它包括租赁设备的买价、运杂费及途中保险费等。

(2) 利息。租赁公司所垫付资金的应计利息。

(3) 租赁手续费。它包括租赁公司承办租赁业务的营业费用、应得利润。租赁手续费的高低由租赁公司与承租企业协商确定，一般以租赁资产价款的某一百分比收取。

2) 租金的支付方式

(1) 按支付时期的长短，租金支付方式可分为年付、半年付、季付、月付。

(2) 按每期支付租金的时间，租金支付方式可分为先付租金和后付租金。先付租金是指在期初支付，后付租金是指在期末支付。

(3) 按每期支付的金额，租金支付方式可分为等额支付和不等额支付。

3) 租金的计算方法

(1) 平均分摊法。它是指先以商定的利息率和手续费率计算出租赁期间的利息和手续费，然后连同租赁设备的购置成本按租金支付次数平均计算出每次应付租金数额的方法。使用平均分摊法时，每次应付租金数额的计算公式为

$$R=\frac{(C-S)+I+F}{N}$$

式中，$R$ 为每次应付租金数额；$C$ 为租赁设备的购置成本；$S$ 为期满时由租入方留购而支付给出租方的转让价；$I$ 为租赁期间利息；$F$ 为租赁期间手续费；$N$ 为租赁期间租金支付次数。

【例3-4】沈阳起重机有限公司向租赁公司租入一套设备，设备原价为200万元，租期为6年，预计租赁期满租入公司支付的转让价为20万元。年利率为10%，手续费为设备原价的4%。租金每年年末支付一次，该企业每年应付租金为多少？

解：$R=\dfrac{(200-20)+[200\times(1+10\%)^6-200]+200\times 4\%}{6}$=57.053 3(万元)

(2) 等额年金法。它是运用年金现值的计算原理计算每次应付租金的方法。在这种方法下，要将利息率和手续费率综合在一起确定一个租费率，作为贴现率。这种方法与平均分摊法相比，计算过程更复杂，但因为考虑了资金的时间价值，结论更具客观性。应用等额年金法时，每次应付租金数额的计算公式为

$$R=\frac{C-S(P/F,\ i,\ n)}{(P/A,\ i,\ n)}$$

式中，$R$ 为每次期末应付租金数额；$C$ 为租赁设备的购置成本；$S$ 为期满时由租入方留购而支付给出租方的转让价；$i$ 为租费率；$n$ 为租赁期间支付租金次数。

关于这一公式的正确使用，应注意如下三点。

第一，这一公式假定每期租金是期末支付的，即租金是普通年金。假如每期租金是期初支付的，即租金是即付年金，那么计算公式应为

$$R=\frac{C-S(P/F,\ i,\ n)}{(P/A,\ i,\ n-1)+1}$$

第二，公式中的 $i$ 是租费率，它是综合了资金利息率和租赁手续费率后由租赁双方认可的，它比纯粹的借款利率要大些。当租赁手续费在租赁开始时一次付清，即各期租金不含手续费时，租费率与资金利息率相同。

第三，公式中的分子、分母中的 $i$ 是相同的，都是租费率，否则会导致租赁期结

束时账面余额与预计残值不一致。

【例3-5】仍用例3-4资料,分别对以下三种情况用等额年金法计算该企业每年应付租金额:①租费率为12%,租金在每年年末支付。②租费率为12%,租金在每年年初支付。③租金在每年年末支付,但租赁手续费在租入设备时一次付清。

解:设上述三种情况的每年应付租金分别为$R_1$、$R_2$和$R_3$,则

$$R_1 = \frac{200 - 20 \times (P/F, 12\%, 6)}{(P/A, 12\%, 6)} = \frac{200 - 20 \times 0.506\,6}{4.111\,4} = 46.18(万元)$$

$$R_2 = \frac{200 - 20 \times (P/F, 12\%, 6)}{(P/A, 12\%, 5)+1} = \frac{200 - 20 \times 0.506\,6}{3.604\,8+1} = 41.23(万元)$$

$$R_3 = \frac{200 - 20 \times (P/F, 10\%, 6)}{(P/A, 10\%, 6)} = \frac{200 - 20 \times 0.564\,5}{4.355\,3} = 43.33(万元)$$

### 6. 融资租赁的优缺点

1) 融资租赁的优点

(1) 融资租赁的实质是融资,当企业资金不足,举债购买设备有困难时,可以"借鸡生蛋,以蛋还鸡"。

(2) 设备使用有保障。融资租赁的资金使用期限与设备寿命周期接近,比一般借款期限要长,使承租企业偿债压力较小;在租赁期内,租赁公司一般不得收回出租设备,使用有保障。

(3) 能迅速形成生产能力。融资与融物的结合,减少了承租企业直接购买设备的中间环节和费用,有助于迅速形成生产能力。

(4) 具有避税效益。由于租金可以在税前作为费用处理,企业可少交所得税。

2) 融资租赁的缺点

(1) 资本成本高。融资租赁的租金包含的内容较多,使租金比举债利息高,从而增加了企业的财务负担。

(2) 不能享受设备残值。由于租赁期满后,对租赁设备的处理有多种形式,企业不一定能享受到设备的残值。

【例3-6】A公司现有设备已经不能满足增加产量和提高产品质量的要求。为提高产品的市场竞争力,通过咨询与实地考察,决定引进美国菲尔德机械制造公司具有国际先进水平的设备。设备原价折合人民币约计2 000万元,海上运输费为6万元,途中保险费为10万元,使用期限可达8年。由于资金缺口较大,公司领导与财务部门商议后,决定从融资租赁或贷款购买两种方式中做出选择,请具体分析。

解:第一,融资租赁方式分析。

A公司选择中国寰宇租赁有限公司办理租赁业务。双方草拟合同条款约定,具体

包括：租赁期限为5年；租金在投产后的5年内每年年末等额支付；手续费为设备购置成本的3%；承租人A公司在缴纳期初成交费4万元之后开始执行合同；利息部分按复利法计算，并参照银行借款利率的7%确定；承租人须按设备原价的10%向出租人支付保证金，保证金在租赁期满时退给承租企业；融资租赁需支付的租金数额采用等额年金法计算确定，其贴现率在综合考虑利息率和手续费率之后确定为10%；租赁期满后，设备归A公司。设备残值110万元，所得税税率25%。

按10%的贴现率进行计算，每年年末需支付的租金为

$$A = \frac{2\,016}{3.790\,8} = 531.81\ (万元)$$

为了有计划地安排租金支付，根据有关数据，A公司编制了租金摊销计划表，如表3-7所示。

表3-7 融资租赁租金摊销计划

万元

| 日期 | 支付租金 | 应付利息 | 全部租金减少 | 应还全部资金 |
|---|---|---|---|---|
| | (1) | (2)=(4)×10% | (3)=(1)−(2) | (4) |
| 第1年年初 | 531.81 | | | 2 016 |
| 第1年年末 | 531.81 | 201.60 | 330.21 | 1 685.79 |
| 第2年年末 | 531.81 | 168.58 | 363.23 | 1 322.56 |
| 第3年年末 | 531.81 | 132.26 | 399.55 | 923.01 |
| 第4年年末 | 531.81 | 92.30 | 439.51 | 483.50 |
| 第5年年末 | 531.81 | 48.31 | 483.50 | 0 |
| 合计 | 3 190.86 | 643.05 | 2 016 | |

在重点考虑了期初成交费、保证金、租金支出、预计设备残值及折旧收入等因素后，A公司编制融资租赁成本净现值测算表，如表3-8所示。

表3-8 融资租赁成本净现值测算

万元

| 项目 | 金额 |
|---|---|
| 期初成交费(1) | 4 |
| 支付保证金(2) | 200 |
| 租金支付(3) | 2 016 |
| 保证金收回(4) | 200×0.620 9=124.18 |
| 折旧收入(5) | (2 016+4−110)/8×5.334 9=238.75×5.334 9=1 273.71 |
| 折旧抵税(6) | 238.75×25%×5.334 9=318.43 |
| 预计设备残值(7) | 110×0.466 5=51.32 |
| 成本净现值(8)=(1)+(2)+(3)−(4)−(6)−(7) | 1 726.07 |

第二，贷款购买方式分析。

经与盛京银行信贷部接触后，银行同意向A公司提供总额为2 016万元的长期贷款，年利率7%，不计复利，期限5年，到期一次还本付息。同时A公司需向银行抵押企业存款500万元，年利率2%，不计复利，贷款到期正常归还后，抵押存款将退还给借款人A公司。

银行贷款到期还本付息额=2 016×(1+7%×5)=2 721.60(万元)

企业抵押存款到期还本付息额=500×(1+2%×5)=550(万元)

在综合考虑贷款还本付息、抵押存款支付与收回、折旧收入及其抵税、利息抵税等因素之后，贷款购买成本净现值的测算如表3-9所示。

表3-9 贷款购买成本净现值测算

万元

| 项目 | 金额 |
| --- | --- |
| 贷款还本付息额(1) | 2 721.6×0.466 5=1 269.63 |
| 支付抵押存款(2) | 500 |
| 折旧收入(3) | (2 016-110)/8×5.334 9=238.25×5.334 9=1 271.03 |
| 折旧收入抵税(4) | 238.25×25%×5.334 9=317.76 |
| 利息抵税(5) | (2 016×7%-500×2%)×25%×3.790 8=124.26 |
| 抵押存款收回(6) | 550×0.620 9=341.50 |
| 成本净现值(7)=(1)+(2)-(4)-(5)-(6) | 986.11 |

第三，对两种筹资方式进行比较。

从上述数据测算中可以看出，融资租赁成本支出比贷款购买方式增加739.96万元(1726.07-986.11)，采用融资租赁方式解决此次设备购置问题并不合算。

资料来源：张佳生，侯丽生，等.财务管理(下)[M].海口：海南出版公司，2006.

# 3.4 股权筹资

股权筹资形成企业的股权资金，是企业基本的筹资方式。吸收直接投资、发行股票和企业自留资金是股权筹资的三种基本形式。

## 3.4.1 吸收直接投资

吸收直接投资(简称吸收投资)是指非股份制企业按照"共同投资、共同经营、共担风险、共享利润"的原则，直接吸收国家、法人、个人、外商投入资金的一种筹资方式。吸收直接投资不以股票为媒介。吸收直接投资中的出资者是企业的所有者，他们对企业拥有经营管理权，并按出资比例分享利润、承担损失。

**1. 吸收直接投资的种类**

(1) 国家投资。国家投资是指有权代表国家投资的部门或机构以国有资产投入企业，形成企业的国有资本。

(2) 法人投资。法人投资是指法人单位以其依法可以支配的资产投入企业，形成企业的法人资本。

(3) 个人投资。个人投资是指社会个人或企业内部职工以个人合法财产投入企业，形成企业的个人资本。

(4) 外商投资。外商投资是指外国投资者和我国港澳台地区投资者的直接投资，形成企业的外商资本。

**2. 吸收直接投资的出资方式**

(1) 现金投资。现金投资是吸收投资中最重要的出资方式。现金投资具有很强的灵活性，因此，企业要争取投资者尽可能采用现金方式出资。

(2) 实物投资。实物投资是指以房屋、建筑物、设备等固定资产和原材料、商品等流动资产所进行的投资。

实物投资应符合以下条件：①符合企业生产、经营、科研开发等的需要；②技术性能良好；③作价公平合理。

投资实物的作价，可以由出资各方协商确定，也可以聘请各方都认可的专业资产评估机构评估确定。

(3) 工业产权投资。工业产权投资是指以商标权、专利权、非专利权技术等无形资产所进行的投资。企业在吸收工业产权投资时应注意：避免短期内可能贬值的无形资产；无形资产的出资额不得超过注册资本的20%。

工业产权投资应符合以下条件：①有助于企业研究、开发出新的高科技产品；②有助于生产出适销对路的高科技产品；③有助于改进产品质量，提高生产效率；④有助于降低生产消耗；⑤作价比较合理。

(4) 土地使用权投资。土地使用权投资是指土地使用权人依法用土地使用权进行投资。土地使用权是指土地使用权人依法拥有对有关土地在一定期限内进行建筑、生产或开展其他活动的权利。

企业吸收土地使用权投资应符合以下条件：①符合企业科研、生产、销售等活动的需要；②地区、交通条件适宜。

**3. 吸收直接投资的程序**

企业吸收其他单位的投资，一般要遵循如下程序。

(1) 确定吸收直接投资所需的资金数量。吸收直接投资一般是在企业开办时所使用的一种筹资方式。企业在经营过程中，如果发现自有资金不足，也可以采用吸收直接投资的方式筹集资金，但在吸收投资之前，必须确定所需资金的数量，以利于正确筹集所需资金。

(2) 寻找投资单位。企业在吸收直接投资之前，需要做一些必要的宣传，以便使出资单位了解企业的经营状况和财务情况，有目的地进行投资。这将有利于企业在比较多的投资者中寻找合适的合作伙伴。

(3) 协商投资事项。寻找到投资单位后，双方便可进行具体的协商，以便合理确定投资的数量和出资方式。在协商过程中，企业应尽量说服投资者以现金方式出资。如果投资者的确拥有较先进的适用于企业的固定资产、无形资产等，也可用实物、工业产权和土地使用权进行投资。

(4) 签署投资协议。双方经初步协商后，如没有太大异议，便可进一步协商。这里的关键问题是以实物投资、以工业产权投资、以土地使用权投资的作价问题。这是因为投资的报酬、风险的承担都是以此确定的出资额为依据的。一般而言，双方应按公平合理的原则协商定价。如果争议比较大，可聘请有关资产评估机构来评定。当出资数额、资产作价确定之后，便可签署投资的协议或合同，以明确双方的权利和责任。

(5) 共享投资利润。出资各方有权对企业进行经营管理。但如果投资者的投资占企业资金总额的比例较低，一般并不参与经营管理，他们最关心的还是其投资报酬的问题。因此，企业在吸收投资之后，应按合同中的有关条款，从实现的利润中对吸收的投资支付报酬。投资报酬是企业利润的一个分配去向，也是投资者利益的体现，企业要妥善处理，以便与投资者保持良好的关系。

**4. 吸收直接投资的优缺点**

1) 吸收直接投资的优点

(1) 有利于增强企业信誉。吸收投资所筹集的资金属于自有资金，与借入资金比较，能提高企业的信誉和借款能力。

(2) 有利于尽快形成生产能力。吸收投资可直接获得现金、先进设备和先进技术，与通过有价证券间接筹资比较，能尽快形成生产能力，尽快开拓市场。

(3) 有利于降低财务风险。吸收投资可以根据企业的经营状况向投资者支付报酬，没有固定的财务负担，比较灵活，所以财务风险较小。

2) 吸收直接投资的缺点

(1) 资金成本较高。企业向投资者支付的报酬是根据企业实际的利润和投资者的出资额计算的，特别是当企业盈利丰厚时，企业向投资者支付的报酬很多。

(2) 企业控制权分散。吸收投资的新投资者享有企业经营管理权,这会造成原有投资者控制权的分散与减弱。

### 3.4.2 发行股票

**1. 发行普通股股票**

股票是股份公司为筹集权益资金而发行的,表示其持有人按其持有的股份享有权益和承担义务的可转让的书面证明。

股票持有人即为公司的股东,他具有按其投入公司的资本额享有分配资产收益、参与公司重大决策和选择管理者等权利,并以其所持有股份为限对公司承担责任。

1) 股票的种类

(1) 按股东权利和义务的不同,股票可以分为普通股股票和优先股股票两种。普通股股票是公司发行的代表股东享有平等权利、义务,不加特别限制且股利不固定的股票,它是公司最基本的股票。优先股是享有优先权的股票。

持有普通股股份者为普通股股东。依《公司法》的规定,普通股股东主要有如下权利:①出席或委托代理人出席股东大会,并依公司章程规定行使表决权;②股份转让权及新股发行的优先认股权;③股利分配请求权;④对公司账目和股东大会决议的审查权和对公司事务的质询权;⑤分配公司剩余财产的权利;⑥公司章程规定的其他权利。

(2) 按票面是否记名,股票可以分为记名股票和无记名股票两种。记名股票一律用股东本名,其转让、继承要办理过户手续。无记名股票的转让、继承,无须办理过户手续。

(3) 按照票面是否标有金额,股票可以分为有面额股票和无面额股票两种。为了规范股票的发行,《公司法》规定,股票必须标明面额。

(4) 按照投资主体的不同,股票可分为国家股、法人股、个人股和外商股。

(5) 按发行对象和上市地区的不同,股票可分为A股、B股、H股和N股。A股是供我国大陆个人或法人买卖的,以人民币表明票面金额并以人民币认购和交易的股票。B股是供我国境内外投资者买卖的,以人民币表明票面金额但以外币认购和交易的股票。B股在上海、深圳上市,H股在中国香港上市,N股在美国纽约上市。

普通股股东对公司负有义务。《公司法》规定了股东具有遵守公司章程、缴纳股款、对公司负有有限责任、不得退股等义务。

普通股是股份公司发行的具有管理权而股利不固定的股票,是股份公司筹集权益资金的主要方式。

2) 股票的发行

股份有限公司在设立时须发行股票。为了扩大经营、改善资本结构，也会增资发行新股。股票的发行实行公开、公平、公正的原则，必须同股同权、同股同利，同次发行的股票，每股的发行条件和价格应当相同。发行股票还应接受国务院证券监督管理机构的管理和监督。股票发行具体应执行的管理规定，主要涉及股票发行条件、发行程序、发行方式、销售方式等方面。

(1) 股票发行条件。按照《公司法》的有关规定，股份有限公司发行股票，应符合以下规定与条件。

① 每股金额相等。

② 股票发行价格可以等于票面金额，也可以超过票面金额，但不得低于票面金额。

③ 股票应当载明公司名称、公司登记日期、股票种类、票面金额及代表的股份数、股票编号等主要事项。

④ 向发起人、国家授权投资的机构、法人发行的股票，应当为记名股票；向社会公众发行的股票，可以为记名股票，也可以为无记名股票。

⑤ 公司发行记名股票的，应当置备股东名册，记载股东的姓名或者名称、住所、各股东所持股份、各股东所持股票编号、各股东取得其股份的日期；发行无记名股票的，公司应当记载其股票数量、编号及发行日期。

⑥ 公司发行新股，必须具备的条件包括：前一次发行的股份已募足，并间隔一年以上；公司在最近3年内连续盈利，并可向股东支付股利；公司在3年内财务会计文件无虚假记载；公司预期利润率可达同期银行存款利率。

⑦ 公司发行新股，应由股东大会做出有关事项的决议，包括：新股种类及数额；新股发行价格；新股发行的起止日期；向原有股东发行新股的种类及数额。

(2) 股票发行程序。股份有限公司在设立时发行股票与增资发行新股，在程序上有所不同。

① 公司设立时发行股票的程序。a.提出募集股份申请；b.公告招股说明书，制作认股书，签订承销协议和代收股款协议；c.招认股份，缴纳股款；d.召开创立大会，选举董事会、监事会；e.办理设立登记，交割股票。

② 公司增资发行新股的程序。a.股东大会做出发行新股的决议；b.由董事会向国务院授权的部门或省级人民政府申请并经批准；c.公告新股招股说明书和财务会计报表及附属明细表，与证券经营机构签订承销合同，定向募集时向新股认购人发出认购公告或通知；d.招认股份，缴纳股款；e.改组董事会、监事会，办理变更登记并向社会公告。

(3) 股票的发行方式、销售方式和发行价格。公司发行股票筹资，应当选择适宜的股票发行方式和销售方式,并恰当地制定发行价格,以便及时募足资本。

① 股票的发行方式。股票的发行方式可分为两类:a.间接发行,是指通过中介机构,公开向社会公众发行股票。b.直接发行,是指不公开对外发行股票,只向少数特定的对象直接发行,因而不需经中介机构承销。

② 股票的销售方式。股票的销售方式有两类:a.自销方式,是指发行公司自己直接将股票销售给认购者。b.承销方式,是指发行公司将股票销售业务委托给证券经营机构代理。这种销售方式应用较为普遍。

③ 股票的发行价格。股票的发行价格是股票发行时的价格,通常由发行公司根据股票面额、股市行情和其他有关因素决定。

股票的发行价格一般有3种:等价,即以股票的票面额为发行价格,也称为平价发行;时价,即以本公司股票在流通市场上买卖的实际价格为基准确定的股票发行价格;中间价,即以时价和等价的中间值确定的股票发行价格。

《公司法》规定,股票发行价格可以等于票面金额(等价),也可以超过票面金额(溢价),但不得低于票面金额(折价)。

公司原始股的发行价格与票面金额通常是一致的,即等价发行;新增股的发行价格则需根据公司盈利能力和资产增值水平加以确定,往往是时价发行或中间价发行。

(4) 股票上市。股票上市包括以下几方面内容。

① 股票上市的目的。a.资本大众化,分散风险;b.提高股票的变现力;c.便于筹措新资金;d.提高公司知名度,吸引更多顾客;e.便于确定公司价值。

② 股票上市的条件。a.股票经国务院授权的证券管理部门批准,已向社会公开发行;b.公司股本总额不少于人民币5 000万元;c.开业3年以上,最近3年连续盈利;d.持有股票面值人民币1 000元以上的股东不少于1 000人,向社会发行为总发行的25%以上,公司总股本超过人民币4亿元的,向社会发行为总发行的15%以上;e.公司在3年内无重大违法行为,财务报告无虚假记载;f.国务院规定的其他条件。

具备上述条件的股份有限公司经申请批准,其股票方可上市。股票上市公司必须公告其上市报告,并将其申请文件存放在指定的地点供公众查阅。股票上市公司还必须定期公布其财务状况和经营情况,每一会计年度内半年公布一次财务会计报告。

③ 股票上市的暂停与终止。股票上市公司有下列情形之一的,由国务院证券管理部门决定暂停其股票上市:a.公司股本总额、股权分布等发生变化,不再具备上市条件(限期内未能消除的,终止其股票上市);b.公司不按规定公开其财务状况,或者对财务报告作虚假记载(后果严重的,终止其股票上市);c.公司有重大违法行为(后果严重的,终止其股票上市);d.公司最近3年连续亏损(限期内未能消除的,终止其股票上市)。

另外，公司决定解散、被行政主管部门依法责令关闭或者宣告破产的，由国务院证券管理部门决定终止其股票上市。

3) 普通股筹资的优缺点

(1) 普通股筹资的优点。①没有固定的股利负担。公司有盈利，可适量向股东分配股利；若公司盈利较少或没有盈利，或虽有盈余但资金短缺或有更好的投资机会，就可以少付或不付股利。②资金可永久使用。普通股没有固定到期日，资金不存在到期归还问题，除非公司被清算。③筹资风险小。普通股既无到期日，又没有固定的股利负担，因此不存在不能偿付的风险。④能增加公司的信誉。普通股能增加主权资金比重，较多的主权资金可为债权人提供较强的偿债保障，这有助于提高公司信誉、增强公司举债能力。⑤能增强公司的经营灵活性。普通股筹资比优先股或债券筹资限制少，使公司经营较灵活。

(2) 普通股筹资的缺点。①资金成本较高。发行普通股的成本一般高于债务资金，因为股利要从税后净利润中支付，且发行费用也高于其他证券。②新股东的增加，将会分散和削弱公司控股权。③有可能降低原股东的收益水平。

**2. 优先股筹资**

优先股是股份有限公司发行的具有一定优先权的股票。它既具有普通股的某些特征，又与债券有相似之处。从法律上讲，企业对优先股不承担还本义务，因此它是企业自有资金的一部分。

1) 优先股的特点

优先股较普通股有某些优先权利，同时也有一定的限制，其"优先"表现在以下几方面。

(1) 优先分配股利权。优先股股利的分配在普通股之前，其股利率是固定的。

(2) 优先分配剩余财产权。当企业清算时，优先股的剩余财产分配请求权位于债权人之后，但位于普通股之前。

2) 优先股筹资的优缺点

(1) 优先股筹资的优点。①没有固定的到期日，不用偿还本金。②股利支付率虽然固定，但无约定性。当公司财务状况不佳时，也可暂不支付，不像债券到期无力偿还本息，公司有破产风险。③优先股属于自有资金，既能增强公司信誉及借款能力，又能保持原普通股股东的控制权。

(2) 优先股筹资的缺点。①优先股股利要从税后利润中支付，资金成本高。②优先股较普通股限制条款多。③优先股需支付固定股利，且不能在税前支付，虽无约定性，且可以延时，但终究是一种较重的财务负担。

### 3.4.3 企业自留资金

企业自留资金主要是指企业实现净利后,由提留的盈余公积和未分配利润形成的留存盈利,也是权益资金的一种。比起其他权益资金的取得,企业自留资金更为主动、简便,它无须筹资费用,这种筹资方式是由企业经营自然形成的,既扩大了企业的资产、增加了企业的资金,又增强了企业的信誉、提高了企业的偿债能力、增强了企业抗风险的能力,是企业提高盈利能力的具体表现,但这种筹资方式受制于企业保留盈余的多少及公司的股利政策。

## 3.5 混合筹资

混合筹资筹集的是混合性资金,即兼具股权和债务特征的资金。目前,我国上市公司取得混合性资金的主要方式是发行可转换债券和认股权证。

### 3.5.1 可转换债券

可转换债券是一种混合型证券,是公司普通债券与证券期权的组合体。可转换债券的持有人在一定期限内,可以按照事先规定的价格或者转换比例,自由地选择是否转换为公司普通股。

一般来说,可转换债券分为两类:一类是不可分离的可转换债券,其转股权与债券不可分离,债券持有者直接按照债券面额和约定的转股价格,在规定的期限内将债券转换为股票;另一类是可分离交易的可转换债券,这类债券在发行时附有认股权证,是认股权证与公司债券的组合,发行上市后,公司债券和认股权证各自独立流通、交易。认股权证的持有者认购股票时,需要按照认购价格(行权价)出资购买股票。

**1. 可转换债券的基本性质**

(1) 证券期权性。可转换债券给予债券持有者未来的选择权,在事先约定的期限内,投资者可以选择将债券转换为普通股票,也可以放弃转换权利,持至债券到期还本付息。可转换债券持有人具有在未来按一定的价格购买股票的权利,因此可转换债券实质上是一种未来买入的期权。

(2) 资本转换性。可转换债券在正常持有期,属于债权性质;转换成股票后,属于股权性质。如果在债券的转换期间,持有人没有将其转换为股票,发行企业到期必须无条件地支付本金和利息。转换成股票后,债券持有人成为企业的股权投资者。资本双重性的转换,取决于投资者是否行权。

(3) 赎回与回售。可转换债券一般都会有赎回条款,发债公司在可转换债券转换前,可以按一定条件赎回债券。通常,公司股票价格在一段时间内连续高于转股价格直至达到某一幅度时,公司会按事先约定的价格买回未转股的可转换公司债券。同样,可转换债券一般也会有回售条款,公司股票价格在一段时间内连续低于转股价格直至达到某一幅度时,债券持有人可按事先约定的价格将所持债券回售给发行公司。

**2. 可转换债券的基本要素**

可转换债券的基本要素是指构成可转换债券基本特征的必要因素,它们代表了可转换债券与一般债券的区别。

(1) 标的股票。可转换债券转换期权的标的物是可转换成的公司股票。标的股票一般是发行公司自己的普通股票,也可以是其他公司的股票,如该公司的上市子公司的股票。

(2) 票面利率。可转换债券的票面利率一般会低于普通债券的票面利率,有时甚至还低于同期银行存款利率。因为在可转换债券的投资收益中,除了债券的利息收益外,还附加了股票买入期权的收益部分。一个设计合理的可转换债券,在大多数情况下,其股票买入期权的收益足以弥补债券利息收益的差额。根据我国《可转换公司债券管理办法暂行规定》,可转换公司债券的票面利率不能超过银行同期存款利率,而普通公司债券利率一般都高于银行同期存款利率水平。

(3) 转换价格。转换价格是指可转换债券在转换期内据以转换为普通股的折算价格,即将可转换债券转换为普通股后,每股普通股的价格。如每股30元,即可转换债券转股时,将债券金额按每股30元转换为相应股数的股票。由于可转换债券在未来可以行权转换成股票,在债券发售时,所确定的转换价格一般比发售日的股票市场价格高出一定比例,如高出10%~30%。我国《可转换公司债券管理暂行办法》规定,上市公司发行可转换公司债券,以发行前1个月股票的平均价格为基准,上浮一定幅度作为转股价格。

(4) 转换比率。转换比率是指每一张可转换债券在既定的转换价格下能转换为普通股股票的数量。在债券面值和转换价格确定的前提下,转换比率为债券面值与转换价格之商,用公式表示为

$$债券面值转换比率 = \frac{债券面值}{转换价格}$$

(5) 转换期。转换期是指可转换债券持有人能够行使转换权的有效期限。可转换债券的转换期可以与债券的期限相同,也可以短于债券的期限。转换期间的设定通

常有4种情形：债券发行日至到期日；发行日至到期前；发行后某日至到期日；发行后某日至到期前。至于选择哪种，要看公司的资本使用状况、项目情况、投资者要求等。由于转换价格高于公司发债时股价，投资者一般不会在发行后立即行使转换权。

(6) 赎回条款。赎回条款是指发债公司按事先约定的价格买回未转股债券的条件规定，赎回一般发生在公司股票价格在一段时间内连续高于转股价格达到某一幅度时。赎回条款通常包括：不可赎回期间与赎回价格(一般高于可转换债券的面值)；赎回条件(分为无条件赎回和有条件赎回)；等等。

发债公司在赎回债券之前，要向债券持有人发出赎回通知，要求他们在将债券转股与卖回发债公司之间做出选择。一般情况下，投资者大多会将债券转换为普通股。可见，设置赎回条款的主要功能是强制债券持有者积极行使转股权，因此又被称为加速条款。同时也能使发债公司避免在市场利率下降后，继续向债券持有人按照较高的票面利率支付利息所蒙受的损失。

(7) 回售条款。回售条款是指债券持有人有权按照事先约定的价格将债券卖回发债公司的条件规定。回售一般发生在公司股票价格在一段时间内连续低于转股价格达到某一幅度时。回售对于投资者而言实际上是一种卖权，有利于降低投资者的持券风险。与赎回一样，回售条款也有回售时间、回售价格和回售条件等的规定。

(8) 强制性转换条款。强制性转换条款是指在某些条件具备之后，债券持有人必须将可转换债券转换为股票，无权要求偿还债券本金的条件规定。可转换债券发行之后，其股票价格可能出现巨大波动。如果股价长期表现不佳，又未设计回售条款，投资者就不会转股。公司可设置强制性转换条款，保证可转换债券顺利地转换成股票，预防投资者到期集中挤兑，引发公司破产的悲剧。

### 3. 可转换债券的发行条件

发行可转换债券的公司，按照国家相关规定，必须满足以下基本条件：最近3年连续盈利，且最近3年净资产收益率平均在10%以上，属于能源、原材料、基础设施类的公司可以略低，但是不得低于7%；可转换债券发行后，公司资产负债率不高于70%；累计债券余额不超过公司净资产额的40%；上市公司发行可转换债券，还应当符合公开发行股票的条件。

发行分离交易的可转换公司债券，除需符合公开发行证券的一般条件外，还应当符合的规定包括：公司最近一期末经审计的净资产不低于人民币15亿元；最近3个会计年度实现的年均可分配利润不少于公司债券1年的利息；最近3个会计年度经营活动产生的现金流量净额平均不少于公司债券1年的利息；本次发行后累计公司债券余额不超过最近一期末净资产额的40%，预计所附认股权全部行权后募集的资金总量不超过拟发行公司的债券金额；等等。分离交易的可转换公司债券募集说明书应当约定，上市公司改变公告的募集资金用途的，赋予债券持有人一次回售的权利。

所附认股权证的行权价格应不低于公告募集说明书日前20个交易日公司股票均价和前一个交易日的均价。认股权证的存续期间不超过公司债券的期限，自发行结束之日起不少于6个月。募集说明书公告的权证存续期限不得调整。认股权证自发行结束至少已满6个月起方可行权，行权期间为存续期限届满前的一段时间，或者是存续期限内的特定交易日。

**4. 可转换债券的筹资特点**

(1) 筹资具有灵活性。可转换债券将传统的债务筹资功能和股票筹资功能结合起来，在筹资性质和时间上具有灵活性。债券发行企业先以债务方式取得资金，到了债券转换期，如果股票市价较高，债券持有人将会按约定的价格将债券转换为股票，避免了企业还本付息的负担。如果公司股票长期低迷，投资者不愿意将债券转换为股票，企业及时还本付息清偿债务，也能避免未来长期的股东资本成本负担。

(2) 资本成本较低。可转换债券的利率低于同一条件下普通债券的利率，降低了公司的筹资成本；此外，在可转换债券转换为普通股时，公司无须另外支付筹资费用，又节约了股票的筹资成本。

(3) 筹资效率高。可转换债券在发行时，规定的转换价格往往高于当时本公司的股票价格。如果这些债券将来都转换成股权，就相当于在债券发行之际，以高于当时股票市价的价格新发行股票，以较少的股份代价筹集了更多的股份资金。因此当公司发行新股时机不佳时，可以先发行可转换债券，以期将来变相发行普通股。

(4) 存在一定的财务压力。可转换债券存在不转换的财务压力。如果在转换期内公司股价处于恶化性的低位，持券者到期不会转股，会造成公司因集中兑付债券本金而产生财务压力。可转换债券还存在回售的财务压力。若可转换债券发行后，公司股价长期低迷，在制定了回售条款的情况下，投资者集中在一段时间内将债券回售给发行公司，会加大公司的财务支付压力。

【例3-7】某特种钢股份有限公司为A股上市公司，2020年为调整产品结构，公司拟分两阶段投资建设某特种钢生产线，以填补国内市场空白。该项目第一期计划投资额为20亿元，第二期计划投资额为18亿元，公司制订了发行分离交易可转换公司债券的融资计划。经有关部门批准，公司于2020年2月1日按面值发行了2 000万张、每张面值100元的分离交易可转换公司债券，合计20亿元，债券期限为5年，票面年利率为1%(如果单独按面值发行一般公司债券，票面年利率需要设定为6%)，按年计息。同时，每张债券的认购人获得公司派发的15份认股权证，权证总量为30 000万份，该认股权证为欧式认股权证，行权比例为2:1(即2份认股权证可认购1股A股股票),行权价格为12元/股。认股权证存续期为24个月(即2020年2月1日至2017年2月1日),行权期为认股权证存续期最后5个交易日(行权期间权证停止交易)。假定债券和认股权证发行当日即上市。

公司2020年年末A股总数为20亿股(当年未增资扩股),当年实现净利润9亿元。假定公司2021年上半年实现基本每股收益0.30元,上半年公司股价一直维持在每股10元左右。预计认股权证行权期截止前夕,每股认股权证价格将为1.5元(公司市盈率维持在20倍的水平)。

根据上述资料,计算分析每股收益,并说明该公司应采用哪些财务策略。

解：第一,发行分离交易的可转换公司债券后,2020年可节约的利息支出为

20×(6%−1%)×11/12 = 0.92(亿元)

第二,2020年公司基本每股收益为

9/20 =0.45(元)

第三,为实现第二次融资,必须促使权证持有人行权,为此股价应当达到的水平为12元。2020年基本每股收益应达到的水平为

12/20 =0.60(元)

第四,公司发行分离交易可转换公司债券的主要目标是分两阶段融通项目第一期、第二期所需资金,特别是努力促使认股权证持有人行权,以实现发行分离交易可转换公司债券的第二次融资。主要风险是第二次融资时,股价低于行权价格,投资者如放弃行权,将导致第二次融资失败。

第五,公司为了实现第二次融资目标,应当采取的具体财务策略主要有以下两种。

(1) 最大限度地提高生产项目的效益,改善经营业绩。

(2) 改善与投资者的关系及社会公众形象,提升公司股价的市场表现。

### 3.5.2 认股权证

认股权证是一种由上市公司发行的证明文件,持有人有权在一定时间内以约定的价格认购该公司发行的一定数量的股票。广义的权证,是一种持有人有权于某一特定期间或到期日,按约定的价格认购或沽出一定数量的标的资产的期权。按买或卖的不同权利,可分为认购权证和认沽权证,又称为看涨权证和看跌权证。认股权证,属于认购权证。

**1. 认股权证的基本性质**

(1) 认股权证的期权性。认股权证本质上是一种股票期权,属于衍生金融工具,具有实现融资和股票期权激励的双重功能。但认股权证本身是一种认购普通股的期权,它没有普通股的红利收入,也没有普通股相应的投票权。

(2) 认股权证是一种投资工具。投资者可以通过购买认股权证获得市场价与认购价之间的股票差价收益，因此它是一种具有内在价值的投资工具。

**2. 认股权证的筹资特点及优势**

(1) 认股权证是一种融资促进工具。认股权证的发行人是发行标的股票的上市公司，认股权证通过以约定价格认购公司股票的契约方式，能保证公司在规定的期限内完成股票发行计划，顺利实现融资。

(2) 有助于改善上市公司的治理结构。采用认股权证进行融资，融资是缓期分批实现的。上市公司及其大股东的利益，与投资者是否在到期之前执行认股权证密切相关。因此，在认股权证有效期间，上市公司管理层及其大股东做出任何有损公司价值的行为，都可能降低上市公司的股价，从而降低投资者执行认股权证的可能性，这将损害上市公司管理层及其大股东的利益。所以，认股权证能够约束上市公司管理层和大股东的败德行为，并激励他们更加努力地提升上市公司的市场价值。

(3) 有利于推进上市公司的股权激励机制。认股权证是常用的员工激励工具，通过给予管理者和重要员工一定的认股权证，可以把管理者和员工的利益与企业价值成长紧密联系在一起，建立一个管理者与员工通过提升企业价值来实现自身财富增值的利益驱动机制。

## 章后练习题

**1. 单项选择题**

(1) 普通股股东的权利不包括(　　)。

　A. 公司管理权

　B. 分享盈余权

　C. 优先认股权

　D. 优先分配剩余财产权

(2) 下列选项中，关于普通股筹资的说法不正确的是(　　)。

　A. 筹资风险大

　B. 能增加公司的信誉

　C. 筹资限制较少

　D. 容易分散控制权

(3) 下列选项中，不属于债权筹资方式的是(　　)。

　A. 企业自留资金

　B. 发行公司债券

C. 融资租赁

D. 利用商业信用

(4) 下列选项中,关于吸收直接投资的说法不正确的是( )。

A. 有利于增强企业信誉

B. 有利于尽快形成生产能力

C. 有利于降低财务风险

D. 资金成本较低

(5) 下列选项中,不会影响债券的价值的因素有( )。

A. 票面价值与票面利率

B. 市场利率

C. 到期日与付息方式

D. 购买价格

(6) 下列选项中,不属于融资租赁租金构成项目的是( )。

A. 租赁设备的价款          B. 租赁期间利息

C. 租赁手续费              D. 租赁设备维护费

**2. 多项选择题**

(1) 与长期负债筹资相比,流动负债筹资( )。

A. 速度快                 B. 弹性大

C. 成本高                 D. 风险小

(2) 下列选项中,属于企业自留资金的有( )。

A. 发行股票取得的资金

B. 提取公积金形成的资金

C. 源自未分配利润的资金

D. 吸收直接投资取得的资金

(3) 企业通过吸收直接投资的方式筹集资金时,投资者可以( )出资。

A. 股票

B. 土地使用权

C. 实物

D. 无形资产

(4) 关于债券的发行价格,说法正确的是( )。

A. 一定等于面值

B. 可能低于面值

C. 可能高于面值

D. 当投资者要求的必要报酬率大于债券的票面利率时，债券折价发行

(5) 企业资金需要量的预测方法有(　　)。

　　A. 定性预测法

　　B. 销售百分比法

　　C. 资金习性预测法

　　D. 偿债基金法

(6) 融资租赁的特点有(　　)。

　　A. 租赁期较长

　　B. 不得任意中止租赁合同或契约

　　C. 租金较高

　　D. 出租方负责设备维修和人员培训

(7) 下列选项中，属于"吸收直接投资"与"发行普通股"筹资方式所共有的缺点的是(　　)。

　　A. 限制条件多　　　　　　　　　B. 财务风险大

　　C. 控制权分散　　　　　　　　　D. 资金成本高

(8) 留存收益筹资区别于普通股筹资的特点是(　　)。

　　A. 资金成本较普通股低

　　B. 保持普通股股东的控制权

　　C. 增强公司的信誉

　　D. 筹资限制少

### 3. 判断题

(1) 企业按照销售百分比法预测出来的资金需要量，是企业在未来一定时期资金需要量的增量。(　　)

(2) 对于同一筹资渠道可以采用不同的筹资方式筹集资金。(　　)

(3) 发行债券筹资有固定的还本付息义务，要按期支付利息并且必须到期按面值一次偿还本金。(　　)

(4) 在融资租赁方式下，租赁期满，设备必须作价转让给承租人。(　　)

(5) 优先股股息和债券利息都要定期支付，均应作为财务费用，在所得税前列支。(　　)

(6) 发行股票筹资，既能为企业带来杠杆利益，又具有抵税效应，所以企业在筹资时应考虑发行股票。(　　)

(7) 留存收益是由企业利润形成的，所以留存收益没有成本。(　　)

**4. 计算题**

(1) 某企业2020年12月31日的资产负债表如表3-10所示。

**表3-10 某企业资产负债表**
2020年12月31日　　　　　　　　　　　　　　　　万元

| 资产 | 金额 | 负债及所有者权益 | 金额 |
|---|---|---|---|
| 现金 | 50 | 短期借款 | 105 |
| 应收账款 | 310 | 应付账款 | 260 |
| 预付账款 | 30 | 应付票据 | 100 |
| 存货 | 520 | 预收账款 | 170 |
| 固定资产 | 1 070 | 长期负债 | 200 |
| 无形资产 | 120 | 实收资本 | 1 200 |
|  |  | 留存利润 | 65 |
| 合计 | 2 100 | 合计 | 2 100 |

2020年销售收入为2 000万元，2021年预计销售收入增长到2 500万元，销售净利润率为7%，净利润留用比例为40%(假定固定资产尚有剩余生产能力)。

要求：

① 计算2020年资产和负债各敏感项目的销售百分比。

② 计算2021年该企业需追加的筹资额和外部筹资额。

(2) 某企业发行5年期的公司债券，每份债券6万元，票面利率10%，每半年付息一次，市场利率为8%，其债券的发行价格是多少？

(3) 某企业以融资租赁的方式取得一个储存仓库，租期4年，租金总额为1 600万元，每年年初等额支付一次租金，贴现率是10%，问该企业每年应付租金多少元？

(4) 某公司2016年至2020年各年产品销售收入分别为2 050万元、2 400万元、2 600万元、2 800万元和2 850万元；各年年末现金余额分别为114万元、120万元、130万元、148万元和146万元。公司2021年的销售收入将在2020年的基础上增长20%。

要求：

① 采用高低点法计算"现金"项目的不变资金和每万元销售收入的变动资金；

② 预测该公司2021年需要增加的现金。

(5) D公司为扩大经营规模融资租入一台机床，该机床的价格为120万元，租期10年，租赁公司的融资成本为20万元，租赁手续费为15万元。为了保证租赁公司完全弥补融资成本、相关手续费并有一定的盈利，双方商定采用15%的折现率。

要求：

① 确定融资租赁租息。

② 确定融资租赁租金。

③ 如果采用等额年金法，每年年初支付，则每期租金为多少？

④ 如果采用等额年金法，每年年末支付，则每期租金为多少？

# 第4章 筹资管理(下)

## 本章学习导读

资本结构是现代财务管理的核心理论,资本结构是企业筹资决策和投资管理的重要依据。企业树立资本成本理念,有助于正确地进行筹资和投资决策;通过资本成本的计算比较和杠杆原理的应用,能够合理地安排资本结构,从而满足各个利益相关者的要求。

## 本章学习目标

(1) 掌握资本成本的计算及应用;
(2) 熟悉杠杆效应的含义;
(3) 掌握杠杆的计算方法及其原理;
(4) 掌握资本结构的优化方法。

### 引导案例

**杉杉集团的资本扩张及资本结构调整**

1989年,杉杉集团的前身——宁波甬港服装总厂生产经营发生严重亏损,资不抵债。当时,集团总资产不足500万元,职工300余人,濒临破产。1999年,杉杉集团奇迹般地发展成为总资产19亿元,净资产9亿元,年销售额22亿元,拥有40余家分(子)公司、5 000余名员工,列入国务院公布的"520户国家重点企业"之一的综合性集团公司。10年来,杉杉集团顺应时代发展潮流,牢牢抓住了企业资本扩张的每一个历史机遇,并在资本经营上大胆探索,适度负债,合理安排和调整资本结构,保持了企业良好的财务状况。

**1. 企业理财目标与资本扩张**

1989年,宁波甬港服装总厂为摆脱困境,实施了以建立现代企业制度为核心的重大改革,明确了企业财务主体的地位。10年来,在资本经营道路上迈了三大步。

第一步是以品牌经营为突破口,实现资本原始积累。纵观"全球500强"企业,无一例外,均首先在产品经营上取得成功。1989年,面对一片萧条的国内西服市场,杉杉集团进行了广泛深入的市场调查、深刻细致的分析研究,预测国外经久不衰的轻、软、挺、薄、耐水洗的新概念西服,必将在国内市场掀起一阵浪潮。杉杉人抓住机遇,举债经营,引进当时国内首屈一指的法国杜克普西服生产流水线,扩大生产规模,成为当时国内最大的西服生产企业之一。同时,杉杉集团提出创名牌战略,实施品牌经营,由此进入了资本积累的良性循环。在以后的几年中,杉杉集团国内市场占有率一直保持在30%左右,连续数年获"心目中品牌""购物首选品牌""实际购买品牌"三项排名第一;1998年在中国服装协会排名中,杉杉名列全国服装行业利税总额第一名,产品销售收入第二名;1999年全面建成的总投资额3亿多元的杉杉工业城是目前全国服装界最大最先进的生产基地;杉杉人在国内最先实行全自动、全封闭、全吊挂的恒温恒湿的西服生产模式,国内服装界的龙头地位得到进一步巩固。杉杉集团完成了原始资本积累,为进一步的资本扩张奠定了基础。

第二步是适时进行股份制改造,取得资本快速扩张的通行证。列入"全球500强"的工业企业,95%以上采用股份制,股份制是实现资本扩张不可抗拒的历史潮流。杉杉人在企业规模不断扩大、销售高速增长、效益连年翻番之际,审时度势,把握时机,联合中国服装设计研究中心(集团)、上海市第一百货商店股份有限公司于1992年年底进行企业股份制改造,共同发起设立宁波杉杉股份有限公司,使企业的资本获得迅速扩张,成为国内服装行业内第一家进行规范化股份制改造的企业,取得了资本快速扩张的通行证。

第三步是争取上市,进入资本扩张的快车道。运用股票这一金融工具进行证券融资和投资活动,是企业在市场经济条件下取得资本快速扩张的直接途径。1996年1月,杉杉股份公司发行股票的申请获得国家有关机构批准。杉杉股票发行1 300万股,每股以10.88元溢价发行,创当时股市定价发行股票价格最高纪录,筹集权益性资本1.4亿元。同年1月30日,杉杉股票在上海证券交易所挂牌交易,成为我国服装行业中第一家上市的规范化股份公司。在以后的几年中,凭着公司优良的业绩和对股东的丰厚回报,杉杉股份有限公司的几次增资配股均获得成功,杉杉资本急剧扩大。

**2.适度负债,合理调整资本结构**

杉杉集团在财务策划中,始终根据本企业的实际情况合理安排和调整资本结构,追求企业权益资本净利率最高、企业价值最大、综合资本成本最低的资本结构,保持企业良好的财务状况。

一是在产品经营期间,积极增加负债,获取财务杠杆利益。杉杉集团在股份制改造初期,通过实施品牌经营,使企业资产净利润率高达28%。在此期间,企业的财务策划以增加财务杠杆利益为出发点,采用积极型筹资策略,大量提高债务比重,同时加强管理,降低资本成本,减少筹资风险,从而提高了权益资本收益率,获取了较大的财务杠杆利益，为企业快速完成资本原始积累做出了积极的贡献。1992年年底，企业总资本达3 920万元。其中，长期负债1 080万元，占28%；净利润720万元，资本净利润率达18.4%；权益资本收益率达25.4%。至1995年底，企业总资本扩展到36 720万元。其中，长期负债13 800万元，占37.6%；净利润6 790万元，资本净利润率达18.5%；权益资本收益率上升为29.6%。由此可见，在资本净利润率保持同一水平的基础上，权益资本收益率增加了4.2个百分点，获得了较大的财务杠杆利益。

二是在企业高速成长期间，保持适度负债，选择最优资本结构。随着杉杉股份的上市流通，资本快速扩张，1996年年底总资本达到46 700万元，从而导致1996—1998年资产净利润率下降至22%的水平。而在此期间，国家大幅度下调信贷利率，使企业的债务成本趋低。杉杉集团企业财务策划部门经广泛且深入的研讨，决定采用适度负债的中庸型筹资策略，选取综合资本成本最低的方案作为最优资本结构方案。这样，既获取了较大的财务杠杆利益，又不影响所有者对企业的控制权。至1998年12月末，企业总资本达77 080万元，其中长期负债11 760万元，占15.3%，比1995年年末的37.6%下降了22个百分点；而权益资本收益率达28.8%，与1995年年末的29.5%保持相近水平，使企业获取了财务杠杆利益。企业财务信誉大大提高，为稳定发展创造了良好的财务环境。

资料来源：王辛平. 财务管理学[M]. 北京：清华大学出版社，2007.

本案例中涉及的主要财务问题：
(1) 企业在资本扩张时应考虑哪些问题？
(2) 负债筹资会给企业带来哪些风险？

## 4.1 资本成本

### 4.1.1 资本成本概述

资本成本是企业实施筹资管理的重要依据，也是企业做出资本结构决策需要考虑的基本因素之一。

**1. 资本成本的概念**

资本成本，又称资金成本，它是企业为筹集资金和使用资金而付出的代价，如筹资公司向银行支付的借款利息和向股东支付的股利等。这里的资本是指企业所筹集的长期资本，包括股权资本和长期债务资本。从投资者的角度看，资本成本也是投资者要求的必要报酬或最低报酬。在市场经济条件下，资本是一种特殊的商品，企业通过各种筹资渠道，采用各种筹资方式获得资本往往都是有偿的，需要承担一定的成本。

**2. 资本成本的内容**

资本成本从绝对量的构成来看，包括筹资费用和用资费用两部分。

(1) 筹资费用是指企业为筹集资金而付出的代价，如向银行支付的借款手续费，向证券承销商支付的发行股票、债券的发行费等。筹资费用通常是在筹措资金时一次支付的，在用资过程中不再发生，可视为筹资总额的一个扣除项。

(2) 用资费用主要包括资金时间价值和投资者要考虑的投资风险报酬两部分，如向银行借款所支付的利息、发放股票的股利等。用资费用的多少与筹资金额的大小、资金占用时间的长短有直接联系。

**3. 资本成本的属性**

资本成本是在商品经济条件下，资金所有权与资金使用权分离的产物。资本成本是资金使用者对资金所有者转让资金使用权利的价值补偿，即投资者的期望报酬就是受资者的资金成本。资本成本是企业选择筹资渠道和方式、拟定筹资方案的依据，也是评价投资项目可行性的衡量标准。

资本成本与资金时间价值的联系在于两者考察的对象都是资本。区别在于：第一，资本成本既包括资金时间价值，又包括投资风险价值；第二，资金时间价值是从投资者的角度而言的，资本成本是从受资者的角度而言的。

**4. 资本成本的种类**

资本成本可以用绝对数表示，也可以用相对数表示。资本成本用绝对数表示即资本总成本，它是筹资费用和用资费用之和。由于它不能反映用资多少，较少使用。资本成本用相对数表示即资本成本率，它是资金占用费与筹资净额的比率，一般讲资本成本多指资本成本率。

一般而言，资本成本率包括：

(1) 个别资本成本率。个别资本成本率是指企业各种长期资本的成本率。例如，银行借款资本成本率，债券资本成本率，优先股资本成本率等。企业在比较各种筹资方式时，需要使用个别资本成本率。

(2) 综合资本成本率。综合资本成本率是指企业全部长期资本的成本率。企业在进行长期资本结构决策时，可以利用综合资本成本率。

(3) 边际资本成本率。边际资本成本率是指企业追加长期资本的成本率。企业在追加筹资方案的选择中，需要运用边际资本成本率。

**5. 资本成本的作用**

资本成本是企业筹资管理的一个重要概念，国际上将其视为一项财务标准。资本成本对于企业筹资管理、投资管理乃至整个财务管理和经营管理都有重要的作用。

(1) 资本成本是选择筹资方式、进行资本结构决策和选择追加筹资方案的依据。

① 个别资本成本率是企业选择筹资方式的依据。企业长期筹集资本时往往有多种筹资方式可供选择，包括长期借款、发行债券、发行股票等。这些长期筹资方式的个别资本成本率的高低不同，可作为比较选择各种筹资方式的一个依据。

② 综合资本成本率是企业进行资本结构决策的依据。企业的全部长期资本通常是由多种长期资本筹资类型的组合构成的。企业长期资本的筹资有多个组合方案可供选择。不同筹资组合的综合资本成本率的高低，可以作为比较各个筹资组合方案、做出资本结构决策的一个依据。

③ 边际资本成本率是比较、选择追加筹资方案的依据。企业为了扩大生产经营规模，往往需要追加筹资。不同追加筹资方案的边际资本成本率的高低，可以作为比较、选择追加筹资方案的一个依据。

(2) 资本成本是评价投资项目、比较投资方案和进行投资决策的经济标准。

一般而言，一个投资项目，只有当其投资收益率高于其资本成本率时，从经济的角度看才是合理的；否则，该项目将无利可图，甚至会发生亏损。因此，国际上通常将资本成本率视为一个投资项目必须赚得的最低报酬率或必要报酬率，视为是否采纳一个投资项目的取舍率，并作为比较、选择投资方案的一个经济标准。

在企业投资评价分析中，可以将资本成本率作为折现率，用于测算各个投资方案的净现值和现值指数，以便比较、选择投资方案，进行投资决策。

(3) 资本成本可以作为评价企业整体经营业绩的基准。

企业的整体经营业绩可以用企业全部投资的利润率来衡量，并可与企业全部资本的成本率相比较，如果利润率高于成本率，可以认为企业经营有利；反之，如果利润率低于成本率，则可认为企业经营不利，业绩不佳，需要改善经营管理，提高企业全部资本的利润率和降低成本率。

## 4.1.2 个别资本成本

**1. 个别资本成本的测算原理**

一般而言，个别资本成本是企业用资费用与有效筹资额的比率，其基本的测算公式为

$$K = \frac{D}{P - f}$$

或

$$K = \frac{D}{P(1-F)}$$

式中，$K$表示资本成本，以百分率表示；$D$表示用资费用额；$P$表示筹资额；$f$表示筹资费用额；$F$表示筹资费用率，即筹资费用额与筹资额的比率。

由此可见，个别资本成本的高低取决于三个因素，即用资费用、筹资费用和筹资额。

(1) 用资费用是决定个别资本成本高低的一个主要因素。在其他两个因素不变的情况下，某种资本的用资费用大，其成本就高；反之，用资费用小，其成本就低。

(2) 筹资费用也是影响个别资本成本高低的一个因素。一般而言，发行债券和股票的筹资费用较多，故其资本成本较高；而其他筹资方式的筹资费用较少，故其资本成本较低。

(3) 筹资额是决定个别资本成本高低的另一个主要因素。在其他两个因素不变的情况下，某种资本的筹资额越大，其成本越低；反之，筹资额越小，其成本越高。

### 2. 银行借款资本成本

银行借款资本成本的计算公式为

$$K_1 = \frac{I_1(1-t)}{P_1(1-f_1)} = \frac{i_1(1-t)}{1-f_1}$$

式中，$K_1$为银行借款资本成本；$I_1$为银行借款年利息；$P_1$为银行借款筹资总额；$t$为所得税税率；$f_1$为银行借款筹资费率；$i_1$为银行借款年利息率。

【例4-1】A公司向银行借款1 000万元，手续费为1%，年利率为5%，期限3年，每年计息一次，到期一次还本。公司所得税税率为25%，该借款的资本成本为多少？

解：$K_1 = \dfrac{1\,000 \times 5\% \times (1-25\%)}{1\,000 \times (1-1\%)} = 3.79\%$

相对而言，企业借款的筹资费用很少，可以忽略不计。长期借款资本成本的计算公式为

$$K_1 = i_1(1-t)$$

【例4-2】根据例4-1的资料，但不考虑借款手续费，则这笔借款的资本成本为多少？

解：$K_1 = 5\% \times (1-25\%) = 3.75\%$

在借款合同附加补偿性余额条款的情况下，企业可动用的借款筹资额应扣除补偿性余额，这时借款的实际利率和资本成本将会上升。

【例4-3】A公司向银行借款1 000万元,年利率为5%,期限3年,每年计息一次,到期一次还本。银行要求补偿性余额为20%。公司所得税税率为25%。该借款的资本成本为多少?

解:$K_1 = \dfrac{1\,000 \times 5\% \times (1-25\%)}{1\,000 \times (1-20\%)} = 4.69\%$

在借款一年内计息次数超过一次时,借款实际利率也会高于名义利率,从而资本成本上升。这时,借款资本成本的测算公式为

$$K_1 = [(1+\dfrac{r_1}{M})^M - 1](1-t)$$

式中,$r_1$表示年利率;$M$表示年计息次数。

【例4-4】A公司向银行借款1 000万元,年利率为5%,期限3年,每季度计息一次,到期一次还本。公司所得税税率为25%。该借款的资本成本为多少?

解:$K_1 = [(1+\dfrac{5\%}{4})^4 - 1](1-25\%) = 3.82\%$

**3. 债券资本成本**

企业债券资本成本中的利息费用可在所得税前列支,但发行债券的筹资费用一般较高,应予以考虑。债券的筹资费用即发行费用,包括申请费、注册费、印刷费和上市费以及推销费等,其中有的费用按一定的标准支付。此外,债券的发行价格有等价、溢价和折价等情况,与面值可能不一致。因此,债券的资本成本的测算与借款也有所不同。

在不考虑货币时间价值时,债券资本成本可按下列公式计算

$$K_2 = \dfrac{I_2(1-t)}{P_2(1-f_2)} = \dfrac{Bi_2(1-t)}{P_2(1-f_2)}$$

式中,$K_2$为债券资本成本;$I_2$为债券年利息;$P_2$为债券筹资总额;$t$为所得税税率;$f_2$为债券筹资费率;$B$为债券面值总额;$i_2$为债券年利息率。

【例4-5】A公司发行债券1 000万元,期限5年,债券利息率为8%,每年计息一次,发行费用为发行价格的5%。所得税税率为25%。该债券的资本成本为多少?

解:$K_2 = \dfrac{1\,000 \times 8\% \times (1-25\%)}{1\,000 \times (1-5\%)} = 6.32\%$

上例中的债券系以等价发行,如果按溢价100万元发行,则其资本成本为

$K_2 = \dfrac{1\,000 \times 8\% \times (1-25\%)}{1\,100 \times (1-5\%)} = 5.74\%$

如果按折价50万元发行,则其资本成本为

$K_2 = \dfrac{1\,000 \times 8\% \times (1-25\%)}{950 \times (1-5\%)} = 6.65\%$

在考虑货币时间价值时，公司债券的税前资本成本率也就是债券持有人的投资必要报酬率，再乘以(1−t)可折算为税后资本成本，测算过程如下所述。

第一步，先测算债券的税前资本成本，测算公式为

$$P_0 = \sum_{t=1}^{n} \frac{I}{(1+R_2)^t} + \frac{P_n}{(1+R_2)^n}$$

式中，$P_0$表示债券筹资净额，即债券发行价格(或现值)扣除发行费用；$I$表示债券年利息额；$P_n$表示债券面额或到期值；$R_2$表示债券投资的必要报酬率，即债券的税前资本成本；$t$表示债券期限。

第二步，测算债券的税后资本成本，测算公式为

$$K_2 = R_2(1-t)$$

式中，$t$为所得税税率。

【例4-6】A公司准备以溢价96元发行一批面额为1 000元、票面利率为10%、期限为5年的债券，每年计息一次，平均每张债券的发行费用为16元。公司所得税税率为25%。该债券的资本成本为多少？

解：$1\,096 - 16 = \sum_{t=1}^{5} \frac{100}{(1+R_2)^t} + \frac{1\,000}{(1+R_2)^5}$

$R_2 = 8\%$

$K_2 = 8\% \times (1-25\%) = 6\%$

**4．优先股资本成本**

优先股的股利通常是固定的，公司利用优先股筹资需花费发行费用，计算公式为

$$K_3 = \frac{D}{P_3(1-f_3)}$$

式中，$K_3$为优先股资本成本；$D$为优先股年股利额；$P_3$为优先股筹资总额；$f_3$为优先股筹资费率。

【例4-7】A公司发行优先股，每股15元，年支付股利1.5元，发行费率为3%。该优先股的资本成本为多少？

解：$K_3 = \dfrac{1.5}{15 \times (1-3\%)} = 10.31\%$

**5．普通股资本成本**

按照资本成本率实质上是投资必要报酬率的思路可知，普通股的资本成本率就是普通股投资的必要报酬率。其测算方法一般有三种：股利折现模型、资本资产定价模型和债券投资报酬率加投资风险报酬率。

(1) 股利折现模型。股利折现模型的基本表达式为

$$P_4 = \sum_{t=1}^{\infty} \frac{D_t}{(1+K_4)^t}$$

式中，$P_4$ 表示普通股筹资净额，即发行价格扣除发行费用；$D_t$ 表示普通股第 $t$ 年的股利；$K_4$ 表示普通股投资必要报酬率，即普通股的资本成本。

如果公司实行固定股利政策，即每年分派现金股利 $D$ 元，则资本成本可按下式测算

$$K_4 = \frac{D}{P_4}$$

【例4-8】A公司拟发行一批普通股，发行价格为12元/股，每股发行费用为1元，预定每年分派现金股利为每股1.2元，则该股票资本成本为多少？

解：$K_4 = \dfrac{1.2}{12-1} = 10.91\%$

如果公司实行固定增长的股利政策，股利固定增长率为 $G$，则资本成本需按下式测算

$$K_4 = \frac{D_1}{P_4} + G$$

式中，$D_1$ 表示预计第一年的股利。

【例4-9】A公司准备增发普通股，每股的发行价格为15元，发行费用为1.5元，预定第一年分派现金股利为每股1.6元，以后每年股利增长4%，则该股票的资本成本为多少？

解：$K_4 = \dfrac{1.6}{15-1.5} + 4\% = 15.85\%$

(2) 资本资产定价模型。资本资产定价模型可以简要地描述为：普通股投资的必要报酬率等于无风险报酬率加上风险报酬率。用公式表示为

$$K_4 = R_f + \beta_i(R_m - R_f)$$

式中，$R_f$ 表示无风险报酬率；$R_m$ 表示市场报酬率；$\beta_i$ 表示第 $i$ 种股票的 $\beta$ 系数。

在已确定无风险报酬率、市场报酬率和某种股票的 $\beta$ 值后，即可测算该股票的必要报酬率，即资本成本。

【例4-10】已知某股票的 $\beta$ 值为1.5，市场报酬率为10%，无风险报酬率为6%，则该股票的资本成本为多少？

解：$K_4 = 6\% + 1.5 \times (10\% - 6\%) = 12\%$

(3) 债券投资报酬率加股票投资风险报酬率。一般而言，从投资者的角度来看，股票投资的风险高于债券，因此，股票投资的必要报酬率可以在债券利率的基础上加上股票投资高于债券投资的风险报酬率。

【例4-11】A公司已发行债券的投资报酬率为8%。现准备发行一批股票,经分析,该股票高于债券的投资风险报酬率为4%,则该股票的资本成本为多少?

解:8%+4%=12%

#### 6. 留存收益资本成本

一般企业都不会把盈利以股利形式全部分给股东,且在宏观政策上也不允许这样做,因此,企业只要有盈利,总会有留存收益。留存收益是企业的可用资金,它属于普通股股东所有,其实质是普通股股东对企业的追加投资。留存收益资本成本可以参照市场利率,也可以参照机会成本,更多是参照普通股股东的期望收益,即普通股资金成本,但它不会发生筹资费用,其计算公式为

$$K_5 = \frac{D_1}{P_4} + G$$

式中,$K_5$为普通股及留存收益资本成本,其余同增股发行普通股资本成本。

【例4-12】A公司准备增发普通股,每股的发行价格为15元,发行费用为1.5元,预定第一年分派现金股利为每股1.5元,以后每年股利增长4%,则该公司留存收益资本成本为多少?

解:$K_5 = \dfrac{1.5}{15} + 4\% = 14\%$

### 4.1.3 综合资本成本

#### 1. 综合资本成本的决定因素

综合资本成本是指一个企业全部长期资本的成本率,通常以各种长期资本的比例为权重,对个别资本成本率进行加权平均测算,故亦称加权平均资本成本。因此,综合资本成本是由个别资本成本和各种长期资本比例这两个因素所决定的。

个别资本成本前文已介绍。各种长期资本比例是指一个企业各种长期资本分别占企业全部资本的比例,即狭义的资本结构。例如,A公司的全部长期资本总额为100 000万元,其中长期借款20 000万元,占20%;长期债券35 000万元,占35%;股东权益为45 000万元,占45%。当资本结构不变时,个别资本成本越高,则综合资本成本越高;反之,个别资本成本越低,则综合资本成本越低。因此,在资本结构一定的条件下,综合资本成本的高低是由个别资本成本所决定的。当个别资本成本不变时,资本结构中成本较高资本的比例上升,则综合资本成本提高;反之,成本较低资本的比例下降,则综合资本成本降低。因此,在个别资本成本一定的条件下,综合资本成本的高低是由各种长期资本比例即资本结构所决定的。

## 2. 综合资本成本的测算方法

在实际工作中，企业筹措资金往往同时采用几种不同的方式。综合资本成本是指一个企业采用不同筹资方式总的平均资本成本，它是以各种资金所占的比重为权数，对各种资本成本进行加权平均计算出来的，所以又称加权平均资本成本，其计算公式为

$$k_w = \sum_{j=1}^{n} K_j W_j$$

式中，$k_w$ 为综合资本成本(加权平均资本成本)；$K_j$ 为第 $j$ 种资金的资本成本；$W_j$ 为第 $j$ 种资金占全部资金的比重。

【例4-13】A公司共有资金10 000万元，其中，银行借款占2 000万元，长期债券占3 500万元，普通股占3 000万元，优先股占1 000万元，留存收益占500万元；各种资金来源的资本成本分别为4%、6%、14%、10%、13%，则综合资本成本为多少？

解：首先，计算各种长期资本的比例。

长期借款资本比例 $= \dfrac{2\,000}{10\,000} \times 100\% = 20\%$

长期债券资本比例 $= \dfrac{3\,500}{10\,000} \times 100\% = 35\%$

普通股资本比例 $= \dfrac{3\,000}{10\,000} \times 100\% = 30\%$

优先股资本比例 $= \dfrac{1\,000}{10\,000} \times 100\% = 10\%$

留存收益资本比例 $= \dfrac{500}{10\,000} \times 100\% = 5\%$

综合资本成本 $= 20\% \times 4\% + 35\% \times 6\% + 30\% \times 14\% + 10\% \times 10\% + 5\% \times 13\% = 8.75\%$

上述计算过程亦可列表进行，如表4-1所示。

表4-1 综合资本成本计算

| 资本种类 | 资本价值/万元 | 资本比例/% | 个别资本成本/% | 综合资本成本/% |
| --- | --- | --- | --- | --- |
| 长期借款 | 2 000 | 20 | 4 | 0.80 |
| 长期债券 | 3 500 | 35 | 6 | 2.10 |
| 普通股 | 3 000 | 30 | 14 | 4.20 |
| 优先股 | 1 000 | 10 | 10 | 1.00 |
| 留存收益 | 500 | 5 | 13 | 0.65 |
| 合计 | 10 000 | 100 | — | 8.75 |

## 3. 综合资本成本中资本价值基础的选择

在测算企业综合资本成本时，资本结构或各种资本在全部资本中所占的比例起着决定作用。企业各种资本所占的比例则取决于各种资本价值的确定。对于各种资本价值的计量基础，主要有3种选择：账面价值、市场价值和目标价值。

(1) 按账面价值确定资本比例。企业财务会计所提供的资料主要以账面价值为基础。财务会计通过资产负债表可以提供以账面价值为基础的资本结构资料。这也是企业筹资管理的一个依据。使用账面价值确定各种资本比例的优点是：易于从资产负债表中取得这些资料，容易计算。主要缺陷是：资本的账面价值可能不符合市场价值，如果资本的市场价值已经脱离账面价值许多，以账面价值做基础确定资本比例就有失现实客观性，不利于综合资本成本测算和筹资管理决策。

【例4-14】A公司按账面价值确定资本比例，试测算综合资本成本。相关数据及测算结果如表4-2所示。

表4-2　基于资本账面价值测算综合资本成本

| 资本种类 | 资本价值/万元 | 资本比例/% | 个别资本成本/% | 综合资本成本/% |
| --- | --- | --- | --- | --- |
| 长期借款 | 1 500 | 15 | 6 | 0.90 |
| 长期债券 | 2 000 | 20 | 7 | 1.40 |
| 普通股 | 3 000 | 30 | 14 | 4.20 |
| 优先股 | 1 000 | 10 | 10 | 1.00 |
| 留存收益 | 2 500 | 25 | 13 | 3.25 |
| 合计 | 10 000 | 100 | — | 10.75 |

(2) 按市场价值确定资本比例。按市场价值确定资本比例是指对于债券和股票等以现行资本市场价格为基础确定其资本比例，从而测算综合资本成本。

【例4-15】A公司按市场价值确定资本比例，试测算综合资本成本。相关数据及测算结果如表4-3所示。

表4-3　基于资本市场价值测算综合资本成本

| 资本种类 | 资本价值/万元 | 资本比例/% | 个别资本成本/% | 综合资本成本/% |
| --- | --- | --- | --- | --- |
| 长期借款 | 1 500 | 10 | 6 | 0.60 |
| 长期债券 | 2 500 | 17 | 7 | 1.19 |
| 普通股 | 6 000 | 40 | 14 | 5.60 |
| 优先股 | 1 500 | 10 | 10 | 1.00 |
| 留存收益 | 3 500 | 23 | 13 | 2.99 |
| 合计 | 15 000 | 100 | — | 11.38 |

比较表4-2与表4-3，A公司长期借款的市场价值与账面价值一致，而长期债券、普通股、优先股和留存收益的市场价值均高于账面价值，因此按市场价值确定资本比例与按账面价值确定资本比例不同，从而使综合资本成本受到影响。按市场价值确定资本比例反映了公司现实的资本结构和综合资本成本水平，有利于筹资管理决策。当然，按市场价值确定资本比例也有不足之处，即证券的市场价格处于经常变动之中而不易选定。为弥补这个不足，在实务中可以采用一定时期的证券平均价格。此外，按账面价值和市场价值确定资本比例，反映的是公司现在和过去的资本结构，未必适用于公司未来的筹资管理决策。

(3) 按目标价值确定资本比例。按目标价值确定资本比例是指证券和股票以公司预计的未来目标市场价值确定资本比例,从而测算综合资本成本。从公司筹资管理决策的角度而言,对综合资本成本的一个基本要求是,它应适用于公司未来的目标资本结构。

【例4-16】A公司按目标价值确定资本比例,试测算综合资本成本。相关数据及测算结果如表4-4所示。

表4-4　基于资本目标价值测算综合资本成本

| 资本种类 | 资本价值/万元 | 资本比例/% | 个别资本成本/% | 综合资本成本/% |
|---|---|---|---|---|
| 长期借款 | 5 000 | 25 | 6 | 1.50 |
| 长期债券 | 7 000 | 35 | 7 | 2.45 |
| 普通股 | 4 000 | 20 | 14 | 2.80 |
| 优先股 | 1 000 | 5 | 10 | 0.50 |
| 留存收益 | 3 000 | 15 | 13 | 1.95 |
| 合计 | 20 000 | 100 | — | 9.20 |

一般认为,采用目标价值确定资本比例,能够体现期望的目标资本结构要求。但资本的目标价值难以客观地确定,因此,通常选择市场价值确定资本比例。在企业筹资实务中,目标价值和市场价值虽然各有优点,但仍有不少公司采用账面价值确定资本比例,因其易于使用。

由此可见,在个别资本成本一定的情况下,企业综合资本成本的高低是由资本结构所决定的,这是资本结构决策的依据之一。

### 4.1.4　边际资本成本

**1. 边际资本成本的测算原理**

边际资本成本是指企业追加筹资的资本成本,即企业新增1元资本所需负担的成本。在现实中,可能会出现这样一种情况:当企业以某种筹资方式筹资超过一定限度时,边际资本成本会增加。此时,即使企业保持原有的资本结构,也仍有可能导致综合资本成本增加。因此,边际资本成本亦称随筹资额增加而提高的综合资本成本。

企业追加筹资有时可能只采取某一种筹资方式。在筹资数额较大,或在目标资本结构既定的情况下,往往需要通过多种筹资方式的组合来实现。这时,边际资本成本应该按加权平均法测算,而且其资本比例必须以市场价值来确定。

【例4-17】A公司现有长期资本总额1 000万元,其目标资本结构(比例)为:长期借款为20%,优先股为5%,普通股权益(包括普通股和留存收益)为75%。现拟追加资本300万元，仍按此资本结构筹资。经测算，个别资本成本分别为：长期借款7.50%，优先股11.80%，普通股权益14.80%。试测算该公司追加筹资的边际资本成本。

A公司追加筹资的边际资本成本测算如表4-5所示。

表4-5 A公司追加筹资的边际资本成本测算

| 资本种类 | 资本价值/万元 | 目标资本比例/% | 个别资本成本/% | 综合资本成本/% |
|---|---|---|---|---|
| 长期借款 | 60 | 20 | 7.50 | 1.50 |
| 普通股 | 225 | 75 | 14.80 | 11.10 |
| 优先股 | 15 | 5 | 11.80 | 0.59 |
| 合计 | 300 | 100 | — | 13.19 |

**2. 边际资本成本规划**

企业在追加筹资中，为了便于比较不同规模与范围的筹资组合，可以预先测算边际资本成本，并以表或图的形式反映。

下面举例说明边际资本成本的计算和应用。

【例4-18】某公司拥有长期资金800万元，其中长期借款120万元，长期债券240万元，普通股440万元。由于扩大经营规模的需要，该公司拟筹集新资金。经分析，认为筹集新资金后仍然保持现有的资本结构。此外，随着筹资额的增加，各种资本成本的变化情况如表4-6所示。

表4-6 某公司各种资本成本的变化情况

| 筹资方式 | 个别资本筹资分界点/万元 | 资本成本 |
|---|---|---|
| 长期借款 | 0～9 | 3 |
|  | 9～18 | 6 |
|  | >18 | 8 |
| 长期债券 | 0～30 | 10 |
|  | 30～90 | 12 |
|  | >90 | 14 |
| 普通股 | 0～55 | 14 |
|  | 55～110 | 15 |
|  | >110 | 18 |

要求：

(1) 计算筹资总额分界点。

(2) 确定筹资总额范围，计算边际资本成本。

解：首先，计算筹资总额的分界点(突破点)。根据目标资本结构和各种个别资本成本变化的分界点(突破点)，计算筹资总额的分界点(突破点)，计算公式为

$$BP_j = \frac{TF_j}{W_j}$$

式中，$BP_j$为筹资总额的分界点；$TF_j$为第$j$种个别资金成本的分界点；$W_j$为目标资本

结构中第$j$种资金所占的比重。

A公司的筹资总额分界点如表4-7所示。

表4-7　筹资总额分界点计算

| 筹资方式 | 资本成本/% | 个别资本筹资分界点/万元 | 资本结构/% | 筹资总额分界点/万元 |
|---|---|---|---|---|
| 长期借款 | 3<br>6<br>8 | 0～9<br>9～18<br>＞18 | 15 | 60<br>120<br>— |
| 长期债券 | 10<br>12<br>14 | 0～30<br>30～90<br>＞90 | 30 | 100<br>300<br>— |
| 普通股 | 14<br>15<br>18 | 0～55<br>55～110<br>＞110 | 55 | 100<br>200<br>— |

表4-7中，新筹资总额分界点是指引起某资金种类资本成本变化的分界点。若长期借款筹资总额不超过60万元，资本成本为3%；超过60万元，资本成本就要增加到6%。那么筹资总额在60万元左右时，尽量不要超过60万元。然而要维持原有资本结构，必然要按比例同时筹集多种资金，单独考虑个别资本成本是不成立的，必须要考虑综合边际资本成本。

其次，计算各筹资总额范围的边际资本成本。由表4-7可知，有5个分界点，应有6个筹资范围。计算6个筹资范围的边际资本成本，结果如表4-8所示。

表4-8　边际资本成本计算

| 序号 | 筹资总额范围/万元 | 资金种类 | 资本结构 | 资本成本 | 边际资本成本 |
|---|---|---|---|---|---|
| 1 | 0～60 | 长期借款<br>长期债券<br>普通股 | 15%<br>30%<br>55% | 3%<br>10%<br>14% | 0.45%<br>3%<br>7.7% |
| | | 第1个筹资范围的边际资本成本=11.15% | | | |
| 2 | 60～100 | 长期借款<br>长期债券<br>普通股 | 15%<br>30%<br>55% | 6%<br>10%<br>14% | 0.9%<br>3%<br>7.7% |
| | | 第2个筹资范围的边际资本成本=11.6% | | | |
| 3 | 100～120 | 长期借款<br>长期债券<br>普通股 | 15%<br>30%<br>55% | 6%<br>12%<br>15% | 0.9%<br>3.6%<br>8.25% |
| | | 第3个筹资范围的边际资本成本=12.75% | | | |
| 4 | 120～200 | 长期借款<br>长期债券<br>普通股 | 15%<br>30%<br>55% | 8%<br>12%<br>15% | 1.2%<br>3.6%<br>8.25% |
| | | 第4个筹资范围的边际资本成本=13.05% | | | |

(续表)

| 序号 | 筹资总额范围/万元 | 资金种类 | 资本结构 | 资本成本 | 边际资本成本 |
|---|---|---|---|---|---|
| 5 | 200~300 | 长期借款<br>长期债券<br>普通股 | 15%<br>30%<br>55% | 8%<br>12%<br>18% | 1.2%<br>3.6%<br>9.9% |
| | 第5个筹资范围的边际资本成本=14.7% | | | | |
| 6 | 300以上 | 长期借款<br>长期债券<br>普通股 | 15%<br>30%<br>55% | 8%<br>14%<br>18% | 1.2%<br>4.2%<br>9.9% |
| | 第6个筹资范围的边际资本成本=15.3% | | | | |

该公司可以参照表4-8中的计算结果追加筹资，尽量不要由一个范围突破到另一个范围。

## 4.2 杠杆原理

在财务管理中，经常用杠杆原理来描述一个量的变动会引起另一个量的更大变动。财务管理中的杠杆有经营杠杆、财务杠杆和复合杠杆。

### 4.2.1 经营杠杆

**1. 经营杠杆原理**

(1) 经营杠杆的概念。经营杠杆，亦称营业杠杆或营运杠杆，是指企业在经营活动中对营业成本中的固定成本的利用。这里的营业成本包括销售成本、价内销售税金、销售费用、管理费用等。企业营业成本按其与营业总额的依存关系可分为变动成本和固定成本两部分。其中，变动成本是指随着营业总额的变动而变动的成本；固定成本是指在一定的营业规模内，不随营业总额的变动而变动，保持相对固定不变的成本。企业可以通过扩大营业总额来降低单位营业额的固定成本，从而增加企业的营业利润，如此形成企业的经营杠杆。企业利用经营杠杆，有时可以获得一定的经营杠杆利益，有时也承受着相应的营业风险，即可能遭受损失。可见，经营杠杆是一把"双刃剑"。

(2) 经营杠杆利益分析。经营杠杆利益是指在企业扩大营业总额的条件下，因单位营业额的固定成本下降而给企业增加的息税前利润，即支付利息和所得税之前的利润。企业在一定的营业规模内,变动成本随着营业总额的增加而增加,固定成本则不随营业总额的增加而增加,而是保持固定不变。随着营业额的增加,单位营业额所负担的固定成本会相对减少,从而给企业带来额外利润。

**【例4-19】** 当A公司的营业总额为24 000万～30 000万元时,固定成本总额为8 000万元,变动成本率为60%。公司2019—2021年的营业总额分别为24 000万元、26 000万元和30 000万元。现测算其经营杠杆利益,如表4-9所示。

表4-9 A公司经营杠杆利益测算

万元

| 年份 | 营业额 | 营业额增长率 | 变动成本 | 固定成本 | 息税前利润 | 利润增长率 |
| --- | --- | --- | --- | --- | --- | --- |
| 2019 | 24 000 | | 14 400 | 8 000 | 1 600 | |
| 2020 | 26 000 | 8% | 15 600 | 8 000 | 2 400 | 50% |
| 2021 | 30 000 | 15% | 18 000 | 8 000 | 4 000 | 67% |

由表4-9可以看出,A公司的营业总额为24 000万～30 000万元时,固定成本总额每年都是8 000万元即保持不变,随着营业总额的增长,息税前利润以更快的速度增长。在上例中,2020年与2019年相比,A公司的营业总额的增长率为8%,同期息税前利润的增长率为50%;2021年与2020年相比,A公司的营业总额的增长率为15%,同期息税前利润的增长率为67%。由此可知,A公司有效地利用了经营杠杆,获得了较高的经营杠杆利益,即息税前利润的增长幅度高于营业总额的增长幅度。

下面再对拥有不同经营杠杆的三家公司进行比较分析。其中,A公司的固定成本高于变动成本,B公司的变动成本高于固定成本,C公司的固定成本是A公司的2倍。现测算A、B、C三家公司的经营杠杆利益,如表4-10所示。

表4-10 A、B、C公司经营杠杆利益测算

万元

| 营业总额变动前 | | A公司 | B公司 | C公司 |
| --- | --- | --- | --- | --- |
| 营业总额 | | 10 000 | 11 000 | 19 500 |
| 营业成本 | 变动成本 | 2 000 | 7 000 | 3 000 |
| | 固定成本 | 7 000 | 2 000 | 14 000 |
| | 息税前利润 | 1 000 | 2 000 | 2 500 |
| 下一年营业总额增长50%后 | | A公司 | B公司 | C公司 |
| 营业总额 | | 15 000 | 16 500 | 29 250 |
| 营业成本 | 变动成本 | 3 000 | 10 500 | 4 500 |
| | 固定成本 | 7 000 | 2 000 | 14 000 |
| | 息税前利润 | 5 000 | 4 000 | 10 750 |
| | 息税前利润增长率 | 400% | 100% | 330% |

由表4-10可以看出,尽管下一年度营业总额的增长率相同,都是50%,但由于

A、B、C三家公司的具体情况不同，尤其是经营杠杆即固定成本比例的大小不同，息税前利润的增长率不等。其中，A公司最高，为400%；C公司次之，为330%；B公司最低，为100%。由此可见经营杠杆对息税前利润的影响。

(3) 经营风险分析。经营风险，亦称营业风险，是指与企业经营有关的风险，尤其是指企业在经营活动中利用经营杠杆而导致息税前利润下降的风险。由于经营杠杆的作用，当营业总额下降时，息税前利润下降得更快，从而给企业带来经营风险。

【例4-20】假定A公司2019—2021年的营业总额分别为30 000万元、26 000万元和24 000万元，每年的固定成本都是8 000万元，变动成本率为60%。下面通过表4-11测算其经营风险。

表4-11　A公司经营风险测算

万元

| 年份 | 营业额 | 营业额降低率 | 变动成本 | 固定成本 | 息税前利润 | 息税前利润降低率 |
|---|---|---|---|---|---|---|
| 2019 | 30 000 |  | 18 000 | 8 000 | 4 000 |  |
| 2020 | 26 000 | 13% | 15 600 | 8 000 | 2 400 | 40% |
| 2021 | 24 000 | 8% | 14 400 | 8 000 | 1 600 | 33% |

由表4-11可以看出，A公司的营业总额为24 000万～30 000万元时，固定成本总额每年都是8 000万元，即保持不变，而随着营业总额的下降，息税前利润以更快的速度下降。例如，2020年与2019年相比，A公司营业总额的降低率为13%，同期息税前利润的降低率为40%；2021年与2020年相比，A公司营业总额的降低率为8%，同期息税前利润的降低率为33%。由此可知，由于A公司没有有效地利用经营杠杆，从而导致经营风险，即息税前利润的降低幅度高于营业总额的降低幅度。

## 2. 经营杠杆系数的计算

经营杠杆系数是指企业息税前利润的变动率相当于营业额变动的倍数，它多用于反映经营杠杆的作用程度，估计经营杠杆利益的大小，评价经营风险的高低，其计算公式为

$$DOL = \frac{\Delta EBIT / EBIT}{\Delta S / S}$$

式中，DOL表示经营杠杆系数；EBIT表示营业利润，即息税前利润；$\Delta$EBIT表示营业利润的变动额；$S$表示营业额；$\Delta S$表示营业额的变动额。

为了便于计算，可将上式作如下变换。

因为 EBIT=$Q(P-V)-F$

$\Delta$EBIT=$\Delta Q(P-V)$

$S=QP$

$\Delta S=\Delta QP$

所以 $\text{DOL}_Q = \dfrac{Q(P-V)}{Q(P-V)-F}$

或 $\text{DOL}_S = \dfrac{S-C}{S-C-F}$

式中，$\text{DOL}_Q$ 表示按销售数量确定的经营杠杆系数；$S$ 表示销售数量；$P$ 表示销售单价；$V$ 表示单位销售的变动成本额；$F$ 表示固定成本总额；$\text{DOL}_S$ 表示按销售金额确定的经营杠杆系数；$C$ 表示变动成本总额，可按变动成本率乘以销售总额来确定。

【例4-21】A公司的产品销售量为4 000件，单位产品售价为100元，销售总额为400 000万元，固定成本总额为8万元，单位产品变动成本为60万元，变动成本率为60%，变动成本总额为240 000万元。求经营杠杆系数。

经营杠杆系数为

$$\text{DOL}_Q = \dfrac{4\,000 \times (100-60)}{4\,000 \times (100-60)-80\,000} = 2$$

$$\text{DOL}_S = \dfrac{400\,000-240\,000}{400\,000-240\,000-80\,000} = 2$$

在例4-21中，经营杠杆系数为2的意义在于：当企业销售增长1%时，息税前利润将增长2倍；反之，当企业销售下降1%时，息税前利润将下降2倍。前种情形表现为经营杠杆利益，后种情形则表现为经营风险。一般而言，企业的经营杠杆系数越大，经营杠杆利益和经营风险就越高；企业的经营杠杆系数越小，则经营杠杆利益和经营风险就越低。

**3. 影响经营杠杆利益与风险的其他因素**

影响企业经营杠杆系数或者说影响企业经营杠杆利益和经营风险的因素，除了固定成本以外，还有其他许多因素。

(1) 产品销售量的变动。在其他因素不变的条件下，产品销售量的变动将会影响经营杠杆系数的大小。在例4-21中，假定产品销售量由4 000件变为4 200件，其他因素不变，则经营杠杆系数会变为

$$\text{DOL}_Q = \dfrac{4\,200 \times (100-60)}{4\,200 \times (100-60)-80\,000} = 1.91$$

(2) 产品售价的变动。在其他因素不变的条件下，产品售价的变动将会影响经营杠杆系数的大小。在例4-21中，假定产品售价由100元变为110元，其他条件不变，则经营杠杆系数会变为

$$\text{DOL}_Q = \dfrac{4\,000 \times (110-60)}{4\,000 \times (110-60)-80\,000} = 1.67$$

(3) 单位产品变动成本的变动。在其他因素不变的条件下，单位产品变动成本额

或变动成本率的变动亦会影响经营杠杆系数的大小。在例4-21中，假定变动成本率由60%升至65%，其他条件不变，则经营杠杆系数会变为

$$\text{DOL}_S = \frac{400\,000 - 260\,000}{400\,000 - 260\,000 - 80\,000} = 2.33$$

(4) 固定成本总额的变动。在一定的产销规模内，固定成本总额相对保持不变。如果产销规模超出一定的限度，固定成本总额也会发生一定的变动。在例4-21中，假定产品销售总额由40万元增至50万元，同时固定成本总额由8万元增至9.5万元，变动成本率仍为60%。这时，A公司的经营杠杆系数会变为

$$\text{DOL}_S = \frac{500\,000 - 300\,000}{500\,000 - 300\,000 - 95\,000} = 1.90$$

在上列因素发生变动的情况下，经营杠杆系数一般也会发生变动，从而产生不同程度的经营杠杆利益和经营风险。由于经营杠杆系数影响企业的息税前利润，从而制约企业的筹资能力和资本结构，经营杠杆系数是企业做出资本结构决策的一个重要参考因素。

### 4.2.2 财务杠杆

**1. 财务杠杆原理**

(1) 财务杠杆的概念。财务杠杆，亦称筹资杠杆，是指企业在筹资活动中对资本成本固定的债务资本的利用。企业的全部长期资本是由权益资本和债务资本构成的。权益资本成本是变动的，在企业税后利润中支付；而债务资本成本通常是固定的，在企业税前利润中扣除。不管企业的息税前利润是多少，首先都要扣除利息等债务资本成本，然后才归属于权益资本。因此，企业利用财务杠杆会对权益资本的收益产生一定的影响，有时可能给权益资本的所有者带来额外的收益，即财务杠杆利益；有时也可能造成一定的损失，即遭受财务风险。

(2) 财务杠杆利益分析。财务杠杆利益，亦称融资杠杆利益，是指企业利用债务筹资这个财务杠杆而给权益资本带来的额外收益。在企业资本规模和资本结构一定的条件下，企业从息税前利润中支付的债务利息是相对固定的，当息税前利润增加时，每1元息税前利润所负担的债务利息会相应地降低，扣除企业所得税后可分配给企业权益资本所有者的利润就会增加，从而给企业所有者带来额外的收益。

【例4-22】A公司2019—2021年的息税前利润分别为1 600万元、2 400万元和4 000万元，每年的债务利息为1 500万元，公司的所得税税率为25%。试计算A公司财务杠杆利益。

A公司财务杠杆利益情况如表4-12所示。

表4-12 A公司财务杠杆利益计算

万元

| 年份 | 息税前利润 | 息税前利润增长率/% | 债务利息 | 所得税(25%) | 税后利润 | 税后利润增长率/% |
| --- | --- | --- | --- | --- | --- | --- |
| 2019 | 1 600 | | 1 500 | 25 | 75 | |
| 2020 | 2 400 | 50 | 1 500 | 225 | 675 | 800 |
| 2021 | 4 000 | 67 | 1 500 | 625 | 1875 | 178 |

由表4-12可以看出,在资本结构一定、债务利息保持不变的条件下,随着息税前利润的增长,税后利润以更快的速度增长,从而使企业所有者获得财务杠杆利益。在例4-22中,2020年与2019年相比,A公司息税前利润的增长率为50%,同期税后利润的增长率高达800%;2021年与2020年相比,A公司息税前利润的增长率为67%,同期税后利润的增长率为178%。由此可知,由于A公司有效地利用了财务杠杆,从而给企业权益资本所有者带来了额外利益,即税后利润的增长幅度高于息税前利润的增长幅度。

(3) 财务风险分析。财务风险,亦称筹资风险,是指企业经营活动中与筹资有关的风险,尤其是指在筹资活动中利用财务杠杆可能导致企业权益资本所有者收益下降的风险,甚至可能导致企业破产的风险。由于财务杠杆的作用,当息税前利润下降时,税后利润下降得更快,从而给企业权益资本所有者造成财务风险。

【例4-23】A公司2019—2021年的息税前利润分别为4 000万元、2 400万元和1 600万元,每年的债务利息为1 500万元,公司的所得税税率为25%。试计算该公司财务杠杆利益。

该公司财务杠杆利益情况如表4-13所示。

表4-13 A公司财务风险计算

万元

| 年份 | 息税前利润 | 息税前利润降低率/% | 债务利息 | 所得税(25%) | 税后利润 | 税后利润降低率/% |
| --- | --- | --- | --- | --- | --- | --- |
| 2019 | 4 000 | | 1 500 | 625 | 1875 | |
| 2020 | 2 400 | 40 | 1 500 | 225 | 675 | 64 |
| 2021 | 1 600 | 33 | 1 500 | 25 | 75 | 89 |

由表4-13可以看出,A公司2019—2021年每年的债务利息均为1 500万元,并保持不变,但随着息税前利润的下降,税后利润以更快的速度下降。例如,2020年与2019年相比,A公司息税前利润的降低率为40%,同期税后利润的降低率为64%;2021年与2020年相比,息税前利润的降低率为33%,同期税后利润的降低率为89%。可见,由于A公司没有有效地利用财务杠杆,导致了财务风险,即税后利润的降低幅度高于息税前利润的降低幅度。

## 2. 财务杠杆系数的计算

财务杠杆系数是指企业税后利润的变动率相当于息税前利润变动率的倍数，它反映了财务杠杆的作用程度。对股份有限公司而言，财务杠杆系数则可表述为普通股每股收益变动率相当于息税前利润变动率的倍数。为了反映财务杠杆的作用程度，估计财务杠杆利益的高低，评价财务风险的大小，需要计算财务杠杆系数，其计算公式为

$$DFL = \frac{\Delta EAT/EAT}{\Delta EBIT/EBIT}$$

也可写作

$$DFL = \frac{\Delta EPS/EPS}{\Delta EBIT/EBIT}$$

式中，DFL表示财务杠杆系数；$\Delta EAT$表示税后利润变动额；EAT表示税后利润额；$\Delta EBIT$表示息税前利润变动额；EBIT表示息税前利润额；$\Delta EPS$表示普通股每股收益变动额；EPS表示普通股每股收益额。

$$EPS = [(EBIT - I)(1-T) - D]/N$$

$$\Delta EPS/EPS = \Delta EBIT(1-T)/(EBIT - I)(1-T) - D$$

$$DEL = \frac{EBIT}{(EBIT - I) - \dfrac{D}{1-T}}$$

如果不考虑优先股，可将上列公式变换为

$$EPS = (EBIT - I)(1-T)/N$$

$$\Delta EPS = \Delta EBIT(1-T)/N$$

$$DEL = \frac{EBIT}{EBIT - I}$$

式中，$I$表示债务年利息；$T$表示公司所得税税率；$N$表示流通在外的普通股股数。

【例4-24】A公司全部长期资本为75 000万元，债务资本比例为40%，债务年利率为8%，公司所得税税率为25%，息税前利润为8 000万元，试计算财务杠杆系数。财务杠杆系数为

$$DFL = \frac{8\,000}{8\,000 - 75\,000 \times 40\% \times 8\%} = 1.43$$

例4-24中，财务杠杆系数为1.43的含义是：当息税前利润增长1倍时，普通股每股收益将增长1.43倍；反之，当息税前利润下降1倍时，普通股每股收益将下降1.43倍。前种情形表现为财务杠杆利益，后种情形则表现为财务风险。一般而言，财务杠杆系数越大，企业的财务杠杆利益和财务风险就越高；财务杠杆系数越小，企业的财务杠杆利益和财务风险就越低。

### 3. 影响财务杠杆利益与风险的其他因素

影响企业财务杠杆系数或者说影响企业财务杠杆利益和风险的因素，除了债务资本固定利息以外，还有以下几个。

(1) 资本规模的变动。在其他因素不变的情况下，如果资本规模发生变动，财务杠杆系数也将随之变动。在例4-24中，假定资本规模由75 000万元变为80 000万元，其他因素保持不变，则财务杠杆系数变为

$$DFL = \frac{8\,000}{8\,000 - 80\,000 \times 40\% \times 8\%} = 1.47$$

(2) 资本结构的变动。一般而言，在其他因素不变的条件下，资本结构发生变动，或者说债务资本比例发生变动，财务杠杆系数也会随之变动。在例4-24中，假定债务资本比例变为50%，其他因素保持不变，则财务杠杆系数变为

$$DFL = \frac{8\,000}{8\,000 - 75\,000 \times 50\% \times 8\%} = 1.6$$

(3) 债务利率的变动。在债务利率发生变动的情况下，即使其他因素不变，财务杠杆系数也会有所变动。在例4-24中，假定其他因素不变，只有债务利率发生了变动，由8%降至7%，则财务杠杆系数变为

$$DFL = \frac{8\,000}{8\,000 - 75\,000 \times 40\% \times 7\%} = 1.36$$

(4) 息税前利润的变动。息税前利润的变动通常也会影响财务杠杆系数。在例4-24中，假定息税前利润由8 000万元增至10 000万元，在其他因素不变的情况下，财务杠杆系数变为

$$DFL = \frac{10\,000}{10\,000 - 75\,000 \times 40\% \times 8\%} = 1.32$$

在上列因素发生变动的情况下，财务杠杆系数一般也会发生变动，从而产生不同程度的财务杠杆利益和财务风险。因此，财务杠杆系数是企业做出资本结构决策的一个重要参考因素。

## 4.2.3 复合杠杆

### 1. 复合杠杆原理

复合杠杆，亦称联合杠杆，是经营杠杆和财务杠杆的综合。经营杠杆利用企业经营成本中固定成本的作用来影响息税前利润，而财务杠杆利用企业资本成本中债务资本固定利息的作用来影响税后利润或普通股每股收益。经营杠杆和财务杠杆两者最终都会影响企业税后利润或普通股每股收益。因此，复合杠杆综合了经营杠杆和

财务杠杆的共同作用。如果企业同时利用经营杠杆和财务杠杆，这种影响会更大。

**2. 复合杠杆系数的计算**

对于经营杠杆和财务杠杆的综合程度的高低，可以用复合杠杆系数来反映。复合杠杆系数，亦称联合杠杆系数，是指普通股每股收益变动率相当于营业总额(或营业总量)变动率的倍数。它是经营杠杆系数与财务杠杆系数的乘积，用公式表示为

$$DTL=DOL \cdot DFL$$

$$=\frac{\Delta EPS/EPS}{\Delta Q/Q}$$

$$=\frac{\Delta EPS/EPS}{\Delta S/S}$$

式中，DTL表示复合杠杆系数。

【例4-25】A公司的经营杠杆系数为3，财务杠杆系数为2。试计算该公司的复合杠杆系数。

该公司的复合杠杆系数为

DTL=3×2=6

在此例中，复合杠杆系数为6的含义是：当公司的营业总额或营业总量增长1倍时，普通股每股收益将增长6倍，具体反映为公司的复合杠杆利益；反之，当公司营业总额或营业总量下降1倍时，普通股每股收益将下降6倍，具体反映公司的复合杠杆风险。

# 4.3 资本结构

## 4.3.1 资本结构的概念及影响因素

**1. 资本结构的概念**

资本结构是指企业各种来源的资金的构成及其比例关系。资本结构是否合理会影响企业资本成本的高低、财务风险的大小以及投资者是否得益，它是企业筹资决策的核心问题。企业资金来源多种多样，但总体来说可分为权益资金和债务资金两类，资本结构问题主要是负债比率问题，适度增加债务可以降低企业资本成本，获取财务杠杆利益，同时也会给企业带来财务风险。

**2. 资本结构的影响因素**

影响企业资本结构决策的因素很多，主要有企业财务目标、企业发展阶段、企业财务状况、投资者动机、债权人态度、经营者行为、税收政策、行业差别等。

1) 企业财务目标的影响分析

企业组织类型不同，其财务目标也有所不同。对企业财务目标的认识主要有三种观点：利润最大化、股东财富最大化和公司价值最大化。企业财务目标对资本结构决策具有重要的影响。

(1) 利润最大化目标的影响分析。利润最大化目标是指企业在财务活动中以获得尽可能多的利润为最终目标。利润是评价企业财务活动的一项综合性数量指标。企业的筹资和投资行为最终都会影响利润。企业利润有各种口径的利润额，如营业利润额、息税前利润额、所得税前利润额和所得税后利润额；还有各种口径的利润率，如总资产利润率(或总投资利润率)、净资产利润率(或股权资本利润率)以及每股收益。而作为企业财务目标的利润应当是指企业的净利润额，即企业所得税后利润额。

在以利润最大化作为企业财务目标的情况下，企业的资本结构决策也应围绕利润最大化目标。这就要求企业应当在资本结构决策中，在财务风险适当的情况下合理地安排债务资本比例，尽可能地降低资本成本，以提高企业的净利润水平。一般而言，对于非股份制企业，由于其股权资本不具有市场价值，在资本结构决策中采用利润最大化目标是一种现实的选择。此外，利润最大化目标对公司资本结构决策也具有一定的意义。资本结构决策的资本成本比较法，实际上就是以利润最大化为目标。

(2) 股东财富最大化目标的影响分析。股东财富最大化具体表现为股票价值最大化。股票价值最大化目标是指公司在财务活动中以最大限度地提高股票的市场价值为最终目标。它综合了利润最大化的影响，但主要适用于股份公司的资本结构决策。在公司资本结构决策中以股票价值最大化为目标，需要在财务风险适当的情况下合理安排公司债务资本比例，尽可能地降低综合资本成本，通过增加公司的净利润而使股票的市场价格上升。资本结构决策的每股收益分析法，在一定程度上体现了股票价值最大化的目标。

(3) 公司价值最大化目标的影响分析。公司价值最大化目标是指公司在财务活动中以最大限度地提高公司的总价值为最终目标。它综合了利润最大化和每股收益最大化目标的影响，主要适用于公司的资本结构决策。通常情况下，公司的价值等于股权资本的价值加上债务资本的价值。公司的资本结构对于其股权资本和债务资本的价值都有影响。公司在资本结构决策中以公司价值最大化为目标，就应当在适度的财务风险的条件下合理确定债务资本比例，尽可能地提高公司的总价值。资本结构决策中的公司价值分析法，就是直接以公司价值最大化为目标的。

2) 企业发展阶段的影响分析

企业在一定的阶段，表现出相应的资本结构状况。一般而言，企业的发展往往经过不同阶段，如初创期、成长期、成熟期和衰退期等。企业的资本结构在初创期，通常表现为债务资本比率较低；在成长期，债务资本比例开始上升；在成熟期，资本结构保持相对稳定；在衰退期，债务资本比例会有所下降。

3) 企业财务状况的影响分析

企业财务状况包含负债状况、资产状况和现金流量状况等，对其资本结构的决策都有一定的影响。企业需要分析现有财务状况以及未来发展能力，合理安排资本结构。如果企业财务状况较差，可能主要通过保留盈余来补充资本；而如果企业的财务状况良好，则可能更多地进行外部融资，倾向于使用更多的债务资本。企业为控制财务风险和保持筹资能力，则会采用比较有余地的资本结构。

4) 投资者动机的影响分析

从广义上讲，一个企业的投资者包括股权投资者和债权投资者，两者对企业投资的动机各有不同。债权投资者对企业投资的动机主要是在按期收回投资本金的条件下获取一定的利息收益。股权投资者的基本动机是在保证投资本金的基础上，获得一定的股利收益并使投资价值不断增加。企业在决定资本结构时，必须考虑投资者的动机，安排好股权资本和债务资本的比例关系。

5) 债权人态度的影响分析

通常情况下，企业在决定资本结构并付诸实施之前，都要向贷款银行和评信机构咨询，并对他们提出的意见给予充分的重视。如果企业过高地安排债务融资，贷款银行未必会接受大额贷款的要求，或者只在有担保抵押或较高利率的前提下才会同意增加贷款。

6) 经营者行为的影响分析

如果企业的经营者不愿让企业的控制权旁落他人，则可能会尽量采用债务融资的方式来增加资本，而不发行新股增资。与此相反，如果经营者不愿意承担财务风险，就可能较少地利用财务杠杆，尽量降低债务资本的比例。

7) 税收政策的影响分析

按照税法的规定，企业债务的利息可以抵税，而股票的股利不能抵税。一般而言，企业所得税税率越高，借款举债的好处就越大。由此可见，税收政策实际会对企业债务资本的安排产生一种刺激作用。

8) 行业差别分析

在资本结构决策中，应掌握本企业所处行业的特点以及该行业资本结构的一般水准，作为确定本企业资本结构的参照系，同时分析本企业与同行业其他企业相比的特点和差别,以便更有效地决定本企业的资本结构。

### 4.3.2 最佳资本结构的确定方法

资本结构的优化意在寻求最佳资本结构,使企业综合资本成本最低、企业风险最小、企业价值最大。下面介绍3种常用的优化资本结构的方法。

**1. 比较综合资本成本法**

1) 比较综合资本成本法的含义

比较综合资本成本法是指在适度财务风险的条件下,测算可供选择的不同资本结构或筹资组合方案的综合资本成本,并以此为标准相互比较确定最佳资本结构的方法。

企业筹资可分为创立初期的初始筹资和发展过程中的追加筹资两种情况。相应地,企业的资本结构决策可分为初始资本结构决策和追加筹资的资本结构决策。

2) 初始筹资的资本结构决策

在企业筹资实务中,企业对于拟定的筹资总额,可以采用多种筹资方式来筹集,每种筹资方式的筹资额亦可有不同安排,由此会形成若干预选资本结构或筹资组合方案。在比较综合资本成本法下,可以通过综合资本成本的测算及比较来做出选择。

当企业选择不同筹资方案时,可以采用比较综合资本成本法选定一个资本结构较优的方案。

【例4-26】A公司拟筹资1 000万元,现有甲、乙两个备选方案,有关资料如表4-14所示,试确定最佳方案。

表4-14 A公司筹资备选方案资料

| 筹资方式 | 甲方案 | | 乙方案 | |
|---|---|---|---|---|
| | 筹资额/万元 | 资本成本/% | 筹资额/万元 | 资本成本/% |
| 长期借款 | 200 | 9 | 180 | 9 |
| 长期债券 | 300 | 10 | 200 | 10.5 |
| 普通股 | 500 | 12 | 620 | 12 |
| 合计 | 1 000 | | 1 000 | |

假定两个筹资组合方案的财务风险相当,都是可以承受的。下面分两步分别测算这两个筹资组合方案的综合资本成本并比较其高低,以确定最佳筹资组合方案,即最佳资本结构。

第一步,测算各方案各种筹资方式的筹资额占筹资总额的比例及综合资本成本。

甲方案各种筹资方式的筹资额比例如下所述。

长期借款:200÷1 000=0.20

长期债券:300÷1 000=0.30

普通股：500÷1 000=0.50

综合资本成本=9%×0.20+10%×0.30+12%×0.5=10.8%

乙方案各种筹资方式的筹资额比例如下所述。

长期借款：180÷1 000=0.18

长期债券：200÷1 000=0.20

普通股：620÷1 000=0.62

综合资本成本=9%×0.18+10.5%×0.20+12%×0.62=11.16%

第二步，比较各种筹资组合方案的综合资本成本并做出选择。

筹资组合中，甲、乙方案的综合资本成本分别为10.8%和11.16%。经比较，甲方案的综合资本成本最低，故在财务风险适度的条件下，应选择甲方案作为最佳筹资组合方案，由此形成的资本结构可确定为最佳资本结构。

3) 追加筹资的资本结构决策

企业在持续的生产经营活动过程中，由于经营业务或对外投资的需要，有时会追加筹措新资，即追加筹资。因追加筹资以及筹资环境的变化，企业原定的最佳资本结构未必仍是最优的，需要进行调整。因此，企业应在有关情况的不断变化中寻求最佳资本结构，实现资本结构的最优化。

企业追加筹资有多个筹资组合方案可供选择。按照最佳资本结构的要求，在财务风险适度的前提下，企业选择追加筹资组合方案可用两种方法：一是直接测算各备选追加筹资方案的边际资本成本，从中选择最佳筹资方案；二是分别将各备选追加筹资方案与原有最佳资本结构汇总，测算比较各个追加筹资方案下汇总资本结构的综合资本成本，从中选择最佳筹资方案。

【例4-27】A公司拟追加筹资10 000万元，现有两个追加筹资方案可供选择，有关资料经测算整理后如表4-15所示。试确定最佳方案。

表4-15　A公司追加筹资方案资料测算

万元

| 筹资方式 | 追加筹资额 | 筹资方案1<br>资本成本率/% | 追加筹资额 | 筹资方案2<br>资本成本率/% |
|---|---|---|---|---|
| 长期借款 | 5 000 | 7 | 6 000 | 7.5 |
| 优先股 | 2 000 | 13 | 2 000 | 13 |
| 普通股 | 3 000 | 16 | 2 000 | 16 |
| 合计 | 10 000 | — | 10 000 | — |

(1) 追加筹资方案的比较边际资本成本法。首先，测算追加筹资方案1的边际资本成本为

7%×(5 000÷10 000)+13%×(2 000÷10 000)+16%×(3 000÷10 000)=10.9%

然后，测算追加筹资方案2的边际资本成本为

7.5%×(6 000÷10 000)+13%×(2 000÷10 000)+16%×(2 000÷10 000)=10.3%

最后,比较两个追加筹资方案。方案2的边际资本成本为10.3%,低于方案1。因此,在财务风险适度的情况下,方案2优于方案1,应选择追加筹资方案2。追加筹资方案2为最佳筹资方案,由此形成的新的资本结构为最佳资本结构。若A公司原有资本总额为50 000万元,资本结构为:长期借款5 000万元、长期债券15 000万元、优先股10 000万元,普通股20 000万元;追加筹资后的资本总额为60 000万元,资本结构为:长期借款11 000万元,长期债券15 000万元,优先股12 000万元,普通股22 000万元。

(2) 备选追加筹资方案与原有资本结构比较综合资本成本法。首先,汇总追加筹资方案和原有资本结构,如表4-16所示。

表4-16 追加筹资方案和原有资本结构资料汇总

万元

| 筹资方式 | 原资本结构 | 资本成本率/% | 追加筹资额 | 筹资方案1 资本成本率/% | 追加筹资额 | 筹资方案2 资本成本率/% |
|---|---|---|---|---|---|---|
| 长期借款 | 5 000 | 6.5 | 5 000 | 7 | 6 000 | 7.5 |
| 长期债券 | 15 000 | 8 | | | | |
| 优先股 | 10 000 | 12 | 2 000 | 13 | 2 000 | 13 |
| 普通股 | 20 000 | 15 | 3 000 | 16 | 2 000 | 16 |
| 合计 | 50 000 | — | 10 000 | | 10 000 | — |

然后,测算汇总资本结构下的综合资本成本。

追加筹资方案1与原资本结构汇总后的综合资本成本为

(6.5%×5 000÷60 000+7%×5 000÷60 000)+(8%×15 000÷60 000)+[(13%×(10 000+2 000)÷60 000]+[16%×(20 000+3 000)÷60 000]=11.86%

追加筹资方案2与原资本结构汇总后的综合资本成本为

(6.5%×5 000÷60 000+7.5%×6 000÷60 000)+(8%×15 000÷60 000)+[(13%×(10 000+2 000)÷60 000]+[16%×(20 000+2 000)÷60 000]=11.76%

在上述计算中,根据股票的同股同利原则,原有股票应按新发行股票的资本成本计算,即全部股票按新发行股票的资本成本计算其总的资本成本。

最后,比较两个追加筹资方案与原资本结构汇总后的综合资本成本。方案2与原资本结构汇总后的综合资本成本为11.76%,低于方案1与原资本结构汇总后的综合资本成本。因此,在财务风险适度的前提下,追加筹资方案2优于方案1,由此形成的A公司新的资本结构为最佳资本结构。

由此可见,A公司追加筹资后,虽然改变了资本结构,但经过分析测算,做出正确的筹资决策,公司仍可保持资本结构的最优化。

4) 比较综合资本成本法的优缺点

比较综合资本成本法的测算原理容易理解,测算过程简单。但该法仅以资本成本最低为决策标准,没有具体测算财务风险因素,其决策目标实质上是利润最大化而不是公司价值最大化。比较综合资本成本法一般适用于资本规模较小、资本结构较为简单的非股份制企业。

**2. 每股收益分析法**

1) 每股收益分析法的含义

每股收益分析法是利用每股收益无差别点来进行资本结构决策的方法。所谓每股收益无差别点,是指两种或两种以上筹资方案下普通股每股收益相等时的息税前利润点,亦称息税前利润平衡点,有时亦称筹资无差别点。运用这种方法,根据每股收益无差别点,可以分析判断在什么情况下利用债务筹资来安排及调整资本结构,进行资本结构决策。

2) 每股收益分析的列表测算法

【例4-28】A公司目前拥有长期资本8 500万元,其资本结构为:长期借款1 000万元,普通股权益7 500万元。现准备追加筹资1 500万元,有两种筹资方式可供选择:增发普通股和增加长期借款。有关资料详见表4-17,试测算追加筹资后的每股收益。

表4-17 A公司目前和追加筹资的资本结构资料

万元

| 资本种类 | 目前资本结构 | | 追加筹资后的资本结构 | | | |
|---|---|---|---|---|---|---|
| | 金额 | 比例 | 增发普通股 | | 增加长期借款 | |
| | | | 金额 | 比例 | 金额 | 比例 |
| 长期借款 | 1 000 | 0.12 | 1 000 | 0.10 | 2 500 | 0.25 |
| 普通股权益 | 7 500 | 0.88 | 9 000 | 0.90 | 7 500 | 0.75 |
| 资本总额 | 8 500 | 1.00 | 10 000 | 1.00 | 10 000 | 1.00 |
| 其他资料: 年债务利息额 | 90 | | 90 | | 270 | |
| 普通股股数/万股 | 1 000 | | 1 300 | | 1 000 | |

当息税前利润为1 600万元时,为便于计算,假定公司所得税税率为25%,下面测算这两种筹资方式追加筹资后的普通股每股收益,如表4-18所示。

表4-18 A公司预计追加筹资后的每股收益测算

万元

| 项目 | 增发普通股 | 增加长期借款 |
|---|---|---|
| 息税前利润 | 1 600 | 1 600 |
| 减:长期借款利息 | 90 | 270 |
| 所得税前利润 | 1 510 | 1 330 |
| 减:公司所得税(25%) | 377.5 | 332.5 |
| 所得税后利润 | 1 132.5 | 997.5 |
| 减:优先股股利 | — | — |
| 普通股可分配利润 | 1 132.5 | 997.5 |
| 普通股股数/万股 | 1 300 | 1 000 |
| 普通股每股收益/元 | 0.87 | 1.00 |

由表4-18的测算结果可知,采用不同的筹资方式追加筹资后,普通股每股收益是不相等的。在息税前利润为1 600万元的条件下,当增发普通股时,普通股每股收益最低,为0.87元;当增加长期借款时,普通股每股收益最高,为1.00元。这反映了在息税前利润一定的条件下,不同资本结构对普通股每股收益的影响。

3) 每股收益分析的公式测算法

表4-18所测算的结果是在息税前利润预计为1 600万元的情况下。那么,如何根据息税前利润选择更有利的筹资方式呢?这就需要通过测算息税前利润平衡点来判断,其测算公式为

$$\frac{(\overline{EBIT} - I_1)(1-T) - DP_1}{N_1} = \frac{(\overline{EBIT} - I_2)(1-T) - DP_2}{N_2}$$

式中,$\overline{EBIT}$表示息税前利润平衡点,即每股收益无差别点;$I_1$、$I_2$表示两种增资方式下的长期债务年利息;$DP_1$、$DP_2$表示两种增资方式下的优先股股利;$N_1$、$N_2$表示两种增资方式下的普通股股数。

现将表4-18中的有关资料利用上述公式,进行测算。

增发普通股与增加长期借款两种增资方式下的每股收益无差别点为

$$\frac{(\overline{EBIT} - 90)(1-25\%)}{1\ 300} = \frac{(\overline{EBIT} - 270)(1-25\%)}{1\ 000}$$

$\overline{EBIT} = 870$(万元)

上述测算结果:当息税前利润为870万元时,增发普通股和增加长期借款的每股收益相等。为了验证其结果,还可列表测算,如表4-19所示。

表4-19　A公司每股收益无差别点测算

万元

| 项目 | 增发普通股 | 增加长期借款 |
| --- | --- | --- |
| 息税前利润 | 870 | 870 |
| 减:长期债务利息 | 90 | 270 |
| 所得税前利润 | 780 | 600 |
| 减:公司所得税(25%) | 195 | 150 |
| 所得税后利润 | 585 | 450 |
| 减:优先股股利 | | |
| 普通股可分配利润 | 585 | 450 |
| 普通股股数/万股 | 1 300 | 1 000 |
| 普通股每股收益/元 | 0.45 | 0.45 |

上述每股收益无差别点的分析结果可用图4-1所示。

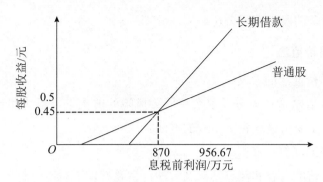

图4-1　A公司每股收益无差别点分析

由图4-1可以看出，每股收益无差别点的息税前利润为870万元的意义在于：当息税前利润大于870万元时，增加长期借款比增发普通股有利；而当息税前利润小于870万元时，增加长期债务则不利。

上述结论的前半部分，即"大于"的情况，已在表4-18中得到证明。在表4-18中，息税前利润为1 600万元，大于870万元，同时增加长期借款的每股收益为1.00元，高于增发普通股的每股收益0.87元，因此，增加长期借款比增发普通股有利。

下面，再举例证明结论的后半部分，即"小于"的情况。

【例4-29】假设A公司息税前利润为500万元，其他有关资料见表4-18。该公司有两种筹资方式可供选择，如表4-20所示，试比较这两种方案。

表4-20　假设A公司息税前利润为500万元时的每股收益测算

万元

| 项目 | 增发普通股 | 增加长期借款 |
| --- | --- | --- |
| 息税前利润 | 500 | 500 |
| 减：长期借款利息 | 90 | 270 |
| 所得税前利润 | 410 | 230 |
| 减：公司所得税(25%) | 102.5 | 57.5 |
| 所得税后利润 | 307.5 | 172.5 |
| 减：优先股股利 | — | — |
| 普通股可分配利润 | 307.5 | 172.5 |
| 普通股股数/万股 | 1 300 | 1 000 |
| 普通股每股收益/元 | 0.24 | 0.17 |

由表4-20可以看出，假设息税前利润为500万元，小于每股收益无差别点的息税前利润870万元，增加长期借款的每股收益分别为0.17元，低于增发普通股的每股收益0.24元，因此，增加长期借款不利。

4) 每股收益分析法的优缺点

每股收益分析法的测算原理比较容易理解，测算过程较为简单。但该法以普通股每股收益最高为决策标准，没有具体测算财务风险因素，其决策目标实际上是股东财富最大化或股票价值最大化，而不是公司价值最大化，可用于资本规模不大、资本结构不太复杂的股份有限公司。

### 3. 比较公司价值法

1) 比较公司价值法的含义

比较公司价值法是在充分反映公司财务风险的前提下，以公司价值的大小为标准，经过测算确定公司最佳资本结构的方法。

2) 公司价值的测算

关于公司价值的内容和测算基础及方法，主要有以下3种观点。

(1) 公司价值等于其未来净收益(或现金流量)按照一定折现率折现的价值，即公司未来净收益的折现值。用公式简要表示为

$$V = \frac{\text{EAT}}{K}$$

式中，$V$表示公司价值，即公司未来净收益的折现值；EAT表示公司未来的年净收益，即公司未来的年税后收益；$K$表示公司未来净收益的折现率。

这种测算方法有其合理性，但不易确定的因素很多，主要有两个方面：一方面是公司未来的净收益不易确定，在上列公式中还有一个假定，即公司未来每年的净收益为年金，事实上未必都是如此；另一方面是公司未来净收益的折现率不易确定。因此，这种测算方法尚难以在实践中加以应用。

(2) 公司价值是其股票的现行市场价值。根据这种观点，公司股票的现行市场价值可按其现行市场价格来计算，故有其客观合理性，但还存在两个问题：一是公司股票受各种因素的影响，其市场价格经常处于波动之中，每个交易日都有不同的价格，在这种现实条件下，公司的股票究竟按哪个交易日的市场价格来计算，这个问题尚未得到解决；二是公司价值的内容只包括股票的价值，是否还应包括长期债务的价值？这两者之间又是相互影响的，如果公司的价值只包括股票的价值，就无须进行资本结构决策，这种测算方法也就不能用于资本结构决策。

(3) 公司价值等于其长期债务和股票的折现价值之和。与上述两种测算方法相比，这种测算方法比较合理，也比较现实。它至少有两个优点：一是从公司价值的内容来看，它不仅包括公司股票的价值，还包括公司长期债务的价值；二是从公司净收益归属来看，它属于公司的所有者，即属于股东。因此，在测算公司价值时，这种测算方法可用公式表示为

$$V = B + S$$

式中，$V$表示公司的总价值，即公司总的折现价值；$B$表示公司长期债务的折现价值；$S$表示公司股票的折现价值。

为简化测算过程，设长期债务(含长期借款和长期债券)的现值等于其面值(或本金)；股票的现值按公司未来净收益的折现值测算，测算公式为

$$S = \frac{(\text{EBIT} - I)(1 - T)}{K_S}$$

式中，$S$表示公司股票的折现价值；EBIT表示公司未来的年息税前利润；$I$表示公司长期债务年利息；$T$表示公司所得税税率；$K_S$表示公司股票资本成本。

假定公司的长期资本系由长期债务和普通股组成。如果公司的股票有普通股和优先股之分，则上式可写为

$$S = \frac{(\text{EBIT} - I)(1 - T) - D_P}{K_S}$$

式中，$D_P$表示公司优先股年股利；$K_S$表示公司普通股资本成本。

3) 公司资本成本的测算

在公司价值测算的基础上，如果公司的全部长期资本由长期债务和普通股组成，则公司的全部资本成本即综合资本成本可按下列公式测算

$$K_W = K_B \cdot \frac{B}{V}(1 - T) + K_S \cdot \frac{S}{V}$$

式中，$K_W$表示公司资本成本；$K_B$表示公司长期债务税前资本成本，可按公司长期债务年利率计算；$K_S$表示公司普通股资本成本。

在上述测算公式中，为了考虑公司筹资风险的影响，普通股资本成本可运用资本资产定价模型来测算，即

$$K_S = R_f + \beta(R_m - R_f)$$

式中，$K_S$表示公司普通股投资的必要报酬率，即公司普通股的资本成本；$R_f$表示无风险报酬率；$R_m$表示所有股票的市场报酬率；$\beta$表示公司股票的$\beta$系数。

4) 公司最佳资本结构的确定

运用上述原理测算公司的总价值和综合资本成本，并以公司价值最大化为标准比较确定公司的最佳资本结构。下面举例说明公司价值比较法的应用。

【例4-30】A公司现有全部长期资本均为普通股资本，无长期债务资本和优先股资本，账面价值20 000万元。公司认为这种资本结构不合理，没有发挥财务杠杆的作用，准备举借长期债务购回部分普通股予以调整。公司预计息税前利润为5 000万元，假定公司所得税税率为25%。试测算A公司资本成本。

经测算，目前的长期债务年利率和普通股资本成本率如表4-21所示。

表4-21　A公司在不同长期债务规模下的债务年利率和普通股资本成本测算

| $B$/万元 | $K_B$/% | $\beta$ | $R_f$/% | $R_m$/% | $K_S$/% |
| --- | --- | --- | --- | --- | --- |
| 0 | — | 1.20 | 10 | 14 | 14.8 |
| 2 000 | 10 | 1.25 | 10 | 14 | 15.0 |
| 4 000 | 10 | 1.30 | 10 | 14 | 15.2 |
| 6 000 | 12 | 1.40 | 10 | 14 | 15.6 |
| 8 000 | 14 | 1.55 | 10 | 14 | 16.2 |
| 10 000 | 16 | 2.10 | 10 | 14 | 18.4 |

在表4-21中，当$B=2\,000$万元，$\beta=1.25$，$R_f=10\%$，$R_m=14\%$时，则有

$K_S=10\%+1.25\times(14\%-10\%)=15.0\%$

其余同理计算。

根据表4-21的资料，运用前述公司价值和公司资本成本的测算方法，可以测算在不同长期债务规模下的公司价值和公司资本成本，如表4-22所示，并可据以比较、确定公司的最佳资本结构。

表4-22　A公司在不同长期债务规模下的公司价值和公司资本成本测算

| $B$/万元 | $S$/万元 | $V$/万元 | $K_B$/% | $K_S$/% | $K_W$/% |
|---|---|---|---|---|---|
| 0 | 25 338 | 25 338 | — | 14.8 | 14.80 |
| 2 000 | 24 000 | 26 000 | 10 | 15.0 | 14.43 |
| 4 000 | 22 697 | 26 697 | 10 | 15.2 | 14.04 |
| 6 000 | 20 577 | 26 577 | 12 | 15.6 | 14.11 |
| 8 000 | 17 963 | 25 963 | 14 | 16.2 | 14.45 |
| 10 000 | 13 859 | 23 859 | 16 | 18.4 | 15.72 |

在表4-22中，当$B=2\,000$万元，$K_B=10\%$，$K_S=15.0\%$，EBIT$=5\,000$万元时，则有

$$S=\frac{(5\,000-2\,000\times10\%)(1-25\%)}{15.0\%}=24\,000(万元)$$

$V=2\,000+24\,000=26\,000$(万元)

$$K_S=10\%\times\frac{2\,000}{26\,000}\times(1-25\%)+15.0\%\times\frac{24\,000}{26\,000}=14.43\%$$

其余同理计算。

从表4-22中可以看出，在没有长期债务资本的情况下，A公司的价值就是原有普通股资本的价值，此时$V=S=25\,338$万元。当A公司开始利用长期债务资本部分替换普通股资本时，公司的价值开始上升，同时公司资本成本开始下降；直到长期债务资本达到4 000万元时，公司的价值最大(26 697万元)，同时公司的资本成本最低(14.04%)；而当公司的长期债务资本超过4 000万元后，公司的价值又开始下降，公司的资本成本上升。因此可以确定，A公司的长期债务资本为4 000万元时的资本结构是最佳资本结构。此时，A公司的长期资本价值总额为26 697万元。其中，普通股资本价值为22 697万元，占公司资本总价值的比例为85%(即22 697/26 697)；长期债务资本价值为4 000万元，占公司资本总价值的比例为15%(即4 000/26 697)。

5) 比较公司价值法的优缺点

与比较综合资本成本法和每股收益分析法相比，比较公司价值法充分考虑了公司的财务风险和资本成本等因素的影响，在进行资本结构决策时以公司价值最大为标准，更符合公司价值最大化的财务目标。但其测算原理及测算过程较为复杂，通常用于资本规模较大的上市公司。

## 章后练习题

**1. 单项选择题**

(1) 一般而言,企业资本成本最高的筹资方式是( )。
    A. 发行债券    B. 长期借款    C. 发行普通股    D. 发行优先股

(2) 下列选项中,关于综合资金成本的说法不正确的是( )。
    A. 包括加权平均资金成本和边际资金成本
    B. 边际资金成本采用加权平均法计算,其权数为账面价值权数
    C. 当企业拟投资某项目时,应以边际资金成本作为评价该投资项目可行性的经济指标
    D. 边际资金成本,是指资金每增加一个单位而增加的成本

(3) 在实务中,计算加权平均资金成本时通常采用的权数为( )。
    A. 目标价值权数    B. 市场价值权数
    C. 账面价值权数    D. 评估价值权数

(4) 已知某企业的目标资本结构中长期债务的比重为20%,债务资金的增加额为0~10 000元,其利率维持5%不变,该企业与此相关的筹资总额分界点是( )。
    A. 5 000元    B. 20 000元
    C. 50 000元    D. 200 000元

(5) 下列各项中,不影响经营杠杆系数的是( )。
    A. 产品销售数量    B. 产品销售价格
    C. 固定成本    D. 利息费用

(6) 某公司的经营杠杆系数为2,预计息税前利润将增长10%,在其他条件不变的情况下,销售量将增长( )。
    A. 5%    B. 10%    C. 15%    D. 20%

(7) 如果企业在一定期间的固定生产经营成本和固定财务费用均不为零,则由上述因素共同作用而导致的杠杆效应属于( )。
    A. 经营杠杆效应    B. 财务杠杆效应
    C. 复合杠杆效应    D. 风险杠杆效应

(8) 最佳资本结构是指企业在一定时期最适宜其有关条件下的( )。
    A. 企业利润最大的资本结构
    B. 企业目标资本结构
    C. 加权平均资本成本与风险适中的目标资本结构
    D. 加权平均资本成本最低、企业价值最大的资本结构

(9) 企业在追加筹资时，需要计算(　　)。

　　A. 综合资本成本　　B. 边际资本成本　　C. 个别资本成本　　D. 变动成本

(10) 在个别资本成本的计算中，不必考虑筹资费用影响因素的是(　　)。

　　A. 长期借款成本　　　　　　　　B. 债券成本

　　C. 留存收益成本　　　　　　　　D. 普通股成本

**2. 多项选择题**

(1) 影响企业边际贡献大小的因素有(　　)。

　　A. 固定成本　　B. 销售单价　　C. 单位变动成本　　D. 产销量

(2) 下列成本费用中，属于资本成本中用资费用的有(　　)。

　　A. 借款手续费　　B. 股票发行费　　C. 利息　　D. 股利

(3) 在事先确定企业资金规模的前提下，吸收一定比例的负债资金，可能产生的结果有(　　)。

　　A. 降低企业资本成本　　　　　　B. 降低企业财务风险

　　C. 加大企业财务风险　　　　　　D. 提高企业经营能力

(4) 属于企业资本成本的有(　　)。

　　A. 向股东支付的股利　　　　　　B. 向债权人支付的利息

　　C. 向税务机关缴纳的税金　　　　D. 债券、股票的发行费

(5) 当两个筹资方案处于无差别点时，表明两个方案(　　)。

　　A. 息税前利润相等　　　　　　　B. 税前利润相等

　　C. 净利润相等　　　　　　　　　D. 每股净利润相等

(6) 债务比例(　　)，财务杠杆系数(　　)，财务风险(　　)。

　　A. 越高、越大、越高　　　　　　B. 越低、越小、越低

　　C. 越高、越小、越高　　　　　　D. 越低、越大、越低

(7) 在事先确定企业资金规模的前提下，吸收一定比例的负债资金，可能产生的结果有(　　)。

　　A. 降低企业资金成本　　　　　　B. 降低企业财务风险

　　C. 加大企业财务风险　　　　　　D. 提高企业经营能力

(8) 下列各项中，可用于确定企业最优资本结构的方法有(　　)。

　　A. 资金习性法　　　　　　　　　B. 企业价值最大分析法

　　C. 比较资本成本法　　　　　　　D. 每股利润无差别点法

(9) 确定企业资本结构时，(　　)。

　　A. 如果企业的销售不稳定，则可较多地筹措负债资金

　　B. 为了保证原有股东的绝对控制权，一般应尽量避免普通股筹资

C. 若预期市场利率会上升，企业应尽量利用短期负债

D. 所得税率越高，举借负债利益越明显

(10) 下列筹资活动中，会加大财务杠杆作用的是(　　)。

　　A. 增发普通股　　　　　　　　B. 利用留存收益

　　C. 增发公司债券　　　　　　　D. 增加银行借款

## 3. 判断题

(1) 优先股股息和债券利息都要定期支付，均应作为财务费用，在所得税前列支。(　　)

(2) 在个别资本成本一定的情况下，企业综合资本成本的高低取决于资本总额。(　　)

(3) 企业最优资本结构是指在一定条件下企业自有资本成本最低的资本结构。(　　)

(4) 留存收益是由企业利润所形成的，所以留存收益没有成本。(　　)

(5) 在其他因素不变的情况下，固定成本越低，经营杠杆系数也就越小，而经营风险则越大。(　　)

(6) 无论是经营杠杆系数变大，还是财务杠杆系数变大，都有可能导致企业的复合杠杆系数变大。(　　)

(7) 发行股票筹资，既能为企业带来杠杆利益，又具有抵税效应，所以企业在筹资时应考虑发行股票。(　　)

(8) 最优资本结构是使企业筹资能力最强、财务风险最小的资本结构。(　　)

(9) 资金成本即用资费用，是指企业为筹集和使用资金而付出的代价。(　　)

(10) 留存收益筹资的成本与普通股相同。(　　)

## 4. 计算题

(1) 某公司拟筹资5 000万元，其中按面值发行债券2 000万元，票面年利率为10%，筹资费率为2%；发行优先股800万元，股息率为12%，筹资费率为3%；发行股票2 200万元，筹资费率为5%，预计第一年股利率为12%，以后每年按4%递增，所得税率为33%。

要求：

① 计算债券资本成本。

② 计算优先股资本成本。

③ 计算普通股资本成本。

④ 计算综合资本成本。

(2) 某公司目前发行在外普通股100万股(每股面值1元)，并发行利率为10%的债券400万元。该公司打算为一个新的投资项目融资500万元，新项目投产后每年的息

税前利润将增加到200万元。现有两个方案可供选择：方案一，按12%的利率发行债券500万元；方案二，按每股20元的价格发行新股。公司适用所得税税率为25%。

要求：

① 计算两个方案的每股利润。

② 计算两个方案的每股利润无差别点的息税前利润。

③ 计算两个方案的财务杠杆系数。

④ 判断哪个方案最佳。

(3) 某公司2021年销售产品10万件，单价为50元，单位变动成本为30元，固定成本总额100万元。公司负债60万元，年利息率为12%，必须每年支付优先股股利10万元，公司所得税率为25%。

要求：

① 计算2021年边际贡献。

② 计算2021年息税前利润总额。

③ 计算该公司复合杠杆系数。

(4) 某公司拟筹资1 000万元，现有甲、乙两个备选方案，有关资料如表4-23所示。试用比较资本成本法确定该公司的最佳资本结构。

表4-23　某公司筹资备选方案资料

| 筹资方式 | 甲方案 | | 乙方案 | |
| --- | --- | --- | --- | --- |
| | 筹资额/万元 | 资本成本/% | 筹资额/万元 | 资本成本/% |
| 长期借款 | 200 | 9 | 180 | 9 |
| 债券 | 300 | 10 | 200 | 10.5 |
| 普通股 | 500 | 12 | 620 | 12 |
| 合计 | 1 000 | | 1 000 | |

(5) 某公司的资产总额为780万元，负债比率为50%，负债年利率为13%。该企业销售额为1 140万元，固定成本为106万元，变动成本率为45%。

要求：

计算该企业的经营杠杆系数、财务杠杆系数和复合杠杆系数。

(6) ABC公司只生产和销售甲产品，其总成本习性模型为$y=1\ 000\ 000+4x$。假定该公司2020年度的产品销售量为100万件，每件售价为6元，每股收益为1.2元；按市场预测2021年产品的销售数量将增长10%，固定生产经营成本和单位边际贡献不变，不增发新股，所得税税率不变。

要求：

① 计算2020年的边际贡献总额。

② 计算2021年预计的边际贡献总额。

③ 计算2021年的经营杠杆系数。

④ 计算2021年息税前利润增长率。

⑤ 假定公司2020年的利息费用为20万元，预计2021年不变，且无融资租赁租金和优先股，计算2021年财务杠杆系数和复合杠杆系数以及每股收益。

(7) 甲公司目前的资本结构(账面价值)如下所述。

长期债券：680万元

普通股：800万元(100万股)

留存收益：320万元

目前正在编制下一年的财务计划，需要融资700万元，相关资料如下所述。

① 本年派发现金股利每股0.6元，预计明年每股收益增长10%，股利支付率(每股股利/每股收益)保持25%不变。

② 在需要的融资额中，有一部分通过留存收益解决；其余的资金通过增发长期债券解决，每张债券面值100元，发行价格为112.5元，票面利率为6%，分期付息，到期还本。为简化过程，不考虑筹资费用和溢价摊销，并假设目前的长期债券资本成本与增发的长期债券的资本成本相同。

③ 目前无风险利率为4%，股票价值指数平均收益率为10%，甲公司股票收益率与市场组合收益率的协方差为12%，市场组合收益率的标准差为20%。

④ 公司适用的所得税税率为25%。

要求：

① 计算长期债券的税后资金成本。

② 计算明年的净利润。

③ 计算明年的股利。

④ 计算明年留存收益账面余额。

⑤ 计算长期债券筹资额以及明年的资本结构中各种资金的权数。

⑥ 确定该公司股票的$\beta$系数并根据资本资产定价模型计算普通股资金成本。

⑦ 按照账面价值权数计算加权平均资金成本。

(8) 某公司年销售额为1 000万元，变动成本率为60%，全部固定成本和费用为120万元，平均总资产为2 500万元，资产负债率为40%，负债的平均利息率为8%，假设所得税率为25%。该公司拟改变经营计划，追加投资200万元，每年固定成本增加20万元，可以使销售额增加20%，并使变动成本率下降至55%。该公司以提高权益净利率同时降低复合杠杆系数作为改进经营计划的标准。

要求：

① 计算当下的权益净利率和复合杠杆系数。

② 所需资金以追加实收资本取得，计算权益净利率和复合杠杆系数，判断应否改变经营计划。

③ 所需资金以12%的利率借入，计算权益净利率和复合杠杆系数，判断应否改变经营计划。

④ 如果应该改变经营计划，计算改变计划之后的经营杠杆系数。

(9) E公司2020年度的销售收入为1 000万元，利息费用为61万元，实现净利润100万元，2020年加权平均发行在外的普通股股数为200万股，不存在优先股。2021年，公司为了使销售收入达到1 500万元，需要增加资金300万元。这些资金有两种筹集方案：方案1，通过增加借款取得，利息率为8%；方案2，通过增发普通股股票取得，预计发行价格为10元/股。

假设固定生产经营成本可以维持在2020年的114万元/年的水平，变动成本率也可以维持2020年的水平，该公司所得税率为20%，不考虑筹资费用。

要求：

① 计算2020年的息税前利润。
② 计算变动成本率(即变动成本/销售收入)。
③ 计算方案2中增发的股数。
④ 计算方案1中增加的利息。
⑤ 计算两种筹资方案下，每股收益无差别点的销售额和息税前利润。
⑥ 计算采用两个方案筹资后的复合杠杆系数，并说明筹资后的复合风险的大小。
⑦ 如果决策者是风险中立者，会选择哪个筹资方案？
⑧ 如果息税前利润在每股收益无差别点上增长15%，根据杠杆系数计算方案1的每股收益增长率。

### 5. 案例分析题

(1) 沧海公司计划建造一项固定资产，寿命期为5年，需要筹集资金600万元。现有以下三种筹资方式可供选择。

方式一：目前市场平均收益率为10%，无风险收益率为4%；如果市场平均收益率增加2%，则该公司股票的必要收益率会增加0.8%。

方式二：如果向银行借款，则手续费率为1%，年利率为5%，且每年计息一次，到期一次还本。

方式三：如果发行债券，债券面值为1 000元，期限为5年，票面利率为6%，每年计息一次，发行价格为1 150元，发行费率为5%。

公司所得税税率为25%。

要求：

① 根据方式一，利用资本资产定价模型计算普通股的筹资成本。
② 根据方式二，计算长期借款的筹资成本。

③ 根据方式三，计算发行债券的筹资成本。

④ 请确定该公司应选择哪种筹资方式。

(2) 顺通股份有限公司拥有长期资金800万元。其中，长期借款为120万元，长期债券为240万元，普通股为440万元。由于该公司扩大经营规模的需要，拟筹集新资金。经分析，认为筹集新资金后公司仍应保持现有的资本结构。此外，随着筹资额的增加，各种资本成本的变化如表4-24所示。

表4-24　顺通公司各种资本成本的变化

| 筹资方式 | 个别资本筹资分界点/万元 | 资本成本/% |
| --- | --- | --- |
| 长期借款 | 0～9 | 3 |
|  | 9～18 | 6 |
|  | >18 | 8 |
| 长期债券 | 0～30 | 10 |
|  | 30～90 | 12 |
|  | >90 | 14 |
| 普通股 | 0～55 | 14 |
|  | 55～110 | 15 |
|  | >110 | 18 |

要求：

① 计算筹资总额分界点。

② 确定筹资总额范围，计算边际资本成本。

(3) 方扬公司2020年12月31日的资产负债表上的长期负债与股东权益的比例为2∶3，该公司计划于2021年为一个投资项目筹集资金，可供选择的筹资方式包括向银行申请长期借款和增发普通股，方扬公司以现有的资本结构作为目标资本结构。其他有关资料如下所述。

① 如果方扬公司2021年新增长期借款在40万元以下(含40万元)，借款年利息率为6%；如果新增长期借款为40万～100万元，则借款年利息率将提高到8%。方扬公司无法获得超过100万元的长期借款。银行借款筹资费忽略不计。

② 如果方扬公司2021年度增发的普通股规模不超过120万元(含120万元)，则预计每股发行价为20元；如果增发规模超过120万元，则预计每股发行价为16元。普通股筹资费率为4%(假定不考虑有关法律对公司增发普通股的限制)。

③ 方扬公司预计2021年普通股股利为每股2元，以后每年增长5%。

④ 方扬公司适用的企业所得税税率为25%。

要求：

① 分别计算下列不同条件下的资本成本。

　　a. 新增长期借款不超过40万元时的长期借款成本；

　　b. 新增长期借款超过40万元时的长期借款成本；

c. 增发普通股不超过120万元时的普通股成本；

d. 增发普通股超过120万元时的普通股成本。

② 计算所有的筹资总额分界点。

③ 计算方扬公司2021年的最大筹资额。

④ 根据筹资总额分界点确定各个筹资范围，并计算每个筹资范围内的边际资本成本。

⑤ 假定上述项目的投资额为180万元，预计该项目的内部收益率为11%，根据上述计算结果，确定该项目筹资的边际资本成本，并做出是否应当投资的决策。

(4) 海周公司拟筹资4 000万元，现有三种筹资组合方案可供选择，有关资料如表4-25所示。

表4-25 筹资组合方案的有关资料

| 筹资方式 | 方案A 筹资额/元 | 方案A 资本成本/% | 方案B 筹资额/元 | 方案B 资本成本/% | 方案C 筹资额/元 | 方案C 资本成本/% |
|---|---|---|---|---|---|---|
| 长期借款 | 600 | 5.5 | 800 | 6 | 400 | 5 |
| 长期债券 | 1 400 | 8 | 700 | 6.5 | 600 | 6 |
| 普通股 | 2 000 | 12 | 2 500 | 12 | 3 000 | 12 |
| 合计 | 4 000 | — | 4 000 | — | 4 000 | — |

要求：

如果你是该公司的财务经理，请计算各筹资方案下的综合资本成本，并确定最佳资金结构方案。

(5) 某股份有限公司现有资金总额100万元，其中，公司债券筹资300万元，年利率为6%；发行500万股普通股，每股面值1元，发行价2元；留存收益200万元。现因生产发展需要拟再筹资300万元。通过对未来增资后的生产经营分析，确定可获得息税前利润300万元。通过对资金市场的分析，认为可按8%的利率发行债券300万元，也可发行100万股普通股(每股面值1元，发行价3元)，筹资300万元。该公司的企业所得税税率为25%。

要求：

试分析该公司应采用哪种筹资方式。

# 第5章　投资管理

## 本章学习导读

投资决策是企业最重要的决策之一。从某种意义上来说，一个企业就是由一系列的投资项目所组成的。正确的投资可以为企业的发展提供杠杆效应，加速企业的发展；反之，投资失误也有可能将企业存在的种种弊端放大，甚而影响企业的生存。因而，投资决策对公司的成长发展有着至关重要的意义。

投资包括新建、扩建、固定资产的更新和技术改造，以及无形资产投资和其他长期投资等。在进行项目投资时，可能常常会遇到在几个投资机会中如何选择的问题。这些投资机会的投资规模、建设周期、经营期限以及预期的年均收益各不相同，企业应衡量、比较各个项目的优劣性，选择最佳投资方案。通过对本章的学习，可使学生了解投资及项目投资的相关知识，重点掌握项目投资的现金流量分析、项目投资决策评价指标及其计算方法以及项目投资决策评价指标的运用。

## 本章学习目标

(1) 正确理解并掌握项目投资决策的相关理论；
(2) 理解并掌握现金流量的内容和净现金流量的计算方法；
(3) 了解投资评价指标及其运用；
(4) 熟悉固定资产更新决策和所得税与折旧对项目投资的影响。

## ●引导案例●

### 大华有限责任公司项目投资管理

大华有限责任公司自成立以来，影响逐渐扩大，经营前景良好。旅游产品有矿区游、红色游(雷锋纪念馆和雷锋班、万人坑纪念馆等)、风光游、历史古迹游、民族特色游等，业务范围不断扩大，经济效益逐年增加。

公司现需要增加5台大型旅游客车，有两个方案可供选择：一个方案是购买国产客车，每台价格预计64万元，公司可申请5年期的贷款购买，贷款年利率为8%，预计每年每台发生修理维护费和司机工资等各种税费为5万元，每台客车预计使用5年，残值4万元，采用直线法计提折旧；另一个方案是向租赁公司租入德国产旅游大客车,这种客车发动机性能好,车体和车内装修豪华,但每年每台租金高达20万元,年底付租金,5年租期结束后客车归还租赁公司,司机随车出租,工资由租赁公司负责,客车的维护保养等一切税费都由租赁公司统一负责,公司可以随时结束租赁,只要提前3个月通知租赁公司即可。

另外,增加5台大型旅游客车,预计可使公司每年增加收入120万元。

增加客车、扩大业务量之后,公司肯定有盈利。公司主管业务的副经理张毅简单算了一笔账:借款购买5台客车需支出320万元,5年的利息128万元,再加上其他税费25万元,总计473万元;而租赁5年的总支出为500万元。他知道在购置的情况下不到3年就可还本,同时,因利息可以抵税,在公司所得税税率为30%的情况下,实际利率更低;若采用租赁方式,租金总额不仅超过购买支出,且无残值收入。因此,张毅认为应该采取购置而不是租赁方式。

但张毅将此方案提报给由各部门经理参加的公司董事会例会讨论时,主管财务的副经理李灏表示坚决反对。李灏认为,即使不考虑通货膨胀,现在就付出320万元不一定比5年间每年付100万元有利,尽管利息有抵税作用,但租金支出也有抵税效果,故到底采用何种方式比较有利,应通过财务分析才能确定。

李灏的财务分析过程如下所述。

每台客车每年带来的收入=120/5=24(万元)

**1. 贷款购买客车方案**

每台客车年折旧额=$\dfrac{64-4}{5}$=12(万元)

营业净现金流量=24×(1−30%)−5×(1−30%)+12×30%=16.9(万元)

净现值=16.9×(P/A,8%,5)+4×(P/S,8%,5)−64=6.205 7(万元)

**2. 租用旅游客车方案**

每台客车年付现成本=20(万元),因为随时可以解约,所以此项租赁为经营租赁,无须支付每年每台发生的修理维护费和司机工资等各种税费,也没有折旧和残值。

营业净现金流量=24×(1−30%)−20×(1−30%)=2.8(万元)

净现值=2.8×(P/A,8%,5)=11.179 5(万元)

通过计算得知,两个方案的净现值均大于零,两个方案均可行。但租用客车方案的净现值(11.179 5万元)大于贷款购买客车方案的净现值(6.205 7万元),因此租车方案为最优方案。所以,大华公司应选择租车方案。

资料来源:道客巴巴.http://www.doc88.com/p-5196829283818.html.

## 5.1 投资管理概述

投资，从广义上来讲，是指特定经济主体(包括政府、企业和个人)以本金回收并获利为基本目的，将货币、实物资产作为资本投资于某一个具体对象，意在未来较长期内获得经济利益的经济行为。企业投资，简而言之，是企业为获取未来长期收益而向一定对象投放资金的经济行为。例如，购建厂房设备、兴建电站、购买股票债券等经济行为，均属于投资行为。

### 5.1.1 企业投资的意义

企业通过投资配置资产，能形成生产能力，从而取得未来的经济利益。

**1. 投资是企业生存与发展的基本前提**

企业的生产经营，就是企业资产的运用和资产形态的转换过程。投资，是一种资本性支出行为，通过投资支出，企业购建流动资产和长期资产，形成生产条件和生产能力。实际上，不论是新建一个企业，还是建造一条生产流水线，都是一种投资行为。通过投资，确立企业的经营方向，配置企业的各类资产，并将它们有机地结合起来，形成企业的综合生产经营能力。如果企业想要进军一个新兴行业，或者开发一种新产品，都需要先投资。投资决策的正确与否，直接关系企业的兴衰成败。

**2. 投资是获取利润的基本前提**

企业投资的目的，是要通过预先垫付一定数量的货币或实物形态的资本，购建和配置形成企业生产能力的各类资产，从事某类经营活动，获取未来的经济利益。通过投资形成了生产经营能力，企业才能开展具体的经营活动，获取经营利润。那些以购买股票、证券等有价证券方式向其他单位所做的投资，可以通过取得股利或债息来获取投资收益，也可以通过转让证券来获取资本利得。

**3. 投资是企业控制风险的重要手段**

企业的经营面临着各种风险，有来自市场竞争的风险，有资金周转的风险，还有原材料涨价、费用居高等成本的风险。投资，是企业控制风险的重要手段。通过投资，可以将资金投向企业生产经营的薄弱环节，使企业的生产经营能力配套、平衡、协调。通过投资，可以实现多元化经营，将资金投放于经营相关程度较低的不同产品或不同行业，分散风险，稳定收益来源，降低资产的流动性风险、变现风险，增强资产的安全性。

### 5.1.2 企业投资管理的特点

企业的投资活动与经营活动是不相同的,投资活动的结果对企业的经济利益有较长期的影响。企业投资涉及的资金多、经历的时间长,对企业未来的财务状况和经营活动都有较大的影响。与日常经营活动相比,企业投资的主要特点表现在以下几方面。

**1. 企业投资属于企业的战略性决策**

企业投资活动一般涉及企业未来的经营发展方向、生产能力规模等问题,如厂房设备的新建与更新、新产品的研制与开发、对其他企业的股权控制等。

劳动力、劳动资料和劳动对象是企业的生产要素,是企业进行经营活动的前提条件。企业投资主要涉及劳动资料要素方面,包括生产经营所需的固定资产的构建、无形资产的获取等。企业投资对象也可能是生产要素综合体,即对另一个企业股权的取得和控制。企业投资活动先于经营活动,这些投资活动往往需要一次性地投入大量的资金,并在一段较长的时期内发生作用,会对企业经营活动的方向产生重大影响。

**2. 企业投资属于企业的非程序化管理**

企业的投资项目影响的时间较长。这些投资项目实施后,将形成企业的生产条件和生产能力。这些生产条件和生产能力的使用期限长,将在企业多个经营周期内直接发挥作用,也将间接影响日常经营活动中流动资产的配置与分布。

企业投资活动涉及企业的未来经营发展方向和规模等重大问题,是不经常发生的。投资活动具有一次性和独特性的特点,投资管理属于非程序化管理。每一次投资的背景、特点、要求等都不一样,无明显的规律性可遵循,管理时更需要周密思考,慎重考虑。

**3. 投资价值的波动性大**

投资项目的价值,是由投资标的物资产的内在获利能力决定的。这些标的物资产的形态是不断转换的,未来收益的获得具有较强的不确定性,其价值也具有较强的波动性。同时,各种外部因素,如市场利率、物价等的变化,也时刻影响着投资标的物的资产价值。因此,企业做出投资管理决策时,要充分考虑投资项目的时间价值和风险价值。

企业投资项目的变现能力较弱,因为其投放的标的物大多是机器设备等变现能力较差的长期资产,这些资产的持有目的也不是变现,并不准备在一年或超过一年的一个营业周期内变现。因此,投资项目的价值也是不易确定的。

### 5.1.3 企业投资的分类

对企业投资进行科学的分类,有利于分清投资的性质,按不同的特点和要求进行投资决策,加强投资管理。

**1. 直接投资和间接投资**

按投资活动与企业生产经营活动的关系,企业投资可以划分为直接投资和间接投资。

(1) 直接投资。它是将资金直接投放于形成生产经营能力的实体性资产,直接谋取经营利润的企业投资。企业通过直接投资,可购买并配置劳动力、劳动资料和劳动对象等具体生产要素,开展生产经营活动。

(2) 间接投资。它是将资金投放于股票、债券等权益性资产上的企业投资。之所以称为间接投资,是因为股票、债券的发行方在筹集到资金后,再把这些资金投放于形成生产经营能力的实体性资产,获取经营利润。间接投资方不直接介入具体的生产经营过程,通过股票、债券上所约定的收益分配权利,获取股利或利息收入,分享直接投资的经营利润。

**2. 项目投资与证券投资**

按投资对象的存在形态和性质,企业投资可以划分为项目投资和证券投资。

(1) 项目投资。企业可以通过投资购买具有实质内涵的经营资产,包括有形资产和无形资产,形成具体的生产经营能力,开展实质性的生产经营活动,谋取经营利润。这类投资,称为项目投资。项目投资的目的在于改善生产条件、扩大生产能力,以获取更多的经营利润。项目投资,属于直接投资。

(2) 证券投资。企业可以通过投资,购买具有权益性的证券资产,通过证券资产所赋予的权力,间接控制被投资企业的生产经营活动,获取投资收益。这种投资,称为证券投资,即购买属于综合生产要素的权益性权利资产的企业投资。

证券是一种金融资产,即以经济合同契约为基本内容,以凭证票据等书面文件为存在形式的权利性资产。如债券投资代表的是未来按契约规定收取债息和收回本金的权利,股票投资代表的是对发行股票企业的经营控制权、财务控制权、收益分配权、剩余财产追索权等股东权利。证券投资的目的,在于通过持有权益性证券,获取投资收益,或控制其他企业的财务或经营政策,并不直接从事具体的生产经营过程。因此,证券投资属于间接投资。

直接投资与间接投资、项目投资与证券投资,两种投资分类方式的内涵和范围是一致的,只是分类角度不同。直接投资与间接投资强调的是投资的方式性,项目投资与证券投资强调的是投资的对象性。

**3. 发展性投资与维持性投资**

按投资活动对企业生产经营前景的影响，企业投资可以分为发展性投资和维持性投资。

(1) 发展性投资。它是指对企业未来的生产经营发展全局有重大影响的企业投资。发展性投资也可以称为战略性投资，如企业间兼并或合并的投资、转换新行业和开发新产品的投资、扩大生产规模的投资等。发展性投资项目实施后，往往可以改变企业的经营方向和经营领域，或者明显地扩大企业的生产经营能力，或者实现企业的战略重组。

(2) 维持性投资。它是指为了维持企业现有的生产经营活动顺利进行，不会改变企业未来生产经营发展全局的企业投资。维持性投资也可以称为战术性投资，如更新替换旧设备的投资、配套流动资金的投资、生产技术革新的投资等。维持性投资项目所需要的资金不多，对企业生产经营的前景影响不大，投资风险相对较小。

**4. 对内投资与对外投资**

按资金投出的方向，企业投资可以分为对内投资和对外投资。

(1) 对内投资。它是指在本企业范围内部的资金投放，用于购买和配置各种生产经营所需的经营性资产。

(2) 对外投资。它是指向本企业范围以外的其他单位的资金投放。对外投资多以现金、有形资产、无形资产等资产形式，通过联合投资、合作经营、换取股权、购买证券资产等向企业外部其他单位投放资金。

对内投资都是直接投资，对外投资主要是间接投资，也可能是直接投资。

**5. 独立投资与互斥投资**

按投资项目之间的关联关系，企业投资可以分为独立投资和互斥投资。

(1) 独立投资。独立投资是相容性投资，各个投资项目之间互不关联、互不影响，可以并存。独立投资项目决策考虑的是方案本身是否满足某种决策标准。

(2) 互斥投资。互斥投资是非相容性投资，各个投资项目之间相互关联、相互替代，不能并存。因此，互斥投资项目决策考虑的是各方案之间的排斥性，需要从每个可行方案中选择最优方案。

### 5.1.4 投资管理的原则

为了适应投资项目的特点和要求，实现投资管理的目标，做出合理的投资决策，企业应制定投资管理的基本原则，据以保证投资活动的顺利进行。

**1. 可行性分析原则**

投资项目的金额大，资金占用时间长，一旦投资后具有不可逆转性，对企业的财务状况和经营前景影响重大。因此，企业在做出投资决策之时，必须建立严密的投资决策程序，进行科学的投资可行性分析。

投资项目可行性分析是投资管理的重要组成部分，其主要任务是对投资项目能否实施进行科学的论证，主要包括环境可行性、技术可行性、市场可行性、财务可行性等方面。其中，财务可行性是在具备相关的环境、技术、市场可行性的前提下，着重围绕技术可行性和市场可行性而开展的专门经济性评价。财务可行性一般也包含资金筹集的可行性。

财务可行性分析的主要内容包括：收入、费用和利润等经营成果指标的分析；资产、负债、所有者权益等财务状况指标的分析；资金筹集和配置的分析；资金流转和回收等资金运行过程的分析；项目现金流量、净现值、内含报酬率等项目经济性效益指标的分析；项目收益与风险关系的分析等。

**2. 结构平衡原则**

由于投资往往是一个综合性项目，不仅涉及固定资产等生产能力和生产条件的构建，还涉及使生产能力和生产条件正常发挥作用所需要的流动资产的配置。同时，由于受资金来源的限制，企业在投资活动中也常常会遇到资金需求超过资金供应的矛盾。如何合理配置资源，使有限的资金发挥最大的效用，是投资管理中资金投放所面临的重要问题。

企业在进行资金投放时，要遵循结构平衡的原则，合理分配资金，这就涉及固定资金与流动资金的配套关系，生产能力与经营规模的平衡关系，资金来源与资金运用的匹配关系，投资进度和资金供应的协调关系，流动资产内部的资产结构关系，发展性投资与维持性投资的配合关系，对内投资与对外投资的顺序关系，直接投资与间接投资的分布关系，等等。

**3. 动态监控原则**

投资的动态监控，是指企业对投资项目实施过程中的进程控制，特别是对于那些工程量大、工期长的建造项目来说，有一个具体的投资过程，需要按工程预算实施有效的动态投资控制。

投资项目的工程预算，是对总投资中各项工程项目以及所包含的分部工程和单位工程造价规划的财务计划。建设性投资项目应当按工程进度，对分项工程、分部工程、单位工程的完成情况逐步进行资金拨付和资金结算，以控制工程的资金耗费，防止资金的浪费。在项目建设完工后，通过工程决算，全面清点所建造的资产数额和种类，分析工程造价的合理性，合理确定工程资产的账面价值。

对于间接投资特别是证券投资而言，要认真分析投资对象的投资价值，根据风险与收益均衡的原则合理选择投资对象。

## 5.2 项目投资决策的相关理论

### 5.2.1 项目投资概述

**1. 项目投资的含义和特点**

从广义上讲，投资是指为了在未来获得收益而发生的投入财力的行为。投资按照其内容的不同，可分为项目投资、证券投资和其他投资等类型。本章所介绍的项目投资是一种以特定项目为对象，直接与新建项目或更新改造项目有关的长期投资行为。

与其他形式的投资相比，项目投资具有以下几个主要特点。

(1) 投资金额大。项目投资，特别是战略性的扩大生产能力投资一般都需要较多的资金，其投资额往往是企业及其投资人多年的资金积累，在企业总资产中占有相当大的比重。因此，项目投资对企业未来的现金流量和财务状况都将产生深远的影响。

(2) 影响时间长。项目投资的投资期及发挥作用的时间都较长，对企业未来的生产经营活动和长期经营活动将产生重大影响。

(3) 变现能力差。项目投资一般不准备在一年或一个营业周期内变现，其变现能力也较差。因为项目投资一旦完成，要想改变是相当困难的，不是无法实现，就是代价太大。

(4) 投资风险大。因为影响项目投资未来收益的因素特别多，加上投资额大、影响时间长和变现能力差，必然造成其投资风险比其他投资大，对企业未来的命运产生决定性影响。无数事例证明，一旦项目投资决策失败，会给企业带来先天性的、无法逆转的损失。

**2. 项目投资的程序**

(1) 项目提出。提出投资项目是项目投资的第一步，企业根据长远发展战略、中长期投资计划和投资环境的变化，在把握良好投资机会的情况下提出投资项目。它可以由企业管理当局或企业高层管理人员提出，也可以由企业各级管理部门和相关部门领导提出。

(2) 项目评价。投资项目的评价主要涉及如下几项工作：①对提出的投资项目进行适当分类，为分析评价做好准备；②计算有关项目的建设周期，测算有关项目投产后的收入、费用和经济效益，预测有关项目的现金流出；③运用各种投资评价指标，把各项投资按可行程度进行排序；④写出详细的评价报告。

(3) 项目决策。企业对投资项目进行评价后，应按分权管理的决策权限由企业高层管理人员或相关部门经理做出最后决策。投资额小的战术性项目投资或维持性项目投资，一般由部门经理做出决策，战略性投资或投资额特别大的项目投资还需要报董事会或股东大会批准。不管由谁做出最后决策，其结论一般可以分成以下三种：①接受这个投资项目，可以进行投资；②拒绝这个项目，不能进行投资；③由项目提出部门重新论证，再行处理。

(4) 项目执行。企业决定执行某项目时，应注意原来做出的投资决策是否合理，是否正确。一旦出现新的情况，要随时根据变化做出新的评价。如果发生重大变化后，原来的投资决策变得不合理，那么，就要做出是否终止投资或怎样终止投资的决策，以避免更大的损失。

**3. 项目投资的主体**

投资主体是各种投资人的统称，是实施具体投资行为的主体。从企业项目投资的角度看，其直接投资主体就是企业本身。企业在进行项目投资决策时，首先关心的是全部投资资金的投放和回收情况，而不管这些资金究竟来自何处。但由于企业投资项目使用的资金分别源自企业所有者和债权人，他们也必然会从不同角度关心企业投资项目的成败，在进行项目投资决策时，还应考虑他们的要求，分别从自有资金提供者和借入资金放贷者的立场去分析问题，提供有关信息。本章主要从企业投资主体的角度研究项目投资问题。

**4. 项目计算期的构成**

项目计算期是指投资项目从投资建设开始到最终清理结束整个过程的全部时间，即该项目的有效持续时间。完整的项目计算期，包括建设期和生产经营期。其中，建设期(记作$s$，$s \geq 0$)的第1年年初(记作第0年)称为建设起点，建设期的最后一年年末(第$s$年)称为投产日，项目计算期的最后一年年末(记作第$n$年)称为终结点，从投产日到终结日的时间间隔称为生产经营期(记作$p$)，生产经营期包括试产期和达产期(完全达到设计生产能力)。项目计算期、建设期和生产经营期之间有以下关系

$$n = s + p$$

## 5.2.2 项目投资的分类

**1. 项目投资的对象及其类型**

项目投资的对象简称项目,它是用于界定投资客体范围的概念。工业企业项目投资主要可分为以新增生产力为目的的新建项目,和以恢复或改善生产力为目的的更新改造项目。显然,前者属于外延式扩大再生产的类型,后者属于简单再生产或内涵式扩大再生产的类型。

新建项目按其涉及的内容还可以进一步细分为单纯固定资产投资项目和完整工业投资项目。单纯固定资产投资项目简称固定资产投资,其特点在于:在投资中只包括为取得固定资产而发生的垫支资本投入而不涉及周转资本投入。完整的工业投资项目则不仅包括固定资产投资,而且涉及流动资产投资,甚至包括其他长期资产项目(如无形资产)投资。因此,不能将项目投资等同于固定资产投资。

**2. 原始总投资和投资总额的内容**

1) 原始总投资

原始总投资又称为初始投资,是反映项目所需资金水平的价值指标。从项目投资的角度看,原始总投资是企业为使项目完全达到设计生产能力、开展正常经营而投入的全部现实资金,包括建设投资和流动资金投资两项内容。

(1) 建设投资。它是指在建设期内按一定生产经营规模和建设内容进行的投资,包括以下几类。

① 固定资产投资。这是项目用于购置或安装固定资产应当发生的投资,也是任何类型项目投资中不可缺少的投资内容。计算折旧的固定资产原值与固定资产投资之间可能存在差异,原因在于固定资产原值可能包括应构成固定资产成本的建设期内资本化的借款利息,用公式表示为

$$固定资产原值=固定资产投资+建设期资本化的借款利息$$

② 无形资产投资。这是指项目用于取得无形资产而发生的投资。

③ 开办费投资。这是为组织项目投资的企业在其筹建期内发生的,不能计入固定资产和无形资产价值的那部分投资。

(2) 流动资金投资。这是指项目投产前后分次或一次投放于流动资产项目的投资增加额,又称为垫支流动资金或营运资金投资,计算公式为

$$本年流动资金增加额=本年流动资金需要数-截至上年的流动资金投资额$$
$$经营期流动资产需用数=该年流动资产需用数-该年流动负债需用数$$

2) 投资总额

投资总额是反映项目投资总体规模的价值指标，它等于原始总投资与建设期资本化利息之和。其中，建设期资本化利息是指在建设期发生的与构建项目所需的固定资产、无形资产等长期资产有关的借款利息。

**3. 项目投资资金的投入方式**

投资主体将总投资额注入具体投资项目的方式，分为一次投入和分次投入两种。一次投入方式是指投资行为集中一次发生在项目计算期第一个年度的年初或年末。如果投资行为涉及两个或两个以上年度，或虽然只涉及一个年度，但同时在该年度的年初和年末发生，则属于分次投入方式。

资金投入方式与项目计算期的构成情况有关，同时也受投资项目具体内容的制约。建设投资既可以采用年初预付的方式，也可以采用年末结算的方式，因此该项目投资必须在建设期内一次或分次投入。就单纯的固定资产投资项目而言，如果建设期等于零，说明固定资产投资的投资方式是一次投入；如果固定资产投资是分次投入的，则意味着该项目的建设期一般长于一年。

流动资金投资必须采用预付的方式，因此其首次投资最迟必须在建设期末(投产日)完成，亦可在试产期内有关年份的年初分次追加投入。正因为如此，在实务中，即使完整工业项目的建设期为零，其原始投资也可能采用分次投入的方式。

## 5.3 项目投资的现金流量

### 5.3.1 现金流量概述

**1. 现金流量的概念**

现金流量也称现金流动量。在项目投资决策中，现金流量是指投资项目在其计算期内因资本循环而可能或应该发生的各种现金流入量与现金流出量、净现金流量的统称，它是计算项目投资决策评价指标的主要根据和重要信息之一。

项目投资决策所使用的现金概念，是广义的现金，它不仅包含各种货币资金，而且包括项目投入企业拥有的非货币资源的变现价值(或重置成本)。例如，一个项目需要使用原有的厂房、设备和材料等，则相关的现金流量是指它们的变现价值，而不是其账面成本。

**2. 现金流量的构成**

投资决策中的现金流量，从时间特征上看包括以下三个组成部分。

(1) 初始现金流量。初始现金流量是指开始投资时发生的现金流量，一般包括固定资产投资、无形资产投资、开办费投资、流动资金投资和原有固定资产的变价收入等。

(2) 营业现金流量。营业现金流量是指投资项目投入使用后，在其寿命周期内由于生产经营所带来的现金流入和现金流出的数量。

(3) 终结现金流量。终结现金流量是指投资项目完成时所发生的现金流量，主要包括固定资产的残值收入或变价收入、收回垫支的流动资金和停止使用的土地变价收入等。

**3. 项目投资分析的假设条件**

(1) 项目投资类型假设。假设项目投资包括单纯固定资产投资项目、完整工业投资项目和更新改造投资项目三种类型，这些项目又可进一步分为不考虑所得税因素和考虑所得税因素的项目。

(2) 财务可行性分析假设。假设投资决策是从企业投资者的立场出发，投资决策者确定现金流量就是为了进行项目财务可行性研究，该项目已经具备国民经济可行性和技术可行性。

(3) 全投资假设。假设在确定项目的现金流量时，只考虑全部投资的运动情况，而不具体区分自有资金和借入资金等具体形式的现金流量。即使实际存在借入资金，也将其作为自有资金对待。

(4) 建设期投入全部资金假设。不论项目的原始总投资是一次投入还是分次投入，除个别情况外，假设它们都是在建设期内投入的。

(5) 经营期与折旧年限一致假设。假设项目主要固定资产的折旧年限或使用年限与经营期相同。

(6) 时点指标假设。为便于利用资金时间价值的形式，不论现金流量的具体内容所涉及的价值指标实际上是时点指标还是时期指标，均假设按照年初或年末的时点指标处理。其中，建设投资在建设期内有关年度的年初或年末发生，流动资金投资则在建设期末发生；经营期内各年的收入、成本、折旧、摊销、利润、税金等项目确认均在年末发生；项目最终报废或清理均发生在终结点(但更新改造项目除外)。

(7) 确定性假设。假设与项目现金流量有关的价格、产销量、成本水平、所得税率等因素均为已知常数。

**4. 现金流量与会计利润的关系**

在会计核算时,利润是按照权责发生制确定的,而净现金流量是根据收付实现制确定的,两者既有联系又有区别。在投资决策中,研究的重点是现金流量,而把利润的研究放在次要地位,主要有以下几个理由。

(1) 在整个投资有效年内,利润总计与净现金流量总计是相等的。由于传统的财务会计核算以持续经营和会计分期为前提,坚持权责发生制原则,致使企业在某个特定会计期间的利润与净现金流量可能不一致,但在整个持续经营期内,利润与现金净流量是相等的。就某一个具体的项目而言,也是如此。所以,净现金流量可以取代利润作为评价净收益的指标。

(2) 对货币时间价值的考虑。计算会计利润时的收入和支出不一定是当期收到和支付的现金,故不利于其现值的确定;而现金流量反映的是当期的现金流入和流出量,有利于考虑时间价值因素。

(3) 方案评价的客观性。利润在各年的分配受折旧方法、摊销方法等人为因素的影响,而现金流量的分配不受这些人为因素的影响,可以保证评价的客观性。在特定的会计期间,采用不同的折旧方法、存货计价方法、成本计算方法等,得出的经营利润指标是不同的,但它们的经营现金流量是相同的。

(4) 在投资分析中,对项目效益的评价是以假设其收回的资本可用于再投资为前提的。利润反映项目的盈亏状况,而有利润的年份不一定能产生相应的现金用于再投资,只有净现金流量才能用于再投资。一个项目能否维持下去,并不取决于某年份是否有利润,而取决于是否有现金用于所需要的各种支付。显然,在资本预算中,现金流动状况比盈亏状况更为重要。

### 5.3.2　现金流量的内容

现金流量包括现金流入量和现金流出量。现金流入量是指能够使投资方案的现实货币资金增加的项目,简称现金流入;现金流出量是指能够使投资方案的现实货币资金减少或需要动用现金的项目,简称现金流出。不同投资项目的现金流入量和现金流出量的构成内容有一定的差异。

**1. 单纯固定资产投资项目的现金流量**

新建项目中的单纯固定资产投资项目,简称固定资产项目,是指只涉及固定资产投资而不涉及其他长期投资和流动资金投资的项目,它往往以新增生产能力、提高生产效率为特征。

1) 现金流入量的内容

(1) 增加的营业收入，指固定资产投入使用后每年新增的全部销售收入或业务收入。

(2) 回收固定资产余值，指该固定资产在终结点报废清理时所回收的价值。

2) 现金流出量的内容

(1) 固定资产投资。

(2) 新增经营成本，指该固定资产投入使用后每年增加的经营成本。

(3) 增加的各项税款，指该固定资产投入使用后，因收入的增加而增加的营业税，以及因应纳税所得额增加而增加的所得税等。

**2. 完整工业投资项目的现金流量**

完整工业投资项目简称新建项目，它是以新增工业生产能力为主的投资项目，其投资涉及的内容比较广泛。

1) 现金流入量的内容

(1) 营业收入，指项目投产后每年实现的全部销售收入或业务收入，它是经营期主要的现金流入量项目。

(2) 回收固定资产余值，指投资项目的固定资产在终结点报废清理或中途变价转让处理时所回收的价值。

(3) 回收流动资金，主要指新建项目在项目计算期完全终止时因不再发生新的替代投资而回收的原垫付的全部流动资金投资额，回收流动资金和回收固定资产余值统称为回收额。

(4) 其他现金流入量，指除以上三项指标以外的现金流入量项目。

2) 现金流出量的内容

(1) 建设投资，指建设期发生的主要现金流出量。

(2) 流动资金投资。

(3) 经营成本，指在经营期内为满足正常生产经营而动用现实货币资金支付的成本费用，又被称为付现的营运成本，它是生产经营阶段中最主要的现金流出量项目。

(4) 各项税款，指项目投产后依法缴纳的、单独列示的各项税款，如所得税。

(5) 其他现金流出，指除上述指标以外的现金流出项目。

**3. 现金流量的估算**

由于项目投资的投入、回收及收益的形成均以现金流量的形式表现，在整个项目计算期的各个阶段中，都有可能发生现金流量，必须逐年估算每一个时点上的现金流入量和现金流出量。下面我们以完整的工业项目为例，介绍现金流量的估算方法。

1) 现金流入量的估算

(1) 营业收入的估算。应按照项目在经营期内有关产品(产出物)的各年预计单价(不含增值税)和预测销售量进行估算。

(2) 回收固定资产余值的估算。由于我们已经假定主要固定资产的折旧年限等于生产经营期，对于建设项目来说，只要用主要固定资产的原值乘法定净残值率，即可估算出在终结点发生的回收固定资产余值；在生产经营期内提前回收的固定资产余值，可根据其预计净残值估算。

(3) 回收流动资金的估算。假定在经营期不发生提前回收流动资金，则在终结点一次回收的流动资金应等于各年垫支的流动资金投资额的合计数。

(4) 其他现金流入量的估算。

2) 现金流出量的估算

(1) 建设投资的估算。其中，固定资产投资又称固定资产原始投资，主要应当根据项目规模和投资计划所确定的各项建筑工程费用、设备购置成本、安装工程费用和其他费用来估算。

(2) 流动资金投资的估算。首先应根据与项目有关的经营期中每年的流动资产需用额和该年的流动负债需用额的差额来确定本年的流动资金需用额，然后用本年的流动资金需用额减去截至上年年末的流动资金占用额(以前年度已经投入的流动资金累计数)，以此可确定本年的流动资金增加额。

(3) 经营成本的估算。与项目相关的某年的经营成本等于当年的总成本费用(含期间费用)扣除该年折旧额、无形资产和开办费的摊销额，以及财务费用中的利息支出等项目后的差额。

(4) 各项税款的计算。企业在进行项目投资决策时，不管是新建项目还是更新改造项目，都应该考虑所得税。

**4. 估算现金流量时应注意的问题**

为了正确计算投资项目的增量现金流量，需要正确判断哪些支出会引起企业总现金流量的变动，哪些支出不会引起企业总现金流量的变动。企业在进行判断时，应注意以下几个问题。

(1) 区分相关成本和非相关成本。相关成本是指与特定项目决策有关的，企业在判断现金流量时必须加以考虑的成本。例如，差额成本、未来成本、重置成本、机会成本等都属于相关成本。非相关成本是指与特定项目决策无关的，企业在判断现金流量时不必加以考虑的成本。例如，沉没成本、过去成本、账面成本等都属于非相关成本，如项目实施前所发生的市场调研费用、咨询论证费用等。如果将非相关成本纳入投资方案的总成本，则一个有利的方案可能因此变得不利，一个较好的方案可能因此变为较差的方案，从而造成决策失误。

(2) 要考虑投资项目(方案)对公司其他部门或产品的影响。当我们采纳一个新的项目后，该项目可能对公司的其他部门或产品造成有利或不利的影响，这种效应被称为附加效应。例如，新建车间生产的新产品上市后，原有其他产品的销路可能减少，而且整个公司的销售额也许不会增加反而会减少。因此，在判断现金流量时，不应将新建车间的销售收入作为增量收入来处理，而应扣除其他部门因此而减少的销售收入，以两者之差作为新建项目的现金流量。当然，也可能发生相反的情况，新产品上市后将促进其他部门的销售增长，主要看新项目与原有部门是竞争关系还是互补关系。

(3) 机会成本。在投资方案的选择中，企业如果选择一个投资方案，则必须放弃投资于其他途径的机会，其他投资机会可能取得的收益是实行本方案的一种代价，这被称为机会成本。例如，某公司一个投资项目需要占用一块土地，该公司刚好拥有一块土地，如果将其出售，可得净收入100万元；如果将这块土地用于项目投资，公司将损失出售土地的100万元收入，这部分丧失的收入即为投资的机会成本。机会成本并不是简单意义上的"成本"含义，它不是一种支出或费用，而是失去的收益。这种收益不是实际发生的，而是潜在的。机会成本总是针对具体方案，离开被放弃的方案就无从计量确定。重视机会成本有利于全面考虑可能采取的各种方案，以便为既定资源寻求有利的使用途径。

(4) 对营运资本的影响。投资新建项目，有时需要增加现金、应收账款和存货。这种营运资本的投资在其发生时应视为现金流出，而在项目寿命期末收回营运资本时应视为现金流入。营运资本投资的增减不一定限于项目开始和结束时，在任何时候都可以发生。

(5) 制造费用。企业在确定项目现金流量时，只有那些确因本投资项目而引起的费用(如增加的管理人员工资、租金和动力支出等)才能计入投资项目的现金流量；与企业投资与否无关的费用则不应计入投资项目现金流量中。

### 5.3.3 净现金流量的计算

**1. 净现金流量的含义**

净现金流量又称现金净流量(NCF)，是指在项目计算期内由每年现金流入量与同年现金流出量之间的差额所形成的序列指标，它是计算项目投资决策评价指标的重要依据。

净现金流量具有以下两个特征：第一，无论在经营期内还是在建设期内都存在净现金流量。第二，由于项目计算期不同阶段的现金流入和现金流出发生的可能性不同，使得各阶段的净现金流量在数值上表现出不同的特点：建设期内的净现金流量一般小于或等于零；经营期内的净现金流量多为正值。

根据净现金流量的定义，其公式为

$$某年净现金流量=该年现金流入量-该年现金流出量$$

**2. 净现金流量的计算方法**

为简化净现金流量的计算，可以根据项目计算期不同阶段的现金流入量和现金流出量的具体内容，直接计算各阶段净现金流量。

1) 建设期净现金流量的计算

建设期的现金流量主要是现金流出量，即对该投资项目的原始投资，包括对长期资产的投资和垫支的营运资金。如果该项目的筹建费、开办费较高，也可作为初始阶段的现金流出量计入递延资产。在一般情况下，初始阶段中的固定资产的原始投资通常在年内一次性投入(如购买设备)，如果原始投资不是一次性投入(如工程建造)，则应把投资归属于不同的投入年份之中。

(1) 长期资产投资。它包括在固定资产、无形资产、递延资产等长期资产的购入、建造、运输、安装、试运行等方面所需的现金支出，如购置成本、运输费、安装费等。对于投资实施后导致固定资产性能改进而发生的改良支出，属于固定资产的后期投资。

(2) 营运资金垫支。它是指投资项目形成了生产能力，需要在流动资产上追加的投资。由于扩大了企业生产能力，原材料、在产品、产成品等流动资产规模也随之扩大，需要追加投入日常营运资金。同时，企业营业规模扩充后，应付账款等结算性流动负债也随之增加，自动补充了一部分日常营运资金的需要。因此，为该投资垫支的营运资金是追加的流动资产扩大量与结算性流动负债扩大量的净差额。

建设期净现金流量的计算公式为

$$建设期某年的净现金流量(NCF)=-原始投资额$$

2) 生产营业期净现金流量的计算

生产营业期是投资项目的主要阶段，该阶段既有现金流入量，也有现金流出量。现金流入量主要是营运各年的营业收入，现金流出量主要是营运各年的付现营运成本。

另外，对于在营业期内的某一年发生的大额修理支出，如果会计处理为本年内一次性的收益性支出，则直接作为该年付现成本；如果跨年摊销处理，则在本年将其作为投资性的现金流出量，在摊销年份以非付现成本形式处理。对于在营业的某一年发生的改良支出,可视为一种投资,应作为该年的现金流出量,以后年份通过折旧收回。

在生产营业期内,由于营运各年的营业收入和付现营运成本数额比较稳定,营业阶段各年现金流量一般为

$$营业净现金流量(NCF)=营业收入-付现成本$$
$$=营业利润+非付现成本$$

式中,非付现成本主要是固定资产年折旧费用、长期资产摊销费用、资产减值准备。其中,长期资产摊销费用主要有跨年摊销的大额修理摊销费用、改良工程折旧摊销费用、筹建开办费摊销费用,等等。

所得税是投资项目的现金支出,即现金流出量,应考虑所得税对投资项目现金流量的影响。投资项目正常营运阶段所获得的营业现金流量,可按下列公式测算

$$营业净现金流量(NCF)=营业收入-付现成本-所得税$$
$$=税后营业利润+非付现成本$$
$$=收入\times(1-所得税税率)-付现成本\times(1-所得税税率)+非付现成本\times所得税税率$$

3) 终结点净现金流量的计算

终结点的现金流量除了正常的生产经营的现金流入量和现金流出量之外,还包括固定资产变价净收入和垫支营运资金的收回。

(1) 固定资产变价净收入。投资项目在终结阶段,原有固定资产将退出生产经营,企业对固定资产进行清理处置。固定资产变价净收入,是指固定资产出售或报废时的出售价款或残值收入扣除清理费用后的净额。

(2) 垫支营运资金的收回。伴随着固定资产的出售或报废,投资项目的经济寿命结束,企业将与该项目相关的存货出售,应收账款收回,应付账款也随之偿付。营运资金恢复到原有水平,项目开始垫支的营运资金在项目结束时得到回收。终结点净现金流量用公式表示为

$$终结点净现金流量(NCF)=营业净现金流量+回收收入$$

在投资项目管理的实践中,由于所得税的影响,营业阶段现金流量的测算比较复杂,需要在所得税的基础上考虑税后收入、税后付现成本,以及非付现成本抵税对营业现金流量的影响。

【例5-1】沈阳××股份公司投资于工业项目,需要一次投入固定资产投资600万元,流动资金投资120万元,资金全部源于银行借款,年利息率为10%,建设期2年,发生资本化利息100万元,经营期5年,按直线法折旧,期满有净残值60万元。该项目投入使用后,预计每年销售收入320万元,每年经营成本120万元。该企业所得税税率为25%,不享受减免税待遇。经营期每年支付借款利息70万元,经营期结束时归还本金。设定折现率为10%。

要求:计算建设期净现金流量、经营期某年净现金流量和终结点净现金流量。

解：依题意计算该项目有关指标为

固定资产原值=固定资产投资+建设期资本化利息=600+100=700(万元)

年折旧=(700−60)÷5=128(万元)

项目计算期=建设期+经营期=2+5=7(年)

建设期净现金流量$NCF_0$=−600(万元)；$NCF_1$=0；$NCF_2$=−120(万元)

经营期某年净现金流量=该年净利润+该年折旧+该年摊销+该年利息+该年回收额

$NCF_{3\sim6}$=(320−120−128−70)×(1−25%)+128+70=199.5(万元)

终结点净现金流量$NCF_7$=199.5+120+60=379.5(万元)

## 5.4 项目投资决策评价指标

### 5.4.1 项目投资决策评价指标概述

**1. 项目投资决策评价指标的定义**

项目投资决策评价指标是指用于衡量和比较投资项目可行性，据以进行方案决策的定量化标准与尺度。它是由一系列综合反映投资效益、投入产出关系的量化指标构成的。

**2. 项目投资决策评价指标的分类**

(1) 按指标是否考虑资金时间价值分类。评价指标按其是否考虑资金时间价值，可分为静态评价指标和动态评价指标两大类。静态评价指标是指在计算过程中不考虑资金时间价值因素的指标，又称为非折现评价指标，包括静态资金回收期和投资利润率。与静态评价指标相反，在动态评价指标的计算过程中，必须充分考虑和利用资金时间价值，因此动态评价指标又称为折现评价指标，包括净现值、净现值率、获利指数和内部收益率。

(2) 按指标的性质分类。评价指标按其性质的不同，可分为在一定范围内越大越好的正指标和越小越好的反指标两大类。投资利润率、净现值、净现值率、获利指数和内部收益率属于正指标；静态投资回收期属于反指标。

(3) 按指标的数量特征分类。评价指标按其数量特征的不同，可分为绝对量指标和相对量指标。前者包括以时间为计量单位的静态投资回收期指标和以价值量为计量单位的净现值指标；后者除获利指数用指数形式表现外，大多为百分比指标。

(4) 按指标的重要性分类。评价指标按其在决策中所处的地位，可分为主要指标、次要指标和辅助指标。净现值、内部收益率等为主要指标；静态投资回收期为次要指标；投资利润率为辅助指标。

**3. 静态评价指标的定义、计算方法和特点**

1) 投资利润率

(1) 投资利润率的定义。投资利润率又称投资报酬率(记作ROI)，是指投产期正常年度利润或年均利润占投资总额的百分比。

(2) 投资利润率的计算方法。投资利润率的计算公式为

$$投资利润率 = 年利润或年均利润 \div 投资总额 \times 100\%$$

式中，年利润是指一个正常达产年份的利润总额；年均利润是指经营期内全部利润除以经营年数的平均数；投资总额为原始投资与资本化利息之和。

【例5-2】商业城有一个投资项目，有两个投资方案A和B，投资总额均为100万元，全部用于购入新设备，采用直线法折旧，使用年限均为5年，期末无残值。有关资料如表5-1所示，试计算两个方案的投资利润率。

表5-1 商业城投资项目的有关资料

万元

| 项目计算期 | A方案 | | B方案 | |
| --- | --- | --- | --- | --- |
| | 利润 | 净现金流量 | 利润 | 净现金流量 |
| 0 | | 100 | | 100 |
| 1 | 15 | 35 | 10 | 30 |
| 2 | 15 | 35 | 14 | 34 |
| 3 | 15 | 35 | 18 | 38 |
| 4 | 15 | 35 | 22 | 42 |
| 5 | 15 | 35 | 26 | 46 |
| 合计 | 75 | 75 | 90 | 90 |

解：A方案的投资利润率 = 15÷100×100% = 15%

B方案的投资利润率 = 90÷5÷100×100% = 18%

(3) 投资利润率的优缺点。投资利润率是一个静态正指标。

它的优点是：计算过程比较简单，能够反映建设期资本化利息的有无对项目的影响。

它的缺点是：第一，没有考虑资金时间价值因素；第二，不能正确反映建设期的长短、投资方式的不同和回收额的有无等条件对项目的影响；第三，无法直接利用净现金流量信息；第四，计算公式中的分子分母的时间特征不同，不具有可比性。

只有投资利润率指标大于或等于无风险投资利润率的投资项目才具有财务可行性。

2) 静态投资回收期

(1) 静态投资回收期的定义。静态投资回收期，又叫全部投资回收期，简称回收期，是指以投资项目经营净现金流量抵偿原始总投资所需要的全部时间。该指标以年为单位，包括两种形式：包括建设期的投资回收期(记作PP)和不包括建设期的投资回收期(记作PP′)。显然，当建设期为$s$时，PP′+$s$=PP。只要求出其中一种形式，就可很方便地推出另一种形式。

(2) 静态投资回收期的计算方法。

① 年现金流量相等时。这种方法所要求的应用条件比较特殊，包括：项目投资后开始的若干年内每年的净现金流量必须相等，这些年内的经营净现金流量之和应大于或等于原始总投资。

如果一项长期投资决策方案满足以下特殊条件，即投资均集中发生在建设期内，投产后前若干年(设为$m$年)每年的经营净现金流量相等，且有以下关系成立

$$m×投产后前m年每年相等的净现金流量(NCF)≥原始投资$$

则可按以下简化公式直接求出不包括建设期的投资回收期

不包括建设期的投资回收期=原始总投资÷投产后前若干年每年相等的净现金流量

在计算出不包括建设期的投资回收期的基础上，将其与建设期$s$代入下式，即可求得包括建设期的回收期

$$PP=PP′+s$$

【例5-3】沿用例5-1的资料，计算静态投资回收期。

解：依题意，建设期$s$=2，投产后3～6年净现金流量相等；$m$=4，经营期前4年每年的净现金流量$NCF_{3\sim6}$=199.5万元，原始投资额为720万元。

$m$×投产后前$m$年每年相等的净现金流量=4×199.5=798万元>原始投资额720万元

因此，静态投资回收期为

不包括建设期的投资回收期=720÷199.5=3.61(年)

包括建设期的投资回收期=PP′+$s$=3.61+2=5.61(年)

② 年现金流量不相等时。这种方法通过计算"累计净现金流量"的方式，来确定投资回收期。不论在什么情况下，都可以通过这种方法来确定静态投资回收期，因此该法又称为一般方法。

该方法的原理是：按照回收期的定义，包括建设期的投资回收期应满足以下关系式，即

$$NCF_t=0$$

这表明包括建设期的投资回收期恰好是累计净现金流量为零的年限。

【例5-4】根据例5-2的资料，计算B投资方案的投资回收期。

解：具体结果如表5-2所示。

表5-2 B投资方案的投资回收期

万元

| 项目计算期 | B方案 | |
|---|---|---|
| | 净现金流量 | 累计净现金流量 |
| 1 | 30 | 30 |
| 2 | 34 | 64 |
| 3 | 38 | 102 |
| 4 | 42 | 144 |
| 5 | 46 | 190 |

从表5-2中可以看出，B投资方案的投资回收期为2～3年，用插入法可计算出B投资方案投资回收期为

不包括建设期的投资回收期=2+(100-64)÷(102-64)=2.95(年)

包括建设期的投资回收期=PP′+s=2.95+2=4.95(年)

(3) 静态投资回收期的优缺点。静态投资回收期在实践中应用较为广泛。在评价方案可行性时，包括建设期的投资回收期比不包括建设期的投资回收期应用得更广泛。

它的优点是：第一，能够直观地反映原始投资的返本期限；第二，便于理解，计算简单；第三，可以直接利用回收期之前的净现金流量信息。

它的缺点是：第一，没有考虑资金时间价值因素；第二，不能正确反映投资方式的不同对项目的影响；第三，不考虑回收期满后继续发生的净现金流量的变化情况。

在不考虑其他评价指标的前提下，只有该指标小于或等于基准投资回收期的投资项目才具有财务可行性。

**4. 动态评价指标的定义、计算方法和特点**

1) 净现值

(1) 净现值的定义。净现值(NPV)是指投资项目(方案)在整个建设和使用期限内未来现金流入量的现值与未来现金流出量的现值之差，或称为各年净现金流量现值的代数和。

净现值的计算涉及两个主要参数：一是项目的现金流量；二是折现率。根据这两个主要参数，即可计算项目的净现值，计算公式为

$$NPV = \sum_{t=0}^{n} \frac{NCF_t}{(1+K)^t} = \sum_{t=0}^{n} NCF_t(1+K)^{-t}$$

式中，$NCF_t$为第$t$期净现金流量；$K$为资本成本或投资必要收益率，为简化计算过程，假设各年不变；$n$为项目周期(指项目建设期和使用期)。

(2) 净现值的计算方法。

① 经营期内各年净现金流量相等，其计算公式为

$$\text{净现值}=\text{年净现金流量}\times\text{年金现值系数}-\text{投资现值}$$

【例5-5】天宇公司拟购入一台设备，价值60 000元，按直线法计提折旧，使用6年，期末无残值。预计投产后每年可获得利润8 000元，设贴现率为12%，求该项目的净现值。

解：依题意

$NCF_0=-60\,000(元)$；$NCF_{1\sim6}=8\,000+60\,000\div6=18\,000(元)$

$NPV=18\,000\times(P/A,\ 12\%,\ 6)-60\,000=18\,000\times4.111\,4-60\,000=14\,005.2(元)$

② 经营期内各年净现金流量不相等，其计算公式为

$$\text{净现值}=\sum(\text{各年的净现金流量}\times\text{各年的现值系数})-\text{投资现值}$$

【例5-6】根据例5-5的资料，假设投产后每年可获得利润分别为6 000元、6 000元、8 000元、8 000元、10 000元和12 000元，其余条件不变，求该项目的净现值。

解：依题意

$NCF_0=-60\,000(元)$；年折旧额$=60\,000\div6=10\,000(元)$

$NCF_{1\sim2}=6\,000+10\,000=16\,000(元)$；$NCF_{3\sim4}=8\,000+10\,000=18\,000(元)$

$NCF_5=10\,000+10\,000=20\,000(元)$；$NCF_6=12\,000+10\,000=22\,000(元)$

$NPV=16\,000\times(P/F,\ 12\%,\ 1)+16\,000\times(P/F,\ 12\%,\ 2)+18\,000\times(P/F,\ 12\%,\ 3)+18\,000\times(P/F,\ 12\%,\ 4)+20\,000\times(P/F,\ 12\%,\ 5)+22\,000\times(P/F,\ 12\%,\ 6)-60\,000$

$=16\,000\times0.892\,9+16\,000\times0.797\,2+18\,000\times0.711\,8+18\,000\times0.635\,5+20\,000\times0.567\,4+22\,000\times0.506\,6-60\,000$

$=13\,786.2(元)$

(3) 净现值的优缺点。净现值是一个折现的绝对值正指标，是投资决策评价指标中重要的指标之一，其计算形式与净现值率、内部收益率的计算有关，因此，必须熟练掌握它的计算技巧。

它的优点是：第一，充分考虑了资金时间价值；第二，能够利用项目计算期内的全部净现金流量信息。

它的缺点是：无法直接反映投资项目的实际收益率水平。

在实际应用中，只有该指标大于或等于0的投资项目才具有财务可行性。

2) 净现值率

(1) 净现值率的含义。净现值率(NPVR)用于反映项目的净现值占原始投资现值的比率，亦可将其理解为单位原始投资的现值所创造的净现值。

(2) 净现值率的计算方法。净现值率的计算公式为

$$\text{净现值率}=\text{项目的净现值}\div\text{原始投资的现值合计}$$

**【例5-7】** 根据例5-5的资料计算净现值率。

解：依题意，净现值=14 005.2(元)，原始投资的现值合计=60 000(元)

净现值率=14 005.2÷60 000=0.233 4

(3) 净现值率的优缺点。净现值率是一个折现的相对量评价指标。

它的优点是：第一，可以从动态的角度反映项目投资的资金投入与净产出之间的关系；第二，比其他折现的相对量指标更容易计算。

它的缺点与净现值指标相似，同样无法直接反映投资项目的实际收益率，而且必须以已知净现值为前提。

在实际应用中，只有该指标大于或等于0的投资项目才具有财务可行性。

3) 获利指数

(1) 获利指数的含义。获利指数(PI)又称为现值指数，是指投产后按行业基准折现率或设定折现率折算的各年净现金流量的现值合计与原始投资的现值合计之比。

(2) 获利指数的计算方法。获利指数的计算公式为

$$获利指数=投产后各年净现金流量的现值合计÷原始投资的现值合计$$

当原始投资在建设期内全部投入时，获利指数与净现值率有如下关系

$$获利指数=1+净现值率$$

**【例5-8】** 根据例5-5的资料计算获利指数。

解：依题意，获利指数=投产后各年净现金流量的现值合计÷原始投资的现值合计

投产后各年净现金流量的现值合计=18 000×($P/A$，12%，6)=74 005.2(元)

原始投资的现值合计=60 000(元)

获利指数=74 005.2÷60 000=1.233 4

或

获利指数=1+净现值率=1+0.233 4=1.233 4

(3) 获利指数的优缺点。获利指数也是一个折现的相对量评价指标。

它的优点是：可从动态的角度反映项目投资的资金投入与总产出之间的关系。

它的缺点是：除了无法直接反映投资项目的实际收益率外，计算起来比净现值率指标更复杂，计算口径也不一致。

在实际应用中，只有该指标大于或等于1的投资项目才具有财务可行性。

在实务中，通常并不要求直接计算获利指数，如果需要考核这个指标，可在求得净现值率的基础上推算出来。

4) 内部收益率

(1) 内部收益率的含义。内部收益率(internal rate of return，IRR)又称内含报酬

率,是指能够使投资项目的未来现金流入量现值和流出量现值相等(净现值为零)的折现率,它反映了投资项目的真实收益。内部收益率应满足公式

$$NPV = \sum_{t=0}^{n} NCF_t (1+IRR)^{-t} = 0$$

(2) 内部收益率指标的计算方法。

① 经营期内各年净现金流量相等,且全部投资均于建设起点一次投入,建设期为0。该方法是指当项目投产后的净现金流量表现为普通年金的形式时,可以直接利用年金现值系数计算内部收益率,又称为简便算法。

该方法所要求的充分必要条件是:项目的全部投资均于建设起点一次投入,建设期为0,建设起点第0期的净现金流量等于原始投资的负值,即$NCF_0=-I$;投产后每年的净现金流量相等,因此第1期至第$n$期每期的净现金流量符合普通年金的特点。

在此方法下,内部收益率可按下式确定

年金现值系数=投资额/年净现金流量

$(P/A,IRR,n)=I/NCF$

这种方法的具体应用步骤如下所述。

第一,根据上述公式计算年金现值系数。

年金现值系数=投资额÷年净现金流量

第二,根据计算出来的年金现值系数与已知的年限$n$查年金系数表,确定内部收益率的范围。

第三,用内插法求出内部收益率。

【例5-9】根据例5-5的资料计算内部收益率。

解:依题意,$18\ 000 \times (P/A,IRR,6)-60\ 000=0$

$(P/A,IRR,6)=60\ 000 \div 1\ 800=3.333\ 3$

$(P/A,18\%,6)=3.497\ 6>3.333\ 3$;$(P/A,20\%,6)=3.325\ 5<3.333\ 3$

$IRR=18\%+(3.497\ 6-3.333\ 3) \div (3.497\ 6-3.325\ 5) \times (20\%-18\%)=19.91\%$

② 经营期内各年净现金流量不相等。该方法是指先计算项目不同设定折现率的净现值,然后根据内部收益率的定义所揭示的现值与设定折现率的关系,采用一定的技巧,最终设法找到能使净现值等于0的折现率——内部收益率,又称为逐步测试逼近法。若项目不符合上述条件,必须按此法计算内部收益率。

具体的应用步骤如下所述。

第一,估计一个贴现率,用它来计算净现值。如果净现值为正数,说明该方法的实际内部收益率大于预计的贴现率,应提高贴现率再进一步测试;如果净现值为负数,说明该方法的实际内部收益率小于预计的贴现率,应降低贴现率再进一步测

试。如此反复测试，找出使净现值由正到负或由负到正且接近0的两个贴现率。

第二，根据上述相邻的两个贴现率用内插法求出该方案的内部收益率。由于逐步测试逼近法是一种近似方法，相邻的两个贴现率不能相差太大，否则误差很大。

【例5-10】已知一个项目各年的净现金流量为：$NCF_0=-1\,000$万元，$NCF_1=0$万元，$NCF_{2\sim8}=360$万元，$NCF_{9\sim10}=250$万元，$NCF_{11}=350$万元。计算该项目的内部收益率(中间结果保留全部小数，最终结果保留两位小数)。

解：经判断，该项目只能用逐步测试逼近法计算。

按照要求，自行设定折现率并计算净现值，据此调整折现率。经过5次测试，得到如表5-3所示的数据(计算过程略)。

表5-3 测试数据

| 测试次数 | 设定折现率/% | 净现值/万元 |
| --- | --- | --- |
| 1 | 10 | +918.383 9 |
| 2 | 30 | -192.799 1 |
| 3 | 20 | +217.312 8 |
| 4 | 24 | +39.317 7 |
| 5 | 26 | -30.190 7 |

从表5-3中可以看出，内部收益率为24%~26%。

应用内插法得

IRR=24%+(39.317 7-0)÷[39.317 7-(-30.190 7)]×(26%-24%)=25.13%

若投资项目(方案)的内部收益率大于或等于项目的资本成本或投资最低收益率，则接受该项目；反之，则应放弃。项目的内部收益率越是大于资本成本，即使此项投资是以借款进行的，那么，在还本付息后，该投资项目仍能给企业带来较多的剩余收益。

(3) 内部收益率的评价。内部收益率表示方案本身的收益能力，反映其内在的获利水平，以内部收益率的高低来决定方案的取舍，可使资本预算更趋于精确化。内部收益率指标可直接根据投资项目本身的参数(现金流量)来计算，在一般情况下，能够正确反映项目本身的获利能力，但在互斥项目的选择中，利用这一标准有时会得出与净现值不同的结论，这时应以净现值作为选择标准。

### 5.4.2 项目投资决策评价指标的运用

**1. 独立方案财务可行性评估和投资决策**

1) 独立方案存在的前提条件

在财务管理中，将一组互相分离、互不排斥的方案称为独立方案。在独立方案中，选择某一种方案并不排斥选择另一种方案。就一组完全独立的方案而言，其存在的前提条件有以下几个。

(1) 投资资金来源无限制。

(2) 投资资金无优先使用的排列。

(3) 各投资方案所需要的人力、物力均能得到满足。

(4) 不考虑地区、行业之间的相互关系及其影响。

(5) 每一个投资方案是否可行仅取决于本方案的经济效益，与其他方案无关。

对于独立方案中的任何一个方案，在进行决策时都存在"接受"或"拒绝"的选择。只有完全具备或基本具备财务可行性的方案，才可以"接受"；完全不具备或基本不具备财务可行性的方案，只能选择"拒绝"。

2) 评价财务可行性的要点

(1) 判断方案是否完全具备财务可行性的条件。如果说某一个投资方案的所有评价指标均处于可行区间，即同时满足以下条件时，则可以断定该投资方案无论从哪个方面看都具备财务可行性，或完全具备可行性。这些条件是：①NPV$\geq$0；②NPVR$\geq$0；③PI$\geq$1；④IRR$\geq i_c$；⑤PP$\leq n/2$(项目计算期的一半)；⑥PP'$\leq p/2$(经营期的一半)；⑦ROI、$i$事先给定。

(2) 判断方案是否完全不具备财务可行性的条件。如果某一个投资项目的评价指标均处于不可行区间，即同时满足以下条件时，则可以断定该投资项目无论从哪个方面看都不具备财务可行性，或完全不具备可行性，应当彻底放弃该投资方案。这些条件是：①NPV<0；②NPVR<0；③PI<1；④IRR<$i_c$；⑤PP>$n/2$；⑥PP'>$p/2$；⑦ROI<$i$。

(3) 判断方案是否基本具备财务可行性的条件。如果在评价过程中发现某项目的主要指标处于可行区间(如NPV$\geq$0，NPVR$\geq$0，PI$\geq$1，IRR$\geq i_c$)，但次要或辅助指标处于不可行区间(PP>$n/2$，PP'>$p/2$，ROI<$i$)，则可以断定该项目基本上具有财务可行性。

(4) 判断方案是否基本不具备财务可行性的条件。如果在评价过程中发现某项目出现NPV<0，NPVR<0，PI<1，IRR<$i_c$的情况，即使有PP$\leq n/2$，PP'$\leq p/2$或ROI$\geq i$发生，也可断定该项目基本上不具备财务可行性。

在对独立方案进行可行性评价的过程中，除了要熟练掌握和运用上述判定条件外，还必须明确以下两点。

第一，主要评价指标在评价财务可行性的过程中起主导作用。在对独立项目进行财务可行性评价和投资决策的过程中，当静态投资回收期(次要指标)或投资利润率(辅助指标)的评价结论与净现值等主要指标的评价结论发生矛盾时，应当以主要指标的结论为准。

第二，利用动态指标对同一个投资项目进行评价和决策会得出完全相同的结论。在对同一个投资项目进行财务可行性评价时，净现值、净现值率、获利指数和内部收益率指标的评价结论是一致的。

**【例5-11】** 某固定资产投资项目只有一个方案，其原始投资为2 000万元，项目计算期为6年(其中生产经营期为5年)，基准投资利润率$i$为9.5%，行业基准折现率为10%。有关投资决策评价指标如下：ROI=10%，PP=4.5年，PP′=2.5年，NPV=+1 864.65万元，NPVR=96%，PI=1.96，IRR=12.73%。

要求：评价该项目的财务可行性。

思路：按独立投资方案进行可行性分析评价。

解：因为ROI=10%>$i$=9.5%，PP′=2.5年<$p$/2=3年，NPV=+1 864.65万元>0元，NPVR=96%>0，PI=1.96>1，IRR=12.73%>$i_c$=10%，所以该方案基本上具有财务可行性(尽管PP=4.5年>$n$/2=3年，超过基准回收期)。

因为该方案中各项主要评价指标均达到或超过相应标准，所以基本上具有财务可行性，只是包括建设期的投资回收期较长，有一定风险。如果条件允许，可实施投资。

**2. 多个互斥方案的比较决策**

1) 多个互斥方案比较决策的含义

互斥方案是指互相关联、互相排斥的方案，即一组方案中的各个方案彼此可以相互代替，采纳方案组中的某一方案，就会自动排斥这组方案中的其他方案。因此，互斥方案具有排他性。例如，某企业拟增加一条生产线(购置设备)，既可以自己生产制造，也可以向国内其他厂家订购，还可以向某外商订购，这一组设备购置方案即互斥方案，因为在这三个方案中，只能选择其中一个方案。

多个互斥方案比较决策是指在每一个入选方案已具备财务可行性的前提下，利用具体的决策方法比较各个方案的优劣，利用评价指标从各个备选方案中最终选出一个最优方案的过程。对互斥方案而言，评价每一个方案的财务可行性，不等于最终的投资决策，但它是进一步比较各方案并做出决策的重要前提。因为只有完全具备或基本具备财务可行性的方案，才有资格进入最终决策；完全不具备或基本不具备财务可行性的方案，不能进入下一轮的比较选择。已经具备财务可行性，并进入最终决策程序的互斥方案也不能保证在多方案决策中被最终选定，因为还要进行下一轮的筛选。

2) 多个互斥方案比较决策的方法

项目投资多个互斥方案比较决策的方法是指利用特定评价指标作为决策标准或依据的各种方法的统称，主要包括净现值法、净现值率法、差额投资内部收益率法、年等额净回收额法和计算期统一法等。

(1) 净现值法。它是指通过比较所有投资方案的净现值指标的大小来选择最优方案的方法。该法适用于原始投资相同且项目计算期相等的多方案比较决策。使用此方法时,净现值最大的方案为最优。

【例5-12】某个固定资产投资项目需要原始投资1 000万元,有A、B、C和D共4个互相排斥的备选方案可供选择,各方案的净现值指标分别为2 486.928万元、1 271.230万元、2 190.20万元、1 681.962万元。

要求:

① 评价每一个方案的财务可行性;

② 按净现值法进行比较决策。

思路:按净现值法在原始投资额相等的多个互斥方案中进行比较,并评价。

解:

① 因为每个备选方案的净现值均大于0,所以这些方案均具有财务可行性。

② 因为2 486.928>2 190.20>1 681.962>1 271.230,所以A方案为最优,其次为C方案,再次为D方案,最差为B方案。

(2) 净现值率法。它是指通过比较所有投资方案的净现值率指标的大小来选择最优方案的方法。该法适用于原始投资相同的多个互斥方案的比较决策。在此法下,净现值率最大的方案为最优。

在投资额相同的互斥方案比较决策中,采用净现值率法与采用净现值法能得到完全相同的结论;但投资额不相同时,情况就不同了。

【例5-13】已知A项目与B项目为互斥方案。A项目原始投资的现值为300万元,净现值为59.94万元;B项目原始投资的现值为200万元,净现值为48万元。

要求:

① 分别计算两个项目的净现值率(结果保留两位小数);

② 讨论能否运用净现值法或净现值率法在A项目和B项目之间做出比较。

思路:通过对方案净现值和净现值率的计算,讨论净现值法和净现值率法的局限性。

解:

① A项目的净现值率=59.94/300≈0.20;B项目的净现值率=48/200=0.24。

② 采用净现值法,因为59.94>48,所以A项目优于B项目。采用净现值率法,因为0.24>0.2,所以B项目优于A项目。

由于两个项目的原始投资额不相同,导致两种方法的决策结论相互矛盾,无法据此做出相应的比较决策。

可能有人认为,本例的结论应当是"B项目优于A项目",因为净现值率指标能反映项目单位投资所取得的净现值,B项目的每万元投资可能带来0.24万元的净现值，而A项目的每万元投资只能带来0.2万元的净现值，显然，B项目的投资效益要高于A项目。如果把用于A项目的300万元投资用于B项目，可以同时上1.5个B项目，就可以得到72万元(即48×1.5=0.24×300)的净现值，大于A项目的净现值59.94万元。

这样考虑问题似乎有一定道理。但如果考虑以下几点理由，又会得到截然不同的结论。

第一，在本例题中，参与比较决策的只有A项目和B项目，不存在将A项目的投资用于投资一个以下B项目的条件，即B项目不一定具有无限可复制性。所谓无限可复制性，是指可以同时上几个完全相同的项目。许多项目不具备这种特性。例如，经测算，在一个地区投资建设一条某型号汽车的生产线是有利可图的，但简单地重复建设两条以上该型号汽车的生产线，则完全有可能是得不偿失的。

第二，即使B项目具有无限可复制性，也不可能存在投资1.5个项目的可能性。因为半个B项目意味着投资额不足，无法形成生产能力，不会为投资者带来一分钱的正净现值。

第三，假定投资者已经筹集到300万元的资金，如果只能上B项目，放弃A项目，就意味着为了追求48万元的净现值而放弃59.94万元的净现值，同时还会有100万元(300-200)的资金因找不到投资的出路而闲置，要由B项目承担相应的资金成本。这样对投资者来说显然是不利的。

总之，通过以上分析，可得出结论：无论是采用净现值法还是采用净现值率法，都不能用于原始投资额不相同的互斥方案比较决策，必须考虑采取其他方法。

(3) 差额投资内部收益率法。它是指在两个原始投资额不同的方案的差量净现金流量(ΔNCF)的基础上，计算出差额内部收益率(ΔIRR)，并与行业基准折现率进行比较，进而判断方案孰优孰劣的方法。该法适用于两个原始投资不相同的多方案比较决策，其原理如下所述。

假定有A和B两个投资方案，A方案的投资额大，B方案的投资额小。我们可以把A方案看成两个方案之和。第一个方案是B方案，即把A方案投资于B方案；第二个方案是C方案。用于C方案投资的是A方案投资额与B方案投资额之差。因为把A方案的投资用于B方案会因此而节约一定的投资，可以作为C方案的投资资金来源。

C方案的净现金流量等于A方案的净现金流量减去B方案的净现金流量而形成的差量净现金流量。根据该值计算出来的差额内部收益率，其实质就是C方案的内部收益率。

在这种情况下，A方案等于B方案与C方案之和；A方案与B方案的比较，相当于B与C两方案之和与B方案的比较。如果差额内部收益率大于基准折现率，则C方案具有财务可行性，这就意味着A方案优于B方案；如果差额内部收益率小于基准折现率，则C方案不具有财务可行性，这就意味着B方案优于A方案。

总之，在此方法下，当差额内部收益率指标大于或等于基准折现率或设定折现率时，原始投资额大的方案较优；反之，则投资少的方案为优。

【例5-14】根据例5-13的资料，A项目原始投资的现值为300万元，1~10年的净现金流量为58.58万元；B项目原始投资的现值为200万元，1~10年的净现金流量为40.36万元。行业基准折现率为10%。

要求：

① 计算差量净现金流量；
② 计算差额内部收益率；
③ 用差额内部收益率法做出比较投资决策。

解：

① $\Delta NCF_0 = -300 - (-200) = -100$(万元)；$\Delta NCF_{1\sim10} = 58.58 - 40.36 = 18.22$(万元)

② $(P/A, \Delta IRR, 10) = 100/18.22 \approx 5.4885$

当折现率=12%时，$(P/A, 12\%, 10) = 5.6502 > 5.4885$

当折现率=14%时，$(P/A, 14\%, 10) = 5.2161 < 5.4885$

可知，$12\% < \Delta IRR < 14\%$，用内插法：

$\Delta IRR = 12\% + (5.6502 - 5.4885)/(5.6502 - 5.2161) \times (14\% - 12\%)$

$\approx 12.74\%$

③ 由于$\Delta IRR = 12.74\% > 10\%$，所以应当投资A项目。

(4) 年等额净回收额法。它是指通过比较所有投资方案的年等额净回收额(记作NA)指标的大小来选择最优方案的决策方法。该法适用于原始投资不相同，特别是项目计算期不同的多方案比较决策。在此法下，年等额净回收额最大的方案为优。某方案的年等额净回收额等于该方案净现值与相关回收系数(或年金现值系数倒数)的乘积。

若某方案净现值为NPV，设定折现率或行业基准折现率为$i_c$，项目计算期为$n$，则年等额净回收额可按下式计算

$NA = 净现值 \times 回收系数 = NPV/年金现值系数 = NPV(A/P, i_c, n) = NPV/(P/A, i_c, n)$

【例5-15】某企业拟投资建设一个项目。现有3个方案可供选择：A方案的原始投资为60 000元，项目计算期为6年(建设期1年)，投资于计算起点一次投入，净现值为30 344元，投资回收期为3年；B方案的项目计算期为8年，净现值为50 000元，投资回收期为5年；C方案的项目计算期为12年，净现值为70 000元，投资回收期为7年。行业基准折现率为10%。

要求：

① 判断每个方案的财务可行性；

② 用年等额净回收额法做出最终的投资决策(计算结果保留两位小数)。

解：

① 因为A方案的净现值大于0，包括建设期的投资回收期=6/2年=3年，所以A方案具有完全财务可行性；

因为B和C方案的净现值均大于0，投资回收期大于项目计算期的一半，所以B和C方案基本具备财务可行性。

② A方案的年等额净回收额=A方案的净现值/(P/A，10%，6)=30 344/4.355 3=6 967(元)

B方案的年等额净回收额=B方案的净现值/(P/A，10%，8)=50 000/5.334 9=9 372(元)

C方案的年等额净回收额=C方案的净现值/(P/A，10%，12)=70 000/6.813 7 = 10 273(元)

因为C方案的年等额净回收额最大，所以选择C方案。

(5) 计算期统一法。它是指对计算期不相等的多个互斥方案选定一个共同的计算分析期，以满足时间可比性的要求，进而根据调整后的评价指标来选择最优的方案。该方法包括方案重复法和最短计算期法两种具体的处理方法。

① 方案重复法。它又称计算期最小公倍数法，是将各方案计算期的最小公倍数作为比较方案的计算期，进而调整有关指标，并据此进行多方案比较决策的一种方法。

应用此法，可采取以下两种方式。

第一种方式，首先，将各方案中计算期的各年净现金流量或费用流量进行重复计算，直到与最小公倍数计算期相等；其次，计算净现值、净现值率、差额内部收益率或费用现值等评价指标；最后，根据调整后的评价指标进行方案比选。

第二种方式，首先，直接计算每个方案项目原计算期内的评价指标(主要指净现值)；其次，按照最小公倍数原理分别对其折现，并求代数和；最后，根据调整后的净现值指标进行方案比选。

【例5-16】A方案和B方案的计算期分别为10年和15年，净现值分别为1 568.54万元和1 738.49万元，基准折现率为10%。

要求：用计算期统一法中的方案重复法做出最终的投资决策。

解：依题意，A方案的项目计算期为10年，B方案的项目计算期为15年，两个方案的计算期的最小公倍数为30年。

在此期间，A方案重复两次，B方案只重复一次，则调整后的净现值为：

A方案的净现值=1 568.54+1 568.54×(P/F，10%，10)+1 568.54×(P/F，10%，20) = 2 406.30(万元)

B方案的净现值=1 738.49+1 738.49×(P/F，10%，15) =2 154.68(万元)

因为2 406.30(万元)>2 154.68(万元)，所以A方案优于B方案。

由于有些方案的计算期相差很大，按最小公倍数所确定的计算期往往很长。假定有4个互斥方案的计算期分别为15、25、30和50，那么它们的最小公倍数为150年，显然考虑这么长时间内的重复计算既复杂又无必要。为了克服这一缺陷，人们设计了最短计算期法。

② 最短计算期法。它又称最短寿命期法，是指在将所有方案的净现值均还原为等额年回收额的基础上，再按照最短的计算期来计算出相应的净现值，进而根据调整后的净现值指标进行多方案比较决策的一种方法。

【例5-17】相关资料参见例5-15。

要求：用最短计算期法做出最终的投资决策。

解：依题意，A、B和C这3个方案的计算期分别为6年、8年和12年，其中最短的计算期为6年，3个方案的年等额净回收额分别为6 967元、9 372元和10 273元。

则调整后的净现值指标分别为

A方案调整后的净现值=6 967×(P/A，10%，6)=30 344(元)(原来的净现值)

B方案调整后的净现值=9 372×(P/A，10%，6)=40 818(元)

C方案调整后的净现值=10 273×(P/A，10%，6)=44 742(元)

因为C方案调整后的净现值最大，所以选择C方案。

**3．多方案组合排队投资决策**

如果一组方案既不相互独立，又不相互排斥，可以实现任意组合或排队，则这些方案被称为组合或排队方案，其中又包括先决方案、互补方案和不完全方案等形式。在这种方案决策中，除了要求首先评价所有方案的财务可行性，淘汰不具备财务可行性的方案外，在接下来的决策中，需要衡量不同组合条件下的相关评价指标的大小，从而做出最终决策。

这类决策涉及的多个项目之间不是相互排斥的关系，它们之间可以实现任意组合，又分两种情况：①在资金总量不受限制的情况下，可按每个项目的净现值大小排队，确定优先考虑的项目顺序；②在资金总量受到限制时，则需要按净现值率或获利指数的大小，结合净现值对各种组合进行排队，从中选出能使$\sum NPV$达到最大的最优组合。具体程序如下所述。

(1) 以各方案的净现值率高低为序，逐项计算累计投资额，并与限定投资总额进行比较。

(2) 当截止到某项投资项目(假定为第J项)的累计投资额恰好达到限定的投资总额时，则第1至第J项目的组合为最优投资组合。

(3) 若在排序过程中未能直接找到最优组合,必须按下列方法进行必要的修正。

① 当排序中发现第J项的累计投资额首次超过限定投资额,而删除该项后,按顺延的项目计算的累计投资额却小于或等于限定投资额时,可将第J项与第(J+1)项交换位置,继续计算累计投资额。这种交换可连续进行。

② 当排序中发现第J项的累计投资额首次超过限定投资额,又无法与下一项进行交换,第(J-1)项的原始投资大于第J项的原始投资时,可将第J项与第(J-1)项交换位置,继续计算累计投资额。这种交换亦可连续进行。

③ 若经过反复交换,已不能再进行交换,仍未找到能使累计投资额恰好等于限定投资额的项目组合时,可将最后一次交换的项目组合作为最优组合。

总之,在主要考虑投资效益的条件下,多方案比较决策的主要依据就是能否保证在充分利用资金的前提下,获得尽可能多的净现值总量。

【例5-18】现有A、B、C、D和E共5个投资项目,为非互斥方案,有关原始投资额、净现值、净现值率等数据如表5-4所示。

表5-4  5个投资项目的相关数据

万元

| 项目 | 原始投资 | 净现值 | 净现值率/% |
|---|---|---|---|
| A | 15 | 7.95 | 53 |
| B | 12.5 | 2.1 | 16.8 |
| C | 12 | 6.7 | 55.83 |
| D | 10 | 1.8 | 18 |
| E | 30 | 11.1 | 37 |

要求:分别就以下不相关情况做出多方案组合决策。

(1) 投资总额不受限制。

(2) 投资总额最大限量为40万元。

解:按各方案净现值率的大小排序,并计算累计原始投资和累计净现值数据,其结果如表5-5所示。

表5-5  计算数据

万元

| 顺序 | 项目 | 原始投资 | 净现值 | 净现值率/% |
|---|---|---|---|---|
| 1 | C | 12 | 6.7 | 55.83 |
| 2 | A | 15 | 7.95 | 53 |
| 3 | E | 30 | 11.1 | 37 |
| 4 | D | 10 | 1.8 | 18 |
| 5 | B | 12.5 | 2.1 | 16.8 |

根据表5-5中的数据及投资组合决策原则做出如下决策。

第一，当投资总额不受限制或限额大于或等于40万元时，表5-5的投资组合方案最优。

第二，计算在限量内各投资组合的净现值。

C+A+D=6.7+7.95+1.8=16.45(万元)；C+A+B=6.7+7.95+2.1=16.75(万元)

C+A=6.7+7.95=14.65(万元)；C+D=6.7+1.8=8.5(万元)

C+B=6.7+2.1=8.8(万元)；A+D+B=7.95+1.8+2.1=11.85(万元)

A+D=7.95+1.8=9.75(万元)；A+B=7.95+2.1=10.05(万元)

E+D=11.1+1.8=12.9(万元)；D+B=1.8+2.1=4.9(万元)

由计算结果可知，在限额内的各个组合净现值合计最大的是C+A+B，净现值为16.75万元，即C+A+B组合为最优组合。

### 5.4.3 固定资产更新的决策

**1. 固定资产更新改造投资项目的现金流量**

固定资产更新改造投资项目，简称更改项目，包括以全新的固定资产替换原有同型号的旧固定资产的更新项目和以一种新型号的固定资产替换旧型号固定资产的改造项目两类。前者可以恢复固定资产的生产效率，后者则可以改善企业的经营条件。总之，它们都可能达到增产或降低成本的目的，其现金流量的内容比完整工业项目简单，但比单纯固定资产项目复杂。

(1) 现金流入量的内容。①因使用新固定资产而增加的营业收入；②处置旧固定资产的变现净收入，即在更新改造时因处置旧设备、厂房等而发生的变价收入与清理费用之差；③新旧固定资产回收余值的差额，即按旧固定资产原定报废年份计算的，新固定资产当时余值大于旧固定资产设定余值形成的差额。

(2) 现金流出量的内容。①购置新固定资产的投资；②因使用新固定资产而增加的经营成本(节约的经营成本用负值表示)；③因使用新固定资产而增加的流动资金投资(节约的流动资金用负值表示)；④增加的各项税款，即更新改造项目投入使用后，因应纳税所得额增加而增加的所得税等。

**2. 固定资产更新改造投资项目现金流量的计算**

1) 建设期净现金流量的计算

如果更新改造投资项目的固定资产投资均在建设期内投入，建设期不为零，且建设期末不发生新固定资产投资，也不涉及追加流动资金投资，则建设期的简化公式为

建设期某年净现金流量=(该年发生的新固定资产投资-旧固定资产变价净收入)

建设期末的净现金流量=因旧固定资产提前报废发生净损失而抵减的所得税额

因旧固定资产提前报废发生净损失而抵减的所得税额=旧固定资产清理净损失×

适用的企业所得税税率

2) 经营期净现金流量的计算

如果建设期为零,则经营期净现金流量的计算公式为

经营期第一年的净现金流量=该年因更新改造而增加的净利润+该年因更新改造而增加的折旧额+因旧固定资产提前报废发生净损失而抵减的所得税额

经营期其他各年净现金流量=该年因更新改造而增加的净利润+该年因更新改造而增加的折旧额+该年回收新固定资产净残值超过继续使用的旧固定资产净残值之差额

若建设期不为零,则第一个公式无效,整个经营期的净现金流量均可按第二个公式计算。

【例5-19】大华公司计划变卖一套尚可使用5年的旧设备,另购置一套新设备来替换它。旧设备的折余价值为80 000元,目前变价收入60 000元。新设备的投资额为150 000元,预计使用5年。至第5年年末,新、旧设备的预计残值相等。使用新设备可使企业在未来5年内每年增加营业收入16 000元,降低经营成本9 000元,该企业按直线法计提折旧,所得税税率为33%。

要求:计算使用新设备比使用旧设备增加的净现金流量。

解:依题意可知

(1) 更新设备比继续使用旧设备增加的投资额=-(150 000-60 000)=-90 000(元)

(2) 经营期第1~5年每年因更新改造而增加的折旧=90 000÷5=18 000(元)

(3) 经营期第1年差量净现金流量

=(16 000+9 000-18 000)×(1-33%)+18 000+(80 000-60 000)×33%

=4 690+18 000+6 600=29 290(元)

(4) 经营期第2~5年差量净现金流量

=(16 000+9 000-18 000)×(1-33%)+18 000

=4 690+18 000=22 690(元)

**3. 固定资产更新改造投资项目的决策**

在固定资产更新改造项目的投资决策中,常用的方法就是前文介绍的差额投资内部收益率法。当项目的差额投资内部收益率指标大于或等于基准折现率或设定折现率时,应当进行更新改造;反之,就不应当进行此项更新改造。

【例5-20】沿用例5-19的资料,行业基准折现率分别为10%和12%。

要求:确定应否用新设备替换现有旧设备。

已知某更新改造项目的差量净现金流量为$\Delta NCF_0$=-90 000元,$\Delta NCF_1$=29 290元,$\Delta NCF_{2\sim 5}$=22 690元。

解:计算差额投资内部收益率。

设折现率为10%并进行测试：

NPV=29 290×(*P/F*, 10%, 1)+22 690×(*P/A*, 10%, 4)×(*P/F*, 10%, 1)−90 000

=29 290×0.909 1+22 690×4.169 9×0.909 1−90 000

=26 627.54+65 387.05−90 000=2 014.59(元)

设折现率为12%并进行测试：

NPV=29 290×(*P/F*, 12%, 1)+22 690×(*P/A*, 12%, 4)×(*P/F*, 12%, 1)−90 000

=29 290×0.892 9+22 690×4.037 3×0.892 9−90 000

=26 154.04+61 535.40−90 000=−2 311.56(元)

插值计算：

$$\frac{i-10}{12\%-10\%}=\frac{0-2\,014.59}{-2\,311.56-2\,014.59}$$

ΔIRR=10.93%

当行业基准折现率为10%时，因为ΔIRR=10.93%>10%，所以应该以新设备替换旧设备。

当行业基准折现率为12%时，因为ΔIRR=10.93%<12%，所以不应更新设备。

## 5.4.4 所得税与折旧对项目投资的影响

由于所得税是企业的一种现金流出，其大小取决于利润的大小和税率的高低，而利润的大小受折旧方法的影响，讨论所得税对现金流量的影响必然会涉及折旧问题。折旧影响现金流量，从而影响投资决策，实际上是由所得税的存在引起的。

**1. 税后成本和税后收入**

对企业来说，绝大部分的费用项目都可以抵减所得税，所以支付的各项费用应以税后的基础来观察。凡是可以减免税负的项目，实际支付额并不是企业真正的成本，而应将因此减少的所得税考虑进去。扣除所得税影响以后的费用净额，称为税后成本。

【例5-21】新隆大家庭当前月份的损益情况如表5-6所示。该企业正在考虑一项广告计划，每月支付8 000元，所得税税率为30%。该项广告的税后成本是多少？

表5-6 新隆大家庭当前月份的损益情况

元

| 项目 | 不做广告方案 | 做广告方案 |
| --- | --- | --- |
| 销售收入 | 60 000 | 60 000 |
| 成本和费用 | 20 000 | 20 000 |
| 新增广告费用 | | 8 000 |

(续表)

| 项目 | 不做广告方案 | 做广告方案 |
|---|---|---|
| 税前利润 | 40 000 | 32 000 |
| 所得税(30%) | 12 000 | 9 600 |
| 税后净利 | 28 000 | 22 400 |
| 新增广告税后成本 | 5 600 | |

解：从表5-6中可以看出，该项广告的税后成本为每月5 600元，两个方案的唯一差别是广告费8 000元，对净利润的影响为5 600(28 000−22 400)元。税后成本的计算公式为

$$税后成本=实际支付×(1-税率)$$

据此，该项广告的税后成本的计算公式为

$$税后成本=8\,000×(1-30\%)=5\,600(元)$$

与税后成本相对应的概念是税后收入。由于所得税的作用，企业的营业收入会有一部分流出企业，企业实际得到的现金流入为税后收益，计算公式为

$$税后收益=收入金额×(1-税率)$$

### 2. 折旧的抵税作用

增加成本会减少利润，从而使所得税减少。如果不计提折旧，企业的所得税将会增加许多。折旧可以起到减少税负的作用，这种作用称为"折旧抵税"或"税收挡板"。

【例5-22】现有A和B两家企业，全年销售收入、付现费用均相同，所得税税率为30%。两者的区别是：A企业有一项可计提折旧的资产，每年折旧额相同；B企业没有可计提折旧的资产。两家企业的现金流如表5-7所示，试分析折旧对税负的影响。

表5-7　两家企业的现金流

元

| 项目 | A企业 | B企业 |
|---|---|---|
| 销售收入 | 80 000 | 80 000 |
| 费用： | | |
| 付现营业费用 | 40 000 | 40 000 |
| 折旧 | 12 000 | 0 |
| 合计 | 52 000 | 40 000 |
| 税前利润 | 28 000 | 40 000 |
| 所得税(30%) | 8 400 | 12 000 |
| 税后净利 | 19 600 | 28 000 |
| 营业现金流入： | | |
| 净利 | 19 600 | 28 000 |

(续表)

| 项目 | A企业 | B企业 |
|---|---|---|
| 折旧 | 12 000 | 0 |
| 合计 | 31 600 | 28 000 |
| A企业比B企业多余的现金 | 3 600 | |

解：从表5-7中可以看出，A企业利润虽然比B企业少8 400元，但净现金流量却多出3 600元，其原因在于有12 000元的折旧计入成本，使应纳税所得额减少12 000元，从而少纳税3 600元(12 000×30%)。这笔现金保存在企业，不必缴出。折旧对税负的影响可按以下公式计算

税负减少额=折旧额×税率=12 000×30%=3 600(元)

**3. 税后现金流量**

考虑所得税因素以后，现金流量的计算方法有3种。

(1) 根据现金流量的定义来计算。根据现金流量的定义，所得税是一种现金支付，应当作为每年营业现金流量的一个减项，计算公式为

营业现金流量=营业收入-付现成本-所得税

(2) 根据年末营业结果来计算。企业每年的现金增加主要来自两个方面：一是当年增加的净利润；二是计提的折旧，以现金形式从销售收入中扣回，留在企业里，计算公式为

营业现金流量=营业收入-付现成本-所得税
=营业收入-(营业成本-折旧)-所得税
=营业利润+折旧-所得税
=税后净利润+折旧

(3) 根据所得税对收入和折旧的影响来计算。由于所得税的影响，现金流量并不等于项目名义上的收支金额，可以通过税后成本、税后收入和折旧抵税来计算营业现金流量，计算公式为

营业现金流量=税后净利润+折旧
=(营业收入-营业成本)×(1-税率)+折旧
=[营业收入-(付现成本+折旧)]×(1-税率)+折旧
=营业收入×(1-税率)-付现成本×(1-税率)+折旧×税率
=税后收入-税后付现成本+折旧抵税

以上计算营业现金流量的3种方法，在项目投资决策分析时需要根据已知条件选择使用。例如，在决定是否投资某个项目时，往往使用差额分析法确定现金流量，并不知道整个企业的利润，在这种情况下，使用第三种计算方法就比较方便。

## 5.5 证券投资管理

### 5.5.1 证券概述

**1. 证券的概念**

证券是指具有一定票面金额,代表财产所有权和债权,可以有偿转让的凭证。证券投资是指公司为特定经营目的或获取投资收益而买卖有价证券的一种投资行为。

**2. 证券的种类**

按照不同的标准,证券有不同的分类。

1) 按证券的发行主体分类

根据证券发行主体的不同,证券可分为政府证券、金融证券和公司证券。政府证券是指中央政府或地方政府为筹集资金而发行的证券。金融证券是指银行或其他金融机构为筹集资金而发行的证券。公司证券又称企业证券,是指工商企业为筹集资金而发行的证券。从投资风险和收益的角度来看,政府证券的风险较小,金融证券次之,企业证券的风险视企业的规模、财务状况和其他情况而定。

2) 按证券的到期日期分类

按证券到期日的长短,证券可分为短期证券和长期证券两种。短期证券是指到期日短于一年的证券,如短期国债、商业票据、银行承兑汇票等。长期证券是指到期日长于一年的证券,如股票、债券等。一般而言,短期证券的风险小,变现能力强,但收益率相对较低。长期证券的收益一般较高,但时间长,风险大。

3) 按证券的收益状况分类

按照证券收益状况的不同,证券可分为固定收益证券和变动收益证券两种。固定收益证券是指在证券的票面上规定有固定收益率的证券,如债券票面上一般有固定的利息率,优先股票面上一般有固定的股息率。变动收益证券是指证券的票面不标明固定的收益率,其收益情况随企业的经营状况而变动的证券,普通股股票是典型的变动收益证券。一般来说,固定收益证券风险较小,但报酬不高;而变动收益证券风险大,但报酬较高。

4) 按证券体现的权益关系分类

按照证券体现的权益关系,证券可分为所有权证券和债权证券两种。所有权证券是指证券的持有人便是证券发行单位的所有者的证券,这种证券的持有人一般对发行单位都有一定的管理和控制权。股票是典型的所有权证券,股东便是发行股票的企业的所有者。债权证券是指证券的持有人是发行单位的债权人的证券,这种证券的持有人一般无权对发行单位进行管理和控制。当一个发行单位破产时，债权证券要优先清偿，而所有权证券要在最后清偿，所有权证券一般要承担比较大的风险。

5) 按证券的衍生金融工具分类

期货投资是指投资者通过买卖期货合约躲避价格风险或赚取利润的一种投资方式。所谓期货合约是指为在将来一定时期以指定价格买卖一定数量和质量的商品，而由商品交易所制定的统一的标注合约，它是确定期货交易关系的一种契约，是期货市场的交易对象。期货投资可以分为商品期货投资和金融期货投资。

一般来讲，期货投资有两种方式：一是套期交易，也称套期保值；二是投机性交易。随着商品经济的发展，期货投资已成为一种重要的投资方式，并在许多国家和地区都得到了普遍、迅速的发展。与其他投资方式相比，期货投资具有如下一些特点：①期货投资采取交纳保证金的形式，所需资金少、见效快、方便灵活；②期货投资的对象是标准期货合约，对于交易商品的质量和数量、交易地点、方式、环境等都有严格的限制；③期货投资在多数情况下根本无须进行商品的实际交割，而是经过"对冲"，进行差额结算；④期货投资可以转移价格波动的风险，起到套期保值的作用，并有利于推动市场竞争，形成商品价格；⑤期货投资具有较大的投资性，且易发生欺诈行为，因此受到严格的法律和规则限制。

期权投资是指为了实现盈利的目的或避免风险而进行期权买卖的一种投资方式。根据期权买进卖出的性质，期权投资可分为看涨期权、看跌期权和双向期权等的投资；根据期权合同买卖的对象，期权投资又可分为商品期权、股票期权、债券期权及期货期权等的投资。

期权投资与期货投资作为两种投资方式，在交易投资方法、特点与作用上都有着许多相似之处，如两者都有套期交易和投机性交易两种方式，两者都具有套期保值和价格发现的作用等。然而期权投资同期货投资相比，还具有一些自身的特点，主要表现在：①期权投资买卖的是一种特殊权利，无须一定履行合同。投资者在支付期权费、购买期权合同之后，便获得买或卖的选择权，即可自行决定是否行使该项权利；②期权投资的风险小于期货投资，期权投资者的损失仅限于期权费；③期权投资可在交易所内进行，也可在场外进行；④由于期权合同投资者可以放弃权利，需要真正进行商品交割的比率更低；⑤期权投资可以双向操作，因此其规避风险的范围比期货投资更广泛。

**3. 证券投资的目的**

(1) 暂时存放闲置资金。为了有效利用资金，企业可利用正常经营中暂时闲置的资金，购入一些短期的有价证券进行投资，在现金流出超过现金流入时，将持有的有价证券售出，以增加现金；也可以根据市场的变动情况，伺机出售变现，谋取较高的投资收益。

(2) 为了积累发展基金或偿债基金,满足未来的财务需求。若企业想在将来扩建厂房或归还到期债务,可按期拨出一定金额的资金投入一些风险较小的证券,以积累特殊业务所需的整笔资金。

(3) 满足企业季节性经营对现金的需求。季节性经营的企业在某些月份资金有余,而在某些月份资金则会短缺,可在资金有剩余时购入有价证券,短缺时出售。

(4) 控制相关企业,增强企业竞争力。企业可通过股票投资,取得被投资企业的控股权,使被投资企业成为本企业的子公司,而本企业则成为控股公司,从而达到控制其相关企业的目的。

(5) 获取较长时期的投资收益。企业若有较长时期不准备使用的资金,可稳定地将其投资于一些经济效益较好的企业的股票和购买一些利率较高的债券,以期获得较为稳定的股利收入和较高的债券利息收入。

**4. 证券投资的分类**

按照证券投资的对象,可将其分为以下几类。

(1) 债券投资。债券投资是指投资者购买债券以取得资金收益的一种投资活动。例如,企业购买国库券、公司债券和短期融资券等都属于债券投资。与股票投资相比,债券投资能获得稳定收益,投资风险较低。但也应看到,投资于一些期限长、信用等级低的债券,也会承担较大风险。

(2) 股票投资。股票投资是指投资者将资金投向股票,通过股票的买卖获得收益的投资行为。企业投资股票,尤其投资普通股票,要承担较大的风险,但在通常情况下,也会获得较高的收益。根据股票性质的不同,又可分为优先股股票投资和普通股股票投资。

(3) 基金投资。基金投资是指投资者通过购买投资基金股份或受益凭证来获得收益的投资方式。这种方式可使投资者享受专家服务,有利于分散风险,获得较大的投资收益。

(4) 证券组合投资。证券组合投资是指企业将资金同时投资于多种证券。例如,既投资于企业债券,也投资于企业股票,还投资于基金。组合投资可以有效地分散证券投资风险,是企业法人单位进行证券投资时常用的投资方式。

除以上这些类别外,还有期货投资和期权投资等种类。

**5. 证券投资的风险**

(1) 违约风险。违约风险是指证券发行人无法按期支付利息或偿还本金的风险。其原因主要有以下几个方面:①政治、经济形式发生重大变动;②发生自然灾害,如水灾、地震等;③企业经营管理不善、成本高、耗费大;④企业在市场竞争中失败,主要客户消失;⑤企业财务管理失误,不能及时清偿到期债务。

(2) 流动性风险。流动性风险是指在投资人想出售持有的证券获取现金时,证券不能立即出售的风险。例如,购买小公司的债券,想立即出售比较困难,因而流动性风险较大;但若购买国库券,几乎可以立即出售,则流动性风险较小。

(3) 破产风险。破产风险是指在证券发行者破产清算时,投资者无法收回应得权益的风险。当证券发行者因经营管理不善而持续亏损、现金周转不畅而无力清偿债务或其他原因导致难以持续经营时,他可能会申请破产保护。破产保护会导致债务清偿的豁免,使得投资者无法取得应得的投资收益,甚至无法收回投资本金。

(4) 利息率风险。利息率风险是指由于利息率的变动而引起金融资产价格波动,使投资者遭受损失的风险。一般而言,银行利率下降,则证券价格上升;银行利率上升,则证券价格下跌。不同期限的证券,利息率风险不一样,期限越长,风险越大。

(5) 再投资风险。再投资风险是指由于市场利率下降而造成的无法通过再投资而实现预期收益的风险。根据流动性偏好理论,长期投资的收益率应当高于短期利率。为了避免市场利率变动的利息率风险,投资者可能会投资短期证券,但短期证券又会面临市场利率下降的再投资风险,即无法按预定收益率进行再投资而实现所要求的预期收益。

(6) 购买力风险。购买力风险是指由于通货膨胀而使证券到期或出售时所获得的货币资金的购买力降低的风险。在通货膨胀时期,购买力风险对投资者有重要影响。一般而言,随着通货膨胀的发生,变动收益的证券比固定收益的证券更好。因此,普通股票被认为比公司债券和其他有固定收益的证券能更好地避免购买力风险。

### 6. 证券投资的程序

多数企业的证券投资由企业财务部门设置相应的机构进行操作,具体步骤包括证券投资的分析与选择、买卖委托、成交、清算、交割及过户等一系列阶段。

### 7. 证券投资的分析与选择

证券投资的分析与选择是指业务人员在进行证券投资时,首先要对各种可选证券加以分析并合理确定投资时机和投资对象。这也是证券投资能否达到预期目的的关键。

证券投资分析的核心是证券价格的变动,价格的变动受多种因素的制约和影响,包括宏观经济的高涨和衰退、行业的景气循环、发行者的经营业绩、政府的金融政策和税收政策、投资者的预期等。这就要求企业的相关人员充分收集有关情况和信息,对上述各种影响因素加以正确分析,从而做出证券价格走势及参与证券投资时机的选择,并形成证券投资组合。投资后,还必须经常对证券投资组合进行检查和分析,随时做出买进和卖出各种证券的决策。

**8. 开户与买卖委托**

当投资者不能直接进入证券交易所买卖证券时，只能委托证券经纪人代理证券的买卖事项。在代理买卖之前，企业应在交易所的任何一家会员公司办理登记，并开立资金账户和证券账户，从而确定企业与证券经纪公司的委托代理关系。具体的委托方式多种多样，但无论采取任何方式，都必须明确指示经纪人买进或卖出证券的名称与数量、委托价格等事项。证券经纪人在其营业所内接受客户的买卖委托后，应通知其派驻在证券交易所的场内代表进行买卖交易，待交易完成后再向营业所报告交易结果，最后经纪人向客户报告，以便投资者准备办理交割事项。

**9. 成交、清算、交割与过户**

经纪人接到投资者的买卖委托后，立即通知公司派驻在交易所大厅内的证券交易员进行申报竞价交易。一旦买卖成交，交易员应迅速将成交情况通过经纪人通知投资者。投资者接到成交单后，必须在规定的期限内办理价款的交割手续。所谓证券交割，是指买入证券方交付价款领取证券，卖出证券方交出证券收取价款的收交活动。如今，证券交易多采用计算机联网系统，所以证券的交割时间较短，一般在证券成交的第2个工作日即办理证券交割。对于记名证券的投资者，还需要持有有关身份证明材料、印鉴及证券买卖交割单等到过户机构办理证券的过户手续，只有在过户以后，证券交易的整个过程才算最终结束。

### 5.5.2 债券投资

**1. 债券投资的含义**

债券是债务人依照法定程序发行，承诺按约定的利率和日期支付利息，并在特定日期偿还本金的书面债务凭证。

债券投资是指企业通过购入债券成为债券发行单位的权人，并获取债券利息的投资行为。这种投资行为既可以在一级市场上进行，也可以在二级市场上进行；既可用于长期债券投资，也可用于短期债券投资。企业进行长期债券投资的目的是获得稳定收益，企业进行短期债券投资的目的主要是合理利用暂时闲置的资金，调节现金余额，获得收益。

债券的基本要素有4个：票面价值、债券价格、偿还期限、票面利率。

(1) 票面价值。债券的票面价值简称面值，是指债券发行时设定的票面金额，一般情况下，我国发行的债券每张面值100元人民币。

(2) 债券价格。债券价格包括发行价格和交易价格。债券的发行价格可能不等同于债券面值。当债券的发行价格高于面值时，称为溢价发行；当债券的发行价格低于面值时，称为折价发行；当债券的发行价格等于面值时，称为平价发行。

(3) 偿还期限。债券的偿还期限是个时间段，起点是债券的发行日期，终点是债券票面上标明的偿还日期。偿还日期也称为到期日，在到期日，债券的发行人偿还所有本息，债券代表的债权债务关系终止。

(4) 票面利率。票面利率是指每年支付的利息与债券面值的比例。投资者获得的利息就等于债券面值乘以票面利率。

**2. 债券投资的特点**

债券投资相对于股票投资而言，具有以下几个特点。

(1) 债券投资属于债权性投资。虽然债券投资、股票投资都属于证券投资，但投资的性质不同：债券投资属于债权性投资，债券持有人作为发行公司的债权人，定期获取利息并到期收回本金，但无权参与公司的经营管理；股票投资属于股权性投资，股票持有人作为发行公司的股东，有权参与公司的经营管理。因此，债券体现债权、债务关系，股票体现所有权关系。

(2) 债券投资的风险较小。债券具有规定的还本付息日，其求偿权位于股东之前，因此债券投资到期能够收回本金(或部分本金)，其风险较股票投资小。特别是政府发行的债券，由于有国家财力做后盾，其本金的安全性非常高，通常视为无风险证券。

(3) 债券投资的收益较稳定。债券投资的收益是按票面利率计算的利息收入及债券转让的价差，与发行公司的经营状况无关，因而其投资的收益比较稳定。

(4) 债券价格的波动性较小。债券的市场价格尽管有一定的波动性，但由于前述原因，债券的价格不会偏离其价值太多，其波动性相对较小。

(5) 市场流动性好。许多债务如政府及大企业发行的债券，一般都可在金融市场上迅速出售，具有较强的流动性。

**3. 债券的估价**

债券的价值是发行者按照合同规定从现在至债券到期日所支付款项的现值，计算现值时所使用的折现率取决于当前的市场利率和现金流量的风险水平。

(1) 一般情况下的债券估价模型。一般情况下的债券估价模型是指按复利方式计算的、按年付息的债券价格的估价公式，一般计算公式有以下3个

$$P = \sum_{t=1}^{n} \frac{iM}{(1+K)^t} + \frac{M}{(1+K)^n}$$

$$P = \sum_{t=1}^{n} \frac{I}{(1+K)^t} + \frac{M}{(1+K)^n}$$

$$P=Mi(P/A,\ K,\ n)+M(P/F,\ K,\ n)$$

式中，$P$为债券价值；$i$为债券票面利息率；$M$为债券面值；$I$为每年利息；$K$为市场利率或投资人要求的必要收益率；$n$为付息期数。

【例5-23】某公司债券面值为1 000元，票面利率为8%，期限为5年。沈阳大华有限公司要对这种债券进行投资，当前的市场利率为10%，债券价格为多少时才能进行投资？(保留两位小数)

解：$P=1\ 000\times8\%\times(P/A,\ 10\%,\ 5)+1\ 000\times(P/F,\ 10\%,\ 5)$

$=80\times3.790\ 8+1\ 000\times0.620\ 9=303.264+620.9=924.16(元)$

当这种债券的价格低于924.16元时，企业才能购买。

(2) 一次还本付息且不计复利的债券估价模型。这类债券估价模型的计算公式为

$$P=\frac{M+Min}{(1+K)^n}\ 或\ P=M(1+in)(P/F,\ K,\ n)$$

式中，各符号的含义与"一般情况下的债券估价模型"中的符号含义一致。

【例5-24】天宇公司拟购买另一家企业发行的利随本清的企业债券，该债券面值为2 000元，期限为5年，票面利率为10%，不计复利。在市场利率为8%和12%时，该债券的发行价格是多少，企业才能购买？

解：当市场利率为8%时：$P=\dfrac{2\ 000+2\ 000\times10\%\times5}{(1+8\%)^5}=2\ 040(元)$

即在市场利率为8%的情况下，债券价格低于2 040元时，企业才能购买。

当市场利率为12%时：$P=\dfrac{2\ 000+2\ 000\times10\%\times5}{(1+12\%)^5}=1\ 702.28(元)$

即在市场利率为12%的情况下，债券价格低于1 702.28元时，企业才能购买。

(3) 零票面利率债券的估价模型。有些债券以折价方式发行，没有票面利率，到期按面值偿还。这类债券的估价模型为

$$P=\frac{M}{(1+K)^n}=M(P/F,\ K,\ n)$$

式中，各符号的含义与"一般情况下的债券估价模型"中的符号含义一致。

【例5-25】商业城发行的债券面值为1 000元，期限为6年，以折现方式发行，期内不计利息，到期按面值偿还。当时的市场利率为10%，价格为多少时企业才能购买？

解：$P=1\ 000\times(P/F,\ 10\%,\ 6)=1\ 000\times0.564\ 5=564.5(元)$

当该债券价格低于564.5元时，企业才能购买。

**4. 债券的投资收益**

从投资人的角度看，投资者的收益是让渡一定资产使用权获得的报酬。债券投资收益包括债券交易售价与买价的价差以及定期的利息收益。收益的高低是影响债

券投资的主要因素。债券投资的收益有绝对数和相对数两种表示方法，在财务管理中通常用相对数，即用收益率来表示。

（1）短期债券投资收益率。短期债券收益率的计算一般比较简单，因为期限短，所以一般不用考虑时间价值因素，基本的计算公式为

$$R = \frac{S_1 - S_0 + P}{S_0} \times 100\%$$

式中，$R$ 为证券投资收益率；$S_1$ 为证券出售价格；$S_0$ 为证券购买价格；$P$ 为证券股利或利息。

【例5-26】某人于2021年12月1日按照面值购买面值为1 000元、利率为8%，每年12月1日支付一次利息的债券，并持有到2022年12月1日以1 060元的价格出售，则该债券的收益率为多少？

解：债券收益率 = $\frac{(1\,060 - 1\,000) + 1\,000 \times 8\%}{1\,000} \times 100\% = 14\%$

（2）长期债券投资收益率。长期债券投资收益率的计算比较复杂，因为涉及的时间较长，所以要考虑资金时间价值因素。企业进行债券投资，一般每年都能获得固定的利息，并在债券到期时收回本金或在中途出售而收回本金，债券投资收益率就是使债券利息的年金现值和债券到期收回本金复利现值之和等于债券买入价格的贴现率，计算公式为

$$V = I(P/A,\ i,\ n) + S(P/F,\ i,\ n)$$

式中，$V$ 为债券的购买价值；$I$ 为每年获得的固定利息；$S$ 为债券到期时收回本金或在中途出售收回的资金；$i$ 为债券投资的收益率；$n$ 为投资期限。

【例5-27】大华公司于2021年3月1日以1 100元购买面值为1 000元的债券，其票面利率为8%，每年3月1日计算并支付一次利息，并于5年后的2月28日到期，按面值收回本金，试计算该债券的收益率。

解：$I = 1\,000 \times 8\% = 80(元)$，$S = 1\,000(元)$

$i = 8\%$ 时，$V = 80 \times (P/A,\ 8\%,\ 5) + 1\,000 \times (P/F,\ 8\%,\ 5) = 1\,000(元)$

利率与现值呈反向变化，现值越大，利率越小。从上述计算可看出，债券的买价为1 100元，收益率一定低于8%，降低贴现率进一步测试。

用 $i = 6\%$ 测试：$V = 80 \times (P/A,\ 6\%,\ 5) + 1\,000 \times (P/F,\ 6\%,\ 5)$

$\qquad\qquad = 80 \times 4.212\,4 + 1\,000 \times 0.747\,3$

$\qquad\qquad = 336.992 + 747.3 = 1\,084.292(元)$

由于贴现结果仍小于1 100元，还应进一步降低贴现率测试。

用 $i = 5\%$ 测试：$V = 80 \times (P/A,\ 5\%,\ 5) + 1\,000 \times (P/F,\ 5\%,\ 5)$

$\qquad\qquad = 80 \times 4.329\,5 + 1\,000 \times 0.783\,5$

$$=346.36+783.5=1\,129.86(元)$$

贴现率应该介于5%~6%之间，用内插法计算：

$$i=5\%+\frac{1\,129.86-1\,100}{1\,129.86-1\,084.292}\times(6\%-5\%)$$

$$=5\%+\frac{29.86}{45.568}\times1\%=5.66\%$$

债券收益率是指导债券选购的标准。它可以反映债券投资按复利计算的真实收益率。如果高于投资人要求的报酬，则应购进债券，反之就应放弃此项投资。

**5. 债券投资的优缺点**

1) 债券投资的优点

(1) 本金安全性高。与股票投资相比，债券投资风险比较小。政府发行的债券有国家财力做后盾，其本金的安全性非常高，通常视为无风险证券。企业债券的持有者拥有优先求偿权，即当企业破产时，可优先于股东分得企业资产，因此，其本金损失的可能性小。

(2) 收入稳定性强。债券票面一般都标有固定利息率，债券的发行者有按时支付利息的法定义务。因此，在正常情况下，投资债券都能获得稳定的收入。

(3) 市场流动性好。许多债券都具有较好的流动性。政府及较大企业发行的债券一般都可在金融市场上迅速出售，流动性很好。

2) 债券投资的缺点

(1) 购买力风险大。债券的面值和利息率在发行时就已确定，如果投资期间的通货膨胀率比较高，则本金和利息的购买力将不同程度地受到侵蚀。当通货膨胀率非常高时，投资者虽然名义上有收益，但实际上却有损失。

(2) 没有经营管理权。投资债券只是获得收益的一种手段，无权对债券发行单位施以影响和控制。

### 5.5.3 股票投资

**1. 股票投资的种类和目的**

股票投资主要分为两种：普通股投资和优先股投资。企业投资普通股，股利收入不稳定，投资于优先股则可以获得固定的股利收入，因此，普通股股票价格比优先股股票价格的波动要大，投资普通股的风险相对更大，但投资普通股一般能获得较高的收益。

企业投资股票的目的主要有两个：一是获利，即作为一般的证券投资，获取股利收入及股票买卖差价；二是控股，即通过购买某一企业的大量股票达到控制该企业的目的。在第一种情况下，企业仅将某种股票作为其证券组合的一个组成部分，不应冒险将大量资金投资于某一企业的股票。而在第二种情况下，企业应集中资金投资于被控企业的股票，这时考虑更多的不应是眼前利益——股票投资收益的高低，而应是长远利益——占有多少股权才能达到控制企业的目的。

**2. 股票投资的特点**

股票投资相对于债券投资而言，具有如下几个特点。

(1) 股票投资是股权性投资。股票投资与债券投资虽然都是证券投资，但投资的性质不同：股票投资属于股权投资，股票是代表所有权的凭证，持有人作为发行公司的股东，有权参与公司的经营决策；而债券投资属于债权性投资，债券是代表债权债务的凭证，持有人作为发行公司的债权人，可以定期获取利息，但无权参与公司的经营决策。

(2) 股票投资的风险大。投资者购买股票之后，不能要求股份公司偿还本金，只能在债券市场上转让。因此，股票投资者至少面临两方面的风险：一是股票发行公司经营不善所形成的风险。如果公司经营状况较好，盈利能力强，则股票投资者的收益就多；如果公司的经营状况不佳，发生了亏损，就可能没有收益；如果公司破产，股东的求偿权位于债权人之后，因此，股东可能不能收回部分甚至全部投资。二是股票市场价格变动所形成的差价损失风险。股票价格的高低，除了取决于公司的经营状况外，还受政治、经济、社会等多种因素的影响，因而股票价格经常处于变动之中，其变动幅度往往高于债券价格的变动幅度。股票价格的变动既能为股东带来价格上升的收益，也会带来价格下跌的损失。

(3) 股票投资的收益较高。股票作为一种收益不固定的证券，其收益一般高于债券。股票投资收益的高低，取决于公司的盈利水平的高低和整体经济环境的好坏。当公司经营状况好、盈利水平高且社会经济发展繁荣稳定时，股东既可以从发行公司领取高额股利，又可因股票升值获取转让收益。

(4) 股票投资的收益不稳定。股票投资的收益主要是公司发放的股利和股票转让的价差收益，相对于债券而言，其稳定性较差。股票股利直接与公司的经营状况相关，公司盈利多，就可能多发放股利；公司盈利少，就可能少发或不发股利。股票转让的价差收益主要取决于股票市场的行情，股市行情好，出售股票就可以得到较大的价差收益；股市低迷时，出售股票将会遭受损失。

(5) 股票价格的波动性大。股票通常是有票面价格的，但股票的买卖价格一般与股票的票面价格不一致。股票价格既受发行公司经营状况的影响，又受股市投机等因素的影响，波动性极大。这就决定了不宜冒险的资金最好别用于股票投资，而应选择风险较小的债券投资。

**3. 股票的估价**

在进行股票投资时，必须知道股票价格的计算方法。下面介绍几种常见的股票估价模型。

1) 股票估价的基本模型

在一般情况下，投资者投资股票，不仅希望得到股利收入，还希望在未来出售股票时从股票价格的上涨中获得好处，此时的股票估价模型为

$$V = \sum_{t=1}^{n} \frac{d_t}{(1+K)^t} + \frac{V_n}{(1+K)^n}$$

式中，$V$为股票内在价值；$V_n$为未来出售时预计的股票价格；$K$为投资人要求的必要资金收益率；$d_t$为第$t$期的预期股利；$n$为预计持有股票的期数。

【例5-28】华强公司准备购入甲公司股票，目前市场价格为50元/股，预计每年可获股利6元/股，准备2年后出售。预计出售价格为60元/股，预期报酬率为15%。该企业是否值得投资？

解：股票价值=6×(P/A,15%,2)+60×(P/F,15%,2)=6×1.625 7+60×0.756 1=55.12(元)
该股票的内在价值大于目前的市场价格，因此值得购买。

2) 长期持有、股利稳定不变的股票估价模型

在每年股利固定不变、投资人持有期间很长的情况下，其股票的估价模型可简化为

$$V = \frac{D}{K}$$

式中，$V$为股票内在价值；$D$为每年固定股利；$K$为投资人要求的资金收益率。

【例5-29】某种股票预计每年分配股利4元，最低报酬率为10%，则其内在价值是多少？

解：$V = \dfrac{4}{10\%} = 40(元)$

这就是说，该股票每年带来4元的收益，在市场利率为10%的条件下，它相当于40元资本的收益，所以其价值是40元。

当然，市场上的股价不一定就是40元，还要看投资人对风险的态度，可能高于或低于40元。

如果当时的市价不等于股票价值，例如市价为35元，每年的固定股利是4元，则其预期报酬率为

$$V = \frac{4}{35} \times 100\% = 11.43\%$$

可见，当市价低于股票价值时，预期报酬率高于最低报酬率。

3) 长期持有、股利固定增长的股票估价模型

如果一家公司的股利不断增长，投资人的投资期限又非常长，则股票的估价就更困难了，只能计算近似数。设上年股利为$D_0$，每年股利相较于上年的增长率为$g$，则

$$V = \frac{D_0(1+g)}{K-g} \text{ 或 } V = \frac{D_1}{K-g}$$

式中，$D_1$为第1年的预期股利。

【例5-30】万方公司准备投资购买东方信托投资股份有限公司的股票，该股票上年每股股利为2元，预计以后以每年4%的增长率增长，万方公司经分析后认为必须等到报酬率为10%时才能购买，则该股票的内在价值应为多少？

解：$V = \dfrac{2\times(1+4\%)}{10\%-4\%} \approx 34.67(元)$

东方信托投资股份有限公司的股票价格在34.67元以下时，万方公司才能购买。

**4. 股票投资收益率的计算**

企业进行股票投资，可以取得股利，出售股票时也可以收回一定的资金，只是股利不同于债券利息，股利是经常变动的，无法用年金现值来计算收益率，只能用股利的复利现值之和及股票售价的复利现值来计算，收益率是股利按照复利折现的现值之和等于股票买价时的贴现率，计算公式为

$$V = \sum_{j=1}^{n} D_j(1+i)^{-j} + F(1+i)^{-n}$$

式中，$V$为股票的买价；$F$为股票售价；$D_j$为各年所获股利；$i$为股票投资收益率；$n$为投资期限。

【例5-31】大华公司于2018年6月1日投资500万元购买某种股票100万股，在2019年、2020年和2021年的5月30日分得每股现金股利分别为0.5元、0.7元和1元，并于2021年5月30日以每股6元的价格将股票全部出售。试计算该项投资的投资收益率。

解：按逐步测试法计算，先用18%的收益率进行测算：

$V = \dfrac{0.5\times100}{1+18\%} + \dfrac{0.7\times100}{(1+18\%)^2} + \dfrac{1\times100}{(1+18\%)^3} + \dfrac{6\times100}{(1+18\%)^3}$

　　$= 50\times0.847\ 5 + 70\times0.718\ 2 + 700\times0.608\ 6$

　　$= 42.375 + 50.274 + 426.02 = 518.669(万元)$

由于518.669万元大于500万元，说明要提高收益率再测试，下面用20%的收益率进行计算：

$V = \dfrac{0.5\times100}{1+20\%} + \dfrac{0.7\times100}{(1+20\%)^2} + \dfrac{1\times100}{(1+20\%)^3} + \dfrac{6\times100}{(1+20\%)^3}$

=50×0.833 3+ 70×0.694 4+ 700×0.578 7

=41.665+48.608+405.09=495.363(万元)

该项投资的收益率应该介于18%～20%之间，用内插法计算：

$$i=18\%+\frac{518.669-500}{518.669-495.363}\times(20\%-18\%)$$

$$=18\%+\frac{18.669}{23.306}\times 2\%=19.6\%$$

该项投资的投资收益率为19.6%。

**5. 股票投资的优缺点**

1) 股票投资的优点

股票投资是一种具有挑战性的投资，股票投资的优点主要有以下几个。

(1) 能够获得较高的投资收益。普通股股票的价格虽然变动频繁，但从长期来看，优质股票的价格很可能会上涨，只要选择得当，有可能取得投资收益。

(2) 能适当降低购买力风险。普通股股利不稳定，在通货膨胀率较高时，由于物价普遍上涨，股份公司盈利增加，股利的支付也随之增加，因此，与固定收益相比，普通股能有效地降低购买力风险。

(3) 拥有一定的经营控制权。普通股股东属于股份公司的所有者，有权监督和控制企业的生产经营情况，因此，想控制一家企业，最好是收购这家企业的股票。

2) 股票投资的缺点

股票投资的缺点主要是风险大，原因如下所述。

(1) 求偿权居后。普通股对企业资产和盈利的求偿权均居于最后。企业破产时，股东原来的投资可能得不到全额补偿，甚至血本无归。

(2) 股票价格不稳定。普通股的价格受众多因素的影响，很不稳定。政治因素、经济因素、投资人心理素质、企业的盈利情况和风险情况都会影响股票价格，这也使股票投资具有较高的风险。

(3) 股利收入不稳定。普通股股利的多少，视企业经营状况和财务状况而定，其有无、多寡均无法律上的保证，其收入的风险也远远大于固定收益证券。

### 5.5.4 证券组合投资

**1. 证券投资组合的意义**

证券投资组合又叫证券组合，是指在进行证券投资时，不是将所有的资金都投向单一的某种证券，而是有选择地投向一组证券。

证券投资的盈利性吸引了众多投资者，但证券投资的风险性又使许多投资者望而却步。投资风险存在于各个国家的各种证券中，它们随经济环境的变化而不断变化。简单地把资金全部投向一种证券，便要承受巨大的风险，一旦失误，就会全盘皆输。因此，在证券市场中经常听到这样一句话：不要把全部鸡蛋放在同一个篮子里。证券投资组合是证券投资的有力武器，有效地进行证券投资组合，可削减证券投资风险，达到降低风险的目的。

**2. 证券投资组合的风险和风险收益**

1) 证券投资组合的风险

根据证券投资的风险是否可以通过投资多样化的方法加以回避或消除，可将其分为非系统性风险和系统性风险。

(1) 非系统性风险。非系统性风险是指由于市场、行业和企业本身等因素影响个别企业证券的风险。它包括行业风险、企业经营风险和企业违约风险等，是由单一因素造成的，只影响某一证券收益的风险。非系统性风险属于个别风险，能够通过投资多样化的方法将其分解并且可以有效防范，因此又称之为可分散风险或公司特有风险。

(2) 系统性风险。系统性风险是指由于政治、经济和社会环境的变化而影响证券市场上所有证券的风险，表现为整个股市平均收益率的变动。对于这类风险，购买何种股票都无法避免，不能用多元化投资来回避，而只能靠更高的收益率来补偿。这种风险又叫市场风险或不可分散风险。

2) 证券投资组合的风险收益

它是投资者因承担不可分散风险而要求的，超过资金时间价值(无风险收益率)的那部分额外收益，通常用风险收益率表示，计算公式为

$$R_p = \beta_p (K_m - R_F)$$

式中，$R_p$为证券投资组合的风险收益率；$\beta_p$为证券投资组合的$\beta$系数；$K_m$为所有股票的平均收益率，即市场收益率；$R_F$为无风险收益率，一般用政府公债利率来衡量。

【例5-32】根据例5-25的资料，若股票的市场收益率为10%，无风险收益率为6%，试确定该证券投资组合的风险收益率。

解：$R_p$=1.22×(10%-6%)=1.22×4%=4.88%

在其他因素不变的情况下，风险收益取决于证券投资组合的$\beta$系数。$\beta$系数越大，风险收益越大；$\beta$系数越小，风险收益就越小。

**3. 风险和收益率的关系**

一般来说，风险越大，投资者期望的收益率越高。因此，风险和收益率的关系

密不可分，可用资本资产计价模型(CAPM)来表示，计算公式为

$$K_i = R_F + \beta_i(K_m - R_F)$$

式中，$K_i$为第$i$种股票的预期投资收益率；$R_F$为无风险收益率；$K_m$为市场平均收益率；$\beta_i$为第$i$种股票的$\beta$系数。

【例5-33】震宇公司股票的$\beta$系数为1.5，无风险利率为4%，市场平均收益率为10%，则该种股票的预期投资收益率为多少，投资者才会购买？

解：$K=4\%+1.5\times(10\%-4\%)=13\%$

#### 4. 证券投资组合的策略与方法

1) 证券投资组合的策略

(1) 保守型策略。这种策略是指购买尽可能多的证券，以便分散掉全部可分散风险，得到与市场所有证券的平均收益相同的收益。这种投资组合的优点是：能分散掉全部可分散风险；不需要高深的证券投资专业知识；证券投资管理费较低。因为这种策略收益不高，风险也不大，故称之为保守型策略。

(2) 冒险型策略。这种策略认为，只要投资组合做得好，就能取得远远高于平均水平的收益，其投资组合主要选择成长型股票。这种策略收益高、风险大，因此称为冒险型策略。

(3) 适中型策略。这种策略介于保守型与冒险型策略之间。采用这种策略的投资者一般都善于对证券进行分析，通过分析，选择高质量的股票和债券组成投资组合。他们认为，股票价格投资策略是由企业经营业绩决定的，市场价格一时的沉浮并不重要。这种投资策略风险不太大，收益却比较高。但实施这种投资组合的人必须具备丰富的投资经验及各种专业知识。

2) 证券投资组合的方法

(1) 选择足够数量的证券进行组合。当证券数量增加时，可分散风险逐步减少；当证券数量足够时，大部分可分散风险都能分散掉。

(2) 把风险程度不同的证券组合在一起。也就是把1/3的资金投资于风险大的证券，1/3的资金投资于风险中等的证券，1/3的资金投资于风险小的证券。这种组合方法虽不会获得太高的收益，但也不会承担巨大的风险。

(3) 把投资收益呈负相关的证券放在一起组合。负相关股票是指一种股票的收益上升而另一种股票的收益下降的两种股票，把收益呈负相关的股票组合在一起，能有效分散风险。

## 章后练习题

**1. 单项选择题**

(1) 关于项目投资,下列表达式中不正确的是( )。

　A. 计算期=建设期+运营期

　B. 运营期=试产期+达产期

　C. 达产期是指从投产至达到设计预期水平的时期

　D. 从投产日到终结点之间的时间间隔称为运营期

(2) 经营成本中不包括( )。

　A. 该年折旧费　　　　　　　　B. 工资及福利费

　C. 外购动力费　　　　　　　　D. 修理费

(3) 某项目建设期为零,全部投资均于建设起点一次投入,投产后的净现金流量每年均为100万元,按照内部收益率和项目计算期计算的年金现值系数为4.2,则该项目的静态投资回收期为( )年。

　A. 4.2　　　　B. 2.1　　　　C. 8.4　　　　D. 无法计算

(4) 下列选项中,不会影响债券价值的是( )。

　A. 票面价值与票面利率　　　　B. 市场利率

　C. 到期日与付息方式　　　　　D. 购买价格

(5) 对债券持有人而言,债券发行人无法按期支付债券利息或偿付本金的风险是( )。

　A. 流动性风险　　　　　　　　B. 系统风险

　C. 违约风险　　　　　　　　　D. 购买力风险

(6) 债券投资者购买债券时,可以接受的最高价格是( )。

　A. 卖出的市价　　　　　　　　B. 债券的到期价值

　C. 债券的内在价值　　　　　　D. 债券的票面价值

(7) 下列说法中,正确的是( )。

　A. 国库券没有利率风险

　B. 国库券和公司债券均没有违约风险

　C. 公司债券只有违约风险

　D. 国库券没有违约风险,但有利率风险

(8) 企业对外进行债券投资,从其产权关系来看属于( )。

　A. 债权投资　　B. 股权投资　　C. 证券投资　　D. 实物投资

(9) 某公司购入一种准备永久性持有的股票,预计每年股利为2元/股,购入此种股票应获得的必要报酬率为10%,则该股票的内在价值为(　　)元。

　　A. 20　　　　　　B. 30　　　　　　C. 35　　　　　　D. 40

(10) 如果有一永续债券,每年度派息12元,而市场利率为10%,则该债券的市场价值为(　　)。

　　A. 120元　　　　B. 191元　　　　C. 453元　　　　D. 480元

**2. 多项选择题**

(1) 在下列评价指标中,属于正指标的有(　　)。

　　A. 投资回收期　　　　　　　　　B. 投资报酬率
　　C. 净现值　　　　　　　　　　　D. 内含收益率

(2) 下列项目中,属于现金流入项目的有(　　)。

　　A. 营业收入　　　　　　　　　　B. 回收垫支的流动资金
　　C. 建设投资　　　　　　　　　　D. 固定资产残值变价收入
　　E. 经营成本节约额

(3) 在计算投资项目的终结现金流量时,需要考虑的内容有(　　)。

　　A. 终结点的净利润　　　　　　　B. 固定资产的残值变价收入
　　C. 垫支的流动资金　　　　　　　D. 投资项目的原始投资额

(4) 净现值指标的优点有(　　)。

　　A. 使用了净现金流量指标
　　B. 考虑了货币时间价值的影响
　　C. 考虑了整个项目计算期的全部净现金流量
　　D. 能从动态的角度直接反映投资项目的实际收益率水平

(5) 评价投资方案的投资回收期指标的主要缺点是(　　)。

　　A. 不能衡量企业的投资风险
　　B. 没有考虑资金时间价值
　　C. 没有考虑回收期后的现金流量
　　D. 不能衡量投资方案投资报酬率的高低

(6) 在一般投资项目中,当一项投资方案的净现值等于零时,即表明(　　)。

　　A. 该方案的获利指数等于1
　　B. 该方案不具备财务可行性
　　C. 该方案的净现值率大于0
　　D. 该方案的内含报酬率等于设定折现率或行业基准收益率

(7) 下列有关投资利润收益率指标的表述，正确的是( )。

　　A. 没有考虑时间价值

　　B. 分子分母口径不一致

　　C. 没有利用净现金流量

　　D. 指标的分母原始投资中不考虑资本化利息

(8) 下列选项中，影响动态指标的有( )。

　　A. 建设期　　　　　　　　　B. 投资方式

　　C. 回收额　　　　　　　　　D. 净现金流量

(9) 证券投资的收益包括( )。

　　A. 资本利得　　B. 股利　　C. 出售价格　　D. 债券利息

(10) 下列选项中，能够影响债券内在价值的因素有( )。

　　A. 债券的价格　　　　　　　B. 债券的计息方式

　　C. 当前的市场利率　　　　　D. 债券的票面利率

### 3. 判断题

(1) 债券的价格会随着市场利率的变化而变化。当市场利率上升时，债券价格下降；当市场利率下降时，债券价格上升。( )

(2) 国库券的利率是固定的，并且没有违约风险，因而也没有利率风险。( )

(3) 股票的内在价值就是股票的市场价格。( )

(4) 债券属于固定收益证券，而股票(普通股)属于变动收益债券，投资风险大。( )

(5) 投资回收期指标的优点是计算简单、易于操作，并且考虑了整个项目计算期的现金流量信息。( )

(6) 在估算投资项目终结点的净现金流量时，回收额通常是指业务收入的回收额。( )

(7) 净现金流量是现金流入量与现金流出量的差额，其数值一定大于零。( )

(8) 因为在整个投资有效年限内，利润总计和现金流量总计是相等的，所以在做投资决策时，重点研究利润和重点研究现金流量的效果是一样的。( )

(9) 在不考虑时间价值的前提下，投资回收期越短，投资获利能力越强。( )

(10) 原始投资的资金投入方式包括一次投入和分次投入。如果投资行为只涉及一个年度，则一定属于一次投入。( )

### 4. 计算题

(1) 某企业拟制造一套生产设备，预计制造期为1年，所需原始投资200万元于制造起点一次投入。设备使用寿命为5年，使用期满报废清理时无残值，采用直线法计提折旧。该设备投产后每年增加净利润60万元。基准折现率为10%。

要求：① 计算项目各年净现金流量；

② 计算净现值，并进行项目可行性评价。

(2) 某公司于2021年年初用自有资金购置一台设备，需一次性投资100万元。经测算，该设备使用寿命为5年，税法亦允许按5年计提折旧，用直线法计提折旧，净残值率为5%。设备投入运营后每年可新增利润20万元。不考虑建设期和公司所得税。

要求：① 计算使用期内各年净现金流量；

② 计算投资回收期和投资报酬率；

③ 以10%作为折现率，计算其净现值。

(3) 已知某长期投资项目建设期净现金流量为：$NCF_0=-500$万元，$NCF_1=-500$万元，$NCF_2=0$，$NCF_3 \sim NCF_{12}=200$万元，第12年年末的回收额为100万元，行业基准折现率为10%。

要求：① 计算原始投资额；

② 计算终结点净现金流量；

③ 计算静态投资回收期(不包括建设期的回收期和包括建设期的回收期)；

④ 计算净现值。

(4) 某债券面值1 000元，期限5年，市场利率为12%。

要求：分别计算以下情况债券的内在价值。

① 债券每年年末付息一次，票面利率为10%；

② 债券一次还本付息，单利计息，票面利率为10%；

③ 债券以贴现方式发行，到期按面值偿还，没有票面利率。

(5) 甲企业计划利用一笔长期资金投资购买股票，现有M公司股票和N公司股票可供选择，甲企业只准备投资一家公司股票。已知M公司股票现行市价为每股9元，上年每股股利为0.15元，预计以后每年以6%的增长率增长。N公司股票现行市价为每股7元，上年每股股利为0.60元，股利固定不变。甲企业要求的投资报酬率为8%。

要求：① 利用股票估价模型，分别计算M、N公司的股票价值。

② 为甲企业做出股票投资决策。

(6) 某企业于债券发行日投资950元购买了一张面值为1 000元，票面利率为5%，每年年末付息一次的5年期债券。

要求：① 计算企业持有至到期日的投资收益率。

② 如果该债券是到期一次还本付息，试计算投资收益率。

(7) A公司拟购买某公司债券作为长期投资(打算持有至到期日)，要求的必要收益率为6%。现有3家公司同时发行5年期、面值均为1 000元的债券。其中，甲公司债券的票面利率为8%，每年付息一次，到期还本，债券发行价格为1 041元；乙公司债券的票面利率为8%，单利计息，到期一次还本付息，债券发行价格为1 050元；丙公司债券的票面利率为0，债券发行价格为750元，到期按面值还本。

要求：① 计算A公司购入甲公司债券的价值和收益率；

② 计算A公司购入乙公司债券的价值和收益率；

③ 计算A公司购入丙公司债券的价值和收益率；

④ 根据上述计算结果，评价甲、乙、丙3家公司的债券决策。

# 第6章 营运资金管理

## 本章学习导读

营运资金是指企业在生产过程中流动资产占用的资金。在营运资金管理中，流动资产与流动负债的匹配占有十分重要的地位，因此，必须对流动资产和流动负债进行分类。通过对本章的学习，读者可了解营运资金的概念、特点，熟悉现金管理、应收账款管理、存货管理和流动负债管理的有关概念及基本原理，掌握流动资产管理的各种管理模型的计算评级方法，提高管理流动资产的能力。

## 本章学习目标

(1) 正确理解企业营运资金的规模控制，应收账款的功能与成本，存货管理的目的等理论；

(2) 理解并掌握国家对企业现金管理的有关规定、最佳现金持有量的确定、现金收支的日常管理办法，以及应付账款融资成本的产生和计算方法；

(3) 了解企业应收账款的日常管理、存货的日常管理等方法，了解应付费用、应付账款、短期借款的融资特点；

(4) 掌握应收账款的信用政策和存货决策方法。

## 引导案例

### FS工业旅游有限责任公司营运资金管理策略变更

FS工业旅游有限责任公司在设立之初将大量的资金安排在流动资产上。公司注册资金1 000万元。其中，200万元用于购买中型国产旅游客车，300万元用于维修进矿轨道车、购买部分井下电梯及维修巷道，剩余500万元均作为流动资产处理。

公司总经理王卫国认为：公司设立伊始一定要建立良好的信誉。为此，他采取了以下几项措施：对于负责游客吃住的宾馆，一律预付全部款项；对于国内其他省份有业务往来的旅游公司，一律先提供服务后收款；免费为省内的中小学生提供工业旅游和红色旅游服务，大学生参加红色旅游和工业旅游费用减半；等等。由于服务良好和旅游产品极富特色，再加上公司的一些让利措施，公司在业内和游客中树立了良好的形象，公司信誉大增。但盈利水平与公司的声誉状况不成比例，盈利甚微。随着公司业务的扩大、业务量的增加，固定资产需要的资金数额越来越大，需立即投资的固定资产项目也较多,尤其井下参观的设备和设施急需维修、更新和增加。

主管财务的副经理李昊天认为,当下公司应改变销售服务、支付款项的策略,减少应收款项,适当增加应付款项,按实际需求预留现金,从而减小流动资产占用资金的比例,进而增加公司的收入。最终,李昊天用公司经营现状结合财务管理理论说服了总经理王卫国改变营运资金管理策略。

资料来源:王竹泉.营运资金管理发展报告[M].北京:中国财政经济出版社,2012.

# 6.1 营运资金管理概述

## 6.1.1 营运资金的概念和特点

**1. 营运资金的概念**

营运资金亦称营运资本,是指流动资产减去流动负债后的余额。流动资产是指在一年以内或超过一年的一个营业周期内变现或运用的资产,主要包括货币资金、短期投资、应收及预付账款、存货等。流动负债则是指将在一年或超过一年的一个营业周期内必须清偿的债务,主要包括短期借款、应付票据、应付账款、预收账款、应付工资、应交税费、一年内到期的长期借款等。从财务管理的角度看,流动资产与流动负债之间存在一定的对应关系,且一般情况下流动资产大于流动负债。

企业应该持有适当数量的营运资金。如果缺乏营运资金,会给企业带来短期的经营风险;而营运资金的盈利能力较差,过多持有会降低企业的投资回报率。

**2. 营运资金的特点**

(1) 流动资产的特点。①流动资产投资回收期短,变现能力强;②流动资产的获利能力较弱,投资风险较小;③流动资产的数量波动很大;④流动资产的占用形态经常变动。

(2) 流动负债的特点。①融资速度快;②财务弹性强;③筹资成本低;④偿债风险大。

## 6.1.2 营运资金的规模控制

**1. 流动资产的规模控制**

(1) 流动资产的盈利性与风险性分析。流动资产结构性管理的目的,在于确定一个既能维持企业的正常生产经营活动，又能在减少或不增加风险的前提下，给企业带来尽可能多的利润的流动资金水平。

一般而言，流动资产的盈利能力低于固定资产。固定资产水平决定企业的生产能力，从而预示企业的盈利能力；而流动资产只有通过销售环节，使收回的价值大于生产与销售中的资金耗费时，才会给企业带来利润。因而固定资产可视为再生产过程中的盈利性资产，但流动资产也是企业生产经营中必不可少的。首先，现金、应收账款、存货等流动资产可为企业再生产活动的正常进行提供必要的条件，它们本身并不具直接的盈利性；其次，依据"盈利与风险对应原则"，一项资产的风险越小，预期报酬也就越低。由于流动资产比固定资产更易于变现，风险小于固定资产，报酬率自然也低于固定资产。

因此，对流动资产实施结构性管理，企业财务管理人员必须在其盈利性与风险性之间进行权衡，并做出合理的选择。

(2) 营运资本投资策略的报酬与风险分析。假定：①企业的固定资产额保持不变；②在相关的产量范围内，且在不同的产量水平下，应收账款和存货的投资是预定的，管理是非常有效的；③盈利能力按全部资产息税前收益率计量。那么，流动资产中用于投资的现金与有价证券，就决定了营运资本投资的报酬与风险。

企业陷入财务困境的风险与企业的净营运资本状况有关。一般而言，一个企业的流动资产占全部资产的比例越大，在流动负债保持不变的情况下，其净营运资本越多，支付到期债务的能力越强，风险也就越小。在某一特定的销售水平下，流动资产所占比例越大，其盈利能力也就越弱；相反，流动资产占全部资产的比例越小，则企业的盈利能力越强，而风险也越大。

(3) 营运资本投资水平的优化选择。最佳的营运资本投资水平，是预期能使股东财富最大化的水平。它是多种因素共同作用的结果，包括销售水平和现金流动的变动性、经营杠杆和财务杠杆等。企业应根据其自身的具体情况，结合其对风险的态度，慎重选择能使股东财富最大化、适合企业具体情况的营运资本投资策略。

**2. 流动负债的规模控制**

由于预期现金流动很难与债务的到期时间及数量保持协调一致，这就要求流动负债结构性管理的重点应放在负债到期结构问题上，即明确在允许现金流动波动的前提下，在负债到期结构上应保持多大的安全边际。这一问题的解决，也有赖于对盈利能力与风险之间的权衡和选择。

(1) 长、短期融资的风险与成本。负债筹资根据其到期时间的长短可分为短期负债与长期负债两类。短期融资与长期融资所涉及的风险差异，将导致不同的利息成本。根据利率的期限结构理论，企业负债的到期日越长，其融资成本就越高。首先，由于长期融资相对于短期融资而言缺乏弹性，从而使长期筹资的实际成本往往高于短期融资的实际成本。其次，长期筹资在债务存在期限内，即使在企业不使用资金的时候，也须支付利息；而短期融资则会使企业在资金的使用上具有弹性，如果企业的资金需求有季节性，采用短期融资的方式，便可使企业随着资金需要量的减少而逐渐偿还债务，而且不必支付不必要的利息。

此外，长、短期融资的风险不相同，借款人与贷款人对长、短期负债的风险态度也是不同的。就贷款人(资金的提供者)而言，贷款期限越长，到期风险就越大。但对于借款人(企业)而言，情况刚好相反。一般而言，企业的债务期限短，企业可能因现金流量不足，而难以偿还到期债务，即使安排新的借款以偿还到期债务，也会由于短期借款的到期日短，企业很有可能因各种意外事件的干扰而难以取得所需资金。同时，贷款人又不愿更新契约，由此，将导致企业需经常重新筹集负债资金。企业重新筹集负债资金越频繁，其不能取得必要资金的风险越大，不能按期偿付本金与利息的风险也就越大。反之，若其他情况不变，则贷款期限越长，企业使用该贷款获得利润的机会就越大，融资风险就越小。再有，长期负债融资的利息成本在整个资金使用期内基本稳定；而短期融资在偿还借款后，下次再借款的利息成本具有不确定性，其利率在各个时期波动较大，由此会加重企业税后利润的波动。

(2) 不同筹资计划的盈利能力与风险的选择。如前文所述，长、短期负债的盈利能力与风险各不相同，这就要求企业在进行流动负债的结构性管理时，对其盈利能力与风险进行权衡和选择，以确定既能使风险最小又能使企业盈利最大化的流动负债结构。

企业流动负债水平的变动对盈利能力与风险选择的影响可用流动负债占全部资产的比率来表示。这一比率可以反映在企业的全部资产中，流动负债融资所占的百分比。假定企业的总资产保持不变，则流动负债占总资产比率的提高，将使企业的盈利能力和风险同时提高。因为，流动负债占总资产比率的提高，意味着短期筹资多于长期筹资，而应付账款、应付票据以及其他应付款等短期负债的成本却低于长期筹资，从而导致企业融资成本下降，使其利润提高。而在企业流动资产不变的情况下，企业的净营运资本将随流动负债的增加而减少，这意味着企业财务风险的增加。

另外，流动负债的高比率，实际上会因短期负债多于长期负债而缩短企业的债务到期结构。更多的负债将在短期内到期，将会使偿还到期债务的现金流量的负担增大，企业陷入无力清偿的风险也就更大。相反，流动负债占总资产的比率下降，将使企业大部分资产通过成本更高的长期资金筹措，致使企业的盈利能力下降；相应地，企业的财务风险也将因流动负债减少、净营运资本减少而下降，从而优化了企业负债的到期结构，减轻了现金流量的负担，也降低了企业的清偿风险。

同流动资产的结构性管理一样，企业可以确定多种不同的流动负债结构性管理政策，但总括起来主要有稳健、匹配、激进三大类型可供选择。不同的政策，其盈利能力和风险各不相同。

(3) 流动负债结构的优化选择。与营运资本投资政策一样，在选择能使股东财富最大化的筹资政策时，企业的财务管理人员还必须考虑其他各种因素，如企业销售和现金流动的变动对企业价值的影响等。企业只有在根据不同负债结构的报酬与风险进行全面估量的基础上，结合企业对风险的态度，对各有关因素的利弊、得失进行全面分析、综合权衡，才能合理地确定企业的最优负债结构。

### 3. 营运资金管理的综合决策

有效的营运资金管理，要求分析、研究流动资产和流动负债之间相互影响、共同作用对企业盈利能力和风险的综合影响。

一般而言，企业总的筹资量等于投放在固定资产与流动资产上的资金之和。企业的流动资产按其稳定性分为波动性流动资产和恒久性流动资产。波动性流动资产是指受季节性或周期性影响的那部分流动资产。恒久性流动资产是用于满足企业长期稳定资金需要的那部分流动资产。营运资金管理的主要任务，是通过企业流动资产与流动负债的变动，对盈利能力和风险影响进行分析，确定企业流动资产的资金来源，即流动资产的融资来源是通过短期资金还是长期资金，以及其各自所占的比例问题。这就要求财务经理分析确定应以多大比例的流动负债和多大比例的长期资金作为流动资产的正常资金来源，即确定最优的筹资组合的问题。

在现代企业财务管理中，恒久性流动资产与波动性流动资产的资金来源不同，从而形成了不同的营运资金管理策略，一般有以下三种类型。

(1) 匹配型营运资金管理策略(见图6-1)。匹配型营运资金管理策略是指企业负债的到期结构与企业资产的寿命期相对应。也就是说，企业资产中，长期使用的资产即固定资产和恒久性流动资产，资金来源采用长期资金，即长期负债、自发性负债和权益资本；而对于波动性流动资产，因其变化较大，所以通过临时性负债作为其资金来源。

从图6-1中可以看出，只要企业短期融资计划做得好，使现金流动与预期安排相一致，无论是在季节性的低谷时期，还是在资金需求的高峰期，企业获取资金的成本相对而言较低，而且不会增加企业的风险，因此这是一种理想的融资模式。在市场经济条件下，企业很难做到投资与融资计划的一致性，因此，这只是一种理想的营运资金管理模式，在实践中企业很难达到。

(2) 稳健型营运资金管理策略(见图6-2)。稳健型营运资金管理策略是指企业以长期负债或权益资本的方式取得预期的波动性资金。这种营运资金管理策略使企业临时性负债的比例相对较低,由此可降低企业无法偿还到期债务的风险,但这一筹资策略也因长期负债资金成本高于临时性负债资金成本,从而增加了企业成本支出,最终增加了企业所有者的负担,因此降低了企业所有者的收益。

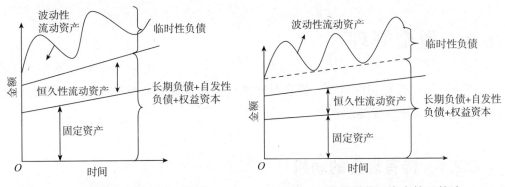

图6-1　匹配型营运资金管理策略　　　图6-2　稳健型营运资金管理策略

(3) 激进型营运资金管理策略(见图6-3)。激进型营运资金管理策略与稳健型营运资金管理策略正好相反,它以成本较低的临时性负债作为企业的部分恒久性流动资产的资金来源。这一融资策略首先从盈利的角度出发,临时性负债的成本相对于长期资金而言要低,它以短期资金作为其恒久性流动资产的资金来源,这会增加企业权益所有者的盈利,但同时也增大了企业无法重新筹措到所需资金的风险。另外,与筹资计划相联系的短期负债利率变动的可能性增大,也会增加企业的盈利变动风险,临时性负债的低成本所带来的较高的税后利润将被这些高风险所抵消。

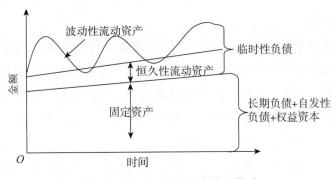

图6-3　激进型营运资金管理策略

显然,在上述三种营运资金管理策略中,第二种主张尽量增加现金和有价证券在流动资产中的比重,故会有较大的流动资产流动比率。另外,它又强调最大限度地缩小流动负债中的临时性负债在资金来源中的比重,所以这种营运资金管理策略将会降低债务到期不能偿还的风险,从而降低企业所承受的财务风险,但这种营运资金管理策略会导致企业所有者的收益率较低。反之,第三种策略会使企业所承受的财务风险增大，但会提高所有者的收益率。第一种策略的风险与收益介于第二种策略和第三种策略之间。

## 6.2 现金管理

现金是流动性最强的资产，拥有足够的现金对降低企业财务风险、增强企业资金的流动性具有十分重要的意义。

### 6.2.1 持有现金的动机

**1. 支付的动机**

支付的动机是指企业持有现金以便满足日常支付的需要，如用于购买材料、支付工资、缴纳税款、支付股利等。企业每天的现金收入和现金支出很少同时等额发生，保留一定的现金余额可使企业在现金支出大于现金收入时，不致中断交易。企业支付需要现金的数量取决于企业的销售水平。正常营业活动所产生的现金收入和支出以及它们的差额，一般同销售量成正比例变化。其他现金的收支，如买卖有价证券、购入机器设备、偿还借款等，比较难预测，但随着销售数量的增加，都有增加的倾向。

**2. 预防的动机**

预防的动机是指企业持有现金，以应付意外事件对现金的需求。企业预计的现金需要量一般是指正常情况下的需要量，但有许多意外事件会影响企业现金的收入与支出。例如，地震、水灾、火灾等自然灾害，生产事故，主要顾客未能及时付款等，都会打破企业的现金收支计划，使现金收支出现不平衡。企业持有较多的现金，有利于更好地应付这些意外事件的发生。

预防动机所需要的现金量取决于以下三个因素：①现金收支预测的可靠程度；②企业临时借款能力；③企业愿意承担的风险程度。

**3. 投机的动机**

投机的动机是指企业持有现金，以便当证券价格剧烈波动时从事投机活动，从中获得收益。当预期利率上升、有价证券的价格将要下跌时，投机的动机就会鼓励企业暂时持有现金，直到利率停止上升；当预期利率将要下降，有价证券的价格将要上升时，企业可能会将现金投资于有价证券，以便从有价证券价格上升中得到收益。

### 6.2.2 最佳现金持有量的确定

现金管理除了要做好日常收支管理，加快现金流转速度外，还需控制现金持有规模，确定适当的现金持有量。企业应根据自身生产经营的特点选用适合自己的方法，常见的确定最佳现金持有量的方法有以下几种。

**1. 成本分析模式**

成本分析模式是通过分析企业持有现金的各相关成本，测算各相关成本之和最小时的货币资金持有量的一种方法。应用成本分析模式时，应分析机会成本、短缺成本与管理成本。

(1) 机会成本。现金是企业的一项资金占用，它是有代价的，这种代价就是现金的机会成本。机会成本是指因企业持有现金而丧失的其他投资收益，也称持有成本。它与持有现金的数量有关，现金置存越多，持有成本越高。一般可按年现金持有量平均值的某一百分比计算，这个百分比是该企业的机会性投资的收益率，一般可用有价证券利息率代替，计算公式为

$$机会成本=现金平均持有量\times 有价证券利息率$$

(2) 短缺成本。短缺成本是指因持有现金太少而给企业造成的损失，如因无钱购买原材料造成停工损失，失去现金折扣，不能及时支付而造成信誉损失等。短缺成本也与持有现金的数量有关，现金置存越多，短缺成本越低，当货币资金持有量增大到一定量时，短缺成本将不存在。

(3) 管理成本。管理成本是指企业因持有现金而发生的管理费用，如管理人员的工资支出，安全防盗设施的建造费用等。管理成本一般是固定费用，其数额与持有现金的数量无关。

管理成本是固定成本，因而是一项无关成本，按理说在决策中不应予以考虑，但在成本分析模式下为计算总成本的高低，仍把它考虑在内，当然对决策结果是不会造成影响的。

成本分析模式下的最佳现金持有量可用图解法确定，也可用编制现金持有成本分析表来确定。通过分析持有现金的成本，可寻找持有成本最低的现金持有量。

上述三项成本之和最小的现金持有量为最佳现金持有量。将三项成本线放在坐标图中(见图6-4)，就能表现出持有现金的总成本，从而找出最佳现金持有量的点：机会成本线向右上方倾斜，短缺成本线向右下方倾斜，管理成本线为平行于横轴的平行线，总成本线是一条抛物线，其最低点即为持有现金的最低总成本。超过该点，机会成本上升的代价会超过短缺成本降低的利益；低于该点，短缺成本上升的代价又会超过机会成本下降的利益。这一点对应横轴的量为最佳现金持有量。

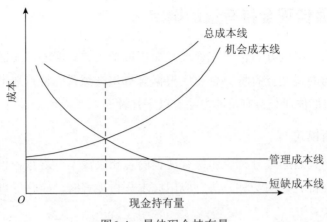

图6-4 最佳现金持有量

【例6-1】沈阳M设备有限责任公司预计2022年销售收入比2021年增加25%,相应地,公司对流动资产的需求量增加了,其中对现金的需求量也有所增加。现金属于非营利性资产,持有量过多,会使企业的整体盈利水平下降。公司财务经理为了尽量减少企业闲置的现金数量,又不影响公司的正常生产经营对现金的需求,考虑确定最佳现金持有量,特派财务部对5种不同的现金持有量方案的现金持有成本进行测算,有关数据如表6-1所示,试确定最佳现金持有量。

表6-1 现金持有量方案

元

| 项目 | 方案 | | | | |
|---|---|---|---|---|---|
| | A | B | C | D | E |
| 现金持有量 | 35 000 | 50 000 | 75 000 | 90 000 | 110 000 |
| 管理成本 | 20 000 | 20 000 | 20 000 | 20 000 | 20 000 |
| 短缺成本 | 15 000 | 8 000 | 3 000 | 1 000 | 0 |

解:财务经理根据上述数据,结合公司的资本收益率12%,利用成本分析模式,确定公司最佳现金持有量,如表6-2所示。

表6-2 现金持有总成本

元

| 项目 | 方案 | | | | |
|---|---|---|---|---|---|
| | A | B | C | D | E |
| 机会成本 | 4 200 | 6 000 | 9 000 | 10 800 | 13 200 |
| 管理成本 | 20 000 | 20 000 | 20 000 | 20 000 | 20 000 |
| 短缺成本 | 15 000 | 8 000 | 3 000 | 1 000 | 0 |
| 总成本 | 39 200 | 34 000 | 32 000 | 31 800 | 33 200 |

将各方案的总成本进行对比,可知D方案总成本最低,为31 800元。也就是说,当企业持有90 000元现金时,各方面的总成本最低,对企业最有利。所以,90 000元

为该企业的最佳现金持有量。

**2. 现金周转模式**

现金周转期是指从现金投入生产经营开始,到最终转化为现金所需要的时间。该过程大致包括如下三个阶段。

(1) 应付账款周转期,是指从收到尚未付款的材料开始到现金支出之间所需要的时间。

(2) 存货周转期,是指将原材料转化为产成品并出售所需要的时间。

(3) 应收账款周转期,是指将应收账款转化为现金所需要的时间,即从产品销售到收回现金的期间。

上述三个阶段与现金周转期之间的关系可用图6-5加以说明。

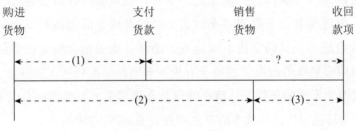

图6-5 现金周转期

根据图6-5,现金周转期可用下列计算公式表示

现金周转期=存货周转期+应收账款周转期−应付账款周转期

现金周转期确定后,便可确定最佳现金余额,计算公式为

最佳现金余额=企业年现金需求总额/360×现金周转期

【例6-2】新隆大家庭预计存货周转期为120天,应收账款周转期为60天,应付账款周转期为40天,预计全年需要现金1 440万元。求最佳现金余额。

解:现金周转期=120+60−40=140(天)

最佳现金余额=1 440/360×140=560(万元)

现金周转模式易于计算,但是应用这种方法需假设材料采购与产品销售产生的现金流量在数量上一致,企业的生产经营过程在1年内保持稳定,即现金需求和现金供应不存在不确定因素。如果以上假设条件不存在,那么求得的最佳现金余额将发生偏差。

**3. 存货模式(鲍曼模型)**

该模式的基本原理是将企业现金持有量和有价证券联系起来衡量,即将现金的持有成本同转换有价证券的成本进行权衡,以求得两者相加总成本最低时的现金余额,从而得出最佳现金持有量。存货模式假定企业在一定时期内的现金流出与流入量均匀而且可预测。企业期初持有一定量的现金,若每天平均流出量大于流入量,等到一段时间后现金的余额降至零时,企业就需出售有价证券进行补充,使下一周期的期初现金余额恢复到最高点,而后这笔资金再供生产支用,待其余额降至零时又进行补充,如此反复,其过程如图6-6所示。

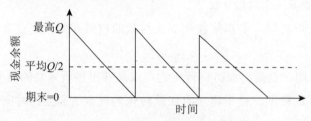

图6-6　存货模式的现金余额

如前文所述,当企业持有的现金趋于零时,就需要将有价证券转换为现金,用于日常开支,但转换有价证券需要支付诸如经纪费用等固定成本。一定时期内变换有价证券的次数越多,其固定成本就越高。当然,企业留存现金也要付出一定的代价,因为保留现金意味着放弃了投资于有价证券而产生的利息收益机会。一般而言,在有价证券收益率不变的条件下,持有的现金余额越多,形成的机会成本越高。持有现金机会成本与转换有价证券成本两者之间的关系如图6-7所示。

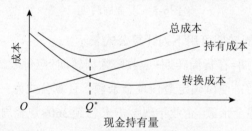

图6-7　持有现金机会成本与转换有价证券成本的关系

因而,最佳现金余额(以$Q^*$表示)就是持有成本与转换成本组合保持最低水平的持有量,即

$$现金管理总成本 = 持有成本 + 转换成本$$

$$TC = \frac{Q}{2} \times K + \frac{T}{Q} \times F$$

式中,TC为现金管理总成本;T为现金需要总量;Q为现金余额;F为每次交易的固定费用;K为有价证券的利息率;$\frac{T}{Q}$为现金与有价证券之间的转换次数;$\frac{Q}{2}$为平均现金持有量。

由TC对Q求一阶导数,不难得出

$$Q^* = \sqrt{\frac{2TF}{K}}$$

【例6-3】天宇公司预计下年度现金支出为3 200 000元，有价证券年利率为10%。有价证券每次的交易费用为100元，每天收支均衡，试利用存货模式求：①最佳现金余额；②现金管理总成本；③现金平均余额；④全年转换现金的交易次数。

解：① 最佳现金余额 $Q^* = \sqrt{\dfrac{2 \times 3\,200\,000 \times 100}{10\%}} = 80\,000(元)$

② 现金管理总成本 $TC = \dfrac{3\,200\,000}{80\,000} \times 100 + \dfrac{80\,000}{2} \times 10\% = 8\,000(元)$

③ 现金平均余额 $\dfrac{Q}{2} = \dfrac{80\,000}{2} = 40\,000(元)$

④ 全年转换现金的交易次数 $\dfrac{T}{Q} = \dfrac{3\,200\,000}{80\,000} = 40(次)$

在运用存货模式确定现金余额时，必须注意该模式以下列假设为前提。

(1) 公司所需现金总量是稳定并可预测的。

(2) 公司经营中的现金收支比较均衡，波动不大。

(3) 现金与有价证券之间的转换是畅通的。

只有上述条件得到满足，才能运用该模式来确定现金余额。因此该方法尽管简便，但并非十分精确，可作为管理部门判断现金持有量的一个标准。

**4. 随机模式(米勒-奥尔模型)**

在随机模式下，假定现金支出是随机的，现金的需要量无法预知。在这种情况下，企业可以制定一个兼有上限和下限的控制区域，当现金余额达到上限时，就将现金转换成有价证券；当现金余额达到下限时，就将有价证券转换成现金；若现金余额介于两个极限之间，则无须买卖有价证券，随机模式如图6-8所示。

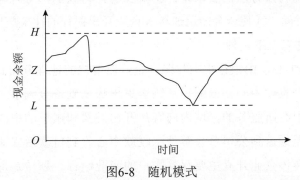

图6-8 随机模式

在图6-8中，$H$表示现金余额的上限，$L$表示现金余额的下限，$Z$为目标现金余额。当达到$H$时，买进数量为$(H-Z)$的有价证券；当现金余额降到$L$时，则卖出数量为

($Z-L$)的有价证券,使现金余额保持在$Z$之上;当$L=0$时,$Z$和$H$可用随机模式确定(推导过程略),即

$$Z = \sqrt[3]{\frac{3F\delta^2}{4K}}$$

$$H = 3Z - 2L$$

式中,$F$为每次交易的固定费用;$K$为有价证券的利息率;$\delta^2$为每日净现金收支变化的方差。

**5. 因素分析模式**

因素分析模式是根据上年现金占用额和有关因素的变动情况,来确定最佳现金余额的一种方法,计算公式为

最佳现金余额=(上年现金平均占用额−不合理占用额)×(1±预计销售收入变化的百分比)

因素分析模式考虑了影响现金余额高低的基本因素,计算也比较简单,但是这种模式需假设现金需求量与营业量成同比例增长,有时情况并非完全如此。

以上各种计算模式分别从不同角度来计算最佳现金余额,各有其优缺点,在实际工作中,可结合起来加以运用。另外,现金余额的多少是多种因素共同作用的结果,数学模型并不能把各种因素的变化都考虑进去。所以,在多数情况下,还需财务管理人员根据经验加以确定。

### 6.2.3 现金收支的日常管理

**1. 现金收账管理**

现金收账管理的目标在于缩短自客户付款(支票)到支票兑现以及存入企业存款户的时间。设计现金收账方法的要求是:①减少客户付款的邮寄时间;②减少付款到达后取回资金的时间;③使资金能迅速转入企业开户银行的往来账户备用。

现金收账方法有以下几种。

(1) 设立收账中心,由银行集中收账。企业以客户的地理分布和各销售区的账单量为依据设立多个收款中心,以缩短从顾客寄出账款到资金到手之间的时间。收款中心是企业在该中心所服务的区域内向客户开出发票和账单的中心,客户只需将付款送到该中心而无须送到公司总办事处。收款中心收到付款后立即存入当地银行,并由当地银行划转该企业开立主要存款账户的商业银行。划转是每日用电汇方式进行的,较之常用的存入转账支票的办法更快,以这种办法划转到集中收账银行的资金,企业立即可用。对于营业地区范围广大的企业来说,银行集中收账可缩短收账时间约3天,但是,即使是在全国范围内开展销售业务的企业,维持银行集中收账的

费用也是很高的，所涉及的当地银行指望它们维持相称的存款金额。采用这种收账制产生的费用应少于使用因之节约的现金进行投资而获得的额外利润。

(2) 设立专用邮政信箱。企业可在各主要城市租用当地的邮政信箱，委托地区银行收取客户寄入该邮政信箱的支票，并将收到的支票存入开出发票账单的企业账户。地区银行将存款单和收到的付款单位名单等定期送交开出发票账单的企业。使用该收账方式，可以节约由收账中心收取支票再存入当地银行的时间，但维持这个收账制度代价较昂贵，银行需收取服务费并希望维持相称的存款余额，而且服务费是按收取的支票数计算的。如果支票的额度很小，成本就比较高。因此，是否采用这一收账方法要根据上述条件平衡考虑。

(3) 专人收款。对于金额较大的收账，企业可直接派专人收取支票并存入银行，以加速收款。

(4) 事先核定记账。这种方法是指在某个指定时间，现金自然从顾客的账户转到公司的账户上，在此过程中没有传统的账单，故这种转账称为无账单交易。由于邮寄和账户结算的时间都减少了，此方法能加速资金周转。虽然这种方法十分有效，而且也可能成为一种发展趋势，但是它被接受的速度比预计的要慢，付款者采用这种方法会失去弹性付款时间也是其不被广泛接受的原因之一。

**2. 现金支出管理**

加速现金回收固然是现金管理的一个重要方面，但仅仅做好这一项工作远远不够，还必须加强对现金流出的控制。现金流出的控制方法有下列几种。

(1) 延缓支付应付账款。为了最大限度地利用现金，安排好付款时间是很重要的。企业在不影响自身信誉的前提下，可尽量延长应付账款周期。如企业采购物资，其支付条件是开出发票日期后10天内付款，现金折扣2%；若在45天内付款则按发票额付款。企业应安排在开票后第10天付款，使企业能最大限度地利用现金而又不丧失现金折扣，倘若企业急需现金而放弃折扣的优惠，当然应安排在信用条件规定的最后一天支付款项。另外，企业还可以利用汇票这一结算方式来延缓现金支出的时间，因为汇票和支票不同，不能见票即付，还需由银行经购货单位承兑后方能付现，所以企业用银行存款实际支付的时间迟于开出汇票的时间。

(2) 运用现金的浮游量。现金的浮游量是指企业账户上的存款余额与银行账户上所示的存款余额之间的差额，出现这种情况的主要原因是企业开出支票、收款人收到支票并将其送交银行，直到银行办理完款项的划转，通常需要一定的时间。因此，浮游量实际上就是企业与银行双方出账与入账的时间差造成的。也就是说，在这段时间里，虽然企业已开出支票，但仍可动用银行存款账上的这笔资金，以达到充分利用现金的目的。但是，企业使用现金浮游量应谨慎行事，要预先估计好这一差额并控制使用的时间,否则会发生银行存款的透支。

(3) 工资支付模式。许多企业都开设了支付工资的专门银行存款户。但事实上,并不是所有员工都在发工资当日到银行兑现支票,有的甚至过了好几天才去银行兑换。因此,企业应根据本企业员工兑现支票的历史资料,预测工资支付发生后逐日兑现的百分比,以便使每日的银行存款余额保持在最低额。总之,有效地控制现金支出可以尽可能多地保持现金余额。

## 6.3 应收账款管理

### 6.3.1 应收账款的功能与成本

**1. 应收账款的功能**

(1) 促进销售。企业在出售产品时通常采用现销和赊销这两种基本销售结算方式。其中,现销方式是企业最期望的一种结算方式,它使企业的应计现金流入量和实际现金流入量完全吻合,从而可使企业收回的款项投入再增值过程。但是在激烈的市场竞争经济条件下,仅采用现销的方式是不够的,企业适时地采用各种有效的赊销方式也是很有必要的。赊销方式虽然会发生一些呆账、坏账损失,但它对于企业占领市场、增加销售额尤为重要。

(2) 减少存货。在生产经营过程中,当商品或产成品存货较多时,企业可以采用较为优惠的信用条件进行赊销,尽快实现商品或产成品存货向销售收入的转化,变持有存货为持有应收账款,以降低商品或产成品存货的管理费用、仓储费用和保险费等支出。

**2. 应收账款的成本**

企业维持一定的应收账款资金占用额,虽然可以获得一定的好处,但是也会引起一系列成本。一般而言,应收账款的成本主要由以下三部分构成。

(1) 应收账款的机会成本。它是指企业由于资金投放被应收账款占用而放弃的投资于其他方面的收益,如投资于有价证券的利息收益。应收账款的机会成本并不是实际发生的成本,而主要是作为一种观念上的成本来看待的。它可通过有价证券的投资收益率来计算,也可以用企业的平均资金成本或者预期收益率来计算。为了正确衡量这种应收账款的机会成本,必须正确计算应收账款余额。

在正常情况下,企业应收账款余额的多少取决于以下两个因素:一是信用销售

的数量；二是自售出至收款的平均间隔时间，即平均收款期。经营比较稳定的企业一般采用下列公式计算应收账款平均余额

$$应收账款平均余额=每日信用销售数额×平均收款期$$

【例6-4】夏华公司生产各种型号的电冰箱。预计年销售量为27万台，平均每台售价2 000元，全部采用商业信用方式销售，预计平均收款期为36天，试分析应收账款的机会成本。

解：该企业每日平均的销售收入为27×2 000/360=150(万元)

企业应收账款平均余额为150×36=5 400(万元)

如果同期有价证券的年利息率为10%，该公司的变动成本率为60%，则该公司信用销售所带来的应收账款机会成本为5 400×60%×10%=324(万元)。

(2) 应收账款的管理成本。管理成本是指企业在管理应收账款时所发生的支出。主要包括：①调查顾客信用情况的费用；②收集各种信息的费用；③账簿的记录和保管费用；④收账费用；⑤其他费用。

一般来说，应收账款的管理成本在一定条件下是相对固定的，但在一定时期内，当企业的应收账款有很大变化时，其管理成本也会随之发生变化。

(3) 应收账款的坏账成本。应收账款基于商业信用而产生，应收账款的坏账成本是指应收账款收不回来而给企业造成的坏账损失。应收账款的坏账成本的高低与企业的应收账款量成正比。为了避免发生坏账成本给企业生产经营成果的稳定性带来不利影响，企业依据规定可以按照应收账款余额的一定比例提取坏账准备金。

## 6.3.2 信用政策

信用政策即应收账款的管理政策，是企业为了实现应收账款管理目标而制定的赊销与收账政策，包括信用标准、信用条件和收账政策三方面内容。

**1. 信用标准**

信用标准是企业同意向顾客提供商业信用的最低条件，通常以预期的坏账损失率表示。如果企业的信用标准过高，只对信誉很好、坏账损失率很低的顾客给予赊销，则会减少坏账损失和收账费用，降低应收账款的机会成本，但这可能不利于扩大销售量，甚至会使销售量减少；反之，如果信用标准过低，虽然会增加销售，但会相应增加坏账损失和应收账款的机会成本以及收账费用。企业应根据具体情况进行权衡，企业在确定信用标准时应考虑以下几个因素。

1) 行业竞争

面对竞争对手，企业首先要考虑的是如何在竞争中处于优势地位，不断扩大市

场占有率。如果竞争需要，就应采用较低的信用标准；反之，信用标准可制定得相应严格一些。

2) 企业承担违约风险的能力

它是指企业对风险的反感程度。如果一个企业愿意冒风险，可制定一个较低的信用标准；反之，则要制定一个严格的信用标准。

3) 客户的资信程度

客户的信用状况由客户的信用品质、偿付能力、资本、抵押品和经济状况5方面决定，简称5C系统。

(1) 信用品质(character)。它是指客户履约或赖账的可能性，这是决定是否给予客户信用的首要条件。企业可通过了解客户以往的付款履约情况进行评价。

(2) 偿付能力(capacity)。它是指客户的付款能力。客户偿付能力的高低取决于其资产特别是流动资产的数量多少、可变现能力的强弱以及流动资产与流动负债的比率大小。一般情况下，客户流动资产的数量越多，流动比率越大，表明其偿还债务的物质保证越雄厚。当然，企业判定客户偿付能力时，还要对其资产的变现能力及其负债的流动性进行分析。

(3) 资本(capital)。它反映了客户的经济实力与财务状况的优劣，是客户偿付债务的最终保证。

(4) 抵押品(collateral)。它是客户提供的担保付款的资产，客户提供了具有变现能力的抵押品来保证信用，这样，即使客户不付款，企业也可变卖抵押品以履行其债权。

(5) 经济状况(condition)。它是指不利经济环境对客户偿付能力的影响及客户是否具有较强的应变能力。

对上述描述客户信用状况的5个方面的资料，企业可通过以下途径取得：通过商业代理机构或资信调查机构提供客户信息资料及信用等级标准资料；委托往来银行信用部门向与客户有关联业务的银行索取信用资料；寻找与同一客户有信用关系的其他企业，相互交换该客户的信用资料；查阅客户财务报告资料，或凭企业自身的经验或其他方面取得资料。

**2. 信用条件**

信用条件是指企业向客户提供商业信用的付款要求，包括信用期限、现金折扣和折扣期限。信用条件常用以下形式表示，如(2/10, $N$/30)，这是指如果能在10天内付款，则可享受到2%的折扣；如果未能在10天内付款，则全部贷款要在30天内付清。其中，10天为折扣期，30天为付款期，2%为折扣率。

1) 信用期限

信用期限是指企业允许的从顾客购货到付款之间的时间。通常,延长信用期限有利于企业扩大销售,增加收入,但会增加企业的应收账款占用资金,从而增加机会成本,同时也会增加坏账损失及收账费用。若缩短信用期限,虽然可降低机会成本、坏账损失、收账费用等,但不利于企业扩大销售,甚至会降低企业收入。因此,企业在制定信用期限时,应进行利弊分析,一个合理的信用期限应该是利大于弊的。企业在确定信用期限时,主要应分析改变现行信用期限对收入和成本的影响。

【例6-5】大华公司2020年产销甲产品,预计销售量为100 000件,全部为赊销。甲产品目前的单位售价为8元,单位变动成本为6元,固定成本总额为100 000元。采用赊销政策的收账费用为9 600元,坏账损失率为4%,信用期45天,公司有价证券收益率为10%。

2021年,大华公司准备改变信用政策,现有两个方案可供选择。

A方案:信用期限为60天,预计销售量增长20%,此时收账费用为18 000元,原销售额部分坏账损失率仍为4%,新增部分坏账损失率为6%。

B方案:信用期限为30天,预计销售量会减少20%,收账费用为3 600元,坏账损失率为3%。

要求:确定最佳方案。

思路:在进行分析时,先计算放宽信用期得到的收益,然后计算增加的成本,最后根据两者比较的结果做出判断。

解:① 收益的增加,计算公式为

$$收益的增加=销售量的增加×单位边际贡献$$

② 应收账款占用资金的机会成本增加,计算公式为

$$应收账款机会成本=应收账款占用资金×资本成本$$

$$应收账款占用资金=应收账款平均余额×变动成本率$$

$$应收账款平均余额=日销售额×平均收现期$$

③ 收账费用和坏账损失增加。

④ 改变信用期的税前损益,计算公式为

$$税前损益=收益增加-成本费用增加$$

该题的具体计算如表6-3所示。

表6-3 A、B两种方案的具体情况

元

| 项目 | A方案<br>(信用期60天) | B方案<br>(信用期30天) | 变动 |
| --- | --- | --- | --- |
| 销售量/件 | 120 000 | 80 000 | 40 000 |

(续表)

| 项目 | A方案<br>(信用期60天) | B方案<br>(信用期30天) | 变动 |
|---|---|---|---|
| 销售收入 | 960 000 | 640 000 | 320 000 |
| 减：变动成本 | 720 000 | 480 000 | 240 000 |
| 边际贡献 | 240 000 | 160 000 | 80 000 |
| 收账费用 | 18 000 | 3 600 | 14 400 |
| 坏账损失 | 41 600 | 19 200 | 22 400 |
| 机会成本 | 12 000 | 4 000 | 8 000 |
| 税前收益 | 168 400 | 133 200 | 35 200 |

通过以上计算、分析可以发现，相较于实施B方案，实施A方案会使企业增加利润35 200元。因此，A方案是最佳方案，其信用期60天是更合理的信用期。

2) 现金折扣和折扣期限

延长信用期限会增加应收账款占用的时间和金额。许多企业为了加速资金周转，及时收回货款，减少坏账损失，往往在延长信用期限的同时，辅之以优惠措施，即在规定的时间内偿付货款的客户可按销售收入的一定比率享受折扣。现金折扣的优惠实际上是产品售价的扣减，企业是否愿意以及提供多大幅度的现金折扣，需着重考虑提供折扣后所得的收益是否大于现金折扣成本，并以此作为选择依据。

【例6-6】本例仍沿用例6-5的资料。

A方案：(2/20, $N/60$)，预计销售量增长20%，有销量一半的顾客选择折扣期内付款，此时收账费用为8 000元，坏账损失率仍为4%。

B方案：信用期限为30天，预计销售量会减少20%，收账费用为3 600元，坏账损失率为3%。

要求：确定最佳方案。

思路：企业采用何种现金折扣，要与信用期间结合起来考虑。

解：① 收益的增加；

② 应收账款占用资金的机会成本增加(包括提供现金折扣的机会成本)；

③ 收账费用和坏账损失增加；

④ 估计现金折扣成本的变化，其计算公式为

现金折扣成本增加=一方案的销售水平×该方案的现金折扣率×享受现金折扣的顾客比例-另一方案的销售水平×该方案的现金折扣率×享受现金折扣的顾客比例

⑤ 提供现金折扣后的税前损益，用公式表示为

税前损益=收益增加-成本费用增加

由于可获得税前收益,应当放宽信用期,提供现金折扣,如表6-4所示。

表6-4 A、B两种方案的变动情况

元

| 项目 | A方案(信用期60天,2/20) | B方案(信用期30天) | 变动 |
| --- | --- | --- | --- |
| 销售量/件 | 120 000 | 80 000 | 40 000 |
| 销售收入 | 960 000 | 640 000 | 320 000 |
| 减:变动成本 | 720 000 | 480 000 | 240 000 |
| 边际贡献 | 240 000 | 160 000 | 80 000 |
| 收账费用 | 8 000 | 3 600 | 4 400 |
| 坏账损失 | 19 200 | 19 200 | 0 |
| 折扣成本 | 9 600 | 0 | 9 600 |
| 机会成本 | 8 000 | 4 000 | 4 000 |
| 税前收益 | 195 200 | 133 200 | 62 000 |

通过以上计算、分析可以发现,相较于实施B方案,实施A方案会使企业利润增加62 000元。因此,A方案是最佳方案,信用期60天、2/20是更合理的信用条件。

**3. 收账政策**

企业对拖欠的应收账款,无论采用何种方式进行催收,都需要付出一定的代价,即收账费用,如收款支付的邮电通信费、派专人收款的差旅费和不得已时的法律诉讼费等。通常,企业为了扩大销售,增强竞争能力,往往针对客户的逾期未付款项规定一个允许的拖欠期限,超过规定的期限,企业就将进行各种形式的催收。如果企业制定的收款政策过宽,会导致逾期未付款项的客户拖延更长时间,对企业不利;如果企业制定的收账政策过严,催收过急,又可能伤害无意拖欠的客户,影响企业未来的销售和利润。因此,企业在制定收账政策时,要权衡利弊,把握好宽严尺度。

一般而言,企业加强收账管理,可以减少坏账损失,及早收回货款,减少应收账款的资金占用,但会增加收账费用。因此,制定收账政策就是要在增加收账费用与减少坏账损失、减少应收账款的资金占用之间进行权衡,若费用小于损失,则说明制定的收账政策是可取的。

影响企业信用标准、信用条件和收账政策的因素有很多,如销售额、赊销期限、收账期限、现金折扣、坏账损失、过剩生产能力、信用部门成本、变动成本率,以及固定成本、机会成本、存货投资等的变化。这就使得信用政策的制定更为复杂,但一般来说,理想的信用政策就是企业采取或松或紧的信用政策所带来的收益最大的政策。

### 6.3.3 应收账款的日常管理

信用政策建立以后，企业应该按照制定的信用标准、信用条件与收账政策，做好应收账款的日常控制工作。

**1. 搜集顾客信用资料**

搜集顾客信用资料是企业分析客户信用和管理应收账款的前提，资料的真实可靠程度直接影响决策结果。搜集资料必须支付费用，企业必须权衡全面搜集资料所花的费用是否超过其可能提供的收益。客户信用资料可以通过以下几个渠道获得。

(1) 财务报表。客户近期的资产负债表、损益表和现金流量表等是信用资料的主要来源之一。通过财务报表，可以了解企业的偿债能力、营运能力和获利能力。财务状况好的企业一般都愿意提供财务报表，因此搜集财务报表不仅费用低，而且较省时。如果客户拒绝提供财务报表，往往暗示他们的财务状况欠佳，这类客户可考虑暂时不给予信用政策。

(2) 评估机构的信用评级报告。我国已有不少开展信用评级业务的专门机构，它们受客户委托对企业信誉等级进行评定，发布企业的信用等级报告，但目前信用评级报告还欠规范。随着我国市场经济体制的建立健全，信用评估机构的信用评级报告也将逐步规范化。

目前，我国的信用评估机构有三种形式：第一种是独立的社会评估机构，它们只根据自身业务吸收有关专家参加，不受行政干预和集团利益的牵制，独立自主地开办信用评估业务；第二种是由政策银行组织的评估机构，一般由银行有关人员和各部门专家进行评估；第三种是由商业银行组织的评估机构，一般由商业银行组织专家对其客户进行评估。

在评估等级方面，目前主要有两种：第一种采用三等九级制(把企业的信用情况分为AAA，AA，A，BBB，BB，B，CCC，CC和C共9等，AAA为最优等级，C为最差等级)；第二种采用三级制(分成AAA，AA和A)。专门的信用评估部门通常会采用较先进的评估方法，评估调查细致，评估程序合理，可信度较高。

(3) 银行调查。银行对其开户的企业一般都比较了解，银行向企业提供信贷，必须了解企业的财务状况和还贷能力。因此，对提供信用的企业来说，通过银行来搜集客户的信用资料也是一种重要的渠道。但是，银行一般不愿向陌生的直接询问者提供资料，企业可以委托自己的开户银行代办信用调查。

(4) 其他企业。向同一客户提供信用的其他企业搜集资料，也是一种重要的渠道，这些资料包括其他企业向该客户收帐时间的长短、最高赊销总额的多少、每次赊销的限额、支付货款的快慢等。这些资料对提供信用的企业来说，将是一种很好的参考。

(5) 企业自身经验。企业自身经验是一种重要的分析资料，在这方面，企业的销售部门和财务部门比较有发言权。大企业一般设有客户关系管理机构，负责建立客户信用档案并对其进行评估。

**2. 分析顾客信用状况**

搜集客户信用资料后，要对这些资料进行分析，并对顾客信用状况进行评估。信用评估的方法很多，常见的方法有5C评估法和信用评分法。

(1) 5C评估法。所谓5C评估法，是指重点分析影响信用的品质、能力、资本、抵押和条件这5个方面的一种方法。由于这5个方面的英文写法的第一个字母都是C，故称为5C评估法。5C评估法可以判断信用风险的大小，以帮助企业决定是否提供信用和提供信用的条件。

(2) 信用评分法。信用评分法是对一系列财务比率和信用情况指标进行评分，然后进行加权平均，得出顾客综合的信用分数，并以此进行信用评估的一种方法。进行信用评分的基本公式为

$$Z = \sum a_i x_i$$

式中，$Z$为信用评分数；$a_i$为第$i$个项目的权数；$x_i$为第$i$个项目的财务比率或信用品质评分。

式中的财务比率或信用品质主要包括流动比率、资产负债率、利息保障倍数、销售利润率、信用评估等级、讨款历史、资信调查和未来发展趋势等，通常根据分析资料确定。各种要素的权数是根据财务比率和信用品质的重要程度确定的，也可由一种称为多元判别分析的计算机统计分析方法来确定。

这种模型设立了一个区分优劣信用风险的得分点，如果受评人的信用得分高于得分点的最低分数，就授予信用，否则予以拒绝。但有时信用评分系统并不能完全准确地识别优劣信用风险，或有时信用受评人的信用得分介于优劣之间的模糊区域，在这种情况下，信用分析者应仔细测试各种指标，以便做出正确的决策。

信用评分法是一种广泛运用的统计方法，在实际使用时，可根据需要增加或减少一些变量。

**3. 信用决策**

搜集了客户的信用资料并进行分析评价后，就必须对有关客户的信用要求做出决策。对新客户来说，由于是初次交易，因此一般比较慎重，在决策前要对客户进行全面的信用分析与评价，严格按照制定的信用政策决策。对老客户来说，不必

像对新客户那样进行详细的信用分析,而只对每个客户分别规定一个信用限额。同时,还要定期对各个客户进行信用评价与审计。

#### 4. 信用保险

信用保险是对超过正常坏账损失部分的损失进行投保,可以由保险企业承保,也可以自我保险。正常的坏账损失部分保险企业不能承保,超过部分也受到保险额的限制,企业还应承担一部分责任。企业自我保险主要采取提取坏账准备金、商品削价准备金等方式。

#### 5. 催收欠款

信誉好的客户会按时还款,有少数客户无论企业如何催款都拒不付款,其他客户则处于这两种极端情况之间。因此,针对不同的客户,需采取不同的策略,以便顺利收款。

在催款过程中,企业可采取众多措施,具体选择时应考虑欠款时间、欠款金额和其他因素。常见的催款措施有以下几种。

(1) 信函。当账款过期时,可以寄一封友好的信件提醒欠款方。若仍未收到款项,则可再寄若干次信件,语气可逐渐加强。

(2) 电话。当信函不起作用时,可给客户打电话。若客户真的有困难,可以找出一个折中的办法,如先付一部分。

(3) 专人催款。派出专人上门催收欠款,可以派经手该项销售业务的经销人员,也可选择其他合适的收款人员。

(4) 收款代理机构。企业可聘请专门代收欠款的机构帮助收款,但这类机构通常收取的费用较高,企业可能会损失应收款的很大一部分。

(5) 法律程序。如果款项足够多,企业可采取法律手段,起诉债务人。

这几项措施所需的费用是逐渐增加的,因此,企业应尽量先采取前面几种措施。只有当这些措施无效后,企业才应考虑其余措施,而且应注意,企业在刚开始催款时态度应友好,因为有些客户一旦有人催款还是愿意付款的,以后可能还会有往来关系。

## 6.4 存货管理

存货是指企业在日常生产经营过程中持有的备出售或者仍处在生产过程中,或者在生产或提供劳务过程中将消耗的材料或物料等。它包括原材料、燃料、低值易耗品、包装物、修理用备料、在产品、自制半成品、外购商品和产成品等。

### 6.4.1 存货的功能与存货管理的目标

**1. 存货的功能**

存货的功能是指存货在企业生产经营过程中所具有的作用，主要表现在以下几个方面。

(1) 防止停工待料。对于企业来讲，适量的原材料存货和在产品、半成品存货能使各生产环节的生产活动更加协调，以免企业因等待原材料或半成品而影响生产，维持生产的连续性。

(2) 防止因脱销而失去销售良机。存货储备，特别是产成品和商品储备能增强企业在销售方面的机动性，帮助企业适应市场变化。企业有了足够的产成品或商品，可在满足顾客需要的同时，占有市场，获得收益；相反，若企业某种畅销产成品或商品库存不足，将会失去销售良机，还有可能因此失去顾客，使企业蒙受损失。

(3) 降低进货成本。企业批量集中进货，往往会获得较多的商业折扣，另外，增加每次进货的数量，减少购货的次数，可以降低采购费用的支出。所以即使会增加存货储存成本，仍有不少企业采用大批量的购货方式，原因在于这种方式可使企业降低进货成本，只要进货成本的降低额大于因存货增加的各项储存费用，存货便是可行的。

(4) 维持均衡生产。季节性产品生产所需材料的供应一般具有季节性特征，为实行均衡生产，降低生产成本，企业必须适当地储备一定的半成品存货或保持一定的原材料存货。否则，企业若按照季节变动组织生产活动，难免会出现忙时超负荷运转、闲时生产能力得不到充分利用的情况，导致生产成本的提高。其他企业在生产过程中，同样会因为各种原因导致生产水平的高低变化，拥有合理的存货可以缓冲这种变化对企业生产活动和获利能力的影响。

**2. 存货管理的目标**

任何一个企业都必须拥有存货，它往往占流动资产的40%～60%。存货是保证企业生产经营活动得以顺利进行的物质条件。储备一定量的存货，对生产环节而言，可以节约采购费用与生产时间，防止造成生产停顿，便于均衡组织生产；对销售环节而言，可以迅速满足客户的各种订货需要，为销售提供更强的机动性，避免因存货不足造成机会损失。由此可见，存货水平越高，生产经营越有保证。但是，存货水平越高，资金占用就越多，存货成本也会增加，企业不仅要付出存货占用资金的机会成本，还要付出储存和管理存货的成本，成本上升必然导致公司获利能力下降。因此，存货管理水平的高低，直接反映了企业收益、风险和流动性的综合水平的高低。所以，存货管理的目标就是要在存货的成本与收益之间进行利弊权衡，实现两者的最佳组合。既要维持企业高效和持续经营的需要，又要以最低的存货总成本获得最高的收益。为此，企业应当制定相关的存货政策，进行科学的管理与控制，使存货量维持在最佳水平上。

### 6.4.2 存货成本

企业保持一定数量的存货，就要为此支出一定的费用。存货成本主要包括以下几项。

**1. 进货成本**

进货成本是指存货的取得成本，主要由存货的进价成本和进货费用两个方面构成。其中，进价成本又称购置成本，是指存货本身的价值，它等于数量与单价的乘积。在一定时期内，如进货总量既定、物价不变且无采购数量折扣，无论企业采购次数如何变化，存货的进价成本通常是保持相对稳定的，因而属于决策的无关成本。进货费用又称订货成本，是指企业为组织进货而支出的费用，如办公费、差旅费、邮资、电话电报费、运输费、检验费、入库搬运费等。进货费用有一部分与订货次数有关，如差旅费、邮资、电话电报费等费用与进货次数成正相关变动，这类变动性进货费用属于决策的相关成本；另一部分与订货次数无关，如专设采购机构的基本开支等，这类固定性进货费用则属于决策的无关成本。

**2. 储存成本**

储存成本是指企业为持有存货而发生的费用，主要包括存货资金占用费(存货资金的机会成本)、仓储费、保险费、存货毁损变质损失等。与进货费用一样，储存成本可以按照与储存数额的关系分为变动性储存成本和固定性储存成本两类。其中，固定性储存成本与存货储存数额的多少没有直接联系，如仓库折旧费、仓库职工的固定月工资等，这类成本属于决策的无关成本；而变动性储存成本则随着存货储存数额的增减成比例变动，如存货资金的应计利息、存货残损和变质损失、存货的保险费用等，这类成本属于决策的相关成本。企业要降低储存成本，主要措施是采用小批量订货方式，增加订货次数，以此减少存货的储存数量。

**3. 缺货成本**

缺货成本是指因存货不足而给企业造成的损失，包括由于材料供应中断造成的停工损失、成品供应中断导致延误发货的信誉损失和丧失销售机会的损失等。如果生产企业能够以替代材料解决库存材料供应中断之急，缺货成本便表现为紧急采购替代材料的额外开支。缺货成本能否作为影响决策的相关成本，应视企业是否允许出现缺货的不同情形而定。若企业允许缺货，则缺货成本便与存货数量负相关，即属于决策相关成本；反之，若企业不允许发生缺货，此时缺货成本为零，也就无须加以考虑。缺货成本是一种机会成本。

### 6.4.3 存货决策方法

经济订货批量模型(economic ordering quality model，EOQM)用于确定在保证生产经营需要的前提下能使全年存货总成本达到最低的采购批量。经济订货批量模型有许多形式，但各种形式的模型都是以基本经济订货模型为基础发展起来的。基本模型使用了许多假设条件，有些条件与现实相差较远，但是它为经济订货批量的确定奠定了良好的理论基础，而其他模型一般是在基本模型的基础上，通过放宽某些假设条件而得到的。

**1. 基本经济订货批量模型的假设条件**

基本经济订货批量模型是对现实的一种简化，它以如下假设为前提：①存货的年总耗用量可以较为准确地预测；②存货的购买单价不变，没有数量折扣；③存货的耗用量均衡；④企业发出订单后立即一次性到货入库；⑤进货日期完全由企业自行决定；⑥仓储条件和所需现金不受限制；⑦企业不允许出现缺货情形。

**2. 基本经济订货批量模型的应用**

经济批量可以通过使存货订货变动成本与储存变动成本之和最小的计算方法求得，用公式表示为

$$TC = \frac{D}{Q} \times K + \frac{Q}{2} \times KC$$

式中，TC为取得成本；$D$为存货年需要量；$Q$为每次进货量；$K$为每次订货成本；KC为存货储存成本。

若使TC值最小，则求TC对$Q$的一阶导数，并称一阶导数等于零时的批量为最佳经济订货批量，公式为

$$Q^* = \sqrt{\frac{2KD}{KC}}$$

根据这一公式可进一步推导出

$$TC = \sqrt{2KDKC}$$

最佳订货次数为

$$N = \sqrt{\frac{DKC}{2K}}$$

最佳订货周期为

$$T = \frac{360}{N}$$

【例6-7】天宇公司一年内某种材料的需求量为3 600件,每次进货成本为250元,单位储存成本为20元,每件材料的单价为1 000元,且每次订货均一次到齐,在订货间隔期均匀耗用,试计算相关成本。

解:$Q^* = \sqrt{\frac{2 \times 250 \times 3\ 600}{20}} = 300$(件)

$N = \frac{3\ 600}{300} = 12$(次)

$T = \frac{360}{12} = 30$(天)

$TC = \sqrt{2 \times 3\ 600 \times 250 \times 20} = 6\ 000$(元)

### 3. 基本经济订货批量模型扩展

基本经济订货批量模型是在前述各假设条件下建立的,在现实生产经营活动中,能够满足这些假设条件的情况十分少见。为使模型更接近实际情况,具有较强的实用性,需逐一排除假设,改进模型。

(1) 订货提前期。一般而言,企业的存货从订货到验货入库需要一定的时间,不能做到随用随补,因而不能等库存为零时再去订货,而需要提前订货。在提前订货的情况下,企业再次发出订货单时,尚有存货的库存量,称为再订货点,用$R$来表示。它的数量等于交货时间($L$)和每日平均需用量($d$)的乘积,用公式表示为

$$R = Ld$$

续例6-7,企业订货日至到货期的时间为8天,每日存货需要量为10件,那么
$R = 8 \times 10 = 80$(件)

也就是说,企业在尚存80件存货时,就应当再次订货,等到下批订货到达时(再次发出订货单8天后),原有库存刚好用完。此时,有关存货的每次订货批量、订货次数、订货间隔时间等并无变化,与瞬时补充时相同。订货提前期的情形如图6-9所示。也就是说,订货提前期对经济订货量并无影响,企业可仍以原来瞬时补充情况下的300件为订货批量,只不过在达到再订货点(库存80件)时再发出订货单罢了。

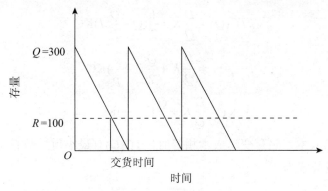

图6-9 订货提前期的情形

(2) 存货陆续供应和使用。在建立基本模型时,需假设存货一次全部入库,故存货增加时存量变化在图中为一条垂直线。事实上,各批存货可能陆续入库,使存量陆续增加。尤其产成品入库和在产品转移,几乎总是陆续供应和陆续耗用的。在这种情况下,需要对图6-9中的基本模型做一些修改。

【例6-8】天宇公司某零件年需用量($D$)为3 600件,每日送货量($P$)为30件,每天耗用量($d$)为10件,单价($U$)为10元,一次订货成本(生产准备成本)($K$)为25元,单位储存变动成本(KC)为2元。存货数量的变动如图6-10所示,试确定相关成本。

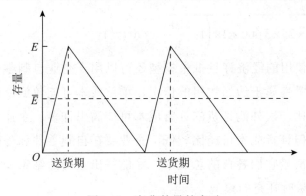

图6-10 存货数量的变动

解:设每批订货数为$Q$。由于每日送货量为$P$,故该批货全部送达所需日数为$\frac{Q}{P}$天,称之为送货期。因零件每日耗用量为$d$,故送货期内的全部耗用量为$\left(\frac{Q}{P}\right)d$;又由于零件边送边用,所以每批送完时,最高库存量为$Q-\left(\frac{Q}{P}\right)d$;平均存量则为$\frac{1}{2}\left[Q-\left(\frac{Q}{P}\right)d\right]$。图6-10中的$E$表示最高库存量,$\overline{E}$表示平均库存量。

这样,与批量有关的总成本为

$$\mathrm{TC}(Q)=\frac{D}{Q}K+\frac{1}{2}\left(Q-\frac{Q}{P}d\right)$$

$$TC(Q) = \frac{D}{Q}K + \frac{1}{2}(Q - \frac{Q}{P}d)KC$$

$$= \frac{D}{Q}K + \frac{Q}{2}(1 - \frac{d}{p})KC$$

$$KC = \frac{D}{Q}K + \frac{Q}{2}(1 - \frac{d}{p})KC$$

当订货变动成本与储存变动成本相等时，$TC(Q)$有最小值，故存货陆续供应和使用的经济订货量公式为

$$Q^* = \sqrt{\frac{2KD}{KC} \times \frac{P}{P-d}}$$

将这一公式代入上述$TC(Q)$的计算公式，可得出存货陆续供应和使用的经济订货量总成本公式为

$$TC(Q^*) = \sqrt{2KDKC\left(1 - \frac{d}{P}\right)}$$

将例6-8的数据代入公式，则

$$Q^* = \sqrt{\frac{2 \times 25 \times 3\,600}{2} \times \frac{30}{30-10}} = 367(件)$$

$$TC(Q^*) = \sqrt{2 \times 25 \times 3\,600 \times 2 \times \left(1 - \frac{10}{30}\right)} = 490\,(元)$$

陆续供应和使用的经济订货批量模型还可以用于企业自制零件和外购零件的选择决策。自制零件属于边送边用的情况，单位成本可能较低，但每批零件投产的生产准备成本比一次外购订货的订货成本可能高出许多。企业外购零件的单位成本可能较高，但订货成本可能比较低。企业要在自制零件和外购零件之间做出选择，需要全面衡量它们各自的总成本，才能得出正确的结论。这时，企业就可借用陆续供应或瞬时补充的模型。

**【例6-9】**沈阳M设备有限责任公司在生产过程中需使用一种零件，可以外购，也可以自制。如果外购，单价5元，一次订货成本25元；如果自制，单位成本3元，每次生产准备成本600元，每日产量50件。零件的全年需求量为3 600件，储存变动成本为零件价值的40%，每日平均需求量为10件，试确定最优方案。

思路：分别计算外购零件和自制零件的经济批量，采购、储存成本和总成本，以此选择较优的方案。

解：方案一：外购零件

$$Q^* = \sqrt{\frac{2 \times 25 \times 3\,600}{5 \times 40\%}} = 300(件)$$

$$TC(Q^*)=\sqrt{2\times 3\,600\times 25\times 5\times 40\%}=600(元)$$

TC=DU+TC(Q) =3 600×5+600=18 600(元)

方案二：自制零件

$$Q^*=\sqrt{\frac{2\times 600\times 3\,600}{3\times 40\%}\times\frac{50}{50-10}}=2\,121(件)$$

$$TC(Q^*)=\sqrt{2\times 600\times 3\,600\times 3\times 40\%\times\left(1-\frac{10}{50}\right)}=2\,036.47(元)$$

TC=DU+TC(Q) =3 600×3+2 036.47=12 836.47(元)

由于自制零件总成本(12 836.47元)低于外购零件总成本(18 600元)，所以企业选择自制零件。

(3) 保险储备。前文讨论的是假定存货供需稳定且确知，即每日需求量不变，交货时间也固定不变。实际上，每日需求量可能变化，交货时间也可能变化。企业按照某一订货批量(如经济订货批量)和再订货点发出订单后，如果需求增大或送货延迟，就会发生缺货或供货中断。为防止由此造成的损失，企业就需多储备一些存货以备应急之需，此为保险储备(也称安全存量)。这些存货在正常情况下企业不需动用，只有当存货过量使用或送货延迟时才动用。保险储备如图6-11所示。

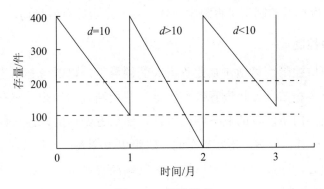

图6-11 保险储备

图6-11中，年需用量($D$)为3 600件，已计算出经济订货批量为300件，每年订货12次。又知全年平均日需求量($d$)为10件，平均每次交货时间($L$)为10天。为防止需求变化引起缺货损失，设保险储备量($B$)为100件，再订货点$R$由此而相应提高为

R=交货时间×平均日需求量+保险储备=$L_d$+B

=10×10+100=200(件)

在第1个订货周期里，$d$=10，不需要动用保险储备；在第2个订货周期内，$d$>10，需求量大于供货量，需要动用保险储备；在第3个订货周期内，$d$<10，不仅不需动用保险储备，正常储备亦未用完，下次存货即已送到。

建立保险储备，固然可以使企业避免缺货或供应中断造成的损失，但存货平均储备量增加会使储备成本升高。研究保险储备的目的，就是要找出合理的保险储备量，使缺货或供应中断的损失和储备成本之和最小。在方法上，可先计算出各个不同保险储备量的总成本，然后对总成本进行比较，选定其中最低的即可。

### 6.4.4 存货的日常管理

**1. 定额控制**

所谓定额控制，是指从满足生产经营需求和最大限度地节约资金的角度出发，采用一定的方法，制定生产经营过程中存货资金占用的数量标准，并用于指导存货管理的实践，从而对存货进行有效的控制。定额控制是财务控制的一种方式，存货定额作为一种数量标准，是衡量存货资金运用效率的尺度，它一旦确定下来，就成为各个部门、各个生产环节的存货占用资金的计划依据，也可作为企业对各职能部门的存货管理水平进行评价的标准。在定额的执行中出现偏差是正常的，一般来说，在业务量一定的前提下，如果发现超定额偏差，应及时分析原因，并采取措施加以修正，通过纠正偏差来实现对存货的有效控制。此时，存货的定额控制是否成功，关键在于定额标准的制定是否科学合理、企业是否能有效贯彻。

**2. 分级归口控制**

所谓分级归口控制，是指在企业负责人的领导下，以财务部门为核心，按照使用资金和管理资金相结合、物资管理和资金管理相结合的原则，将存货的定额和计划指标按各职能部门所涉及的业务归口管理，然后各归口的职能部门再根据具体情况将资金计划指标进行分解，落实到车间、班组以及个人，实行分级管理。

需要注意的是，存货的分级归口控制和定额控制常常结合在一起使用，从而对存货实行更有效的控制。

**3. ABC控制法**

ABC控制法是根据各项存货在全部存货中的重要程度，将存货划分为ABC三类：A类存货数量少，资金占用多，应实行重点管理；B类存货为一般存货，应实行常规管理；C类存货数量多，资金占用少，不必花费太多精力，一般凭经验管理即可。

对存货进行分类并实行不同的控制方法，有利于企业抓住重点，从而有效地控制主要存货资金。一般来说，A类存货的品种、数量通常占全部存货的5%～20%，资金占存货总金额的60%～80%；B类存货的品种、数量通常占全部存货的

20%～30%，资金占存货总金额的15%～30%；C类存货的品种、数量占全部存货的60%～70%，资金占存货总金额的5%～15%。

对于A类存货，应保持严密控制，经常检查库存，详细、科学、准确地确定该类存货的经济批量和有关定额；对于C类存货，可采用比较简化的控制方式进行管理，如集中采购、适当加大安全存量等，以节约订货费用，同时避免缺货损失；对B类存货的控制介于A类和C类存货之间，可根据其在生产中的重要程度和采购的难易程度分别采用A类和C类存货的控制方法。

**4. 现代存货控制方法**

现代存货控制方法又称为适时性管理(just-in-time，JIT)，它是一种比较先进的存货控制方法。适时存货制是随着电子数据交换系统的广泛应用而发展起来的，可以大大减少存货量。它认为，企业在生产过程中应该在需要原材料的那一刻才将其及时运到，无须保留不必要的储备。适时存货制要求企业认真细致地规划，而且生产商和供货商在整个生产过程中必须广泛合作。适时存货制的应用可使原材料存货、在产品存货和产成品存货都降至最低水平。

适时存货制能否成功取决于诸多因素。首先，采用适时存货制，企业应能制定出协调统一的计划。我们知道，存货在生产过程中可以起到缓冲作用，而适时存货制通过仔细规划，实际上取消了这部分起缓冲作用的存货，从而节约成本。如果一个企业无法实现高度的协调与规划，适时存货制当然就无法运作。其次，适时存货制对企业与供货商的关系提出了更高的要求。企业要顺利运作适时存货制，必须与供货商紧密合作，从而使交货时间、数量和质量都完全符合规定。此外，企业与供货商之间还必须保持顺畅的联系，以便及时沟通。

## 6.5 流动负债管理

流动负债的来源包括短期借款、短期融资、商业信用等，它们具有不同的获取速度、灵活性、成本和风险。

### 6.5.1 短期借款

企业借款通常按其流动性或偿还时间的长短，划分为短期借款和长期借款。短期借款是指企业向银行或其他金融机构借入的期限在1年以内(含1年)的各种借款。

目前，在我国，企业短期借款按照目的和用途可分为生产周转借款、临时借款、结算借款、票据贴现借款等。按照国际惯例，短期借款往往按偿还方式的不同分为一次性偿还借款和分期偿还借款；按利息支付方式的不同分为收款法借款、贴现法借款和加息法借款；按有无担保分为抵押借款和信用借款。短期借款可以随企业的需要安排，便于企业灵活使用，但其突出的缺点是短期内要归还，且可能会附带很多附加条件。

**1. 短期借款的信用条件**

银行等金融机构为企业提供贷款时，通常会附带一定的信用条件。短期借款所附带的一些信用条件主要有以下几方面。

(1) 信贷额度。信贷额度即贷款限额，是借款企业与银行在协议中规定的借款最高限额，信贷额度的有限期限通常为1年。一般情况下，在信贷额度内，企业可以随时按需要支用借款。但是，银行并不承担必须支付全部信贷数额的义务。如果企业信誉恶化，即使在信贷限额内，企业也可能得不到借款。此时，银行不承担法律责任。

(2) 周转信贷协议。周转信贷协议是银行在具有法律义务的前提下承诺提供不超过某一最高限额的贷款协定。在协定的有效期内，只要企业借款总额未超过最高限额，银行必须满足企业任何时候提出的借款要求。企业享用周转信贷协定，通常要对贷款限额的未使用部分向银行支付一笔承诺费用。

周转信贷协议的有效期常超过1年，但实际上贷款每几个月发放一次，所以这种信贷具有短期借款和长期借款的双重特点。

【例6-10】某企业与银行商定的周转信贷额度为5 000万元，年度内实际使用了2 800万元，承诺率为0.5%，计算企业应向银行支付的承诺费。

信贷承诺费=(5 000-2 800)×0.5%=11(万元)

(3) 补偿性余额。补偿性余额是银行要求借款企业在银行中保持按贷款限额或实际借用额的一定比例(通常为10%～20%)计算的最低存款余额。对于银行来说，补偿性余额有助于降低贷款风险，补偿其可能遭受的风险；对于借款企业来说，补偿性余额提高了借款的实际利率，加重了企业负担。

【例6-11】某企业向银行借款800万元，利率为6%，银行要求保留10%的补偿性余额，计算该借款的实际利率。

解：借款实际利率=$\dfrac{6\%}{1-10\%}$=6.67%

(4) 借款抵押。为了降低风险，银行发放贷款时往往需要企业有抵押品担保。短期借款的抵押品主要有应收账款、存货、应收票据、债券等。银行将根据抵押品面值的30%～90%发放贷款，具体比例取决于抵押品的变现能力和银行对风险的态度。

(5) 偿还条件。贷款的偿还有到期一次偿还和在贷款期内定期(每月、季)等额偿还两种方式。一般来讲,企业不希望采用后一种偿还方式,因为这会提高借款的实际年利率;而银行不希望采用前一种偿还方式,因为这会加重企业的财务负担,增加企业的拒付风险,同时会降低实际贷款利率。

(6) 其他承诺。银行有时还要求企业为取得贷款而做出其他承诺,如及时提供财务报表、保持适当的财务水平(如特定的流动比率)等。如企业违背承诺,银行可要求企业立即偿还全部贷款。

**2. 短期借款的成本**

短期借款成本主要包括利息、手续费等。短期借款成本的高低主要取决于贷款利率的高低和利息的支付方式。短期贷款利息的支付方式有收款法、贴现法和加息法三种,付息方式不同,短期借款成本的计算也有所不同。

(1) 收款法。收款法是在借款到期时企业向银行支付利息的方法。银行向企业贷款一般都采用这种方法收取利息。采用收款法时,短期贷款的实际利率就是名义利率。

(2) 贴现法。贴现法又称折价法,是指银行向企业发放贷款时,先从本金中扣除利息部分,到期时借款企业偿还全部贷款本金的一种利息支付方法。在这种利息支付方式下,企业可以利用的贷款只是本金减去利息部分后的差额,因此,贷款的实际利率要高于名义利率。

【例6-12】某企业从银行取得借款200万元,期限为1年,利率为6%,利息为12万元。按贴现法付息,企业实际可动用的贷款为188万元,计算该借款的实际利率。

解:借款实际利率 $=\dfrac{200\times 6\%}{188}=\dfrac{6\%}{1-6\%}=6.38\%$

(3) 加息法。加息法是银行发放分期等额偿还贷款时采用的利息收取方法。在分期等额偿还贷款的情况下,银行将根据名义利率计算的利息加到贷款本金中,计算出贷款的本息和,要求企业在贷款期内分期偿还本息之和的金额。由于贷款本金分期均衡偿还,借款企业实际上只平均使用了贷款本金的一半,却支付了全额利息。这样企业所负担的实际利率便要高于名义利率大约1倍。

【例6-13】某企业借入(名义)年利率为12%的贷款20 000元,分12个月等额偿还本息,计算该项借款的实际年利率。

解:实际年利率 $=\dfrac{20\,000\times 12\%}{20\,000/2}=24\%$

### 6.5.2 短期融资

企业在经营过程中,有时需要进行短期融资。短期融资券是由企业依法发行的无担保短期本票。在我国，短期融资券是指企业依照《银行间债券市场非金融企业债务融资工具管理办法》的条件和程序，在银行间债券市场发行和交易并约定在一定期限内还本付息的有价证券，是企业筹措短期(1年以内)资金的直接融资方式。

**1. 发行短期融资券的相关规定**

(1) 发行人为非金融企业，发行企业均应经过在中国境内工商注册且具备债券评级能力的评级机构的信用评级，并将评级结果向银行间债券市场公示。

(2) 发行和交易的对象是银行间债券市场的机构投资者，不向社会公众发行和交易。

(3) 融资券的发行由符合条件的金融机构承销，企业不得自行销售融资券，发行融资券募集的资金用于本企业的生产经营。

(4) 融资券采用实名记账方式在中央国债登记结算有限责任公司(简称中央结算公司)登记托管，中央结算公司负责提供有关服务。

(5) 债务融资工具发行利率、发行价格和所涉费率以市场化方式确定，任何商业机构不得以欺诈、操纵市场等行为获取不正当利益。

**2. 短期融资券的种类**

(1) 按发行人分类，短期融资券分为金融企业的融资券和非金融企业的融资券。在我国，目前发行和交易的是非金融企业的融资券。

(2) 按发行方式分类，短期融资券分为经纪人承销的融资券和直接销售的融资券。非金融企业发行融资券一般采用间接承销的方式，金融企业发行融资券一般采用直接发行的方式。

**3. 短期融资券的筹资特点**

(1) 短期融资券的筹资成本较低。相对于发行企业债券筹资而言，发行短期融资券的筹资成本较低。

(2) 短期融资券的筹资数额比较大。相对于银行借款筹资而言，短期融资券一次性的筹资数额比较大。

(3) 发行短期融资券的条件比较严格。企业具备一定的信用等级和实力，才能发行短期融资券筹资。

### 6.5.3 商业信用

商业信用是指企业在商品或劳务交易中，以延期付款或预收货款方式开展购销活动而形成的借贷关系，是企业之间的直接信用行为，也是企业短期资金的重要来源。商业信用产生于企业生产经营的商品、劳务交易之中，是一种"自动性筹资"。

**1. 商业信用的形式**

1) 应付账款

应付账款是供应商为企业提供的一种商业信用。由于购买者往往在到货一段时间后才付款，商业信用就成为企业短期资金来源。如企业规定对所有账单均见票后若干日付款，商业信用就成为随生产周转而变化的一项内在的资金来源。当企业扩大生产规模，其进货和应付账款相应增长，商业信用就提供了增产需要的部分资金。

商业信用条件常包括以下两种：第一，有信用期，但无现金折扣。如"$N/30$"表示30天内按发票金额全数支付。第二，有信用期和现金折扣，如"$2/10，N/30$"表示10天内付款享受现金折扣2%，若买方放弃折扣，30天内必须付清款项。供应商在信用条件中规定有现金折扣，目的主要在于加速资金回收。企业在决定是否享受现金折扣时，应仔细考虑。通常，放弃现金折扣的成本是高昂的。

(1) 放弃现金折扣的信用成本。倘若买方企业购买货物后在卖方规定的折扣期内付款，可以获得免费信用，这种情况下企业没有因为取得延期付款信用而付出代价。例如，某应付账款规定付款信用条件为"$2/10，N/30$"，是指买方在10天内付款，可获得2%的付款折扣；若在10~30天内付款，则无折扣；允许买方付款期限最长为30天。

【例6-14】某企业按"$2/10，N/30$"的付款条件购入60万元货物。如果企业在10天以后付款，便放弃了现金折扣1.2万元(60万元×2%)，信用额为58.8万元(60万元-1.2万元)，计算放弃现金折扣的信用成本率。

解：放弃折扣的信用成本率 $= \dfrac{折扣}{1-折扣} \times \dfrac{360天}{付款期(信用期) - 折扣期}$

$= \dfrac{2\%}{1-2\%} \times \dfrac{360}{30-10} = 36.73\%$

公式表明，放弃现金折扣的信用成本率与折扣百分比大小、折扣期长短和付款期长短有关系，与货款额和折扣额没有关系。企业在放弃折扣的情况下，推迟付款的时间越长，其信用成本便越低，但展期信用的结果是企业信誉恶化导致信用度严重下降，日后可能招致更加苛刻的信用条件。

(2) 放弃现金折扣的信用决策。企业放弃应付账款现金折扣的原因，可能是企业暂时缺乏资金，也可能是为了将应付账款用于临时性短期投资，以获得更高的投资收益。如果企业将应付账款用于短期投资，所获得的投资报酬率高于放弃折扣的信用成本率，则应当放弃现金折扣。

【例6-15】企业采购一批材料，供应商报价为10 000元，付款条件为：3/10、2.5/30、1.8/50、$N/90$。目前，企业用于支付账款的资金需要在90天后才能周转回来，要在90天内付款，只能通过银行借款解决。如果银行利率为12%，试确定企业材料采购款的付款时间和价格。

解：根据放弃折扣的信用成本率计算公式，选择10天付款方案，放弃折扣的信用成本率为13.92%；选择30天付款方案，放弃折扣的信用成本率为15.38%；选择50天付款方案，放弃折扣的信用成本率为16.50%。由于各种方案放弃折扣的信用成本率均高于借款利息率，初步结论是取得现金折扣，借入银行借款以偿还货款。

10天付款方案：得折扣300元，用资9 700元，借款80天，利息258.67元，净收益41.33元；

30天付款方案：得折扣250元，用资9 750元，借款60天，利息195元，净收益55元；

50天付款方案：得折扣180元，用资9 820元，借款40天，利息130.93元，净收益49.07元。

总结论：第30天付款是最佳方案，其净收益最大。

2) 应付票据

应付票据是指企业在商品购销活动和结算工程价款中，因采用商业汇票结算方式而产生的商业信用。商业汇票是指由付款人或存款人(或承兑申请人)签发，由承兑人承兑，并于到期日向收款人或背书人支付款项的一种票据，它包括商业承兑汇票和银行承兑汇票。应付票据按是否带息分为带息应付票据和不带息应付票据两种。

3) 预收货款

预收货款是指销货单位按照合同和协议规定，在发出货物之前向购货单位预先收取部分或全部货款的信用行为。对于紧俏商品购货单位往往乐于采用这种方式；销货方对于生产周期长、造价较高的商品，往往采用预收货款的方式销货，以缓和本企业资金占用过多的问题。

4) 应计未付款

应计未付款是企业在生产经营和利润分配过程中已经计提但尚未以货币支付的款项，主要包括应付职工薪酬、应缴税金、应付利润或应付股利等。以应付职工薪酬为例，企业通常以半月或月为单位支付职工薪酬，在应付职工薪酬已计但未付的这段时间，就会形成应计未付款。它相当于职工给企业的一个信用。应缴税金、应付利润或应付股利也有类似的性质。应计未付款随着企业规模的扩大而增加，企业使用这些自然形成的资金无须付出任何代价。但企业无法一直控制这些款项，因为其支付是有一定时间的，企业不能总拖欠这些款项。所以，尽管企业可以充分利用应计未付款项，但并不能控制这些账目的水平。

**2. 商业信用筹资的优缺点**

1) 商业信用筹资的优点

(1) 商业信用容易获得。商业信用的载体是商品购销行为，企业总有一批既有供需关系又有相互信用基础的客户，所以对大多数企业而言，应付账款和预收账款是自然的、持续的信贷形式。商业信用的提供方一般不会对企业的经营状况和风险进行严格考量，企业无须办理像银行借款那样复杂的手续便可取得商业信用，有利于应对企业生产经营之急需。

(2) 企业有较大的机动权。企业能够根据需要，选择筹资的金额和期限，这要比银行借款等其他方式灵活得多。如果企业在期限内不能付款或交货，还可以通过与客户协商，请求延长时限。

(3) 企业一般不用提供担保。通常，商业信用筹资不需要第三方担保，也不会要求筹资企业用资产进行抵押。这样，在出现逾期未付款或未交货的情况时，可以避免像银行借款那样面临抵押资产被处置的风险，企业的生产经营能力在相当长的一段时间内不会受到限制。

2) 商业信用筹资的缺点

(1) 商业信用筹资成本高。在附有现金折扣条件的应付账款融资方式下，其筹资成本与银行信用相比较高。

(2) 容易降低企业的信用水平。商业信用的期限短，还款压力大，对企业现金流量管理的要求很高。如果企业长期和经常性地拖欠账款，会造成信誉度降低。

(3) 受外部环境影响较大。商业信用筹资受外部环境影响较大，稳定性较差，即使不考虑机会成本，也是不能无限利用的。一是受商品市场的影响，如当求大于供时，卖方可能停止提供信用；二是受资金市场的影响，当市场资金供应紧张或有更好的投资方向时，商业信用筹资就可能遇到障碍。

### 6.5.4 流动负债经营的优劣势

从总体上来看，流动负债经营既存在优势也存在劣势。

(1) 流动负债的经营优势。流动负债的经营优势主要包括：容易获得，灵活性强，能有效地满足季节性信贷融资需求，使需要融资和获得融资之间保持同步性。另外，短期借款一般比长期借款具有更少的约束性条款。如果仅在短期内需要资金，以短期为条件进行借款可以使企业维持未来借款决策的灵活性。如果一个企业签订了长期借款协议，该协议具有约束性条款，并会导致大量的预付成本和(或)信贷合约的初始费用，那么流动负债所具有的那种灵活性通常不适用。流动负债的一个主要作用是为季节性行业的流动资产进行融资。为了满足增长的需要,季节性行业的企业必须增加存货和(或)应收账款。流动负债是为企业流动资产中的临时性、季节性增长进行融资的主要工具。

(2) 流动负债的经营劣势。流动负债的一个经营劣势是需要持续地重新谈判或滚动安排负债。由于企业财务状况的变化,或整体经济环境的变化,贷款人可能在到期日不愿滚动贷款,或重新设定信贷额度。而且,对于企业为了填补短期营运资金缺口而筹集的贷款,提供信贷额度的贷款人一般要求企业必须每年支付1~3个月的全额款项,这1~3个月被称为结清期。贷款人之所以这么做,是为了确认企业在适用长期负债作为融资来源时是否仍然使用流动负债。许多企业的实践证明,使用短期贷款来为永久性流动资产融资是一件危险的事情。

## 章后练习题

**1. 单项选择题**

(1) 利用存货模型确定最佳现金持有量时,不予考虑的因素是( )。
　　A. 持有现金的机会成本　　　　　　B. 现金的管理成本
　　C. 现金的交易成本　　　　　　　　D. 现金的平均持有量

(2) 公司因资金被应收账款占用而放弃的投资于其他方面的收益,称为应收账款的( )。
　　A. 管理成本　　B. 坏账成本　　C. 短缺成本　　D. 机会成本

(3) 某公司的原料采购和产品销售均采用商业信用方式,其应付账款的平均付款天数为35天,应收账款的平均收款天数为90天,存货平均周转天数为125天。假设一年为360天,则公司的现金周转率为( )。
　　A. 1.44　　B. 2　　C. 2.88　　D. 5.14

(4) 存货经济批量的基本模型所依据的假设不包括( )。
　　A. 存货集中到货　　　　　　　　　B. 一定时期的存货需求量能够确定
　　C. 存货进价稳定　　　　　　　　　D. 允许缺货

(5) 某种零部件每日耗用10件,每日进货30件,其余条件相同,则陆续到货的经济批量比基本模型的经济批量要( )。
　　A. 大　　B. 小　　C. 相等　　D. 无法判断

(6) 已知某种存货的全年需要量为7 200个单位,假设生产周期为1年,存货的在途时间为5天,则该种存货的再订货点为( )。
　　A. 20　　B. 50　　C. 100　　D. 200

(7) 在存货ABC分析法下，(　　)存货种类最少但价值量比重最大。

　　A. A类　　　　　B. B类　　　　　C. C类　　　　　D. 不一定

(8) 在企业应收账款管理中，明确规定了信用期限、折扣期限和现金折扣率内容的是(　　)。

　　A. 客户资信程度　　　　　　　　B. 收账政策

　　C. 信用等级　　　　　　　　　　D. 信用条件

(9) 已知某种存货的全年需要量为5 400个单位，假设生产周期为1年，预计交货期内原材料的需要量为300个单位，则该存货的订货提前期为(　　)。

　　A. 36　　　　　B. 15　　　　　C. 20　　　　　D. 54

(10) 下列对信用期限的叙述，正确的是(　　)。

　　A. 信用期限越长，坏账发生的可能性越小

　　B. 信用期限越长，表明客户享受的信用条件越优惠

　　C. 延长信用期限，将会减少销售收入

　　D. 信用期限越长，收账费用越少

**2. 多项选择题**

(1) 用成本分析模式确定最佳现金持有量时，应予考虑的成本费用项目有(　　)。

　　A. 现金管理费用　　　　　　　　B. 现金短缺成本

　　C. 现金置存成本　　　　　　　　D. 现金与有价证券的转换成本

　　E. 现金机会成本

(2) 信用条件是指公司要求客户支付赊销款的条件，一般包括(　　)。

　　A. 信用期限　　　B. 现金折扣　　　C. 折扣期限

　　D. 坏账损失率　　　　　　　　　　E. 信用标准

(3) 赊销在企业生产经营中所发挥的作用有(　　)。

　　A. 增加现金　　B. 减少存货　　C. 促进销售　　D. 减少借款

(4) 下列有关信用期限的表述中，正确的有(　　)。

　　A. 缩短信用期限可能增加当期现金流量

　　B. 延长信用期限会扩大销售

　　C. 降低信用标准意味着将延长信用期限

　　D. 延长信用期限将增加应收账款的机会成本

(5) 营运资金周转是指企业的营运资金从现金投入生产经营开始到最终转化为现金为止的过程。下列会使营业周期缩短的方式有(　　)。

　　A. 缩短存货周转期　　　　　　　B. 缩短应收账款周转期

　　C. 缩短应付账款周转期　　　　　D. 缩短预收账款周转期

(6) 企业运用存货模式确定最佳现金持有量所依据的假设包括（　　）。
　　A. 所需现金只能通过银行借款取得　　B. 预算期内现金需要总量可以预测
　　C. 现金支出过程比较稳定　　D. 证券利率及转换成本可以知悉

(7) 通常，在基本模型下确定经济批量时，应考虑的成本是（　　）。
　　A. 采购成本　　B. 进货费用　　C. 储存成本　　D. 缺货成本

(8) 下列选项中，（　　）属于存货的储存变动成本。
　　A. 存货占用资金的应计利息　　B. 紧急额外购入成本
　　C. 存货的破损变质损失　　D. 存货的保险费用

(9) 与应收账款机会成本有关的因素是（　　）。
　　A. 应收账款平均余额　　B. 变动成本率
　　C. 销售成本率　　D. 资金成本率

(10) 确定再订货点，需要考虑的因素有（　　）。
　　A. 经济订货量　　B. 每天消耗的原材料数量
　　C. 原材料的在途时间　　D. 每次订货成本

### 3. 判断题

(1) 订货的经济批量大小与订货提前期的长短没有关系。（　　）

(2) 当储存成本与订货成本均为最小时的批量，称为订货经济批量。（　　）

(3) 企业持有的现金总额可以小于各种动机所需现金余额之和，且各种动机所需保持的现金也不必均为货币形态。（　　）

(4) 在利用成本分析模式和存货模式确定现金最佳持有量时，都可以不考虑现金管理成本的影响。（　　）

(5) 存货周转期是指将原材料转化为产成品所需要的时间。（　　）

(6) 应付账款周转期是指从收到尚未付款的材料开始到现金支出所用的时间。（　　）

(7) 赊销是扩大销售的有力手段之一，企业应尽可能放宽信用条件，增加赊销量。（　　）

(8) 企业现金持有量过多会降低企业的收益水平。（　　）

(9) 企业营运资金余额越大，说明企业风险越小，收益率越高。（　　）

(10) 企业持有的现金总额可以小于各种动机所需现金余额之和，且各种动机所需保持的现金也不必均为货币形态。（　　）

### 4. 计算题

(1) 某企业每年需耗用A材料90 000件，单位材料年存储成本为4元，平均每次进货费用为1 800元，A材料全年平均单价为40元。假定企业满足经济进货批量基本模型的全部假设前提。

要求：

① 计算经济进货批量；

② 计算年度最佳进货批数；

③ 计算相关进货费用；

④ 计算相关存储成本；

⑤ 计算经济进货批量相关总成本；

⑥ 计算经济进货批量平均占用资金。

(2) 某企业预测2021年度销售收入为5 400万元，现销与赊销比例为4：1，应收账款平均收账天数为40天，变动成本率为60%，企业的资金成本率为10%，一年按360天计算。

要求：

① 计算2021年度赊销额；

② 计算2021年度应收账款的平均余额；

③ 计算2021年度维持赊销业务所需要的资金额；

④ 计算2021年度应收账款的机会成本额；

⑤ 若2021年应收账款平均余额需要控制在60万元，在其他因素不变的条件下，试分析应收账款平均收账天数应调整为多少天。

(3) 已知某公司现金收支稳定，预计全年(按360天计算)现金需要量为100万元，现金与有价证券的转换成本为每次250元，有价证券年利率为5%。

要求：

① 计算最佳现金持有量；

② 计算最低全年现金管理相关总成本以及其中的转换成本和持有机会成本；

③ 计算最佳现金持有量下的全年有价证券交易次数和有价证券交易间隔期。

(4) 某公司本年度需耗用乙材料36 000千克，该材料的采购成本为300元/千克，年度储存成本为10元/千克，平均每次进货费用为200元，正常在途时间(即正常订货提前期或正常交货期)为7天，单位缺货成本为8元，保险储备量为200千克。

要求：

① 计算经济进货批量；

② 计算每次订货的平均缺货量；

③ 计算原材料使用率；

④ 计算再订货点；

⑤ 明确平均存货水平；

⑥ 计算与保险储备量和经济订货量相关的储存成本；

⑦ 计算平均资金占用额；

⑧ 如果预计每天的最大耗用量为110千克，根据保险储备量推算最长的订货提前期。

(5) A公司是一家商业企业。由于目前的信用条件过于严厉，不利于扩大销售，该公司正在研究修改现行的信用条件。现有甲、乙、丙3个放宽信用条件的备选方案，有关数据如表6-5所示。

表6-5 备选方案的相关数据

| 项目 | 甲方案($n$/60) | 乙方案($n$/90) | 丙方案(2/30，$n$/90) |
|---|---|---|---|
| 年赊销额/万元/年 | 1 440 | 1 530 | 1 620 |
| 收账费用/万元/年 | 20 | 25 | 30 |
| 固定成本 | 32 | 35 | 40 |
| 所有账户的坏账损失率 | 2.5% | 3% | 4% |

已知A公司的变动成本率为80%，资金成本率为10%。坏账损失率是指预计年度坏账损失和赊销额的百分比。考虑到有一部分客户会拖延付款，因此预计在甲方案中，应收账款平均收账天数为90天；在乙方案中，应收账款平均收账天数为120天；在丙方案中，估计有40%的客户会享受现金折扣，有40%的客户会在信用期内付款，另外20%的客户会延期60天付款。

要求：

① 计算丙方案的下列指标。

a. 应收账款平均收账天数；

b. 应收账款机会成本；

c. 现金折扣。

② 通过计算选择一个最优方案(一年按360天计算)。

(6) 某企业计划生产A、B两种产品，甲材料的单耗分别为10公斤和20公斤，产量分别为1 000件和500件。甲材料的计划单价为10元，每次采购费用为1 600元，单位材料的年保管费为其价值的40%。

要求：

① 计算甲材料的经济订货批量；

② 如果每次进货5 000公斤有2%的折扣，企业应如何选择订货批量？

(7) 已知某企业用现金分析模式确定的机会成本为4 000元，用现金存货模式计算的现金持有量为40 000元，现金与有价证券的交易间隔期为72天。

要求：

① 计算现金存货模式下的机会成本；

② 计算机会成本率(有价证券年利率)；

③ 计算现金年用量；

④ 计算现金与有价证券每次的转换成本。

(8) 某公司拟采购一批零件，价值50 000元，供应商规定的付款条件为"1/20, $n/50$"。

要求：回答以下互不相关的问题。

① 假设银行短期贷款年利率为10%，计算放弃现金折扣的成本，并确定对该公司最有利的付款日期和价格；

② 假设目前有一项短期投资，年均收益率为20%，确定对该公司最有利的付款日期和价格。

(9) 某公司向银行借入短期借款10 000元，针对支付银行贷款利息的方式，公司同银行协商后的结果如下所述。

方案一：采用收款法付息，利息率为14%；

方案二：采用贴现法付息，利息率为12%；

方案三：利息率为10%，银行要求的补偿性余额比例为20%。

要求：

如果你是该公司财务经理，确定选择哪种借款方式，并说明理由。

# 第7章 利润分配管理

## 本章学习导读

利润分配，是指将企业实现的净利润按照国家财务制度规定的分配形式和分配顺序，在企业和投资者之间进行分配。利润分配的过程与结果关系到所有者的合法权益能否得到保护、企业能否长期和稳定发展，因此，企业必须加强利润分配的管理与核算。

## 本章学习目标

(1) 掌握利润分配的原则和顺序；
(2) 掌握影响股利分配的因素和股利政策；
(3) 熟悉股利支付形式和支付程序；
(4) 了解股票分割和股票回购。

### 引导案例

#### 苹果公司的股利政策

1976年，两个年轻人创办了苹果计算机有限公司，并研制了第一代苹果计算机，随后又研制了第二代苹果机，销售非常成功。1980年，该公司销售收入已达1.7亿美元，并在当年成功发行普通股上市。1986年，公司销售收入为19亿美元，净利润为1.54亿美元。从1980年到1986年，公司净利润的年增长率为53%。此时，公司集中精力开发办公室电脑市场，其强有力的竞争对手是IBM公司。为了强调其在电脑市场上的成功和吸引更多的投资者，苹果公司在1987年4月23日宣布了首次季度股利：每股0.12美元，同时宣布进行1股换2股的股票分割。股票市场对其股利分配方案反应强烈。股利宣布当天，股价上涨1.75美元，在4个交易日里，股价上涨了约8%。接下来的4年是苹果公司的繁荣期。到1990年，公司利润和资本都达到了历史最高水平。

资料来源：王辛平. 财务管理学[M]. 北京：清华大学出版社，2007.

## 7.1 利润分配

### 7.1.1 利润分配概述

**1. 利润分配的定义和意义**

利润分配是指对企业实现的净利润在投资者和企业内部留存之间进行分配。

利润分配是财务管理工作的重要组成部分，它关系到与企业具有经济利益关系的各方的切身利益，如处理不当，会影响企业的生存和发展。因此，企业要合理确定利润分配政策，科学制定利润分配方案，处理好企业长远发展和投资者近期利益的关系，确保分配方案与筹资、投资决策相互协调，为实现企业总体目标奠定基础。

**2. 利润分配的原则**

(1) 依法分配原则。利润分配涉及各种利益关系，是一项十分敏感的工作，因此，必须坚持合法性，依法纳税。国家有关法律、法规对企业利润分配的基本原则、一般次序和重大比例也做了较为明确的规定，其目的是保障企业利润分配的有序进行，维护企业和所有者、债权人以及职工的合法权益，促使企业增加积累，增强风险防范能力。国家有关利润分配的法律和法规主要有《中华人民共和国公司法》《中华人民共和国外商投资企业法》等，企业在利润分配中必须切实执行上述法律、法规的有关规定。利润分配在企业内部属于重大事项，企业的章程必须在不违背国家有关规定的前提下，对本企业利润分配的原则、方法、决策程序等内容做出具体而又明确的规定，企业在利润分配中也必须按规定办事。

(2) 积累优先原则。企业的税后利润是投资者拥有的重大权益，对其进行处置和分配，应兼顾投资者的短期利益和长远利益。利润分配也应尊重市场竞争规律，为企业提高抗风险的能力、实现可持续发展进行必要的积累。企业提取的盈余公积金和未分配利润等留存收益，体现了企业的积累能力和发展后劲，其数额应与企业所承担的经济责任和所实现的经济效益相适应。企业在分配利润时，先提取公积金，后分配投资者利润。

(3) 资本保全原则。利润分配应是对投资者资本增值部分的分配，绝不允许企业在不盈利或亏损的情况下使用资本金向投资者分配"利润"，这是一种自动清算行为，其实质是损害投资者的利益。因此，应取消不规范的分配内容，以维护企业投资者的利益。

(4) 充分保护债权人的利益原则。按照承担风险的顺序及合同契约的规定，企业必须在利润分配之前偿清所有债权人到期的债务，否则不能进行利润分配。同时，在利润分配之后，企业还应保持一定的偿债能力，以免产生财务危机，危及企业生存。此外，企业在与债权人签订某些长期债务契约的情况下，其利润分配政策还应征得债权人的同意或经过审核方能执行。

(5) 多方及长短期利益兼顾原则。利益机制是制约机制的核心，而利润分配的合理与否是利益机制最终能否持续发挥作用的关键。利润分配涉及投资者、经营者、职工等多方面的利益，企业必须兼顾，并尽可能地保持稳定的利润分配。在企业获得稳定增长的利润后，应增加利润分配的数额或百分比。同时，由于发展及优化资本结构的需要，除依法必须留用的利润外，企业仍可以出于长远发展的考虑，合理留用利润。在积累与消费关系的处理上，企业应贯彻积累优先的原则，合理确定提取盈余公积金和分配给投资者的利润的比例，使利润分配真正成为促进企业发展的有效手段。

### 7.1.2 利润分配的顺序

按照《中华人民共和国公司法》的有关规定，利润分配应按下列顺序进行。

**1. 弥补以前年度亏损**

根据现行法律法规的规定，公司发生年度亏损，可以用下一年度的税前利润弥补；下一年度的税前利润不足弥补时，可以在5年内延续弥补；5年内仍未弥补完的，可用税后利润弥补。

**2. 提取法定盈余公积金**

依据国家规定，企业应按照当年税后利润10%的比例提取法定盈余公积金。但法定盈余公积金累计数额达到企业注册资本的50%时，企业不再继续提取。法定盈余公积金可用于弥补企业亏损、扩大企业生产经营或转增资本金。但用于转增资本金后留存的法定盈余公积金不得低于注册资本的25%。

**3. 提取任意盈余公积金**

企业按照企业章程或公司股东大会决议，提取任意盈余公积金，目的是进一步投资，控制向投资者分配利润的水平，调整各年利润分配的波动。

**4. 向股东(投资者)支付股利(分配利润)**

企业可供分配的利润扣除上述各项分配内容后，即可按照同股同酬、同股同利的原则，向股东分配股利。

公司股东会或董事会违反上述利润分配顺序,在抵补亏损和提取法定盈余公积金之前向股东分配利润的,必须将违反规定发放的利润退还公司。

企业分配利润时应注意:当年无利润,原则上不分配股利,但为了维护股票信誉,在以盈余公积金补亏后,经股东大会特别决议,可按照不超过股票面值6%的比例用盈余公积金分配股利,但分配股利后企业法定盈余公积金不得低于注册资本的25%。

企业可供分配的利润扣除法定盈余公积金和任意盈余公积金后,经董事会决议可以全部分配,也可以部分分配,剩下未分配部分作为公司未分配利润转入下年度分配。

## 7.2 股利理论

股利分配作为财务管理的一部分,同样要考虑其对公司价值的影响。长期以来,理论界在股利分配对公司价值的影响这一问题上,存在不同的观点,主要有股利无关论和股利相关论。

### 7.2.1 股利无关论

股利无关论认为,股利分配对公司的市场价值(或股票价格)不会产生影响。它是著名的MM定理 [美国著名财务学家米勒(Miller)和莫迪格莱尼(Modigliani)在他们的著名论文《股利政策、增长与股票价格》中提出的理论]的一部分。MM定理认为,在有效的证券市场上,公司的资本结构与股利政策不影响公司的证券价值与资产价值。这一理论得到西方学术界的认可,大多数财务学者认为它是财务管理理论中最重要的贡献,奠定了现代公司财务理论的基础。

股利无关论是建立在一些假设基础之上的:①没有个人与公司所得税,资本利得与股利之间没有所得税差异;②资本市场是完美无缺的,股票发行与交易都不必缴纳交易费用;③公司的投资政策与其股利政策是彼此独立的;④投资者与管理者之间不存在信息不对称;⑤公司的未来利润已知(此假设后来被删除)。

在上述假设基础上,股利无关论的结论如下所述。

(1) 投资者不会关心公司的股利政策,公司的股利政策不会对公司的资产价值产生影响,公司的价值完全由其投资的获利能力所决定。

(2) 公司的股票价格与股利政策无关。公司的盈余在股利和保留盈余之间的分配并不影响公司的股票价格。

(3) 当公司保留较多盈余用于投资且有好的投资效益时，公司股票将会上涨，这时，股东可以通过出售所持股票取得资本收益。若公司发放较多的股利，投资者又可以用现金再买入一些股票以扩大投资。也就是说，投资者对股利和资本利得并无偏好。

(4) 当有较好的投资机会，且公司能支付较高的现金股利时，公司可通过发行新股等方式筹集资金。

因此，如果公司投资方案的预期报酬超过目前的投资报酬率，投资者宁愿公司不分配股利，而将税后利润用于投资。因为这样，股票价格就会上升，投资者的财富就会增加。投资者对公司股利支付比率的高低可通过股票交易来弥补。

所以，股利的分配不会影响投资者对公司的态度。公司价值或股票价格完全由公司资产的获利能力或其投资政策所决定。公司税后利润是否分配股利，不会影响公司的价值。根据这一理论，股利政策完全由投资计划所需要的留用利润来决定，发放股利的数额是满足投资需求后所剩余的利润。

### 7.2.2 股利相关论

股利相关论认为，公司的股利分配与公司的市场价值是相关的，股利政策将影响公司的证券价值与资产价值。在现实生活中，市场并不完善且存在税收，不存在无关论提出的假定前提，公司的股利分配是在种种制约因素下进行的，公司不可能摆脱这些因素的影响，股利政策对公司的价值或股票价格将产生较大的影响。在股利相关论中，有以下几个较具代表性的理论。

**1. "一鸟在手"论**

该理论认为，股价上涨会给股东带来资本收益，但是这种收益在很大程度上是不确定的，即使公司承诺将来支付较高的现金股利，该现金股利的获得也是不确定的。因此，从收益的确定性或低风险性来考虑，股东宁愿以较高的价格购买现在就支付现金股利的股票(将此比喻为"一鸟在手")，也不愿购买将来可能上涨或将来可能支付较高现金股利的股票(将此比喻为"双鸟在林")。"一鸟在手"论认为，发放现金股利，会刺激股价上涨。

**2. 信息传递论**

这种理论认为，股利之所以会对股票价格产生影响，是因为投资者用股利来预测企业未来的经营成果。投资者一般只能通过企业的财务报告了解企业的经营状况和盈利能力，并据此来判断股票的价格是否合理。但是财务报告在一定时期内可以调整、润色甚至含有虚假的成分。因此，投资者对企业未来的发展和收益的了解远不如企业管理人员清晰，即存在某种信息不对称。在这种情形下，现金股利的分配就成了一个难得的信息传播渠道，即股利的分配为投资者传递了关于企业盈利能力的信息。如果企业的目标股利支付率在过去一个较长的时期内很稳定，而现在却有所变动，投资者将会把这种现象视为企业未来收益变动的信号，股票市价将会对股利变动有所反应。所以，有人认为，股利可提供明确的证据来证明有关企业有能力创造利润，因此，企业的股利方针将会影响股票价格。在充满不确定因素的现实世界里，企业的口头声明往往会被忽视或被误解，而它支付股利的实际行动却是一个强有力的证明，因为事实终究胜于雄辩。

**3. 所得税差异理论**

布伦南(Brennan)于1970年最早提出税收差异理论。这种理论认为：MM理论中关于不存在个人和企业所得税的这一假设是不存在的。事实上，不仅存在个人和企业所得税，而且股利的税率要高于资本利得的税率。这样一来，资本利得对于股东来说更为有利。即使股利和资本利得按相同的税率征税，由于支付时间不同，股利收入的纳税时间是在收取股利的当时，而资本利得纳税是在股票出售时才发生的，考虑到货币的时间价值，将来支付的一元钱的价值要比现在支付一元钱的价值要小，这种税收延期的特点为资本利得提供了优惠。因此，当存在税收差异时，企业实行高股利政策会损害投资者的利益，而实行低股利政策则会抬高股价，增加企业的市场价值。

**4. 代理理论**

代理理论认为，股利政策有助于减缓管理者与股东之间的代理冲突，股利政策是协调股东与管理者之间的代理关系的一种约束机制。企业多派发现金股利至少具有以下几点好处：①公司管理者将公司的盈利以股利的形式支付给投资者，管理者自身可以支配的"闲余现金流量"就相应减少了，这在一定程度上可以抑制公司管理者过度地扩大投资或进行特权消费，从而保护外部投资者的利益。②企业多派发现金股利，减少了内部融资，导致企业进入资本市场寻求外部融资，这使企业可以经常接受资本市场的有效监督，从而通过资本市场的监督减少代理成本。因此，高水平的股利支付政策有助于降低企业的代理成本，但同时也增加了企业的外部融资成本，所以，最优的股利政策应当使这两种成本之和最小。

可以看出，上述各个理论各有特点，MM理论认为股利大小与企业价值无关，即不存在最佳股利政策；"一鸟在手"理论认为高股利支付率可以提高企业的价值；而税差理论则认为低股利支付率是最佳选择，可以获得减税效应。究竟应该以哪种理论为依据进行股利分配，企业应视具体情况而定。

## 7.3 股利政策

### 7.3.1 影响股利分配的因素

**1. 法律法规因素**

为了保护债权人和股东的利益,国家有关法规对企业收益分配做到一定的硬性限制,这些限制主要体现为资本保全约束、偿债能力约束、资本积累约束和超额累积利润约束。

(1) 资本保全约束。它要求企业发放股利不能侵蚀资本,即当企业没有可供分配的利润时,不得派发股利。资本保全的目的,在于防止企业任意降低资本结构中所有者权益的比例,以保护债权人的利益。根据资本保全约束的规定,企业派发的股利,只能来自当期利润或留存收益,不能来自资本公积和实收资本。

(2) 偿债能力约束。它保证企业在分配现金股利后仍能保持较强的偿债能力。

(3) 资本积累约束。它要求企业在分配收益时,必须按一定的比例和基数提取各种公积金。另外,它要求企业在分配股利时,贯彻"无利不分"的原则。

(4) 超额累积利润约束。它规定企业不能过度地进行利润积累。为什么要限制企业过度积累利润呢?我们知道,企业股东获得的收益包括两部分:一部分是持有期间获得的股利,另一部分是将来卖出时的卖出价和原来买入价的差额,即资本利得。如果企业过度积累利润,虽然股东的股利收入减少了,但由于股价会上升,股东可以获得资本利得。股利收入的所得税税率要高于获得资本利得收入的税率,因此,企业通过过度积累利润,虽然减少了股东的股利收入,但由于增加了盈余积累,提高了公司股价,从而增加了股东的资本利得。所以,过度积累利润实质上是一种避税行为。西方国家在法律上明确规定公司不得超额累计利润,当公司留存收益超过法律认可的水平将被加征额外的税款,但我国法律对此尚未做出规定。

**2. 企业自身因素**

企业在确定收益分配政策时,应结合自身的经营与发展状况,综合考虑以下因素。

(1) 现金流量。企业在进行收益分配时,必须充分考虑现金流量,而不仅仅是净收益。企业在分配现金股利时,必须考虑现金流量以及资产的流动性。如果企业的现金流量充足,特别是在满足投资所需资本之后,仍有剩余的自由现金流量,就应当适当提高股利水平;反之,如果现金流量不足,即使企业当前的利润较多,也应当限制现金股利的支付。过多地分配现金股利会减少企业的现金持有量,影响未来的支付能力,甚至可能导致企业出现财务困难。

(2) 投资需求。企业在制定股利政策时会考虑未来投资对资本的需求。当企业有良好的投资机会时,就应当考虑少发放现金股利,增加留用利润,将资本用于再投资,这样可以加速企业发展,增加未来收益,这种股利政策往往也易于为股东所接受。在企业没有良好的投资机会时,往往倾向于多发放现金股利。

(3) 筹资能力。筹资能力是影响企业股利政策的一个重要因素。不同的企业在资本市场上的筹资能力会有一定的差异,企业在分配现金股利时,应当根据自身的筹资能力来确定股利支付水平。如果企业筹资能力强,能够较容易地在资本市场上筹集到资本,就可以采取比较宽松的股利政策,适当提高股利支付水平;如果企业筹资能力较弱,就应当采取比较紧缩的股利政策,少发放现金股利,增加留用利润。

(4) 盈利状况。企业的股利政策在很大程度上会受盈利能力的影响。如果企业未来的盈利能力较强,并且盈利稳定性较好,就倾向于实行高股利支付率政策;反之,如果企业盈利能力较弱,盈利的稳定性较差,则会考虑未来应对经营风险和财务风险的需要,常常实行低股利支付率政策。

(5) 筹资成本。资本成本是企业选择筹资方式的基本依据。留用利润是企业内部筹资的一个重要渠道,留存收益与发行新股或举债相比,具有成本低的优点。因此,很多企业在确定收益分配政策时,往往将企业的净利润作为首选的筹资渠道,特别是在负债资金较多、资本结构欠佳的时期。

(6) 股利政策惯性。如果企业历年实行的股利政策具有一定的连续性和稳定性,那么重大的股利政策调整有可能对企业的声誉、股票价格等产生影响。另外,靠股利来生活和满足消费需求的股东不愿意投资股利波动频繁的股票。

(7) 公司所处的生命周期。一般情况下,朝阳行业处于调整成长期,甚至能以快于经济发展速度数倍的水平发展,因此就可能进行较高比例的股利支付;而夕阳产业由于处于发展的衰退期,会随着经济的高速增长而萎缩,难以进行高比例的分红。

**3. 股东方面因素**

股东出于对自身利益的考虑,对公司的收益分配政策也会产生影响,具体表现为稳定的收入、控制权和税负三方面。

(1) 稳定的收入。有的股东依赖企业发放的现金股利维持生活,如一些退休者,他们往往要求企业能够定期支付稳定的现金股利,反对企业留用过多的利润。还有一些股东是"一鸟在手"理论的支持者,他们认为留用过多的利润进行再投资,尽管可能会使股票价格上升,但是所带来的收益具有较大的不确定性,还是取得现金股利比较稳妥,这样可以规避较大的风险,这些股东也倾向于多分配现金股利。

(2) 控制权。从控制权的角度考虑，掌握控制权的股东往往希望少分股利。原因在于，如果企业的股利支付率高，必然导致保留盈余减少，这就意味着将来发行新股的可能性加大，而发行新股会稀释企业的控制权。因此，掌握控制权的股东往往主张限制股利支付，而愿意较多地保留盈余，以防止控制权旁落他人。

**4. 其他方面因素**

其他方面因素如债务契约限制、通货膨胀等。此外，对于从事外贸业务的企业来说，汇率的变化、国际市场的景气程度，都将影响利润的变化，从而影响现金股利的变化。

(1) 债务契约。一般来说，股利支付水平越高，留存收益越少，公司的破产风险越大，就越有可能侵害债权人的利益。为了保证自己的利益不受侵害，债权人通常会在借款合同、债券契约以及租赁合同中加入关于借款公司股利政策的条款，以限制公司股利的发放。

(2) 通货膨胀。在通货膨胀时期，企业一般采用偏紧的利润分配政策。原因在于，出现通货膨胀之后，货币购买力下降，固定资产重置资金会出现缺口，为了弥补缺口，企业往往少发放现金股利。

## 7.3.2 股利政策的类型

股利政策是企业是否发放股利、发放多少股利以及何时发放股利等方面的方针和政策。支付给股东的盈余与企业的保留盈余存在此消彼长的关系。股利政策不仅指导企业投资收益的分配，而且关系企业的投资、融资和股票价格等各个方面。股利决策也是内部筹资决策。因此，合理制定股利政策是财务管理的重要内容。股利政策的核心是确定股利支付比率。在股利分配实务中，企业经常采用以下几类股利政策。

**1. 剩余股利政策**

剩余股利政策，是指在企业有良好的投资机会时，企业根据一定的目标资本结构(最佳资本结构)测算出投资所需的权益资本，从税后盈余中留存，然后将剩余的盈余作为股利予以分配的一种股利政策。

1) 股利分配方案的确定

股利分配与公司的资本结构相关，而资本结构又是由投资所需的资金构成的，因此股利政策实际上要受到投资机会及其资金成本的双重影响。

具有收益较高的良好投资机会是企业实行剩余股利政策的前提。如果企业将可供分配的税后利润用于再投资后所能得到的报酬率高于股东自行投资的期望报酬率，那么大多数股东都宁愿少发或不发股利，将税后利润保留下来用于再投资。此时，保留较多的留存收益，可增加所有者权益；相反，若企业的投资项目收益不高，股东所能获得的报酬率低于自行投资的期望报酬率，则大多数股东都愿意企业发放现金股利，而反对实行剩余股利政策。

实行剩余股利政策应遵循以下4个步骤：①设定目标资本结构，在此资本结构下的加权平均资金成本率应最低；②确定目标资本结构下投资所需的权益资本数额；③最大限度地使用留存收益来满足投资方案所需的权益资本；④提供投资方案所需的权益资本后还有盈余，再将其作为股利发放给股东。

【例7-1】大华公司2020年的税后净利润为2 000万元，2021年的投资计划需要资金2 200万元。大华公司目标资本结构为权益资本占60%，债务资本占40%。大华公司实行剩余股利政策，则2020年大华公司可向投资者发放的股利数额为多少？

解：按照目标资本结构的要求，大华公司投资方案所需的权益资本数额为

2 200×60%=1 320(万元)

按照剩余股利政策的要求，大华公司2020年度可向投资者发放的股利数额为

2 000−1320=680(万元)

2) 剩余股利政策的评价

(1) 剩余股利政策的优点。留存收益优先保证再投资的需要，有助于企业降低再投资的资金成本，保持最佳资本结构，实现企业价值的长期最大化。

(2) 剩余股利政策的缺点。股利发放额每年随投资机会的多少和盈利水平的波动而波动，不利于投资者安排收入与支出，也不利于企业树立良好的形象。

剩余股利政策一般适用于处于初创阶段的企业。

**2. 固定股利或稳定增长股利政策**

固定股利或稳定增长股利政策，是指在较长时期内，不论企业盈利情况如何，每年发放的每股现金股利固定在某一水平上，只有当企业认为未来盈余会显著且不可逆转地增长时，才提高年度股利发放额的一种股利政策。

1) 股利分配方案的确定

这一股利政策是将企业每年发放的每股现金股利固定在某一水平上，并在较长时期内保持不变，其主要目的是避免出现由于经营不善而削减股利的情况。

【例7-2】某公司2020年实现的税后净利润为1 000万元，2021年的投资计划需要资金800万元，该公司的目标资本结构为自有资金占60%。

要求：

① 若该公司实行剩余股利政策，计算2020年年末可发放多少股利。

② 若该公司发行在外的普通股股数为1 000万股，计算每股收益及每股股利。

③ 若2021年该公司决定实行逐年稳定增长的股利政策，设股利的逐年增长率为

2%，投资者要求的必要报酬率为12%，计算该股票的价值。

④ 若该股票目前的市价为6元，确认该公司股票能否购买。

解：

① 投资所需自有资金=800×60%=480(万元)

向投资者分配股利额=1 000−480=520(万元)

② 每股收益=1 000/1 000=1(元/股)

每股股利=520/1 000=0.52(元/股)

③ 股票的价值=0.52×(1+2%)/(12%−2%)=5.30(元)

④ 由于目前股票价值低于市价，不宜购买该公司股票。

2) 固定股利或稳定增长股利政策的评价

(1) 固定股利或稳定增长股利政策的优点。

① 固定股利或稳定增长股利政策可以向股票市场和投资者传递公司经营状况稳定、管理层对未来充满信心的信号，这有利于公司在资本市场上树立良好的形象，增强投资者信心，进而有利于稳定公司股价。

② 固定股利或稳定增长股利政策有利于吸引那些打算长期投资的股东，这部分股东希望投资获利能够成为其稳定的收入来源，以便安排各种经常性的消费和其他支出。

(2) 固定股利或稳定增长股利政策的缺点。

① 实行固定股利或稳定增长股利政策后，股利分配只升不降，股利支付与公司盈利相脱离，即不论公司盈利多少，均要按固定乃至固定增长的比率派发股利。

② 在公司的发展过程中，难免会出现经营状况不好或短暂的困难时期，如果这时公司仍执行固定或稳定增长的股利政策，那么当公司派发的股利金额大于公司实现的盈利时，必将侵蚀公司的留存收益，影响公司的后续发展，甚至侵蚀公司现有的资本，给公司的财务运作带来很大压力，最终影响公司正常的生产经营活动。

固定股利或稳定增长股利政策一般适用于经营比较稳定或正处于成长期的企业，但很难被长期采用。

**3. 固定股利支付率政策**

固定股利支付率政策，是指公司确定每股股利占每股收益的一个固定比率，长期按此比率支付股利，使公司的股利支付与盈利状况保持稳定比例的一种股利政策。

1) 股利分配方案的确定

公司每年按固定比例从税后利润中支付股利，获得较多盈余的年份股利额高，获得较少盈余的年份股利额低。在这种股利政策下，公司每年的股利额会随着经营的好坏而上下波动。

2) 固定股利支付率政策评价

(1) 固定股利支付率政策的优点。

① 采用固定股利支付率政策，股利与公司盈余紧密配合，体现了多盈多分、少盈少分、无盈不分的股利分配原则。

② 采用固定股利支付率政策，公司每年按固定的比例从税后利润中支付现金股利，从企业支付能力的角度看，这是一种稳定的股利政策。

(2) 固定股利支付率政策的缺点。

① 固定股利政策传递的信息容易成为公司发展的不利因素。大多数公司每年的收益很难保持稳定不变，如果公司每年的收益状况不同，实行固定支付率的股利政策将导致公司每年股利分配额频繁变化。而股利通常被认为能够反映公司的发展前途，那么波动的股利向市场传递的信息就是公司未来收益前景不明确、不可靠等，很容易给投资者留下公司经营状况不稳定、投资风险较大的不良印象。

② 固定股利政策容易使公司面临较大的财务压力。公司实现的盈利多，并不代表公司有充足的现金派发股利，只能表明公司盈利状况较好而已。如果公司的现金流量状况并不好，却还要按固定比率派发股利，就很容易给公司造成较大的财务压力。

③ 缺乏财务弹性。股利支付率是公司股利政策的主要内容，模式的选择、政策的制定是公司的财务手段和方法。在不同阶段，根据财务状况制定不同的股利政策，会更有效地实现公司的财务目标。但实行固定股利支付率政策，公司丧失了利用股利政策的财务方法，缺乏财务弹性。

④ 难以确定合适的固定股利支付率。如果固定股利支付率定得较低，不能满足投资者对投资收益的要求；如果固定股利支付率定得较高，没有足够的现金派发股利时会给公司带来巨大的财务压力。另外，当公司发展需要大量资金时，也要受其制约。所以，确定合适的股利支付率的难度很大。

由于公司每年面临的投资机会、筹资渠道都不同，一成不变地奉行固定股利支付率政策的公司在实际中并不多见。固定股利支付率政策比较适用于那些处于稳定发展状态且财务状况也比较稳定的公司。

**4. 低正常股利加额外股利政策**

低正常股利加额外股利政策，是指公司在一般情况下，每年固定支付数额较低的正常股利，在盈余多的年份，再根据实际情况向股东增发一定金额的额外股利的股利政策。

1) 股利分配方案的确定

公司每年只支付固定的、数额较低的股利，盈利多的年份发放额外股利，但额外股利不固定，意味着公司不是永久地提高额外股利。

2) 低正常股利加额外股利政策评价

(1) 低正常股利加额外股利政策的优点。

① 低正常股利加额外股利政策赋予公司一定的灵活性，使公司在股利发放上留有余地和具有较大的财务弹性。同时，公司每年可以根据具体情况，选择不同的股利发放水平，以完善公司的资本结构，进而实现公司的财务目标。

② 低正常股利加额外股利政策有助于稳定股价，增强投资者信心。

(2) 低正常股利加额外股利政策的缺点。

① 公司的盈利波动使得额外股利不断变化，或时有时无，造成分派的股利不同，容易让投资者产生公司收益不稳定的感觉。

② 当公司在较长时期持续发放额外股利后，可能会被股东误认为"正常股利"，而一旦取消了这部分额外股利，传递出去的信号可能会使股东认为公司财务状况恶化，进而可能会引起公司股价下跌的不良后果。

低正常股利加额外股利政策既汲取了固定股利政策对股东投资收益的保障优点，同时摒弃了其对公司所造成的财务压力方面的不足，所以在资本市场上颇受投资者和公司的欢迎。低正常股利加额外股利政策适用于盈利水平随经济周期波动较大的公司或行业。

以上各种股利政策各有所长，公司在分配股利时，应根据基本决策思想和公司实际情况，制定合适的股利政策。

### 7.3.3 股利支付形式

**1. 现金股利**

现金股利，也称现金股息，俗称"红利"。它是指以现金支付的股利，它是公司股利的主要支付方式。采用现金股利时，公司必须具备两个基本条件：一是公司要有足够的未指明用途的留存收益；二是公司要有储备充足的现金。

一般来说，每股面额为1元的股票，可以派发现金股利0.1元(俗称"10派1元")；每股面额为2元的股票，可以派发现金股利0.2元(俗称"10派2元")，以此类推。

我国对红利征收个人所得税，一般征收现金红利的20%。

**2. 财产股利**

财产股利是指用现金以外的资产支付股利，主要是以公司所拥有的其他企业的有价证券(股票、债券等)作为股利，支付给股东。

### 3. 负债股利

负债股利是指公司以负债的形式支付股利，通常将公司的应付票据支付给股东。公司在不得已的情况下，也可发行公司债券支付股利。

财产股利和负债股利实际上均为现金股利的替代品。目前，这两种股利形式在我国公司实务中很少使用，但法律并未禁止。

### 4. 股票股利

股票股利是指公司以增发股票的形式，支付给股东的股利，即"红股"。一般来说，每股面额为1元的股票，可以派发现金股利0.1元，那么可以改为每股送红股0.1股(俗称"10送1")；如果每股可以派发现金股利0.2元，那么可以改为每股送红股0.2股(俗称"10送2")，以此类推。

股票股利并不会直接增加股东的财富，也不会导致公司资产的流出或负债的增加，因而不使用公司资金，同时也不会因此而增加公司的财产，但会引起所有者权益各项目的结构发生变化，使公司的资金在各股东权益项目间进行再分配。

以市价计算股票股利价格的做法，在很多西方国家较为通行。除此之外，也有的国家按股票面值计算股票股利价格，如我国目前即采用这种做法。

公司发放股票股利后，如果盈利总额不变，会由于普通股股数增加而引起每股收益和每股市价的下降。但由于股东所持股份的比例不变，每位股东所持股票的市场价值总额仍保持不变。

【例7-3】某上市公司在2021年发放股票股利前，其资产负债表上的股东权益账户情况如下所述(单位：万元)，试分析发放股票股利对股东权益的影响。

解：

股东权益：

| | |
|---|---|
| 普通股(面值1元，流通在外2 000万股) | 2 000 |
| 资本公积 | 4 000 |
| 盈余公积 | 2 000 |
| 未分配利润 | 3 000 |
| 股东权益合计 | 11 000 |

假设该公司宣布发放30%的股票股利，现有股东每持有10股，即可获得赠送的3股普通股。该公司发放的股票股利为600万股，随着股票股利的发放，未分配利润中有600万元的资金要转移到普通股的股本账户上去，因而普通股股本由原来的2 000万元增加到2 600万元，而未分配利润的余额由3 000万元减少至2 400万元，但该公司的股东权益总额并未发生改变，仍是11 000万元，发放股票股利之后的资产负债表上的股

东权益部分如下所述。

股东权益：

| | |
|---|---|
| 普通股(面额1元，流通在外2 600万股) | 2 600 |
| 资本公积 | 4 000 |
| 盈余公积 | 2 000 |
| 未分配利润 | 2 400 |
| 股东权益合计 | 11 000 |

假设一位股东派发股票股利之前持有公司3 000股普通股，那么，他拥有的股权比例为

3 000股÷2 000万股=0.015%

派发股利之后，他拥有的股票数量和股份比例为

3 000股+900股=3 900(股)

3 900股÷2 600万股=0.015%

通过例7-3可以说明，公司的净资产不变，而股票股利派发前后每一位股东的持股比例也不发生变化，那么他们各自持股所代表的净资产也不会改变。

在我国，公司发放股票股利，只影响股本和未分配利润，即股本增加，未分配利润减少，不影响资本公积。

公司发放股票股利的优点主要有以下几个。

(1) 公司发放股票股利既不需要向股东支付现金，又可以在心理上给股东以从公司取得投资回报的感觉。因此，股票股利有派发股利之"名"，而无派发股利之"实"。

(2) 公司发放股票股利可以降低公司股票的市场价格，一些公司在其股票价格较高，不利于股票交易和流通时，便通过发放股票股利来适当降低股价水平，促进公司股票的交易和流通。

(3) 公司发放股票股利可以降低股价水平，如果日后公司将要以发行股票的方式筹资，则可以降低发行价格，有利于吸引投资者。

(4) 公司发放股票股利可以传递公司发展前景良好的信息，增强投资者的信心。

(5) 发放股票股利能够降低每股市价，会吸引更多的投资者成为公司的股东，从而可以使股权更为分散，有效地防止公司被恶意控制。

### 7.3.4 股利支付程序

股份有限公司向股东支付股利，主要经历股利宣告日、股权登记日、除息日和股利支付日等过程。

(1) 股利宣告日。股利宣告日即股份公司董事会将支付股利的情况予以公告的日期。公告中将宣布分配方案，确定股权登记日、除权基准日、新增股与现金股利到账日以及配股的最后缴款日。

(2) 股权登记日。股权登记日是指有权领取股利的股东申请登记资格的截止日期。只有在股权登记日前在公司股东名册上登记的股东，才有权分享股利。

(3) 除息日。除息日是指股东领取股利的权利与股票相互分离的日期，即股权登记日的下一个交易日，也称为除权(除息)基准日，简称"除权(除息)日"。在该日参加交易的公司股票，是已经进行分配的股票，该股票已经除去分配权，也就是除权(除息)后的股票。

(4) 股利支付日。股利支付日是指公司向股东发放股利的日期。在这一天，公司应将股利通过邮寄等方式支付给股东。若采用计算机交易系统，可以通过中央结算登记系统将股利直接打入股东资金账户，由股东向其证券代理商领取股利。

##  7.4 股票分割和股票回购

### 7.4.1 股票分割

**1. 股票分割的含义**

股票分割又称股票拆细，即将一股股票拆分成多股股票的行为。例如，将原来的一股股票交换成两股股票。股票分割不属于发放股利方式，但其所产生的效果与发放股利近似。

股票分割对公司的资本结构不会产生任何影响，一般只会增加发行在外的股票总数，降低每股面额。在资产负债表中，股东权益各账户(股本、资本公积、留存收益)的余额都保持不变，股东权益的总额也保持不变。

**2. 股票分割的作用**

(1) 股票分割可降低公司股票每股市价，从而减少买卖该股票所必需的资金量，使其易于在投资者之间换手，并且可以使更多的资金实力有限的潜在股东变成持股股东。因此，股票分割可以促进股票的流通和交易。

(2) 股票分割可以向投资者传递公司发展前景良好的信息，有助于提高投资者对公司的信心。

(3) 股票分割可以为公司发行新股做准备。公司股票价格太高，会使许多潜在的投资者力不从心，不敢轻易对公司的股票进行投资。在新股发行之前，利用股票分割降低股票价格，可以促进新股的发行。

(4) 股票分割有助于公司实施并购政策，增加对被并购方的吸引力。

(5) 股票分割能够提高股票流通性、增加股东数量，会在一定程度上加大恶意收购公司股票的难度。

【例7-4】2021年终，某上市公司的资产负债表上的股东权益账户情况如下所述。(单位：万元)

股东权益：

| 普通股(面值10元，流通在外1 000万股) | 10 000 |
|---|---|
| 资本公积 | 20 000 |
| 盈余公积 | 4 000 |
| 未分配利润 | 5 000 |
| 股东权益合计 | 39 000 |

要求：

① 假设该公司宣布发放30%的股票股利，即现有股东每持有10股，即可获得赠送的3股普通股。计算发放股票股利后，股东权益有何变化，以及每股净资产是多少。

解：

股东权益：

| 普通股(面值10元，流通在外1 300万股) | 13 000 |
|---|---|
| 资本公积 | 20 000 |
| 盈余公积 | 4 000 |
| 未分配利润 | 2 000 |
| 股东权益合计 | 39 000 |

每股净资产：39 000÷(1 000+300)=30(元/股)

② 假设该公司按照1∶5的比例进行股票分割。计算股票分割后，股东权益有何变化，以及每股净资产是多少。

解：

股东权益：

| 普通股(面值2元，流通在外5 000万股) | 10 000 |
|---|---|
| 资本公积 | 20 000 |
| 盈余公积 | 4 000 |

| | |
|---|---|
| 未分配利润 | 5 000 |
| 股东权益合计 | 39 000 |

每股净资产：39 000÷(1 000×5)=7.8(元/股)

### 7.4.2 股票回购

**1. 股票回购及法律规定**

股票回购，是指上市公司出资将其发行的流通在外的股票以一定的价格购买回来予以注销或作为库存股的一种资本运作方式。

《中华人民共和国公司法》规定，公司不得收购本公司股份。但是，有下列情形之一的除外：

(1) 减少公司注册资本；

(2) 与持有本公司股份的其他公司合并；

(3) 将股份奖励给本公司职工；

(4) 股东因对股东大会做出的公司合并、分立决议持异议，要求公司收购其股份。

**2. 股票回购的影响**

股票回购对上市公司的影响主要表现在以下几方面。

(1) 股票回购需要大量资金支付回购成本，容易造成公司资金紧张，从而使资产流动性降低，影响公司的后续发展。

(2) 公司进行股票回购，无异于股东退股和公司资本减少，在一定程度上削弱了对债权人利益的保障。

(3) 股票回购可能使公司的发起人股东更注重创业利润的兑现，而忽视公司长远的发展，损害公司的根本利益。

(4) 股票回购容易导致公司操纵股价。公司回购自己的股票，容易导致其利用内幕消息进行炒作，或操纵财务信息，加剧公司行为的非规范化，使投资者蒙受损失。

**3. 股票回购的方式**

按照不同的分类标准，股票回购方式主要有以下几种。

(1) 按照股票回购地点的不同，股票回购可以分为场内公开收购和场外协议收购两种。场内公开收购是指公司把自己等同于任何潜在的投资者，委托证券公司代自己按照公司股票当前的市场价格回购。场外协议收购是指公司与某一类或某几类投资者直接见面，通过协商来回购股票的一种方式。协商的内容包括价格、数量以及执行时间等。很显然，这种方式的缺点就在于透明度比较低。

(2) 按照股票回购对象的不同，股票回购可分为公司在资本市场上随机回购、向全体股东招标回购、向个别股东协商回购。公司在资本市场上随机回购的方式最为普遍，但往往受到监管机构的严格控制。公司向全体股东招标回购的方式，回购价格通常高于当时的股票价格，具体的回购工作一般要委托金融中介机构进行，成本费用较高。公司向个别股东协商回购并不面向全体股东，所以必须保持回购价格的公正合理性，以免损害其他股东的利益。

(3) 按照筹资方式的不同，股票回购可分为举债回购、现金回购和混合回购。举债回购是指公司通过向银行等金融机构借款的办法来回购本公司的股票，其目的无非防御其他公司的恶意兼备与收购。现金回购是指公司利用剩余资金来回购本公司的股票。如果公司既动用剩余资金又向银行等金融机构举债来回购本公司的股票，则称之为混合回购。

(4) 按照回购价格确定方式的不同，股票回购可分为固定价格要约回购和荷兰式拍卖回购。固定价格要约回购是指公司在特定的时间发出的以某一高出股票当前市场价格的价格水平，回购既定数量的股票。公司为了在短时间内回购数量相对较多的股票，可以宣布固定价格回购要约。它的优点是赋予所有股东向公司出售所持股票的均等机会，而且通常情况下公司享有在回购数量不足时取消回购计划或延长要约有效期的权利。荷兰式拍卖回购首次出现在1981年Todd造船公司的股票回购中。此种方式的股票回购在回购价格的确定方面给予公司更大的灵活性。在荷兰式拍卖股票回购中，首先，公司指定回购价格范围(通常较宽)和计划回购的股票数量(可以上下限的形式表示)；然后，股东进行投标，说明愿意以某一特定的价格水平(股东在公司指定的回购价格范围内任选)出售股票的数量，确定此次股票回购的"价格-数量"曲线，并根据实际的回购数量确定最终的回购价格。

### 章后练习题

**1. 单项选择题**

(1) 下列选项中，关于剩余股利政策的说法不正确的是(　　)。

　　A. 剩余股利政策，是指公司生产经营所获得的净收益首先应满足公司的资金需求，如果还有剩余，则派发股利；如果没有剩余，则不派发股利

　　B. 剩余股利政策有助于保持最佳资本结构，实现公司价值的长期最大化

　　C. 剩余股利政策不利于投资者安排收入与支出

　　D. 剩余股利政策一般适用于公司初创阶段

(2) 下列选项中，关于固定或稳定增长的股利政策的说法不正确的是(　　)。

　　A. 有利于公司在资本市场上树立良好的形象、增强投资者信心

B. 有利于稳定公司股价

C. 该政策要求公司能对未来的盈利和支付能力做出较准确的判断

D. 固定或稳定增长的股利政策一般适用于经营比较稳定或正处于成长期的公司，可以被长期采用

(3) 下列选项中，关于股票股利的说法不正确的是(　　)。

A. 不会导致公司的财产减少

B. 会增加流通在外的股票数量

C. 不会改变公司股东权益总额，但会改变股东权益的构成

D. 会提高股票的每股价值

(4) 股票分割又称股票拆细，即将一股股票拆分成多股股票的行为。下列说法不正确的是(　　)。

A. 股票分割对公司的资本结构不会产生任何影响

B. 股东权益总额不变

C. 股东权益内部结构会发生变化

D. 会使发行在外的股票总数增加

(5) 下列项目中，在利润分配中优先的是(　　)。

A. 法定盈余公积金　　　　　　　B. 公益金

C. 任意盈余公积金　　　　　　　D. 优先股股利

(6) 公司以股票的形式发放股利，可能带来的结果是(　　)。

A. 引起公司资产减少　　　　　　B. 引起公司负债减少

C. 引起股东权益内部结构变化　　D. 引起股东权益和负债变化

(7) 一般而言，适用于采用固定股利政策的公司是(　　)。

A. 负债率较高的公司　　　　　　B. 盈利稳定或处于成长期的公司

C. 盈利波动较大的公司　　　　　D. 盈利较高但投资机会较多的公司

(8) 在通货膨胀时期，公司一般采用的股利分配政策是(　　)。

A. 宽松的分配政策　　　　　　　B. 紧缩的分配政策

C. 固定股利政策　　　　　　　　D. 不分配政策

(9) 法定盈余公积金达到注册资本的(　　)时，可以不再提取。

A. 55%　　　　B. 50%　　　　C. 40%　　　　D. 25%

(10) 某公司现有发行在外的普通股1 000 000股，每股面额1元，资本公积3 000 000元，未分配利润8 000 000元。若按10%的比例发放股票股利并按市价折算未分配利润的变动额，公司报表列示的未分配利润为(　　)。

A. 1 000 000元　　B. 8 000 000元　　C. 7 900 000元　　D. 3 000 000元

**2. 多项选择题**

(1) 企业的收益分配应当遵循的原则包括(　　)。
　A. 依法分配原则　　　　　　　　B. 资本保全原则
　C. 股东利益最大化原则　　　　　D. 分配与积累并重原则

(2) 下列选项中，企业会采取偏紧的股利政策的情况有(　　)。
　A. 投资机会较多　　　　　　　　B. 资产的流动性较强
　C. 盈利比较稳定　　　　　　　　D. 通货膨胀

(3) 下列选项中，关于固定股利支付率政策的说法正确的有(　　)。
　A. 体现了多盈多分、少盈少分、无盈不分的股利分配原则
　B. 从企业支付能力的角度看，这是一种不稳定的股利政策
　C. 比较适用于那些稳定发展且财务状况也较稳定的公司
　D. 在该政策下，公司丧失了利用股利政策的财务方法，缺乏财务弹性

(4) 下列股利政策中，先确定股利数额，后确定留存收益数额的有(　　)。
　A. 剩余股利政策　　　　　　　　B. 固定或稳定增长的股利政策
　C. 固定股利支付率政策　　　　　D. 低正常股利加额外股利政策

(5) 发放股票股利的优点包括(　　)。
　A. 可以在心理上给股东以从公司取得投资回报的感觉
　B. 通过发放股票股利可以适当降低股价，促进公司股票的交易和流通
　C. 可以降低股票发行价格，有利于吸引投资者
　D. 可以使股权更为分散，有效防止公司被恶意控制

(6) 下列各项中，属于税后利润分配项目的有(　　)。
　A. 法定盈余公积金　　　　　　　B. 法定公益金
　C. 职工福利基金　　　　　　　　D. 股利支出

(7) 下列各项中，按规定可用于弥补亏损的有(　　)。
　A. 税后利润　　　　　　　　　　B. 税前利润
　C. 法定盈余公积金　　　　　　　D. 法定公益金

(8) 股份公司的股利支付方式一般有(　　)。
　A. 现金股利　　B. 财产股利　　C. 股票股利　　D. 负债股利

(9) 发放股票股利会产生的影响有(　　)。
　A. 引起公司资产的流出　　　　　B. 引起股东权益各项目的比例变化
　C. 引起股东权益总额变化　　　　D. 引起每股利润下降

(10) 影响股利分配政策的公司因素包括(　　)。
　A. 公司举债能力　　B. 未来投资机会　　C. 资产流动状况　　D. 资本成本

## 3. 判断题

(1) 企业的收益分配有广义的收益分配和狭义的收益分配两种。广义的收益分配是指对企业的收入和收益总额进行分配的过程；狭义的收益分配则是指对企业收益总额的分配。（　）

(2) 根据《公司法》的规定，法定盈余公积金的提取比例为当年税后利润的10%。（　）

(3) 股权登记日在除息日之前。（　）

(4) 盈余公积金和资本公积金属于企业的积累。（　）

(5) 根据"无利不分"的原则，当企业出现年度亏损时，一般不得分配股利。（　）

(6) 较多地支付现金股利，会提高企业资产的流动性，增加现金流出量。（　）

(7) 企业在以前年度亏损未弥补之前，不得向投资者分配股利。（　）

(8) 正常股利加额外股利政策，能使股利与公司盈余紧密配合，以体现多盈多分、少盈少分的原则。（　）

(9) 对于盈余不稳定的公司而言，较多采取低股利政策。（　）

(10) 执行剩余股利政策，股利发放额不受盈利水平影响，而是会受投资机会的影响。（　）

## 4. 计算题

(1) 某公司成立于2019年1月1日，2019年度实现的净利润为300万元，分配现金股利120万元，提取盈余公积180万元(所提盈余公积均已指定用途)。2020年实现的净利润为500万元(不计提盈余公积)。2021年计划增加投资，所需资金为400万元。假定公司的目标资本结构为自有资金占40%，借入资金占60%。

要求：

① 在保持目标资本结构的前提下，计算2021年投资方案所需的自有资金额和需要从外部借入的资金额；

② 在保持目标资本结构的前提下，如果公司执行剩余股利政策，计算2020年度应分配的现金股利；

③ 在不考虑目标资本结构的前提下，如果公司执行固定股利政策，计算2020年度应分配的现金股利，可用于2021年度投资的留存收益和需要额外筹集的资金额；

④ 在不考虑目标资本结构的前提下，如果公司执行固定股利支付率政策，计算该公司的股利支付率和2020年度应分配的现金股利；

⑤ 假定公司2021年面临从外部筹资的困难，只能从内部筹资，不考虑目标资本结构，计算在此情况下2020年度应分配的现金股利。

(2) 某公司年终分配股利前(已提取盈余公积)的股东权益项目资料如表7-1所示。

表7-1 某公司的股东权益项目　　　　　　　　　　　　　　　　万元

| 项目 | 金额 |
|---|---|
| 股本——普通股(每股面值2元，400万股) | 800 |
| 资本公积 | 4 600 |
| 盈余公积 | 260 |
| 未分配利润 | 540 |
| 股东权益合计 | 6 200 |

公司股票的每股现行市价为31元，计划发放10%的股票股利并按发放股票股利后的股数派发每股现金股利0.5元。

要求：

① 如果股票股利的金额按股票面值计算，计算完成这一方案后的资本公积和留存收益数额；

② 如果发放股利前甲投资者的持股比例为1%，计算完成这一方案后甲投资者的持有股数；

③ 如果发放股利之后"每股市价/每股股东权益"的数值不变，计算发放股利之后的每股市价。

(3) 甲公司普通股股数为1 000万股，2020年的销售收入为18 000万元，每股股利为3元。预计2021年的销售收入增长率为20%，销售净利率为15%，适用的所得税率为25%，长期资产总额不变，流动资产和流动负债占销售收入的比例不变(分别为28%和12%)。公司采用的是低正常股利加额外股利政策，每股正常股利为3元，如果净利润超过2 240万元，则用超过部分的10%发放额外股利。

要求：

① 预测2021年的每股股利；

② 预测2021年需增加的营运资金；

③ 预测2021年需从外部追加的资金；

④ 如果按照每张82元的价格折价发行面值为100元/张的债券筹集外部资金，发行费用为每张2元，期限为5年，每年付息一次，票面利率为4%，计算发行债券的数量和债券筹资成本。

(4) A公司本年实现税后净利润8 000万元，按照10%的比例提取法定盈余公积金，按照5%的比例提取任意盈余公积金，年初未分配利润为200万元，公司发行在外的普通股为1 000万股(每股面值4元)，利润分配之前的股东权益为16 000万元，每股现行市价为32元。

要求：

① 计算提取的法定盈余公积金和任意盈余公积金的数额；

② 假设按照1股换2股的比例进行股票分割，股票分割前从本年净利润中发放的

现金股利为1 200万元，计算股票分割之后的普通股股数、每股面值、股本和股东权益，假设"每股市价/每股股东权益"不变，计算股票分割之后的每股市价。

(5) 某公司今年年底的所有者权益总额为9 000万元，普通股为6 000万股。目前的资本结构为长期负债占55%，所有者权益占45%，没有需要付息的流动负债。该公司的所得税率为25%。预计继续增加长期债务不会改变目前的11%的平均利率水平。

董事会在讨论下一年资金安排时提出：①计划明年年末分配现金股利0.05元/股；②计划明年全年为新的投资项目共筹集4 000万元资金；③计划明年仍维持目前的资本结构，并且计划年度新增自有资金从计划年度内各月的留用利润中解决，所需新增负债资金从长期负债中解决。

要求：测算达到董事会上述要求所需实现的息税前利润。

(6) 某公司2020年实现的税后净利润为1 000万元，法定盈余公积金、任意盈余公积金的提取比例为15%，2021年的投资计划需资金800万元，公司的目标资本结构为自有资金占60%。

要求：

① 若公司采用剩余股利政策，计算2020年年末可发放的股利。

② 若公司发行在外的股数为1 000万股，计算每股利润及每股股利。

③ 若公司决定将2021年的股利政策改为逐年稳定增长的股利政策，设股利的逐年增长率为2%，投资者要求的必要报酬率为12%，计算该股票的价值。

# 第8章 财务分析

## 本章学习导读

财务分析是财务预测、决策与计划的基础。财务分析的主体取决于不同的利益主体，不同的分析主体又决定了各自的分析内容和侧重点。本章从企业不同利益相关者的角度阐述了财务分析的基本内容。通过对本章的学习，读者可了解不同利益主体对财务分析的不同要求及财务分析步骤；掌握基本的财务比率指标及分析方法；熟悉杜邦财务分析体系的具体运用；了解综合财务评价的基本内容。

## 本章学习目标

1. 掌握财务分析常用的比率及其原理；
2. 熟悉企业财务状况综合分析方法；
3. 了解财务分析的概念、内容、步骤及基本方法；
4. 能运用各种财务指标进行企业偿债能力、营运能力、盈利能力、市场价值的分析；
5. 能明确各种财务指标的经济意义；
6. 能对企业进行综合财务分析。

## 引导案例

通过阅读FS工业旅游有限责任公司2020年利润表(见表8-1)和资产负债表(见表8-2)，了解该公司的经营成果和财务状况。在此基础上，说明该公司的资金管理水平、偿债能力和获利能力情况，以及该公司的经营业绩和不足。

表8-1 利润表

FS工业旅游有限责任公司　　　　　　2020年12月　　　　　　　　　　万元

| 项目 | 本月发生额 | 本年累计发生额 |
|---|---|---|
| 营业收入 | 650 | 3 600 |
| 减：营业成本 | | |
| 税金及附加 | 320 | 1 200 |
| 管理费用 | 35.2 | 396 |
| 销售费用 | 20 | 300 |
| 财务费用 | 3.125 | 37.5 |

(续表)

| 项目 | 本月发生额 | 本年累计发生额 |
|---|---|---|
| 营业利润 | 271.675 | 1 666.5 |
| 减：所得税费用* | 81.502 5 | 500 |
| 净利润 | 190.172 5 | 1 166.5 |

注：* 假定该企业税率为30%。

表8-2  资产负债表(简化式)

FS工业旅游有限责任公司　　　　2020年12月31日　　　　　　　　　　万元

| 资产 | 年初数 | 年末数 | 负债及所有者权益 | 年初数 | 年末数 |
|---|---|---|---|---|---|
| 货币资金 | 140 | 165 | 短期借款 | 100 | 50 |
| 应收款项净额 | 80 | 75 | 应付款项 | 80 | 100 |
| 存货 | 50 | 60 | 预收账款 | 12 | 10 |
| 预付账款 | 60 | 55 | 其他流动负债 | | |
| 流动资产合计 | 330 | 355 | 流动负债合计 | 192 | 160 |
| 长期投资 | 350 | 350 | 长期负债 | 328 | 160 |
| 固定资产净值 | 1 330 | 1 903 | 负债合计 | 520 | 320 |
| 无形资产及其他资产 | 40 | | 所有者权益合计 | 1 530 | 2 288 |
| 资产总额 | 2 050 | 2 608 | 负债及所有者权益总额 | 2 050 | 2 608 |

本案例中涉及的主要财务分析问题有：

什么叫财务报表分析？

财务报表分析的目的及作用有哪些？

财务报表分析的方法有哪些？

财务报表分析的比率分析法主要分析哪些指标？

如何进行财务报表综合分析？

以上问题，均可在本章找到答案。

## 8.1 财务分析概述

### 8.1.1 财务分析的概念和内容

**1. 财务分析的概念**

财务分析，是指运用财务报告及其他相关资料的有关数据，按照一定的程序，采用一系列专门的方法，对企业过去的财务状况、经营成果及未来前景所做的评价。

不论是静态的资产负债表，还是动态的损益表与现金流量表，它们所提供的有关财务状况和经营成果的信息都是历史性描述。尽管过去的信息是企业做出决策的主要依据之一，但过去未必能代表现在和将来。因此，财务报表上所列示的各类项目的数额，如果孤立起来看，是没有多大意义的，必须与其他数额相关联或相比较才能成为有意义的信息，供决策者使用，而这些正是财务分析所要解决的问题。

(1) 财务分析有系统、客观的资料依据。财务分析的基本资料是企业的财务报告，财务报告体系和结构以及内容的科学性、系统性、客观性为财务分析的系统性与客观性奠定了坚实的基础。另外，财务分析不仅以财务资料为依据，还参考了管理会计报表、市场信息及其他有关资料，使财务分析资料更加真实、完整。

(2) 财务分析有专门的功能。财务分析的基本功能是将大量的报表数据和其他相关资料转化成对企业的经营者及其利益相关者决策有用的信息，可减少决策的不确定性。

(3) 财务分析有明确的目的。财务分析的目的受财务分析主体和财务分析服务对象的制约，不同的财务分析主体进行财务分析的目的是不同的，财务分析的基本目的是管理决策和监督评价。

(4) 财务分析有健全的方法和体系。财务分析的实践使财务分析方法不断发展和完善，它既有财务分析的一般方法或步骤，又有财务分析的专门技术方法，如比较分析法、比率分析法、趋势分析法、因素分析法等都是财务分析专门和有效的方法。

(5) 财务分析是分析和综合的统一。分析与综合通常是相对应的，有分析就有综合。分析揭示了企业在各个领域或各个环节的财务运行状况和效果，综合则要在分析的基础上得出关于企业整体财务运行状况及效果的结论。财务分析应把分析和综合结合起来，在分析的基础上总体把握企业财务分析，运用财务报告及其他相关资料的有关数据，按照一定的程序，采用一系列专门的方法，对企业过去的财务状况、经营成果及未来前景做出客观的评价。

**2. 财务分析的内容**

不同的分析主体进行财务分析有不同的侧重点，就企业总体来看，财务分析的内容可以归纳为以下4个方面。

(1) 分析企业偿债能力。分析企业资产的流动性、负债水平和企业经营权益的结构，估量对债务资金的利用程度，制定企业筹资策略。

(2) 评价企业资产的营运能力。分析企业资产的管理水平和周转使用情况，可了解企业资产的保值和增值情况，为评价企业的经营管理水平提供依据。

(3) 评价企业的盈利能力。分析企业利润目标的完成情况和不同年度盈利水平的变动情况，可预测企业的盈利前景。

(4) 对企业的财务状况进行综合分析。分析各项财务活动的相互关系和协调情况，有助于揭示企业财务活动方面的优势和薄弱环节，找出理财工作需改进的问题。

以上各项分析内容互相联系、互相补充，可以综合描述企业的财务状况和经营成果，以满足各种财务信息使用者的需要。

### 8.1.2 财务分析的步骤

**1. 明确分析目的，制订分析计划**

由于不同的信息使用者的分析目的不同，首先要明确财务分析的目的是什么，然后决定采取哪种分析形式。在明确分析目的的基础上，制订分析计划，包括分析目的、分析要求、分析范围、组织分工、进度安排、资料依据以及确定分析评价的标准。

**2. 收集和整理资料，全面掌握情况**

根据分析目的的不同，收集相关资料，做好分析的基础工作。相关资料包括：企业内部会计资料及其他经济资料，国内外同行业的主要技术经济指标、市场供需情况等。对收集的资料进行加工整理，可保证财务分析的质量和效果。

**3. 选定方法，测算影响因素**

根据分析指标的性质及指标之间的相互联系，选定合适的分析方法，寻找影响指标变动的因素，并测算各因素变动对财务指标变动的影响，以便根据计算结果分清主次，区分利弊，这是财务分析的中心环节。

**4. 归纳总结，提出改进建议**

归纳总结、提出改进建议是分析研究的继续和深化。归纳总结是把分析研究所得的各种资料进行综合概括，对分析对象做出正确评价。提出改进建议是在归纳总结的基础上，提出改进企业管理工作、提高经济效益的具体措施，以使外部信息使用者了解企业的财务现状和发展前景。

**5. 编写财务分析报告**

财务分析报告是财务分析工作的总结，也是财务分析的最后步骤。它将财务分析的对象、目的、程序、评价及提出的改进建议以书面形式表示出来，作为信息使用者的参考依据。

### 8.1.3 财务分析的局限性

**1. 财务报表本身的局限性**

财务报表是会计产物。会计有特定的假设前提，并要执行统一的规范。我们只能在规定意义上使用报表数据，不能认为报表揭示了企业的全部实际情况。

(1) 以历史成本报告资产，不代表其现行成本或变现价值。

(2) 假设币值不变，不按通货膨胀率或物价水平调整。

(3) 稳健性原则要求会计报表预计损失而不预计收益，有可能夸大费用，少计收益和资产。

(4) 按年度分期报告，是短期的陈报，不能提供反映企业长期潜力的信息。

**2. 财务数据可比性受限**

不同的企业可能选择不同的会计政策，使它们的财务数据失去可比性。对同一会计事项的会计处理，会计准则允许使用几种不同的规则和程序，企业可自行选择。

例如，存货计价方法可以使用先进先出法、后进先出法、加权平均法等。虽然财务报表附注对会计政策的选择有一定的表述，但报表使用人未必能完成可比性的调整工作。

**3. 比较基础问题**

1) 比较分析的参照标准

在比较分析时，必须选择比较的基础，作为评价本企业当期实际数据的参照标准。比较基础包括本企业的历史数据、同行业数据和计划数据。

(1) 趋势分析以本企业的历史数据作为比较基础。历史数据代表过去，并不代表合理性。经营环境是变化的，今年的利润比去年提高了，不一定说明已经达到应该达到的水平，甚至不一定说明管理工作有了改进。

(2) 横向比较使用同行业数据作为比较基础，但同行业数据只起一般性的指导作用，不一定具有代表性，不是合理性的标志。有的企业实行多种经营，没有明确的行业归属，同业对比就更困难。

(3) 实际与计划的差异分析，以计划数据作为比较基础。实际和计划的差异，有时是计划的不合理造成的，而不是实际执行的问题。

2) 比较分析法的形式

由于以上原因，我们只能在限定意义上使用账务数据，而不能将其绝对化。企业要学会在活动中的数量关系和存在的差距中发现问题，为进一步分析原因、挖掘潜力指明方向。比较是基本的分析方法,没有比较就没有分析。比较分析法不仅在财务分析中得以广泛应用,而且其他分析也是建立在比较分析法的基础之上的。根据分析目的和要求的不同,比较分析法可分为以下三种形式。

(1) 实际指标与计划(定额)指标比较,可以揭示实际与计划或定额之间的差异,了解该项指标的计划或定额的完成情况。

(2) 本期指标与上期指标或历史最高水平的比较(纵向—内部比较),可以确定前后不同时期有关指标的变动情况,了解企业生产经营活动的发展趋势和管理工作的改进情况。

(3) 本单位指标与国内外同行业先进单位的比较(横向—外部比较),可以找出与先进单位之间的差距,推动本单位改善经营管理,赶超先进水平。

应用比较分析法对同一性质的指标进行数量比较时,要注意所利用的指标的可比性。比较双方的指标在内容、时间、计算方法、计价标准上应当口径一致,以便于比较。必要时,可对所用的指标按同一口径进行调整换算。

## 8.2 财务分析的基本方法

### 8.2.1 比率分析法

比率分析法(相对数分析)是财务分析中非常重要的基本方法。正因为如此,有人甚至将财务分析等同比率分析。比率分析法实质上是将影响财务状况的两个相关因素联系起来,通过计算比率,反映它们之间的关系,以此评价企业财务状况和经营状况的一种财务分析方法。比率分析的形式有:①百分比,如流动比率为200%;②比率,如速动比率为3∶2;③分数,如负债为总资产的1/2。比率分析法以其简单、明了、可比性强等优点在财务分析实践中被广泛采用。常见的比率指标主要有以下三个。

**1. 结构比率**

结构比率又称构成比率。它是某项经济指标的各个组成部分与总体的比率,反映总体各部分占总体构成比例的关系,计算公式为

$$结构比率 = 某个组成部分的数额 \div 总体数额$$

结构比率通常反映会计报表中各个项目的纵向关系。利用结构比率,可以考察总体中某个部分的形成和安排是否合理,以及某个部分在总体中的地位和作用,以便协调各项财务活动,突出重点。

**2. 效率比率**

效率比率是某项经济活动中所费与所得的比率，反映投入与产出、耗费与收入的比例关系。利用效率比率指标，可以进行得失比较，考察经营成果，评价经济效益。

**3. 相关比率**

相关比率是以某个项目和与其有关但又不同的项目加以对比所得的比率，反映企业有关经济活动中财务指标间的相互关系。利用相关比率指标，可以考察有联系的相关业务的安排是否合理，以保障企业运营活动能够顺畅进行。

### 8.2.2 趋势分析法

上述比率分析法从时点的角度观察企业的财务状况，而趋势分析法则是分析同一企业若干年的财务指标升降变化。它是将两期或连续若干期财务报告中的相同指标进行对比，确定其增减变动的方向、数额和幅度，以说明企业财务状况和经营成果变动趋势的一种方法。

采用这种方法，可以分析引起变动的主要原因、变动的性质，并预测企业未来的发展前景。常见的分析指标有以下几类。

**1. 财务比率趋势分析**

财务比率趋势比较是将不同时期的财务报告中的相同指标或比率进行比较，直接观察其增减变动情况及变动幅度，考察其发展趋势，预测其发展前景。

**2. 会计报表金额趋势分析**

会计报表金额趋势分析是将连续数期的会计报表净额并列起来，比较其相同指标的增减变动金额和变动幅度，据以判断企业财务状况和经营成果的发展变化。

**3. 会计报表构成趋势分析**

这是在会计报表金额趋势分析的基础上发展而来的分析方法。它以会计报表中的某个总体指标为基数，再计算其各组成项目占该总体指标的百分比，从而比较各个项目百分比的增减变动，以此来判断有关财务活动的变化趋势。这种方法比前述两种方法更能准确地分析企业财务活动的发展趋势。

在采用趋势分析法时，首先应掌握分析的重点。财务报表项目很多，其重要程度也不一致，为了揭示企业财务状况和经营成果的变化趋势，分析人员应对财务报表的重要项目进行重点分析。同时，将绝对数和相对数分析结合使用，以便在进行绝对数分析时也能反映相对程度的变化。

## 8.2.3 因素分析法

因素分析是依据分析指标与其影响因素之间的关系，按照一定的程序和方法，确定各因素对分析指标差异的影响程度的一种技术方法。因素分析是经济活动分析中重要的方法之一，也是财务分析的方法之一。因素分析根据其分析特点可分为连环替代法和差额计算法两种。

**1. 连环替代法**

连环替代法是指确定因素影响，并按照一定的替换顺序逐个替换因素，计算出各个因素对综合性经济指标变动的影响程度的一种计算方法。

1) 连环替代法的步骤

(1) 确定分析指标与其影响因素之间的关系。将某一经济指标在计算公式的基础上进行分解或扩展，从而得出各影响因素与分析指标之间的关系式。如对于权益净利率指标，要确定它与影响因素之间的关系，可按下式进行分解

$$权益净利率=净利润/所有者权益$$
$$=权益乘数×总资产净利率$$
$$=营业净利率×总资产周转率×权益乘数×100\%$$

分析指标与影响因素之间的关系式，既说明了哪些因素影响分析指标，又说明了这些因素与分析指标之间的关系及顺序。如上式中影响权益净利率的因素有总资产周转率、营业净利率和权益乘数，它们都与权益净利率成正比例关系，它们的排列顺序是：营业净利率在先，其次是总资产周转率，最后是权益乘数。

(2) 根据分析指标的报告期数值与基期数值列出两个关系式或指标体系，确定分析对象。如对于权益净利率而言，两个指标体系为

$$基期权益净利率=基期营业净利率×基期总资产周转率×基期权益乘数$$
$$实际权益净利率=实际营业净利率×实际总资产周转率×实际权益乘数$$
$$分析对象=实际权益净利率-基期权益净利率$$

(3) 连环顺序替代，计算替代结果。所谓连环顺序替代就是以基期指标体系为计算基础，用实际指标体系中的每一个因素的实际数顺序地替代其相应的基期数，每次替代一个因素，替代后的因素被保留下来。计算替代结果，就是在每次替代后，按关系式计算其结果。有几个因素就替代几次，并相应确定计算结果。

(4) 比较各因素的替代结果，确定各因素对分析指标的影响程度。比较替代结果是连环进行的，即将每次替代的计算结果与这一因素被替代前的结果进行对比，两者的差额就是替代因素对分析对象的影响程度。

(5) 检验分析结果，即将各因素对分析指标的影响额相加，其代数和应等于分析

对象。如果两者相等,说明分析结果可能是正确的;如果两者不相等,则说明分析结果一定是错误的。

连环替代法的程序或步骤是紧密相连、缺一不可的,尤其是前4个步骤,任何一个步骤出现错误,都会出现错误结果。下面举例说明连环替代法的步骤和应用。

【例8-1】甲公司2020年和2021年有关权益净利率、总资产周转率、权益乘数和营业净利率的资料如表8-3所示。

表8-3 甲公司2020年和2021年部分财务指标

| 年份 | 项目 | | |
|---|---|---|---|
| | 营业净利率 | 资产周转率 | 权益乘数 |
| 2020年 | 11.68% | 0.515 2 | 2.222 5 |
| 2021年 | 10.54% | 0.388 2 | 1.720 6 |

2020年权益净利率:11.68%×0.515 2×2.222 5=13.37%

2021年权益净利率:10.54%×0.388 2×1.720 6=7.04%

要求:分析各因素变动对总资产报酬率的影响程度。

解:

根据连环替代法的程序和上述对总资产报酬率的分解式,可得出

营业净利率×资产周转率×权益乘数=权益净利率

实际指标体系:10.54%×0.388 2×1.720 6=7.04%

基期指标体系:11.68%×0.515 2×2.222 5=13.37%

分析对象:7.04%-13.37%=-6.33%

在此基础上,按照第(3)步骤的做法进行连环顺序替代,即

基期指标体系:11.68%×0.515 2×2.222 5=13.37%

替代第一因素营业净利率,分析营业净利率的变动导致权益净利率变动的结果,则有

10.54%×0.515 2×2.222 5=12.06%

替代第二因素资产周转率,分析资产周转率的变动导致权益净利率变动的结果,则有

10.54%×0.388 2×2.222 5=9.094%

替代第三因素权益乘数,分析权益乘数的变动导致权益净利率变动的结果,则有

10.54%×0.388 2×1.720 6=7.04%

按照第(4)步骤,计算各个因素对指标的影响程度。

第一因素的影响程度:12.06%-13.37%=-1.31%

也就是说,由于营业净利率的变动导致权益净利率降低了1.31%。

第二因素的影响程度:9.09%-12.06%=-2.97%

也就是说，由于资产周转率的变动导致权益净利率降低了2.97%。

第三因素的影响程度：7.04%-9.09%=-2.05%

也就是说，由于权益乘数的变动导致权益净利率降低了2.05%。

三个因素共同影响：-1.31%-2.97%-2.05%=-6.33%

2) 应用连环替代法的注意事项

连环替代法作为因素分析法的主要形式，在实践中应用比较广泛。在应用连环替代法的过程中，应注意以下几个问题。

(1) 因素分解的相关性问题。所谓因素分解的相关性，是指分析指标与其影响因素之间必须真正相关，即有实际经济意义，各影响因素的变动应该确实能说明分析指标差异产生的原因。当然，有经济意义的因素分解式并不是唯一的，一个经济指标从不同角度看，可分解为不同的有经济意义的因素分解式。这就需要我们在因素分解时，根据分析的目的和要求，确定合适的因素分解式，以找出分析指标变动的真正原因。

(2) 分析前提的假定性。所谓分析前提的假定性是指分析某一因素对经济指标差异的影响时，必须假定其他因素不变，否则就不能分清各单一因素对分析对象的影响程度。但实际上，有些因素对经济指标的影响是多因素共同作用的结果，如果共同影响的因素越多，那么这种假定的准确性就越差，分析结果的准确性也就越低。

因此，在因素分解时，并非分解的因素越多越好，而应根据实际情况，具体问题具体分析，尽量减少对相互影响较大的因素的再分解，使之与分析前提的假设基本相符。否则，因素分解过细，从表面上看有利于分清原因和责任，但是在共同影响因素较多时，反而会影响分析结果的准确性。

(3) 因素替代的顺序性。一般来说，替代顺序在前的因素对经济指标影响的程度不受其他因素影响或影响较小，排列在后的因素中含有其他因素共同作用的成分。从这个角度看问题，为分清责任，将对分析指标影响较大的并能明确责任的因素放在前面可能更好一些。

(4) 顺序替代的连环性。连环性是指在确定各因素变动对分析对象的影响时，都是将某因素替代后的结果与该因素替代前的结果相对比，一环套一环。这样既能保证各因素对分析对象影响结果的可分性，又能保证分析结果的准确性。因为只有连环替代并确定各因素影响额，才能保证各因素对经济指标的影响之和与分析对象相等。

**2. 差额计算法**

差额计算法是连环替代法的一种简化形式，其分析原理与连环替代法相同，区别只在于分析程序不同。差额计算法比连环替代法简化，即它可直接利用各影响因素的实际数与基期数的差额，在其他因素不变的假定条件下，计算各因素对分析指标的影响程度;或者说,差额计算法将连环替代法的第(3)步骤和第(4)步骤合并为一个步骤进行。这个步骤的基本点就是确定各因素实际数与基期数之间的差额,并在此基础上乘排列在该因素前面各因素的实际数和排列在该因素后面各因素的基期数,所得出的结果就是该因素变动对分析指标的影响数。

下面根据表8-3提供的数据,运用差额计算法分析各因素变动对权益净利率的影响程度。

分析对象为权益净利率变动:7.04%−13.37%=−6.33%

替代第一因素:(10.54%−11.68%)×0.515 2×2.222 5=−1.31%

替代第二因素:10.54%×(0.388 2−0.515 2)×2.222 5=−2.97%

替代第三因素:10.54%×0.388 2×(1.720 6−2.222 5)=−2.05%

三个因素共同影响:−1.31%−2.97%−2.05%=−6.33%

【例8-2】A公司生产甲产品耗用的直接材料有关资料如表8-4所示。

表8-4 甲产品耗用资料

| 项目 | 计划(或定额) | 实际 |
| --- | --- | --- |
| 产品产量/件 | 150 | 165 |
| 材料单耗/千克/件 | 41 | 40 |
| 材料单价/元/千克 | 32 | 33 |
| 材料费用/元 | 196 800 | 217 800 |

要求:计算实际材料费用和定额材料费用及两者的差异;采用因素分析法分析各因素变动对差异的影响程度。

解:

计划材料费用=150×41×32=196 800(元)

实际材料费用=165×40×33=217 800(元)

实际比计划超支=217 800−196 800=21 000(元)

产量变动的影响=(165−150)×41×32=19 680(元)

单耗变动的影响=165×(40−41)×32=−5 280(元)

单价变动的影响=165×40×(33−32)=6 600(元)

三因素共同变动的影响=19 680−5 280+6 600=21 000(元)

由于甲产品的产量由150件增加到165件,使得实际材料费用比计划增加了19 680元;由于材料单耗比计划减少了1千克,使得实际材料费用比计划减少了5 280元;材料单价由32元上涨至33元,导致实际材料费用比计划增加了6 600元。在以上三因素的共同作用下,实际材料费用比计划增加了21 000元。

应当指出,应用连环替代法应注意的问题,在应用差额计算法时同样要注意。

除此之外，还应注意的是，并非所有应用连环替代法的情况都可按上述差额计算法的方式进行简化，特别是在各影响因素之间不是连乘的情况下，运用差额计算法必须慎重。

【例8-3】甲公司有关成本的资料如表8-5所示。

表8-5 成本统计表

| 项目 | 实际 | 基期 |
| --- | --- | --- |
| 产品产量 | 1 500 | 1 200 |
| 单位变动成本/万元 | 11 | 12 |
| 固定成本/万元 | 12 000 | 10 000 |
| 产品总成本/万元 | 28 500 | 244 00 |

要求：确定各因素变动对产品总成本的影响程度。

解：产品总成本与其影响因素之间的关系式为

$$产品总成本=产品产量×单位变动成本+固定总成本$$

下面运用连环替代法进行分析。

分析对象：28 500−24 400=4 100(万元)

因素分析如下所述。

基期：1 200×12+10 000=24 400(万元)

替代1：1 500×12+10 000=28 000(万元)

替代2：1 500 ×11+10 000=26 500(万元)

实际：1 500×11+12 000=28 500(万元)

产品产量变动的影响：28 000−24 400=3 600(万元)

单位变动成本变动的影响：26 500−28 000=−1 500(万元)

固定成本变动的影响：28 500−26 500=2 000(万元)

各因素影响之和：3 600−1 500+2 000=4 100(万元)

如果直接运用差额计算法，则

产量变动的影响：(1 500−1 200)×12+10 000=13 600(万元)

单位变动成本变动的影响：1 500×(11−12)+10 000=8 500(万元)

固定成本变动的影响：1 500×11+(12 000−10 000)=17 500(万元)

各因素影响之和：13 600+8 500+17 500=39 600(万元)

可见，运用差额计算法的各因素分析结果之和不等于分析对象的4 100万元，显然是错误的。

错误的原因是在产品总成本的因素分解式中，各因素之间不是纯粹相乘的关系，而存在相加的关系，这时运用差额计算法对连环替代法进行简化应为

产品产量变动影响：(1 500−1 200)×12=3 600(万元)

单位变动成本的影响：1 500×(11-12)=-1 500(万元)

固定总成本的变动影响：12 000-10 000=2 000(万元)

在因素分解式中存在加、减、除法的情况下，一定要注意这个问题。

## 8.3 财务指标分析

财务报表中有大量数据，可以组成许多涉及企业活动各方面的财务比率。为了便于说明财务比率的计算和分析方法，本章节将以A公司的财务报表数据为例。该公司的资产负债表、利润表和现金流量表，如表8-6、表8-7、表8-8所示。

表8-6　资产负债表

编制单位：A公司　　　　　　　　2021年12月31日　　　　　　　　　　会企01表
　　　　　　　　　　　　　　　　　　　　　　　　　　　　　　　　　　　　元

| 资产 | 年初数 | 期末数 | 负债和所有者权益 | 年初数 | 期末数 |
|---|---|---|---|---|---|
| 流动资产： | | | 流动负债： | | |
| 货币资金 | 1 492 000 | 6 027 580 | 短期借款 | 400 000 | 180 000 |
| 交易性金融资产 | | | 应付票据 | | |
| 应收票据 | 30 000 | | 应付账款 | 650 000 | 2 590 000 |
| 应收股利 | | | 预收账款 | | |
| 应收利息 | | | 应付职工薪酬 | 40 000 | 91 400 |
| 应收账款 | 540 000 | 90 000 | 应付股利 | | |
| 预付账款 | | | 应交税费 | 15 000 | 667 695 |
| 其他应收款 | 68 000 | | 其他应付款 | 45 000 | 7 000 |
| 应收补贴款 | | | 一年内到期的非流动负债 | | |
| 存货 | 1 000 000 | 1 480 000 | 其他流动负债 | | |
| 一年内到期的非流动资产 | 10 000 | | 流动负债合计 | 1 150 000 | 3 536 095 |
| 流动资产合计 | 3 140 000 | 7 597 580 | 非流动负债： | | |
| 非流动资产： | | | 长期借款 | 1 800 000 | 2 220 000 |
| 债权投资 | | 250 000 | 应付债券 | | |
| 其他债权投资 | | | 长期应付款 | | |
| 长期应收款 | | | 专项应付款 | | |
| 长期股权投资 | 170 000 | 120 000 | 预计负债 | | |
| 固定资产 | 2 830 000 | 3 257 320 | 递延所得税负债 | | 59 400 |
| 在建工程 | | | 其他长期负债 | | |
| 固定资产清理 | | | 非流动负债合计 | 1 800 000 | 2 279 400 |
| 无形资产 | 1 000 000 | 980 000 | 负债合计 | 2 950 000 | 5 815 495 |
| 开发支出 | | | 股东权益： | | |

(续表)

| 资产 | 年初数 | 期末数 | 负债和所有者权益 | 年初数 | 期末数 |
|---|---|---|---|---|---|
| 商誉 | | | 股本 | 3 900 000 | 4 700 000 |
| 长期待摊费用 | | | 资本公积 | 100 000 | 295 600 |
| 递延所得税资产 | | | 减：库藏股 | | |
| 其他非流动资产 | | | 盈余公积 | 90 000 | 330 761 |
| | | | 未分配利润 | 100 000 | 1 063 044 |
| | | | 股东权益合计 | 4 190 000 | 6 389 405 |
| 资产总计 | 7 140 000 | 12 204 900 | 负债和股东权益总计 | 7 140 000 | 12 204 900 |

表8-7 利润表

编制单位：A公司　　　　　　　　　2021年度　　　　　　　　　会企02表　元

| 项目 | 行次 | 上年累计数 | 本年累计数 |
|---|---|---|---|
| 一、营业收入 | 1 | 2 000 000 | 4 000 000 |
| 减：营业成本 | 4 | 1 100 000 | 2 000 000 |
| 税金及附加 | 5 | 70 000 | 90 000 |
| 销售费用 | 14 | 50 000 | 40 020 |
| 管理费用 | 15 | 220 000 | 179 210 |
| 财务费用 | 16 | 5 000 | 2 600 |
| 资产减值损失 | | | |
| 加：公允价值变动收益 | | | |
| 投资收益 | | 3 000 | -30 000 |
| 二、营业利润(亏损以"-"填列) | 18 | 558 000 | 1 658 170 |
| 加：营业外收入 | 23 | | 159 130 |
| 减：营业外支出 | 25 | 8 000 | 5 800 |
| 三、利润总额(亏损总额以"-"填列) | 27 | 550 000 | 1 811 500 |
| 减：所得税费用 | 28 | 181 500 | 607 695 |
| 四、净利润(净亏损以"-"填列) | 30 | 368 500 | 1 203 805 |

表8-8 现金流量表

编制单位：A公司　　　　　　　　　2021年度　　　　　　　　　会企03表　元

| 项目 | 金额 |
|---|---|
| 一、经营活动产生的现金流量 | |
| 销售商品、提供劳务收到的现金 | 5 248 400 |
| 收到的税款返还 | |
| 收到的其他与经营活动有关的现金 | 68 000 |
| 现金流入小计 | 5 316 400 |
| 购买商品、接受劳务支付的现金 | 390 000 |
| 支付给职工及为职工支付的现金 | 430 000 |
| 支付的各项税费 | 385 000 |

(续表)

| 项目 | 金额 |
| --- | --- |
| 支付的其他与经营活动有关的现金 | 148 020 |
| 现金流出小计 | 1 353 020 |
| 经营活动产生的现金流量净额 | 3 963 380 |
| 二、投资活动产生的现金流量 | |
| 收回投资所收到的现金 | |
| 取得投资收益所收到的现金 | 20 000 |
| 处置固定资产、无形资产和其他长期资产所收回的现金净额 | 14 200 |
| 收到的其他与投资活动有关的现金 | |
| 现金流入小计 | 34 200 |
| 购建固定资产、无形资产和其他长期资产所支付的现金 | 197 000 |
| 投资所支付的现金 | 250 000 |
| 支付的其他与投资活动有关的现金 | |
| 现金流出小计 | 447 000 |
| 投资活动产生的现金流量净额 | -412 800 |
| 三、筹资活动产生的现金流量 | |
| 吸收投资所收到的现金 | 875 000 |
| 借款所收到的现金 | 880 000 |
| 收到的其他与筹资活动有关的现金 | |
| 现金流入小计 | 1 755 000 |
| 偿还债务所支付的现金 | 700 000 |
| 分配股利、利润或偿付利息所支付的现金 | 70 000 |
| 支付其他与筹资活动有关的现金 | |
| 现金流出小计 | 770 000 |
| 筹资活动产生的现金流量净额 | 985 000 |
| 四、汇率变动对现金的影响 | |
| 五、现金及现金等价物净增加额 | 4 535 580 |

财务指标分析的内容很多，主要包括偿债能力分析、营运能力分析、盈利能力分析和市场价值分析等。

## 8.3.1 偿债能力分析

企业的偿债能力是指企业对各种到期债务的偿付能力。偿债能力关系企业的存亡，一旦企业资产运营不当，将面临无法偿还到期债务的问题，往往要比一时的亏损更为危险。所以，无论是企业的经营管理者，还是企业的投资人、债权人，都十分重视企业的偿债能力。因此，财务报表分析首先要对企业的偿债能力进行分析。

偿债能力分析包括短期偿债能力分析和长期偿债能力分析两个方面。

**1. 短期偿债能力分析**

短期偿债能力是指企业以流动资产支付流动负债的能力,又称支付能力。它在财务比率分析中非常重要。在市场经济体制健全的条件下,短期偿债能力是评价企业财务状况的首选指标。因为如果一个企业缺乏短期偿债能力,会因为无力支付到期的短期债务而被迫出售长期投资的股票、债券,或者拍卖固定资产,甚至导致企业破产。

评价企业短期偿债能力的财务比率主要有流动比率、速动比率、现金比率和现金流量流动负债比率。

1) 流动比率

流动比率是企业的流动资产与流动负债的比率。它表示企业每1元流动负债有多少流动资产作为偿还保证,反映企业用可在短期内转变为现金的流动资产偿还到期流动负债的能力,计算公式为

$$流动比率 = \frac{流动资产}{流动负债}$$

一般情况下,流动比率越高,企业的短期偿债能力越强,债权人的权益越有保障。同时也表明企业财务状况稳定,有足够的财力来偿付到期的短期债务。因此,从债权人的角度来看,流动比率越高越好。但从经营者的角度看,流动比率过高,可能使企业流动资产占用过多,影响企业资金的使用效率和获利能力。

关于流动比率的衡量标准,国际上公认的标准是2,该比率在西方国家也被称为银行家比率。银行家以流动比率作为提供贷款的依据,一般流动比率达到2,银行家才会认为企业的偿债能力比较理想。

但是,流动比率高,不一定能说明企业有足够的现金可以偿还债务,也可能是企业存货超储积压、应收账款过多且长期积压等造成的结果。所以,还要结合流动资产的结构、周转情况和现金流量等进行分析。

不同的行业,流动比率的判断标准是有区别的。通常生产周期较长的行业,如制造业,存货变现的周期相对较长,流动比率应高一些;生产周期较短的行业,如商业、服务业等,存货的变现速度较快,流动比率可以适当低一些。

**【例8-4】** A公司2021年有关的销售资料如表8-6所示。

A公司2021年年初的流动资产为3 140 000元,流动负债为1 150 000元;2021年年末的流动资产为7 597 580元,流动负债为3 536 095元。计算A公司的流动比率。

$$2020年的流动比率 = \frac{3\ 140\ 000}{1\ 150\ 000} = 2.73$$

2021年的流动比率 = $\dfrac{7\,597\,580}{3\,536\,095}$ = 2.15

2) 速动比率

速动比率又称酸性测试比率，是指企业速动资产与流动负债的比率。它比流动比率更能严格地测验企业的短期偿债能力，计算公式为

$$速动比率 = \dfrac{速动资产}{流动负债}$$

速动资产是指变现速度快、变现能力强的流动资产，它通常是用流动资产减去变现能力较差且不稳定的存货、预付账款、待摊费用等的余额。在实际工作中，为简化计算，在计算速动资产时，通常仅从流动资产中扣除存货一项，但要注意这样计算分析的结果并不准确。

在流动资产中，短期有价证券、应收票据、应收账款的变现能力比存货强。存货需要经过销售，才能变为现金，如果存货滞销，变现就成问题。用速动比率判断企业的短期偿债能力比用流动比率更直接、更明确，因为它撇开了变现能力较差的存货和预付费用等。该指标值越高，表明企业偿还流动负债的能力越强。

关于速动比率的衡量，国际公认标准为1，即企业每1元流动负债都有1元易于变现的资产作为抵偿，才算是具备良好的财务状况。如果速动比率小于1，说明企业的偿债能力存在问题，面临较大的偿债风险；但如果速动比率大于1，说明企业拥有过多的货币性资产，可能使企业丧失有利的投资和获利机会，降低了资金的使用效率。

速动比率在不同行业也有所差别，要参照同行业的资料和本企业的历史情况进行判断。商业零售业、服务业的速动比率可以低一些，因为这些行业的业务大多数是现金交易，应收账款不多，因此速动比率相对较低；而且这些行业的存货变现速度通常比工业制造业的存货变现速度要快。

【例8-5】根据表8-6的资料，A公司2021年年初的流动资产为3 140 000元，其中，存货为1 000 000元，流动负债为1 150 000元；2021年年末的流动资产为7 597 580元，其中，存货为1 480 000元，流动负债为3 536 095元。计算A公司的速动比率。

2020年的速动比率 = $\dfrac{3\,140\,000 - 1\,000\,000}{1\,150\,000}$ = 1.86

2021年的速动比率 = $\dfrac{7\,597\,580 - 1\,480\,000}{3\,536\,095}$ = 1.73

3) 现金比率

现金比率是企业现金类资产与流动负债的比率。现金类资产包括企业的库存现金、随时可以用于支付的存款和交易性金融资产等。它是衡量企业即时偿债能力的比率，计算公式为

$$现金比率 = \frac{货币资金 + 交易性金融资产}{流动负债}$$

在企业的流动资产中,现金类资产的变现能力最强,现金比率所反映的作为偿债担保的资产是变现能力几乎为百分之百的资产,最能说明企业直接偿付流动负债的能力,用该指标衡量企业短期偿债能力最为保险和安全。

现金比率越高,说明现金类资产在企业流动资产中所占的比例越大,企业具有较强的即时支付能力和紧急应变能力。但是,如果该比率过高,可能说明该企业的现金没有发挥最大效益,丧失了较好的投资机会,降低了资金的利用效率。现金比率尽管没有公认的标准以供参考,但一般认为,现金比率以适度为好,既要保证短期债务偿还的现金需要,又要尽可能降低过多持有现金的机会成本。

【例8-6】以表8-6中的数据为例,A公司2021年年初的货币资金为1 492 000元,短期投资为0,流动负债为1 150 000元;2021年年末的货币资金为6 027 580元,短期投资为0,流动负债为3 536 095元。计算A公司的现金比率。

$$2020年的现金比率 = \frac{1\ 492\ 000}{1\ 150\ 000} = 1.3$$

$$2021年的现金比率 = \frac{6\ 027\ 580}{3\ 536\ 095} = 1.7$$

4) 现金流量流动负债比率

现金流量流动负债比率是企业一定时期的经营活动净现金流量与期末流动负债的比率。经营活动净现金流量,一般是指一个年度内由经营活动所产生的现金和准现金的流入量和流出量的差额,计算公式为

$$现金流量流动负债比率 = \frac{经营活动净现金流量}{期末流动负债}$$

该比率越大,现金流入对当期债务清偿的保障程度越高,表明企业的流动性越好。

经营活动产生的现金是偿还债务最直接、最理想的来源,也最能代表企业真实的短期偿债能力,但经营活动产生的现金流量是过去一个会计年度的经营结果,而流动负债则是未来一个会计年度需要偿还的债务,两者的会计期间不同。因此,这个指标是建立在以过去一年的现金流量来估计未来一年现金流量的假设基础之上的。使用这一财务比率时,需要考虑未来一个会计年度影响经营活动的现金流量变动的因素。

【例8-7】以表8-6、例8-6中的数据为例,A公司2021年年末的流动负债为3 536 095元,经营活动净现金流量为3 963 380元,计算A公司的现金流量流动负债比率。

$$2021年的现金流量流动负债比率 = \frac{3\ 963\ 380}{3\ 536\ 095} = 1.12$$

## 2. 长期偿债能力分析

长期偿债能力是企业偿还长期债务的能力,它表明企业对债务负担的承受能力和偿还债务的保障能力。长期负债增加了企业经营与财务上的风险,长期偿债能力的强弱,是反映企业财务实力与稳定程度的重要标志。而企业的长期偿债能力不仅受企业资本结构的重要影响,还取决于企业未来的盈利能力。

评价企业长期偿债能力的指标主要有资产负债率、产权比率、有形净值债务率和利息保障倍数等。

### 1) 资产负债率

资产负债率也称为负债比率,是企业负债总额与资产总额的比率,它表明在企业资产总额中债权人资金所占的比重,以及企业资产对债权人权益的保障程度,计算公式为

$$资产负债率 = \frac{负债总额}{资产总额} \times 100\%$$

资产负债率是衡量企业负债水平和风险程度的重要财务比率指标,其高低对企业的债权人、投资者和经营者等不同利益主体有不同的影响。对债权人而言,该指标越低,债权人的利益保障程度越高。投资者主要考虑投资的回报,所以,当预期的投资收益率高于借债利息率时,投资者希望资产负债率越高越好,以享受负债经营所带来的财务杠杆利益;反之,当预期的投资收益率低于借债利息率时,投资者希望资产负债率越低越好。对经营者而言,既要考虑利用债务的收益性,又要考虑负债经营所带来的财务风险,所以,从企业财务意义上讲,企业经营者总是要权衡利弊得失,将资产负债率保持在一个适度的水平,从而把企业因筹资产生的风险控制在适当的程度。

资产负债率为多少是较为合理的,并没有一个确定的标准,比较保守的经验判断为不高于50%,但不同的行业由于生产经营实际、资金周转情况的差异性,资产负债率往往有较大的不同。

**【例8-8】** 以表8-6中的数据为例,A公司2021年年初的资产总额为7 140 000元,负债总额为2 950 000元;2021年年末的资产总额为12 204 900元,负债总额为5 815 495元。计算A公司的资产负债率。

$$2020年的资产负债率 = \frac{2\ 950\ 000}{7\ 140\ 000} \times 100\% = 41\%$$

$$2021年的资产负债率 = \frac{5\ 815\ 495}{12\ 204\ 900} \times 100\% = 47.6\%$$

### 2) 产权比率

产权比率也称债务股权比率,是负债总额与所有者权益总额的比率,计算公式为

$$产权比率 = \frac{负债总额}{所有者权益总额} \times 100\%$$

产权比率反映企业所有者权益对债权人权益的保障程度。该比率越低，表明企业的长期偿债能力越强，债权人权益的保障程度越高。

【例8-9】以表8-6中的数据为例，A公司2021年年初的负债总额为2 950 000元，所有者权益总额为4 190 000元；2021年年末的负债总额为5 815 495元，所有者权益总额为6 389 405元。计算A公司的产权比率。

$$2020年的产权比率 = \frac{2\ 950\ 000}{4\ 190\ 000} \times 100\% = 70\%$$

$$2021年的产权比率 = \frac{5\ 815\ 495}{6\ 389\ 405} \times 100\% = 91\%$$

产权比率与资产负债率都用于衡量企业的长期偿债能力，具有相同的经济意义，其区别是反映长期偿债能力的侧重点不同。产权比率侧重揭示债务资本和权益资本的相互关系，说明企业所有者权益对偿债风险的承受力；资产负债率侧重揭示总资本中有多少是靠负债取得的，说明债权人权益的受保障程度。这两个比率是可以互相换算的，它们的关系可用公式表示为

$$产权比率 = \frac{负债总额}{所有者权益总额} \times 100\% = \frac{负债总额}{资产总额 - 负债总额} \times 100\%$$

$$= \frac{负债总额/资产总额}{资产总额/资产总额 - 负债总额/资产总额} = \frac{资产负债率}{1 - 资产负债率}$$

3) 有形净值债务率

有形净值债务率是企业负债总额与有形净值的比率。其中，有形净值是所有者权益总额减去无形资产净值后的净值，计算公式为

$$有形净值债务率 = \frac{负债总额}{所有者权益总额 - 无形资产净值} \times 100\%$$

有形净值债务率是比资产负债率和产权比率更为保守的比率，考虑到商誉、商标权、专利权和非专利技术等无形资产不一定能用来还债，所以将无形资产从净资产中扣除，更为谨慎、保守地反映在企业清算时债权人投入资本受股东权益的保障程度。这个指标越大，表明企业的长期偿债能力越强；反之，这个指标越小，表明企业的长期偿债能力越弱。

【例8-10】以表8-6中的数据为例，A公司2021年年初的负债总额为2 950 000元，所有者权益总额为4 190 000元，无形资产净值为1 000 000元；2021年年末的负债总额为5 815 495元，所有者权益总额为6 389 405元，无形资产净值为980 000元。计算A公司的有形净值债务率。

$$2020年的有形净值债务率 = \frac{2\ 950\ 000}{4\ 190\ 000 - 1\ 000\ 000} \times 100\% = 92\%$$

$$2021年的有形净值债务率 = \frac{5\ 815\ 495}{6\ 389\ 405 - 980\ 000} \times 100\% = 108\%$$

4) 利息保障倍数

利息保障倍数也称为已获利息倍数，是指企业经营业务收益与利息费用的比率，用以衡量偿付借款利息的能力，计算公式为

$$利息保障倍数 = \frac{息税前利润}{利息费用} = \frac{税前利润 + 利息费用}{利息费用} = \frac{税后利润 + 所得税 + 利息费用}{利息费用}$$

式中，"息税前利润"是指利润表中未扣除利息费用和所得税之前的利润，它可以用"利润总额加利息费用"来测算；"利息费用"是指本期发生的全部应付利息，不仅包括财务费用中的利息费用，还包括计入固定资产成本的资本化利息。资本化利息虽然不在利润表中扣除，但同样是企业应偿还的，需要被考虑在内。

利息保障倍数的重要作用是衡量企业支付利息的能力，没有足够多的息税前利润，资本化利息的支付就会产生困难。

利息保障倍数指标反映企业经营收益为所需支付的债务利息的多少倍，其数额越大，表明企业的偿债能力越强；反之，数额越小，则表明企业没有足够的资金来偿还债务利息，企业的偿债能力越弱。如果该指标适当，表明企业不能偿付利息的风险小，如果企业利息偿还及时，当债务到期时企业也能及时重新筹措到资金。

如何合理确定企业的已获利息倍数呢？这需要将该企业的这一指标与其他企业，特别是本行业平均水平进行比较，通过分析确定本企业的指标水平。从稳健性的角度出发，最好比较本企业连续几年的该项指标，并选择最低指标年度数据作为标准。因为，企业在经营好的年度要偿债，在经营不好的年度也要偿还大约等量的债务。某一个年度利润很高，已获利息倍数也会很高，但不能年年如此。采用指标最低年度的数据，可保证最低的偿债能力。一般情况下，确定企业的利息保障倍数应遵循上一原则，但遇到特殊情况，还要结合实际来确定。

【例8-11】以表8-7、例8-5中的数据为例，在A公司的利润表中，2020年税前利润为550 000元，利息费用为5 000元；2021年税前利润为1 811 500元，利息费用为2 600元。计算A公司的利息保障倍数。

$$2020年的利息保障倍数 = \frac{550\ 000 + 5\ 000}{5\ 000} = 111$$

$$2021年的利息保障倍数 = \frac{1\ 811\ 500 + 2\ 600}{2\ 600} = 697.73$$

### 8.3.2 营运能力分析

营运能力分析是对企业运用资产开展生产经营活动的能力的分析,实际上是对资产利用效率的分析。营运能力是指企业对有限资源的利用能力,它是衡量企业整体经营能力高低的一个重要方面,营运能力的高低,对企业的偿债能力和盈利能力都有着非常重大的影响。反映企业营运能力的主要财务比率指标包括流动资产周转率、应收账款周转率、存货周转率、固定资产周转率和总资产周转率。

**1. 流动资产周转率**

流动资产周转率是指企业在一定时期内的营业收入与流动资产平均余额的比率,它反映企业流动资产在一定时期内(通常为1年)的周转次数,计算公式为

$$流动资产周转次数 = \frac{营业收入}{流动资产平均余额}$$

$$流动资产平均余额 = \frac{期初流动资产 + 期末流动资产}{2}$$

流动资产周转率反映流动资产的周转速度和使用效率。周转次数越多,表明周转速度越快,流动资产利用效率越高,会相对节约流动资金,等于相对扩大了资产投入,增强企业的盈利能力。

流动资产周转率也可以用周转天数表示,计算公式为

$$流动资产周转天数 = \frac{计算期天数}{流动资产周转次数} = \frac{360}{流动资产周转次数}$$

周转天数越少,说明周转速度越快,效果越好;反之,周转天数越多,则说明周转速度越慢,资产盈利能力降低。

【例8-12】以表8-6、例8-5的数据为例,计算A公司2021年的流动资产周转率。

$$流动资产周转次数 = \frac{4\,000\,000}{(3\,140\,000 + 7\,597\,580) \div 2} = 0.75(次)$$

$$流动资产周转天数 = \frac{360}{0.75} = 480(天)$$

**2. 应收账款周转率**

应收账款是企业流动资产的重要组成部分。及时收回应收账款,不仅能增强企业的短期偿债能力,也能反映企业管理应收账款方面的效率。

应收账款周转率是反映应收账款周转速度的指标,它有两种表示方法:一种是应收账款周转次数,就是年度内应收账款转为现金的平均次数,它说明应收账款流动的速度;另一种是用时间表示的周转速度,称为应收账款周转天数,也叫平均应收账款回收期或平均收现期,它表示企业从取得应收账款的权利到收回款项、转换

为现金所需要的时间。应收账款周转率的计算公式为

$$应收账款周转次数 = \frac{营业收入}{应收账款平均余额}$$

$$应收账款周转天数 = \frac{360}{应收账款周转次数}$$

$$应收账款平均余额 = \frac{期初应收账款 + 期末应收账款}{2}$$

式中,应收账款平均余额是指未扣除坏账准备的应收账款金额,它是资产负债表中期初应收账款余额与期末应收账款余额的平均数;营业收入是指销售折扣和折让后的销售净额。但财务报表的外部使用者通常无法获取此项数据,故使用营业收入来计算该指标一般不影响其分析和利用价值。因此,在实务中多采用营业收入来计算应收账款周转率。

一般来说,应收账款周转率越高,平均收账期越短,说明应收账款的收回速度越快。

应收账款的周转速度与企业采取的信用政策密切相关。企业应根据实际情况,确定合理的信用政策,并加强货款催收,减少长期欠账,以尽可能地加快应收账款的周转速度。

【例8-13】以表8-6、例8-5的数据为例,计算A公司2021年的应收账款周转率。

$$应收账款周转次数 = \frac{4\ 000\ 000}{(540\ 000 + 90\ 000)/2} = 12.7(次)$$

$$应收账款周转天数 = \frac{360}{12.7} = 28(天)$$

**3. 存货周转率**

在企业流动资产中,存货所占的比重较大。存货的流动性将直接影响企业的流动比率,因此,必须特别重视对存货流动性的分析。存货的流动性,一般用存货周转率指标来反映。存货周转率是指一定时期内企业营业成本与存货平均余额间的比率。该财务比率也有两种表示方法,即存货周转次数和存货周转天数,计算公式为

$$存货周转次数 = \frac{营业成本}{存货平均余额}$$

$$存货周转天数 = \frac{360}{存货周转次数}$$

$$存货平均余额 = \frac{期初存货 + 期末存货}{2}$$

式中,营业成本来自利润表,存货平均余额来自资产负债表中的期初存货与期末存货的平均数。

一般情况下，企业存货周转率越高越好。存货周转率越高，周转次数越多，周转天数越少，表明存货周转速度越快，资产流动性越强。提高存货周转率可以提高企业的变现能力，而存货周转速度越慢，则表明其变现能力越差。

存货周转率指标的好坏反映存货管理水平的高低，它不仅影响企业的短期偿债能力，而且也是整个企业管理的重要内容。

【例8-14】以表8-6、例8-5的数据为例，计算A公司2021年的存货周转率。

$$存货周转次数=\frac{2\,000\,000}{(1\,000\,000+1\,480\,000)/2}=1.61(次)$$

$$存货周转天数=\frac{360}{1.61}=224(天)$$

### 4. 固定资产周转率

固定资产周转率是指企业营业收入与固定资产平均余额的比率。它是反映固定资产周转情况，从而衡量固定资产利用效率的一项指标。该指标可以分别用固定资产周转次数和固定资产周转天数来表示，计算公式为

$$固定资产周转次数=\frac{营业收入}{固定资产平均余额}$$

$$固定资产周转天数=\frac{计算期天数}{固定资产周转次数}$$

【例8-15】以表8-6、例8-5的数据为例，计算A公司2021年的固定资产周转率。

$$固定资产周转次数=\frac{4\,000\,000}{(2\,830\,000+3\,257\,320)/2}=1.31(次)$$

$$固定资产周转天数=\frac{360}{1.31}=275(天)$$

### 5. 总资产周转率

总资产周转率是企业营业收入与总资产平均余额的比率，计算公式为

$$总资产周转次数=\frac{营业收入}{资产平均余额}$$

$$总资产周转天数=\frac{计算期天数}{总资产周转次数}$$

$$总资产平均余额=\frac{期初总资产+期末总资产}{2}$$

总资产周转率是综合评价企业全部资产使用效率的重要指标，总资产周转率越高，周转次数越多，表明总资产运用效率越高，企业的偿债能力和盈利能力越强；如果这个比率较低，则说明企业利用全部资产开展经营活动的效率较差，最终会影

响企业的盈利能力，企业就应该采取各项措施来提高资产利用程度，如增加销售收入或处理多余的资产。

【例8-16】以表8-6、例8-5的数据为例，计算A公司2021年的总资产周转率。

$$总资产周转次数=\frac{4\ 000\ 000}{(7\ 140\ 000+12\ 204\ 900)/2}=0.41(次)$$

$$总资产周转天数=\frac{360}{0.41}=878(天)$$

以上各项资产周转指标用于衡量企业运用资产赚取收入的能力，经常和反映盈利能力的指标结合在一起使用，可全面评价企业的盈利能力。

### 8.3.3　盈利能力分析

盈利能力是指企业运用其所支配的经济资源开展经营活动并从中获取利润的能力，或者说是企业资金增值的能力。

具有盈利能力是企业生存和发展的基本条件，不论股东、债权人还是企业管理人员，都非常关心企业的盈利能力，因为企业盈利会使股东获得资本收益，会使债权人的权益有保障，会提升管理者的经营业绩。

企业的资产、负债、所有者权益、收入、费用和利润等会计要素有机统一于资金运动过程中，并通过筹资活动、投资活动取得收入和补偿成本费用，从而实现利润目标。由此，按照会计基本要素计算销售净利率、销售毛利率、成本费用利润率、总资产收益率、净资产收益率等指标，用于评价企业各要素的盈利能力。

**1. 营业净利率**

营业净利率是企业净利润与营业收入的比率。营业净利率的计算公式为

$$营业净利率=\frac{净利润}{营业收入}\times100\%$$

该比率反映每1元销售收入带来的净利润是多少，该比率越高，说明企业通过扩大销售获取利润的能力越强。

【例8-17】以表8-7、例8-5中的数据为例，A公司2020年的营业收入为2 000 000元，净利润为368 500元；2021年的营业收入为4 000 000元，净利润为1 203 805元。计算A公司的销售净利率。

$$2020年的营业净利率=\frac{368\ 500}{2\ 000\ 000}\times100\%=18.43\%$$

$$2021年的营业净利率=\frac{1\ 203\ 805}{4\ 000\ 000}\times100\%=30.1\%$$

## 2. 营业毛利率

营业毛利率是指企业在一定时期的营业毛利与营业收入的比率。其中，营业毛利是销售收入扣除销售成本的余额。营业毛利率的计算公式为

$$营业毛利率 = \frac{营业毛利}{营业收入} \times 100\% = \frac{营业收入 - 营业成本}{营业收入} \times 100\%$$

营业毛利率体现企业经营活动基本的盈利能力，是企业营业净利率的基础。没有足够的毛利率，企业就不能盈利。

【例8-18】以例8-5中的数据为例，A公司2020年的营业收入为2 000 000元，营业成本为1 100 000元；2021年的营业收入为4 000 000元，营业成本为2 000 000元。计算A公司的营业毛利率。

$$2020年的营业毛利率 = \frac{2\,000\,000 - 1\,100\,000}{2\,000\,000} \times 100\% = 45\%$$

$$2021年的营业毛利率 = \frac{4\,000\,000 - 2\,000\,000}{4\,000\,000} \times 100\% = 50\%$$

## 3. 成本费用利润率

成本费用利润率是企业利润总额与成本费用总额的比率，计算公式为

$$成本费用利润率 = \frac{利润总额}{成本费用总额} \times 100\%$$

式中，成本费用总额包括制造成本和期间费用，是企业为了获取利润所付出的代价。该比率越高，说明企业为获取收益而付出的代价越小，经济效益越好。因此，该比率不仅可以用来评价企业的获利能力，还可以用来评价企业对成本费用的控制能力和经营管理水平。

【例8-19】以例8-5中的数据为例，计算A公司的成本费用利润率。

$$2020年的成本费用利润率 = \frac{550\,000}{1\,100\,000 + 50\,000 + 220\,000 + 5\,000} \times 100\% = 40\%$$

$$2021年的成本费用利润率 = \frac{1\,811\,500}{2\,000\,000 + 40\,020 + 179\,210 + 2\,600} \times 100\% = 81.53\%$$

## 4. 总资产收益率

总资产收益率又称总资产报酬率，是反映企业资产综合利用效果的指标，也是衡量企业利用债权人和所有者资金取得盈利的重要指标，计算公式为

$$总资产报酬率 = \frac{息税前利润}{平均资产总额} \times 100\%$$

$$总资产平均余额 = \frac{期初总资产 + 期末总资产}{2}$$

$$资产净利率 = \frac{净利润}{平均资产总额} \times 100\%$$

总资产收益率反映企业资产的综合利用效果。该比率越高，表明资产的利用效率越高；反之，则表明资产的利用效率越低。

**【例8-20】** 以表8-6、例8-5中的数据为例，A公司2021年年初资产总额为7 140 000元，年末资产总额为12 204 900元，2021年度的净利润为1 203 805元。计算A公司2021年的总资产净利率。

$$2021年的总资产净利率 = \frac{1\ 203\ 805}{(7\ 140\ 000 + 12\ 204\ 900)/2} \times 100\% = 12.45\%$$

**5. 净资产收益率**

净资产收益率又称为股东权益净利率，是企业净利润与企业净资产的比率，计算公式为

$$净资产收益率 = \frac{净利润}{平均净资产} \times 100\%$$

$$平均净资产 = \frac{期初所有者权益 + 期末所有者权益}{2}$$

净资产收益率是能够概括衡量企业综合经营业绩的指标，是杜邦分析体系的起始指标(详见下文杜邦财务分析法)。该指标越高，表明企业自有资本获取收益的能力越强，运营效率越好，对企业投资人权益的保障程度越高。

**【例8-21】** 以表8-6、例8-5中的数据为例，A公司2021年年初所有者权益为4 190 000元，年末所有者权益为6 389 405元，2021年度的净利润为1 203 805元。计算A公司2021年的净资产收益率。

$$2021年的净资产收益率 = \frac{1\ 203\ 805}{(4\ 190\ 000 + 6\ 389\ 405)/2} \times 100\% = 22.76\%$$

### 8.3.4 市场价值分析

企业的价值应在市场上得到体现。在信息披露充分的情况下，市场表现往往是对一个企业最权威的评价。企业市场价值的分析指标主要有每股收益、每股股利、股利支付率、每股净资产和市盈率等。

**1. 每股收益**

每股收益又称每股盈余或每股利润，是指普通股的每股净利润，计算公式为

$$每股收益 = \frac{净利润 - 优先股股利}{流通股股数}$$

每股收益是评价上市公司获利能力的一个非常重要的指标,每股收益值越高,企业获利能力越强,每股所得利润越多。同时,每股收益还是确定企业股票价格的主要参考指标,甚至可以将其视为企业管理水平、盈利能力的"显示器",进而成为影响企业股票市场价格的重要因素。

【例8-22】以例8-5中的数据为例,A公司2021年年度净利润为1 203 805元,假设A公司普通股平均为600 000股,未发行优先股,计算A公司2021年的每股收益。

$$每股收益 = \frac{1\,203\,805}{600\,000} = 2.01(元)$$

**2. 每股股利**

每股股利是股利总额与流通在外的普通股股数的比值,计算公式为

$$每股股利 = \frac{股利总额}{流通股股数}$$

每股股利也是衡量股份公司获利能力的指标。该指标值越高,表明股本获利能力越强,对投资者越有吸引力,企业的财务形象越好。

【例8-23】假定A公司2021年拟发放现金股利720 000元,计算A公司普通股每股股利。

$$每股股利 = \frac{720\,000}{600\,000} = 1.2(元)$$

**3. 股利支付率**

股利支付率又称股利发放率,是指普通股每股股利与每股利润的比率。它表明股份公司的净利润中有多少用于股利的分配,计算公式为

$$股利支付率 = \frac{每股股利}{每股利润} \times 100\%$$

该比率反映了企业的股利政策,该比率越高,表明企业支付给股东的利润越多,而股东留在企业的权益将会减少。股利发放率的高低取决于公司的股利政策,没有一个具体的标准来判断股利支付率多大为最佳。

【例8-24】A公司2021年度分配的每股股利为1.2元,每股利润为2.01元,计算A公司的股利支付率。

$$股利支付率 = \frac{1.2}{2.01} \times 100\% = 59.7\%$$

**4. 每股净资产**

每股净资产又称每股账面价值或每股权益,是普通股权益与流通在外的普通股

股数的比值，计算公式为

$$每股净资产=\frac{期末股东权益}{期末普通股股数}$$

每股净资产是决定股票市场价格的重要因素。该指标的高低，可说明企业股票投资价值和发展潜力的大小，间接表明企业获利能力的高低。其中，指标中的"股"指普通股，"期末股东权益"是指扣除期末优先股权益后的余额。

【例8-25】以表8-6中的数据为例，A公司2021年年末股东权益总额为6 389 405元，计算该公司2021年的每股净资产。

$$每股净资产=\frac{6\ 389\ 405}{600\ 000}=10.65(元)$$

**5. 市盈率**

市盈率是普通股每股市价与每股收益的比率，计算公式为

$$市盈率=\frac{普通股每股市价}{每股收益}$$

该比率是反映股票投资价值的一个重要参考指标，它反映投资人对每1元净利润所愿支付的价格。市盈率越高，表明市场对公司的发展前景越看好，但市盈率过高，也意味着该股票有较高的投资风险。

在每股市价确定的情况下，每股收益越高，市盈率越低，投资风险越小；在每股收益确定的情况下，每股市价越高，市盈率越高，投资风险越大。

关于市盈率的高低，世界各国股市并没有统一的标准。一般来说，在发展中国家，由于经济增长前景好，市盈率相对较高，一般为20～30倍；在发达国家，股市较为成熟，市盈率相对较低，一般为10～20倍。

需要注意的是，不宜用市盈率指标进行不同行业公司间的比较，新兴产业、成熟产业和夕阳产业的市盈率不具可比性。

【例8-26】以例8-5中的数据为例，假定A公司的股票市场价格为32.16元，该股票每股收益为2.01元，计算A公司的市盈率。

$$市盈率=\frac{32.16}{2.01}=16$$

### 8.3.5 财务状况综合分析

一项财务比率通常只能反映和评价企业某一方面的财务状况，如偿债能力、营运能力和盈利能力等。所以，单独分析任何一项财务比率指标，都难以全面地对企业的财务状况和经营成果做出评价。要想对企业的财务状况和经营成果有一个总体

评价，就必须对企业的财务状况进行综合性的分析与评价。综合分析的方法主要有杜邦财务分析法和财务比率综合评分法。

**1. 杜邦财务分析法**

在企业的经济活动中，各种财务比率之间存在密切的关系，只有把这些比率的内在联系反映出来，进行综合分析，才能了解企业财务状况的全貌，进而全面系统地评价企业的财务状况。杜邦财务分析体系就是利用各项主要财务比率之间的关系，来综合分析企业财务状况的一种有效方法。杜邦财务分析体系也称为杜邦财务分析法，是指根据各主要财务比率指标之间的内在联系，建立财务分析指标体系，综合分析企业财务状况的方法。该指标体系是美国杜邦公司创造出来的，所以称为杜邦财务分析体系。

净资产收益率是一个综合性最强的财务比率，是杜邦财务分析体系的核心，它既反映了所有者投入资金的获利能力，也反映了企业筹资、投资、资产运营等活动的效率。该指标的高低取决于总资产净利率和权益乘数的高低。杜邦财务分析体系的基本结构如图8-1所示。

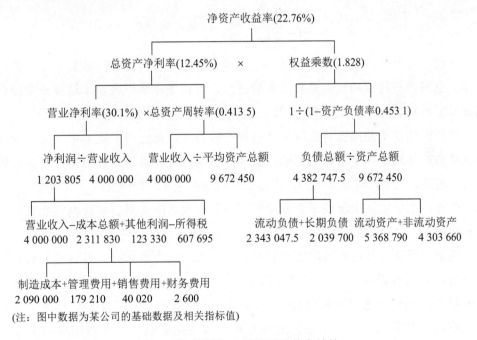

图8-1 杜邦财务分析体系的基本结构

杜邦财务分析体系以净资产收益率为核心，净资产收益率的计算公式为

$$净资产收益率 = 销售净利率 \times 总资产周转率 \times 权益乘数$$

净资产收益率具体反映了以下几个财务比率指标的关系。

(1) 净资产收益率与总资产收益率和权益乘数的关系，用公式表示

$$净资产收益率 = \frac{净利润}{平均净资产} \times 100\%$$

$$= \frac{净利润}{平均资产总额} \times \frac{平均资产总额}{平均净资产} \times 100\%$$

$$= 资产净利率 \times 权益乘数$$

(2) 总资产收益率同营业净利率和总资产周转率的关系，用公式表示为

$$资产净利率 = \frac{净利润}{平均资产总额} \times 100\%$$

$$= \frac{净利润}{营业收入} \times \frac{营业收入}{平均资产总额} \times 100\%$$

$$= 营业净利率 \times 总资产周转率$$

(3) 权益乘数同资产负债率的关系，用公式表示为

$$权益乘数 = \frac{资产总额}{净资产} = \frac{资产总额}{资产总额 - 负债总额}$$

$$= \frac{1}{1 - \dfrac{负债总额}{资产总额}} = \frac{1}{1 - 资产负债率}$$

从以上几个关系式中可以看出，决定净资产收益率高低的因素有三个：营业净利率、总资产周转率和权益乘数。分解之后，可以把净资产收益率这样一项综合性指标发生增减变化的原因具体化，比只用一项综合性指标更能说明问题。

净资产收益率的高低首先取决于总资产收益率，而总资产收益率又受营业净利率和总资产周转率两个指标的影响。营业净利率越高，总资产收益率越高；总资产周转率越高，总资产收益率越高；而总资产收益率越高，则净资产收益率越高。

营业净利率实际上反映了企业净利润与营业收入的关系。要提高营业收入，必须从两个方面进行：一方面提高营业收入，另一方面降低各种成本费用。

总资产周转率是反映运用资产获取营业收入的能力的指标。对总资产周转率进行分析，则须对影响资产周转的各因素进行分析。除了要对资产结构是否合理进行分析外，还可以通过对流动资产周转率、存货周转率、应收账款周转率等有关各资产组成部分的使用效率指标进行分析，来判明影响资产周转速度的主要问题出在哪里。

权益乘数反映企业所有者权益与总资产的关系，它对净资产收益率具有倍率影响。该指标主要受资产负债率的影响，负债比率越大，权益乘数就越高，说明企业的负债程度较高，给企业带来了较多的财务杠杆利益，同时也给企业带来了较大的风险。

在杜邦财务分析体系中，净资产收益率分解为两因素乘积和三因素乘积，可以和因素分析法结合起来使用。例如，可用因素分析法分别分析总资产周转率、权益乘数对净资产收益率产生影响的程度。

总之，净资产收益率是一个综合性极强的指标。它变动的原因涉及企业生产经营活动的方方面面，与企业的资本结构、销售规模、成本费用水平、资产的合理配置和利用密切相关，这些因素构成了一个系统。企业只有协调好系统内各因素的关系，才能使净资产收益率达到最大，才能实现企业价值最大化的理财目标。

**2. 财务比率综合评分法**

财务比率综合评分法是在20世纪初由亚历山大·沃尔提出来的，所以也称为沃尔评分法。沃尔评分法是选定企业若干重要的财务比率，然后根据财务比率的不同重要程度计算相应的分数，进而对企业财务状况进行分析的一种方法。该种方法将流动比率、产权比率、固定资产比率、存货周转率、应收账款周转率、固定资产周转率、自有资金周转率7项财务比率用线性关系结合起来，分别给定各自的分数比重，然后将实际比率与标准比率进行比较，据以确定各项指标的得分和全体指标的合计分数，从而对企业的信用水平做出评价。

运用沃尔评分法进行财务状况分析，具体包括以下几个步骤。

(1) 选定财务比率指标。选择评价企业财务状况的财务比率指标时，一般要选择能够代表企业财务状况的重要指标。由于企业的盈利能力、偿债能力和营运能力等指标可以概括企业的基本财务状况，可从中分别选择若干具有代表性的重要比率。

(2) 确定财务比率指标的重要性权数。根据各项财务比率指标的重要程度，确定其重要性权数。各项比率指标的重要程度的判定，一般可根据企业的经营状况、管理要求以及企业所有者、经营者和债权人的意向综合确定，但其重要性系数之和应等于100。

(3) 确定各项财务比率指标的标准值。各财务比率指标的标准值是指各项财务比率指标在本企业现实条件下最理想的数值，但也应考虑到各种实际情况，以及可预见的损失，否则标准过高难以实现，会挫伤企业全体员工的积极性。通常，财务比率指标的标准值可以根据本行业的平均水平，经过适当调整确定。

(4) 计算企业一定时期内各项财务比率指标的实际值。

(5) 计算各财务比率指标的实际值与标准值的比率，即关系比率，计算公式为

$$关系比率=实际值/标准值$$

(6) 计算各项财务比率指标的得分并进行加总，计算公式为

$$比率指标得分=重要性系数×关系比率$$

各项财务比率指标综合得分若超过100，说明企业财务状况良好；若综合得分为

100或接近100,说明企业财务状况基本良好;若综合得分与100有较大差距,则说明企业财务状况较差,有待进一步改善,企业应查明原因,并积极采取措施加以改善。

需要指出的是,评分时,需要规定各种财务比率指标评分值的上限和下限,即最高评分值和最低评分值,以免个别指标出现异常,给总评分造成不合理的影响。上限一般定为正常评分值的1.5倍,下限一般定为正常评分值的0.5倍。

1999年,根据沃尔评分法,我国财政部、国家经贸委、人事部和原国家计委联合发布了《国有资本金效绩评价规则》和《国有资本金效绩评价操作细则》;2002年4月根据《国有资本金效绩评价规则》,制定发布了《企业效绩评价操作细则(修订)》,《国有资本金效绩评价操作细则》以及《国有资本金效绩评价计分方法》(财统字〔1999〕6号)同时废止。《企业效绩评价操作细则(修订)》中规定,企业效绩评价指标由反映企业财务效益状况、资产营运状况、偿债能力状况和发展能力状况4方面内容的基本指标、修正指标和评议指标3个层次共28项指标构成。表8-9是我国工商类竞争性企业效绩评价指标体系。

表8-9 我国工商类竞争性企业效绩评价指标体系

| 指标类别<br>(100分) | 基本指标<br>(100分) | 修正指标(100分) | 评议指标(100分) |
|---|---|---|---|
| 财务效益状况<br>(38分) | 净资产收益率<br>(25分)<br>总资产报酬率<br>(13分) | 资本保值增值率(12分)<br>主营业务利润率(8分)<br>盈余现金保障倍数(8分)<br>成本费用利润率(10分) | 1. 经营者基本素质<br>(18分)<br>2. 产品市场占有能力<br>(服务满意度)<br>(16分)<br>3. 基础管理水平<br>(12分)<br>4. 发展创新能力<br>(14分)<br>5. 经营发展战略<br>(12分)<br>6. 在岗员工素质<br>(10分)<br>7. 技术装备更新水平<br>(服务硬环境)<br>(10分)<br>8. 综合社会贡献(8分) |
| 资产营运状况<br>(18分) | 总资产周转率(9分)<br>流动资产周转率(9分) | 存货周转率(5分)<br>应收账款周转率(5分)<br>不良资产比率(8分) | |
| 偿债能力状况<br>(20分) | 资产负债率(12分)<br>已获利息倍数(8分) | 现金流动负债比率(10分)<br>速动比率(10分) | |
| 发展能力状况<br>(24分) | 销售(营业)增长率<br>(12分)<br>资本积累率<br>(12分) | 三年资本平均增长率(9分)<br>三年销售平均增长率(8分)<br>技术投入比率(7分) | |

## 章后练习题

### 1. 单项选择题

(1) 主要作用在于揭示绝对数据客观存在的差距的财务报表分析方法是( )。

A. 比较分析法　　B. 比率分析法　　C. 趋势分析法　　D. 因素分析法

(2) 利用利润表计算的评价企业长期偿债能力的指标是(　　)。
　　A. 资产负债率　　　　　　　　　　B. 产权比率
　　C. 有形净值债务率　　　　　　　　D. 利息保障倍数
(3) 产权比率与资产负债率的关系可以表示为(　　)。
　　A. 产权比率=资产负债率/(1+资产负债率)
　　B. 产权比率=资产负债率/(1-资产负债率)
　　C. 产权比率=1/(1-资产负债率)
　　D. 产权比率=1/(1+资产负债率)
(4) 能够反映企业资产利用的综合效果的指标是(　　)。
　　A. 总资产收益率　　　　　　　　　B. 总资产周转率
　　C. 存货周转率　　　　　　　　　　D. 净资产收益率
(5) 某公司2021年的营业成本为31 500万元，存货年末数为1 800万元，年初数为1 600万元，则其存货周转次数为(　　)次。
　　A. 10　　　　　B. 15　　　　　C. 18.5　　　　　D. 20
(6) 下列选项中，不属于评价企业盈利能力的指标是(　　)。
　　A. 总资产收益率　　　　　　　　　B. 总资产周转率
　　C. 营业毛利率　　　　　　　　　　D. 净资产收益率
(7) 在每股利润不变的情况下，每股股利越高，股利支付率(　　)。
　　A. 越高　　　　　B. 越低　　　　　C. 不变　　　　　D. 两者无关
(8) 杜邦财务分析体系以(　　)为核心。
　　A. 总资产收益率　　　　　　　　　B. 总资产周转率
　　C. 营业净利率　　　　　　　　　　D. 净资产收益率
(9) 杜邦财务分析法主要用于(　　)。
　　A. 变现能力分析　　　　　　　　　B. 偿债能力分析
　　C. 财务状况的综合分析　　　　　　D. 资产运用效率分析
(10) 如果权益乘数为1.6，则资产负债率为(　　)。
　　A. 50%　　　　　B. 30%　　　　　C. 62.5%　　　　　D. 37.5%

**2. 多项选择题**

(1) 财务报表分析的一般目的可以概括为(　　)。
　　A. 评价过去的经营业绩　　　　　　B. 衡量现在的财务状况
　　C. 做出相关的决策　　　　　　　　D. 预测未来的发展趋势
(2) 常用的财务报表分析方法有(　　)。
　　A. 比较分析法　　B. 比率分析法　　C. 趋势分析法　　D. 因素分析法

(3) 应用因素分析法应注意( )。
　　A. 因素分析的相关性　　　　　　　B. 因素替代的顺序性
　　C. 顺序替代的连环性　　　　　　　D. 计算结果的假定性
(4) 流动比率越高，反映( )。
　　A. 企业短期偿债能力越强　　　　　B. 债权人的权益越有保障
　　C. 企业财务状况越稳定　　　　　　D. 资产周转速度越快
(5) 现金类资产是指( )。
　　A. 货币资金　　　　　　　　　　　B. 短期投资净额
　　C. 应收账款　　　　　　　　　　　D. 存货
(6) 下列财务比率指标的计算，涉及两个不同的会计报表项目的有( )。
　　A. 利息保障倍数　　　　　　　　　B. 存货周转率
　　C. 产权比率　　　　　　　　　　　D. 总资产收益率
(7) 下列各项指标中，可用于分析企业短期偿债能力的有( )。
　　A. 产权比率　　B. 流动比率　　C. 资产负债率　　D. 速动比率
(8) 下列选项中，关于每股净资产的说法正确的是( )。
　　A. 它是决定股票市场价格的重要因素
　　B. 该指标越高，说明企业股票投资价值越高
　　C. 该指标越高，说明企业发展潜力越大
　　D. 该指标间接地表明企业获利能力的大小
(9) 下列选项中，关于权益乘数的说法正确的是( )。
　　A. 它反映企业所有者权益与总资产的关系
　　B. 它对净资产收益率具有倍率影响
　　C. 资产负债率越大，权益乘数就越高
　　D. 资产负债率越大，权益乘数就越低
(10) 影响净资产收益率的因素有( )。
　　A. 流动负债与长期负债的比率　　　B. 资产负债率
　　C. 营业净利率　　　　　　　　　　D. 总资产周转率

**3. 判断题**

(1) 盈利能力就是运用其所支配的经济资源开展经营活动，使企业资金增值的能力。( )
(2) 应收账款的周转速度与企业采取的信用政策密切相关。( )
(3) 有形净值债务率能更为谨慎、保守地反映在企业清算时债权人投入资本受股东权益的保障程度。( )

(4) 产权比率反映企业资产对债权人权益的保障程度。（　　）

(5) 速动比率，又称碱性测试比率，是指企业速动资产与流动负债的比率。（　　）

(6) 一般情况下，流动比率越高，反映企业的短期偿债能力越强，债权人的权益越有保障。（　　）

(7) 短期偿债能力是指企业以流动资产支付负债的能力，又称支付能力。（　　）

(8) 财务比率是财务报表分析的基本工具。（　　）

(9) 财务报表分析是挖掘企业潜力、改善经营管理的重要手段。（　　）

(10) 财务报表的各项数据可以反映企业的各项经济资源和经济负债的情况，揭示企业会计政策和理财方式的各项信息。（　　）

**4．计算题**

(1) W公司2020年和2021年的有关资料如表8-10所示。

表8-10　W公司有关资料

万元

| 项目 | 2020年 | 2021年 |
| --- | --- | --- |
| 营业收入 | 280 | 350 |
| 营业成本 | 108 | 120 |
| 销售费用 | 11 | 15 |
| 管理费用 | 87 | 98 |
| 财务费用 | 29 | 55 |
| 利润总额 | 45 | 62 |
| 所得税费用 | 15 | 21 |
| 税后净利 | 30 | 41 |
| 资产总额 | 128 | 198 |
| 其中：货币资金 | 21 | 39 |
| 应收账款(平均) | 8 | 14 |
| 存货 | 40 | 67 |
| 固定资产 | 59 | 78 |
| 负债总额 | 55 | 88 |

要求：运用杜邦财务分析法对W公司的净资产收益率及其增减变动的原因进行分析。

(2) 某公司2021年12月31日部分账户的余额资料如表8-11所示。

表8-11　某公司部分账户的余额资料

元

| 项目 | 金额 | 项目 | 金额 |
| --- | --- | --- | --- |
| 货币资金 | 2 600 | 累计折旧 | 150 000 |
| 银行存款 | 1 520 000 | 原材料 | 200 000 |
| 交易性金融资产 | 50 000 | 库存商品 | 250 000 |
| 应收票据 | 30 000 | 应付账款 | 585 000 |

(续表)

| 项目 | 金额 | 项目 | 金额 |
|---|---|---|---|
| 应收账款 | 234 000 | 应交税费 | 150 000 |
| 坏账准备 | 1 200 | 预收账款 | 480 000 |
| 固定资产 | 8 450 000 | 长期借款 | 2 500 000 |

要求：计算该公司的流动比率、速动比率和现金比率。

(3) 某公司的全部流动资产为800 000元，流动比率为1.6。该公司刚完成以下两项交易：

① 购入商品120 000元，其中60 000元为赊购；

② 购入1辆运输车，价值48 000元，其中20 000元以银行存款支付，其余开出3个月的商业汇票一张。

要求：计算每笔交易后的流动比率。

(4) 兴顺公司有关资料如下所述。

① 2021年12月31日简化的资产负债表如表8-12所示。

**表8-12 兴顺公司资产负债表**

2021年12月31日 元

| 资产 | 金额 | 负债及股东权益 | 金额 |
|---|---|---|---|
| 货币资金 | 300 000 | 短期借款 | 100 000 |
| 应收账款 | 600 000 | 应付票据 | 250 000 |
| 存货 | 800 000 | 应付账款 | 650 000 |
| 固定资产 | 3 000 000 | 长期借款 | 1 000 000 |
| 无形资产 | 300 000 | 实收资本 | 2 500 000 |
| 其他长期资产 | 100 000 | 未分配利润 | 600 000 |
| 资产总计 | 5 100 000 | 负债及股东权益总计 | 5 100 000 |

② 该公司2021年度的营业收入为20 000 000元，净利润为1 200 000元，利息费用为250 000元，所得税为400 000元。

要求：

① 计算该公司的资产负债率、产权比率、有形净值债务率、权益乘数和利息保障倍数；

② 计算应收账款周转率、流动资产周转率、固定资产周转率和总资产周转率(各项资产用年末数计算)；

③ 计算营业净利率、净资产收益率。

(5) 华林公司2021年12月31日的资产负债表如表8-13所示。补充资料：①年末流动比率为1.5；②产权比率为0.6；③以销售额和年末存货计算的存货周转率为12次；④以营业成本和年末存货计算的存货周转率为10次；⑤本年毛利为48万元。

表8-13 华林公司资产负债表

万元

| 资产 | 金额 | 负债及所有者权益 | 金额 |
|---|---|---|---|
| 货币资金 | 30 | 应付账款 | ? |
| 应收账款净额 | ? | 应交税费 | 35 |
| 存货 | ? | 长期负债 | ? |
| 固定资产净额 | 412 | 实收资本 | 380 |
| 无形资产净值 | 36 | 未分配利润 | ? |
| 总计 | 658 | 总计 | 658 |

要求：

① 计算表中空缺项目的金额；

② 计算有形净值债务率。

(6) A公司2021年度销售收入净额为2 000万元，销售成本为1 600万元；年初、年末应收账款余额分别为200万元和400万元；年初、年末存货余额分别为260万元和600万元；年末速动比率为1.2，年末现金比率为0.7。假定A公司流动资产由速动资产和存货组成，速动资产由应收账款和现金类资产组成，1年按360天计算。

要求：

① 计算2021年应收账款周转天数；

② 计算2021年存货周转天数；

③ 计算2021年年末流动负债余额和速动资产余额；

④ 计算2021年年末流动比率。

(7) 某企业2021年的营业收入为3 500万元；资产总额年初为680万元，年末为720万元；负债总额年初为300万元，年末为360万元；所得税为165万元；利息支出为50万元；已获利息倍数为11。

要求：

① 计算总资产周转率；

② 计算资产净利率；

③ 计算资产负债率；

④ 计算营业净利率；

⑤ 计算产权比率。

(8) 已知某企业年初资产负债表上应收账款为30万元；存货为16万元；年末所有者权益为40万元；该年的收入为200万元；营业成本为180万元。另外：

① 存货周转率为10次；

② 应收账款周转率为8次；

③ 速动比率为1.2；

④ 流动比率为2.2；

⑤ 企业的长期负债为短期负债的1.5倍。

要求：编制该企业年底资产负债表(见表8-14)。

表8-14　某企业资产负债表

万元

| 资产 | | 负债及所有者权益 | |
|---|---|---|---|
| 现金 | | 流动负债 | |
| 应收账款 | | 长期负债 | |
| 存货 | | 负债合计 | |
| 流动资产合计 | | | |
| 固定资产 | | 所有者权益 | |
| 资产合计 | | 负债及所有者权益 | |

(9) 根据以下资料(见表8-15、表8-16)，计算资产负债表和利润表中空缺的数值。

表8-15　A公司资产负债表

万元

| 资产 | | 负债及所有者权益 | |
|---|---|---|---|
| 现金及有价证券 | | 流动负债 | |
| 应收账款 | | 长期负债 | |
| 存货 | | 负债合计 | |
| 流动资产合计 | | 实收资本 | 300 |
| 固定资产(净值) | | 资本公积 | 100 |
| | | 盈余公积 | 400 |
| | | 未分配利润 | 200 |
| 资产总计 | | 所有者权益合计 | 1 000 |
| | | 负债及所有者权益 | |

表8-16　A公司利润表

万元

| 营业收入 | |
|---|---|
| 营业成本 | |
| 毛利 | 800 |
| 管理费用 | |
| 财务费用(公司债券利息，利率为4%) | |
| 利润总额 | |
| 所得税(30%) | |
| 净利润 | |

补充资料:

① 产权比率为2∶1;

② 应收账款平均收款期为27天,期初应收账款余额为260万元;

③ 存货周转率为8次,期初存货余额为430万元;

④ 营业毛利率为20%;

⑤ 速动比率为1.4;

⑥ 管理费用占营业收入的10%;

⑦ 流动负债为长期负债的1/3;

⑧ 公司债占长期负债的50%。

(10) 已知:长江公司2021年年初负债总额为4 000万元,所有者权益是负债的1.5倍,该年的所有者权益增长率为150%,年末资产负债率为0.25,负债的平均利率为10%,净利润为1 005万元,适用的企业所得税税率为33%。

要求:

① 计算2021年年初的所有者权益总额;

② 计算2021年年初的资产负债率;

③ 计算2021年年末的所有者权益总额和负债总额;

④ 计算2021年年末的产权比率;

⑤ 计算2021年的所有者权益平均余额和负债平均余额;

⑥ 计算2021年的息税前利润;

⑦ 计算2021年的净资产收益率;

⑧ 计算2021年的已获利息倍数。

# 参考文献

[1] 荆新，王化成，刘俊彦. 财务管理学[M]. 8版. 北京：中国人民大学出版社，2018.

[2] 财政部会计资格评价中心. 财务管理[M]. 北京：经济科学出版社，2020.

[3] 郑亚光. 财务管理[M]. 北京：高等教育出版社，2019.

[4] 刘淑莲. 财务管理[M]. 5版. 大连：东北财经大学出版社，2019.

[5] 隋静，纪玲珑. 财务管理学[M]. 4版. 北京：清华大学出版社，北京交通大学出版社，2020.

[6] 闫华红. 财务管理教程与案例[M]. 北京：中国财政经济出版社，2016.

[7] 苏亚民，翟华云. 财务管理学[M]. 2版. 北京：清华大学出版社，2019.

[8] 姚海鑫. 财务管理[M]. 3版. 北京：清华大学出版社，2019.

[9] 韩慧博，汤谷良，祝继高. 财务管理案例[M]. 4版. 北京：北京大学出版社，2021.

[10] 鲍新中，徐鲲. 财务管理案例教程[M]. 北京：清华大学出版社，2019.

# 附录A 复利终值系数表 (F/P, i, n)

| 0.15 | 1% | 2% | 3% | 4% | 5% | 6% | 7% | 8% | 9% | 10% |
|---|---|---|---|---|---|---|---|---|---|---|
| 1 | 1.0100 | 1.0200 | 1.0300 | 1.0400 | 1.0500 | 1.0600 | 1.0700 | 1.0800 | 1.0900 | 1.1000 |
| 2 | 1.0201 | 1.0404 | 1.0609 | 1.0816 | 1.1025 | 1.1236 | 1.1449 | 1.1664 | 1.1881 | 1.2100 |
| 3 | 1.0303 | 1.0612 | 1.0927 | 1.1249 | 1.1576 | 1.1910 | 1.2250 | 1.2597 | 1.2950 | 1.3310 |
| 4 | 1.0406 | 1.0824 | 1.1255 | 1.1699 | 1.2155 | 1.2625 | 1.3108 | 1.3605 | 1.4116 | 1.4641 |
| 5 | 1.0510 | 1.1041 | 1.1593 | 1.2167 | 1.2763 | 1.3382 | 1.4026 | 1.4693 | 1.5386 | 1.6105 |
| 6 | 1.0615 | 1.1262 | 1.1941 | 1.2653 | 1.3401 | 1.4185 | 1.5007 | 1.5869 | 1.6771 | 1.7716 |
| 7 | 1.0721 | 1.1487 | 1.2299 | 1.3159 | 1.4071 | 1.5036 | 1.6058 | 1.7138 | 1.8280 | 1.9487 |
| 8 | 1.0829 | 1.1717 | 1.2668 | 1.3686 | 1.4775 | 1.5938 | 1.7182 | 1.8509 | 1.9926 | 2.1436 |
| 9 | 1.0937 | 1.1951 | 1.3048 | 1.4233 | 1.5513 | 1.6895 | 1.8385 | 1.9990 | 2.1719 | 2.3579 |
| 10 | 1.1046 | 1.2190 | 1.3439 | 1.4802 | 1.6289 | 1.7908 | 1.9672 | 2.1589 | 2.3674 | 2.5937 |
| 11 | 1.1157 | 1.2434 | 1.3842 | 1.5395 | 1.7103 | 1.8983 | 2.1049 | 2.3316 | 2.5804 | 2.8531 |
| 12 | 1.1268 | 1.2682 | 1.4258 | 1.6010 | 1.7959 | 2.0122 | 2.2522 | 2.5182 | 2.8127 | 3.1384 |
| 13 | 1.1381 | 1.2936 | 1.4685 | 1.6651 | 1.8856 | 2.1329 | 2.4098 | 2.7196 | 3.0658 | 3.4523 |
| 14 | 1.1495 | 1.3195 | 1.5126 | 1.7317 | 1.9799 | 2.2609 | 2.5785 | 2.9372 | 3.3417 | 3.7975 |
| 15 | 1.1610 | 1.3459 | 1.5580 | 1.8009 | 2.0789 | 2.3966 | 2.7590 | 3.1722 | 3.6425 | 4.1772 |
| 16 | 1.1726 | 1.3728 | 1.6047 | 1.8730 | 2.1829 | 2.5404 | 2.9522 | 3.4259 | 3.9703 | 4.5950 |
| 17 | 1.1843 | 1.4002 | 1.6528 | 1.9479 | 2.2920 | 2.6928 | 3.1588 | 3.7000 | 4.3276 | 5.0545 |
| 18 | 1.1961 | 1.4282 | 1.7024 | 2.0258 | 2.4066 | 2.8543 | 3.3799 | 3.9960 | 4.7171 | 5.5599 |
| 19 | 1.2081 | 1.4568 | 1.7535 | 2.1068 | 2.5270 | 3.0256 | 3.6165 | 4.3157 | 5.1417 | 6.1159 |
| 20 | 1.2202 | 1.4859 | 1.8061 | 2.1911 | 2.6533 | 3.2071 | 3.8697 | 4.6610 | 5.6044 | 6.7275 |
| 21 | 1.2324 | 1.5157 | 1.8603 | 2.2788 | 2.7860 | 3.3996 | 4.1406 | 5.0338 | 6.1088 | 7.4002 |
| 22 | 1.2447 | 1.5460 | 1.9161 | 2.3699 | 2.9253 | 3.6035 | 4.4304 | 5.4365 | 6.6586 | 8.1403 |
| 23 | 1.2572 | 1.5769 | 1.9736 | 2.4647 | 3.0715 | 3.8197 | 4.7405 | 5.8715 | 7.2579 | 8.9543 |
| 24 | 1.2697 | 1.6084 | 2.0328 | 2.5633 | 3.2251 | 4.0489 | 5.0724 | 6.3412 | 7.9111 | 9.8497 |
| 25 | 1.2824 | 1.6406 | 2.0938 | 2.6658 | 3.3864 | 4.2919 | 5.4274 | 6.8485 | 8.6231 | 10.8347 |
| 26 | 1.2953 | 1.6734 | 2.1566 | 2.7725 | 3.5557 | 4.5494 | 5.8074 | 7.3964 | 9.3992 | 11.9182 |
| 27 | 1.3082 | 1.7069 | 2.2213 | 2.8834 | 3.7335 | 4.8223 | 6.2139 | 7.9881 | 10.2451 | 13.1100 |
| 28 | 1.3213 | 1.7410 | 2.2879 | 2.9987 | 3.9201 | 5.1117 | 6.6488 | 8.6271 | 11.1671 | 14.4210 |
| 29 | 1.3345 | 1.7758 | 2.3566 | 3.1187 | 4.1161 | 5.4184 | 7.1143 | 9.3173 | 12.1722 | 15.8631 |
| 30 | 1.3478 | 1.8114 | 2.4273 | 3.2434 | 4.3219 | 5.7435 | 7.6123 | 10.0627 | 13.2677 | 17.4494 |

(续表)

| 期数 | 11% | 12% | 13% | 14% | 15% | 16% | 17% | 18% | 19% | 20% |
|---|---|---|---|---|---|---|---|---|---|---|
| 1 | 1.1100 | 1.1200 | 1.1300 | 1.1400 | 1.1500 | 1.1600 | 1.1700 | 1.1800 | 1.1900 | 1.2000 |
| 2 | 1.2321 | 1.2544 | 1.2769 | 1.2996 | 1.3225 | 1.3456 | 1.3689 | 1.3924 | 1.4161 | 1.4400 |
| 3 | 1.3676 | 1.4049 | 1.4429 | 1.4815 | 1.5209 | 1.5609 | 1.6016 | 1.6430 | 1.6852 | 1.7280 |
| 4 | 1.5181 | 1.5735 | 1.6305 | 1.6890 | 1.7490 | 1.8106 | 1.8739 | 1.9388 | 2.0053 | 2.0736 |
| 5 | 1.6851 | 1.7623 | 1.8424 | 1.9254 | 2.0114 | 2.1003 | 2.1924 | 2.2878 | 2.3864 | 2.4883 |
| 6 | 1.8704 | 1.9738 | 2.0820 | 2.1950 | 2.3131 | 2.4364 | 2.5652 | 2.6996 | 2.8398 | 2.9860 |
| 7 | 2.0762 | 2.2107 | 2.3526 | 2.5023 | 2.6600 | 2.8262 | 3.0012 | 3.1855 | 3.3793 | 3.5832 |
| 8 | 2.3045 | 2.4760 | 2.6584 | 2.8526 | 3.0590 | 3.2784 | 3.5115 | 3.7589 | 4.0214 | 4.2998 |
| 9 | 2.5580 | 2.7731 | 3.0040 | 3.2519 | 3.5179 | 3.8030 | 4.1084 | 4.4355 | 4.7854 | 5.1598 |
| 10 | 2.8394 | 3.1058 | 3.3946 | 3.7072 | 4.0456 | 4.4114 | 4.8068 | 5.2338 | 5.6947 | 6.1917 |
| 11 | 3.1518 | 3.4786 | 3.8359 | 4.2262 | 4.6524 | 5.1173 | 5.6240 | 6.1759 | 6.7767 | 7.4301 |
| 12 | 3.4985 | 3.8960 | 4.3345 | 4.8179 | 5.3503 | 5.9360 | 6.5801 | 7.2876 | 8.0642 | 8.9161 |
| 13 | 3.8833 | 4.3635 | 4.8980 | 5.4924 | 6.1528 | 6.8858 | 7.6987 | 8.5994 | 9.5964 | 10.6993 |
| 14 | 4.3104 | 4.8871 | 5.5348 | 6.2613 | 7.0757 | 7.9875 | 9.0075 | 10.1472 | 11.4198 | 12.8392 |
| 15 | 4.7846 | 5.4736 | 6.2543 | 7.1379 | 8.1371 | 9.2655 | 10.5387 | 11.9737 | 13.5895 | 15.4070 |
| 16 | 5.3109 | 6.1304 | 7.0673 | 8.1372 | 9.3576 | 10.7480 | 12.3303 | 14.1290 | 16.1715 | 18.4884 |
| 17 | 5.8951 | 6.8660 | 7.9861 | 9.2765 | 10.7613 | 12.4677 | 14.4265 | 16.6722 | 19.2441 | 22.1861 |
| 18 | 6.5436 | 7.6900 | 9.0243 | 10.5752 | 12.3755 | 14.4625 | 16.8790 | 19.6733 | 22.9005 | 26.6233 |
| 19 | 7.2633 | 8.6128 | 10.1974 | 12.0557 | 14.2318 | 16.7765 | 19.7484 | 23.2144 | 27.2516 | 31.9480 |
| 20 | 8.0623 | 9.6463 | 11.5231 | 13.7435 | 16.3665 | 19.4608 | 23.1056 | 27.3930 | 32.4294 | 38.3376 |
| 21 | 8.9492 | 10.8038 | 13.0211 | 15.6676 | 18.8215 | 22.5745 | 27.0336 | 32.3238 | 38.5910 | 46.0051 |
| 22 | 9.9336 | 12.1003 | 14.7138 | 17.8610 | 21.6447 | 26.1864 | 31.6293 | 38.1421 | 45.9233 | 55.2061 |
| 23 | 11.0263 | 13.5523 | 16.6266 | 20.3616 | 24.8915 | 30.3762 | 37.0062 | 45.0076 | 54.6487 | 66.2474 |
| 24 | 12.2392 | 15.1786 | 18.7881 | 23.2122 | 28.6252 | 35.2364 | 43.2973 | 53.1090 | 65.0320 | 79.4968 |
| 25 | 13.5855 | 17.0001 | 21.2305 | 26.4619 | 32.9190 | 40.8742 | 50.6578 | 62.6686 | 77.3881 | 95.3962 |
| 26 | 15.0799 | 19.0401 | 23.9905 | 30.1666 | 37.8568 | 47.4141 | 59.2697 | 73.9490 | 92.0918 | 114.4755 |
| 27 | 16.7387 | 21.3249 | 27.1093 | 34.3899 | 43.5353 | 55.0004 | 69.3455 | 87.2598 | 109.5893 | 137.3706 |
| 28 | 18.5799 | 23.8839 | 30.6335 | 39.2045 | 50.0656 | 63.8004 | 81.1342 | 102.9666 | 130.4112 | 164.8447 |
| 29 | 20.6237 | 26.7499 | 34.6158 | 44.6931 | 57.5755 | 74.0085 | 94.9271 | 121.5005 | 155.1893 | 197.8136 |
| 30 | 22.8923 | 29.9599 | 39.1159 | 50.9502 | 66.2118 | 85.8499 | 111.0647 | 143.3706 | 184.6753 | 237.3763 |

(续表)

| 期数 | 21% | 22% | 23% | 24% | 25% | 26% | 27% | 28% | 29% | 30% |
|---|---|---|---|---|---|---|---|---|---|---|
| 1 | 1.2100 | 1.2200 | 1.2300 | 1.2400 | 1.2500 | 1.2600 | 1.2700 | 1.2800 | 1.2900 | 1.3000 |
| 2 | 1.4641 | 1.4884 | 1.5129 | 1.5376 | 1.5625 | 1.5876 | 1.6129 | 1.6384 | 1.6641 | 1.6900 |
| 3 | 1.7716 | 1.8158 | 1.8609 | 1.9066 | 1.9531 | 2.0004 | 2.0484 | 2.0972 | 2.1467 | 2.1970 |
| 4 | 2.1436 | 2.2153 | 2.2889 | 2.3642 | 2.4414 | 2.5205 | 2.6014 | 2.6844 | 2.7692 | 2.8561 |
| 5 | 2.5937 | 2.7027 | 2.8153 | 2.9316 | 3.0518 | 3.1758 | 3.3038 | 3.4360 | 3.5723 | 3.7129 |
| 6 | 3.1384 | 3.2973 | 3.4628 | 3.6352 | 3.8147 | 4.0015 | 4.1959 | 4.3980 | 4.6083 | 4.8268 |
| 7 | 3.7975 | 4.0227 | 4.2593 | 4.5077 | 4.7684 | 5.0419 | 5.3288 | 5.6295 | 5.9447 | 6.2749 |
| 8 | 4.5950 | 4.9077 | 5.2389 | 5.5895 | 5.9605 | 6.3528 | 6.7675 | 7.2058 | 7.6686 | 8.1573 |
| 9 | 5.5599 | 5.9874 | 6.4439 | 6.9310 | 7.4506 | 8.0045 | 8.5948 | 9.2234 | 9.8925 | 10.6045 |
| 10 | 6.7275 | 7.3046 | 7.9259 | 8.5944 | 9.3132 | 10.0857 | 10.9153 | 11.8059 | 12.7614 | 13.7858 |
| 11 | 8.1403 | 8.9117 | 9.7489 | 10.6571 | 11.6415 | 12.7080 | 13.8625 | 15.1116 | 16.4622 | 17.9216 |
| 12 | 9.8497 | 10.8722 | 11.9912 | 13.2148 | 14.5519 | 16.0120 | 17.6053 | 19.3428 | 21.2362 | 23.2981 |
| 13 | 11.9182 | 13.2641 | 14.7491 | 16.3863 | 18.1899 | 20.1752 | 22.3588 | 24.7588 | 27.3947 | 30.2875 |
| 14 | 14.4210 | 16.1822 | 18.1414 | 20.3191 | 22.7374 | 25.4207 | 28.3957 | 31.6913 | 35.3391 | 39.3738 |
| 15 | 17.4494 | 19.7423 | 22.3140 | 25.1956 | 28.4217 | 32.0301 | 36.0625 | 40.5648 | 45.5875 | 51.1859 |
| 16 | 21.1138 | 24.0856 | 27.4462 | 31.2426 | 35.5271 | 40.3579 | 45.7994 | 51.9230 | 58.8079 | 66.5417 |
| 17 | 25.5477 | 29.3844 | 33.7588 | 38.7408 | 44.4089 | 50.8510 | 58.1652 | 66.4614 | 75.8621 | 86.5042 |
| 18 | 30.9127 | 35.8490 | 41.5233 | 48.0386 | 55.5112 | 64.0722 | 73.8698 | 85.0706 | 97.8622 | 112.4554 |
| 19 | 37.4043 | 43.7358 | 51.0737 | 59.5679 | 69.3889 | 80.7310 | 93.8147 | 108.8904 | 126.2422 | 146.1920 |
| 20 | 45.2593 | 53.3576 | 62.8206 | 73.8641 | 86.7362 | 101.7211 | 119.1446 | 139.3797 | 162.8524 | 190.0496 |
| 21 | 54.7637 | 65.0963 | 77.2694 | 91.5915 | 108.4202 | 128.1685 | 151.3137 | 178.4060 | 210.0796 | 247.0645 |
| 22 | 66.2641 | 79.4175 | 95.0413 | 113.5735 | 135.5253 | 161.4924 | 192.1683 | 228.3596 | 271.0027 | 321.1839 |
| 23 | 80.1795 | 96.8894 | 116.9008 | 140.8312 | 169.4066 | 203.4804 | 244.0538 | 292.3003 | 349.5935 | 417.5391 |
| 24 | 97.0172 | 118.2050 | 143.7880 | 174.6306 | 211.7582 | 256.3853 | 309.9483 | 374.1444 | 450.9756 | 542.8008 |
| 25 | 117.3909 | 144.2101 | 176.8593 | 216.5420 | 264.6978 | 323.0454 | 393.6344 | 478.9049 | 581.7585 | 705.6410 |
| 26 | 142.0429 | 175.9364 | 217.5369 | 268.5121 | 330.8722 | 407.0373 | 499.9157 | 612.9982 | 750.4685 | 917.3333 |
| 27 | 171.8719 | 214.6424 | 267.5704 | 332.9550 | 413.5903 | 512.8670 | 634.8929 | 784.6377 | 968.1044 | 1192.5333 |
| 28 | 207.9651 | 261.8637 | 329.1115 | 412.8642 | 516.9879 | 646.2124 | 806.3140 | 1004.3363 | 1248.8546 | 1550.2933 |
| 29 | 251.6377 | 319.4737 | 404.8072 | 511.9516 | 646.2349 | 814.2276 | 1024.0187 | 1285.5504 | 1611.0225 | 2015.3813 |
| 30 | 304.4816 | 389.7579 | 497.9129 | 634.8199 | 807.7936 | 1025.9267 | 1300.5038 | 1645.5046 | 2078.2190 | 2619.9956 |

# 附录B 复利现值系数表 (P/F, i, n)

| 期数 | 1% | 2% | 3% | 4% | 5% | 6% | 7% | 8% | 9% | 10% |
|---|---|---|---|---|---|---|---|---|---|---|
| 1 | 0.9901 | 0.9804 | 0.9709 | 0.9615 | 0.9524 | 0.9434 | 0.9346 | 0.9259 | 0.9174 | 0.9091 |
| 2 | 0.9803 | 0.9612 | 0.9426 | 0.9246 | 0.9070 | 0.8900 | 0.8734 | 0.8573 | 0.8417 | 0.8264 |
| 3 | 0.9706 | 0.9423 | 0.9151 | 0.8890 | 0.8638 | 0.8396 | 0.8163 | 0.7938 | 0.7722 | 0.7513 |
| 4 | 0.9610 | 0.9238 | 0.8885 | 0.8548 | 0.8227 | 0.7921 | 0.7629 | 0.7350 | 0.7084 | 0.6830 |
| 5 | 0.9515 | 0.9057 | 0.8626 | 0.8219 | 0.7835 | 0.7473 | 0.7130 | 0.6806 | 0.6499 | 0.6209 |
| 6 | 0.9420 | 0.8880 | 0.8375 | 0.7903 | 0.7462 | 0.7050 | 0.6663 | 0.6302 | 0.5963 | 0.5645 |
| 7 | 0.9327 | 0.8706 | 0.8131 | 0.7599 | 0.7107 | 0.6651 | 0.6227 | 0.5835 | 0.5470 | 0.5132 |
| 8 | 0.9235 | 0.8535 | 0.7894 | 0.7307 | 0.6768 | 0.6274 | 0.5820 | 0.5403 | 0.5019 | 0.4665 |
| 9 | 0.9143 | 0.8368 | 0.7664 | 0.7026 | 0.6446 | 0.5919 | 0.5439 | 0.5002 | 0.4604 | 0.4241 |
| 10 | 0.9053 | 0.8203 | 0.7441 | 0.6756 | 0.6139 | 0.5584 | 0.5083 | 0.4632 | 0.4224 | 0.3855 |
| 11 | 0.8963 | 0.8043 | 0.7224 | 0.6496 | 0.5847 | 0.5268 | 0.4751 | 0.4289 | 0.3875 | 0.3505 |
| 12 | 0.8874 | 0.7885 | 0.7014 | 0.6246 | 0.5568 | 0.4970 | 0.4440 | 0.3971 | 0.3555 | 0.3186 |
| 13 | 0.8787 | 0.7730 | 0.6810 | 0.6006 | 0.5303 | 0.4688 | 0.4150 | 0.3677 | 0.3262 | 0.2897 |
| 14 | 0.8700 | 0.7579 | 0.6611 | 0.5775 | 0.5051 | 0.4423 | 0.3878 | 0.3405 | 0.2992 | 0.2633 |
| 15 | 0.8613 | 0.7430 | 0.6419 | 0.5553 | 0.4810 | 0.4173 | 0.3624 | 0.3152 | 0.2745 | 0.2394 |
| 16 | 0.8528 | 0.7284 | 0.6232 | 0.5339 | 0.4581 | 0.3936 | 0.3387 | 0.2919 | 0.2519 | 0.2176 |
| 17 | 0.8444 | 0.7142 | 0.6050 | 0.5134 | 0.4363 | 0.3714 | 0.3166 | 0.2703 | 0.2311 | 0.1978 |
| 18 | 0.8360 | 0.7002 | 0.5874 | 0.4936 | 0.4155 | 0.3503 | 0.2959 | 0.2502 | 0.2120 | 0.1799 |
| 19 | 0.8277 | 0.6864 | 0.5703 | 0.4746 | 0.3957 | 0.3305 | 0.2765 | 0.2317 | 0.1945 | 0.1635 |
| 20 | 0.8195 | 0.6730 | 0.5537 | 0.4564 | 0.3769 | 0.3118 | 0.2584 | 0.2145 | 0.1784 | 0.1486 |
| 21 | 0.8114 | 0.6598 | 0.5375 | 0.4388 | 0.3589 | 0.2942 | 0.2415 | 0.1987 | 0.1637 | 0.1351 |
| 22 | 0.8034 | 0.6468 | 0.5219 | 0.4220 | 0.3418 | 0.2775 | 0.2257 | 0.1839 | 0.1502 | 0.1228 |
| 23 | 0.7954 | 0.6342 | 0.5067 | 0.4057 | 0.3256 | 0.2618 | 0.2109 | 0.1703 | 0.1378 | 0.1117 |
| 24 | 0.7876 | 0.6217 | 0.4919 | 0.3901 | 0.3101 | 0.2470 | 0.1971 | 0.1577 | 0.1264 | 0.1015 |
| 25 | 0.7798 | 0.6095 | 0.4776 | 0.3751 | 0.2953 | 0.2330 | 0.1842 | 0.1460 | 0.1160 | 0.0923 |
| 26 | 0.7720 | 0.5976 | 0.4637 | 0.3607 | 0.2812 | 0.2198 | 0.1722 | 0.1352 | 0.1064 | 0.0839 |
| 27 | 0.7644 | 0.5859 | 0.4502 | 0.3468 | 0.2678 | 0.2074 | 0.1609 | 0.1252 | 0.0976 | 0.0763 |
| 28 | 0.7568 | 0.5744 | 0.4371 | 0.3335 | 0.2551 | 0.1956 | 0.1504 | 0.1159 | 0.0895 | 0.0693 |
| 29 | 0.7493 | 0.5631 | 0.4243 | 0.3207 | 0.2429 | 0.1846 | 0.1406 | 0.1073 | 0.0822 | 0.0630 |
| 30 | 0.7419 | 0.5521 | 0.4120 | 0.3083 | 0.2314 | 0.1741 | 0.1314 | 0.0994 | 0.0754 | 0.0573 |

(续表)

| 期数 | 11% | 12% | 13% | 14% | 15% | 16% | 17% | 18% | 19% | 20% |
|---|---|---|---|---|---|---|---|---|---|---|
| 1 | 0.9009 | 0.8929 | 0.8850 | 0.8772 | 0.8696 | 0.8621 | 0.8547 | 0.8475 | 0.8403 | 0.8333 |
| 2 | 0.8116 | 0.7972 | 0.7831 | 0.7695 | 0.7561 | 0.7432 | 0.7305 | 0.7182 | 0.7062 | 0.6944 |
| 3 | 0.7312 | 0.7118 | 0.6931 | 0.6750 | 0.6575 | 0.6407 | 0.6244 | 0.6086 | 0.5934 | 0.5787 |
| 4 | 0.6587 | 0.6355 | 0.6133 | 0.5921 | 0.5718 | 0.5523 | 0.5337 | 0.5158 | 0.4987 | 0.4823 |
| 5 | 0.5935 | 0.5674 | 0.5428 | 0.5194 | 0.4972 | 0.4761 | 0.4561 | 0.4371 | 0.4190 | 0.4019 |
| 6 | 0.5346 | 0.5066 | 0.4803 | 0.4556 | 0.4323 | 0.4104 | 0.3898 | 0.3704 | 0.3521 | 0.3349 |
| 7 | 0.4817 | 0.4523 | 0.4251 | 0.3996 | 0.3759 | 0.3538 | 0.3332 | 0.3139 | 0.2959 | 0.2791 |
| 8 | 0.4339 | 0.4039 | 0.3762 | 0.3506 | 0.3269 | 0.3050 | 0.2848 | 0.2660 | 0.2487 | 0.2326 |
| 9 | 0.3909 | 0.3606 | 0.3329 | 0.3075 | 0.2843 | 0.2630 | 0.2434 | 0.2255 | 0.2090 | 0.1938 |
| 10 | 0.3522 | 0.3220 | 0.2946 | 0.2697 | 0.2472 | 0.2267 | 0.2080 | 0.1911 | 0.1756 | 0.1615 |
| 11 | 0.3173 | 0.2875 | 0.2607 | 0.2366 | 0.2149 | 0.1954 | 0.1778 | 0.1619 | 0.1476 | 0.1346 |
| 12 | 0.2858 | 0.2567 | 0.2307 | 0.2076 | 0.1869 | 0.1685 | 0.1520 | 0.1372 | 0.1240 | 0.1122 |
| 13 | 0.2575 | 0.2292 | 0.2042 | 0.1821 | 0.1625 | 0.1452 | 0.1299 | 0.1163 | 0.1042 | 0.0935 |
| 14 | 0.2320 | 0.2046 | 0.1807 | 0.1597 | 0.1413 | 0.1252 | 0.1110 | 0.0985 | 0.0876 | 0.0779 |
| 15 | 0.2090 | 0.1827 | 0.1599 | 0.1401 | 0.1229 | 0.1079 | 0.0949 | 0.0835 | 0.0736 | 0.0649 |
| 16 | 0.1883 | 0.1631 | 0.1415 | 0.1229 | 0.1069 | 0.0930 | 0.0811 | 0.0708 | 0.0618 | 0.0541 |
| 17 | 0.1696 | 0.1456 | 0.1252 | 0.1078 | 0.0929 | 0.0802 | 0.0693 | 0.0600 | 0.0520 | 0.0451 |
| 18 | 0.1528 | 0.1300 | 0.1108 | 0.0946 | 0.0808 | 0.0691 | 0.0592 | 0.0508 | 0.0437 | 0.0376 |
| 19 | 0.1377 | 0.1161 | 0.0981 | 0.0829 | 0.0703 | 0.0596 | 0.0506 | 0.0431 | 0.0367 | 0.0313 |
| 20 | 0.1240 | 0.1037 | 0.0868 | 0.0728 | 0.0611 | 0.0514 | 0.0433 | 0.0365 | 0.0308 | 0.0261 |
| 21 | 0.1117 | 0.0926 | 0.0768 | 0.0638 | 0.0531 | 0.0443 | 0.0370 | 0.0309 | 0.0259 | 0.0217 |
| 22 | 0.1007 | 0.0826 | 0.0680 | 0.0560 | 0.0462 | 0.0382 | 0.0316 | 0.0262 | 0.0218 | 0.0181 |
| 23 | 0.0907 | 0.0738 | 0.0601 | 0.0491 | 0.0402 | 0.0329 | 0.0270 | 0.0222 | 0.0183 | 0.0151 |
| 24 | 0.0817 | 0.0659 | 0.0532 | 0.0431 | 0.0349 | 0.0284 | 0.0231 | 0.0188 | 0.0154 | 0.0126 |
| 25 | 0.0736 | 0.0588 | 0.0471 | 0.0378 | 0.0304 | 0.0245 | 0.0197 | 0.0160 | 0.0129 | 0.0105 |
| 26 | 0.0663 | 0.0525 | 0.0417 | 0.0331 | 0.0264 | 0.0211 | 0.0169 | 0.0135 | 0.0109 | 0.0087 |
| 27 | 0.0597 | 0.0469 | 0.0369 | 0.0291 | 0.0230 | 0.0182 | 0.0144 | 0.0115 | 0.0091 | 0.0073 |
| 28 | 0.0538 | 0.0419 | 0.0326 | 0.0255 | 0.0200 | 0.0157 | 0.0123 | 0.0097 | 0.0077 | 0.0061 |
| 29 | 0.0485 | 0.0374 | 0.0289 | 0.0224 | 0.0174 | 0.0135 | 0.0105 | 0.0082 | 0.0064 | 0.0051 |
| 30 | 0.0437 | 0.0334 | 0.0256 | 0.0196 | 0.0151 | 0.0116 | 0.0090 | 0.0070 | 0.0054 | 0.0042 |

(续表)

| 期数 | 21% | 22% | 23% | 24% | 25% | 26% | 27% | 28% | 29% | 30% |
|---|---|---|---|---|---|---|---|---|---|---|
| 1 | 0.8264 | 0.8197 | 0.8130 | 0.8065 | 0.8000 | 0.7937 | 0.7874 | 0.7813 | 0.7752 | 0.7692 |
| 2 | 0.6830 | 0.6719 | 0.6610 | 0.6504 | 0.6400 | 0.6299 | 0.6200 | 0.6104 | 0.6009 | 0.5917 |
| 3 | 0.5645 | 0.5507 | 0.5374 | 0.5245 | 0.5120 | 0.4999 | 0.4882 | 0.4768 | 0.4658 | 0.4552 |
| 4 | 0.4665 | 0.4514 | 0.4369 | 0.4230 | 0.4096 | 0.3968 | 0.3844 | 0.3725 | 0.3611 | 0.3501 |
| 5 | 0.3855 | 0.3700 | 0.3552 | 0.3411 | 0.3277 | 0.3149 | 0.3027 | 0.2910 | 0.2799 | 0.2693 |
| 6 | 0.3186 | 0.3033 | 0.2888 | 0.2751 | 0.2621 | 0.2499 | 0.2383 | 0.2274 | 0.2170 | 0.2072 |
| 7 | 0.2633 | 0.2486 | 0.2348 | 0.2218 | 0.2097 | 0.1983 | 0.1877 | 0.1776 | 0.1682 | 0.1594 |
| 8 | 0.2176 | 0.2038 | 0.1909 | 0.1789 | 0.1678 | 0.1574 | 0.1478 | 0.1388 | 0.1304 | 0.1226 |
| 9 | 0.1799 | 0.1670 | 0.1552 | 0.1443 | 0.1342 | 0.1249 | 0.1164 | 0.1084 | 0.1011 | 0.0943 |
| 10 | 0.1486 | 0.1369 | 0.1262 | 0.1164 | 0.1074 | 0.0992 | 0.0916 | 0.0847 | 0.0784 | 0.0725 |
| 11 | 0.1228 | 0.1122 | 0.1026 | 0.0938 | 0.0859 | 0.0787 | 0.0721 | 0.0662 | 0.0607 | 0.0558 |
| 12 | 0.1015 | 0.0920 | 0.0834 | 0.0757 | 0.0687 | 0.0625 | 0.0568 | 0.0517 | 0.0471 | 0.0429 |
| 13 | 0.0839 | 0.0754 | 0.0678 | 0.0610 | 0.0550 | 0.0496 | 0.0447 | 0.0404 | 0.0365 | 0.0330 |
| 14 | 0.0693 | 0.0618 | 0.0551 | 0.0492 | 0.0440 | 0.0393 | 0.0352 | 0.0316 | 0.0283 | 0.0254 |
| 15 | 0.0573 | 0.0507 | 0.0448 | 0.0397 | 0.0352 | 0.0312 | 0.0277 | 0.0247 | 0.0219 | 0.0195 |
| 16 | 0.0474 | 0.0415 | 0.0364 | 0.0320 | 0.0281 | 0.0248 | 0.0218 | 0.0193 | 0.0170 | 0.0150 |
| 17 | 0.0391 | 0.0340 | 0.0296 | 0.0258 | 0.0225 | 0.0197 | 0.0172 | 0.0150 | 0.0132 | 0.0116 |
| 18 | 0.0323 | 0.0279 | 0.0241 | 0.0208 | 0.0180 | 0.0156 | 0.0135 | 0.0118 | 0.0102 | 0.0089 |
| 19 | 0.0267 | 0.0229 | 0.0196 | 0.0168 | 0.0144 | 0.0124 | 0.0107 | 0.0092 | 0.0079 | 0.0068 |
| 20 | 0.0221 | 0.0187 | 0.0159 | 0.0135 | 0.0115 | 0.0098 | 0.0084 | 0.0072 | 0.0061 | 0.0053 |
| 21 | 0.0183 | 0.0154 | 0.0129 | 0.0109 | 0.0092 | 0.0078 | 0.0066 | 0.0056 | 0.0048 | 0.0040 |
| 22 | 0.0151 | 0.0126 | 0.0105 | 0.0088 | 0.0074 | 0.0062 | 0.0052 | 0.0044 | 0.0037 | 0.0031 |
| 23 | 0.0125 | 0.0103 | 0.0086 | 0.0071 | 0.0059 | 0.0049 | 0.0041 | 0.0034 | 0.0029 | 0.0024 |
| 24 | 0.0103 | 0.0085 | 0.0070 | 0.0057 | 0.0047 | 0.0039 | 0.0032 | 0.0027 | 0.0022 | 0.0018 |
| 25 | 0.0085 | 0.0069 | 0.0057 | 0.0046 | 0.0038 | 0.0031 | 0.0025 | 0.0021 | 0.0017 | 0.0014 |
| 26 | 0.0070 | 0.0057 | 0.0046 | 0.0037 | 0.0030 | 0.0025 | 0.0020 | 0.0016 | 0.0013 | 0.0011 |
| 27 | 0.0058 | 0.0047 | 0.0037 | 0.0030 | 0.0024 | 0.0019 | 0.0016 | 0.0013 | 0.0010 | 0.0008 |
| 28 | 0.0048 | 0.0038 | 0.0030 | 0.0024 | 0.0019 | 0.0015 | 0.0012 | 0.0010 | 0.0008 | 0.0006 |
| 29 | 0.0040 | 0.0031 | 0.0025 | 0.0020 | 0.0015 | 0.0012 | 0.0010 | 0.0008 | 0.0006 | 0.0005 |
| 30 | 0.0033 | 0.0026 | 0.0020 | 0.0016 | 0.0012 | 0.0010 | 0.0008 | 0.0006 | 0.0005 | 0.0004 |

# 附录C 年金终值系数表 (F/A, i, n)

| 期数 | 1% | 2% | 3% | 4% | 5% | 6% | 7% | 8% | 9% | 10% |
|---|---|---|---|---|---|---|---|---|---|---|
| 1 | 1.0000 | 1.0000 | 1.0000 | 1.0000 | 1.0000 | 1.0000 | 1.0000 | 1.0000 | 1.0000 | 1.0000 |
| 2 | 2.0100 | 2.0200 | 2.0300 | 2.0400 | 2.0500 | 2.0600 | 2.0700 | 2.0800 | 2.0900 | 2.1000 |
| 3 | 3.0301 | 3.0604 | 3.0909 | 3.1216 | 3.1525 | 3.1836 | 3.2149 | 3.2464 | 3.2781 | 3.3100 |
| 4 | 4.0604 | 4.1216 | 4.1836 | 4.2465 | 4.3101 | 4.3746 | 4.4399 | 4.5061 | 4.5731 | 4.6410 |
| 5 | 5.1010 | 5.2040 | 5.3091 | 5.4163 | 5.5256 | 5.6371 | 5.7507 | 5.8666 | 5.9847 | 6.1051 |
| 6 | 6.1520 | 6.3081 | 6.4684 | 6.6330 | 6.8019 | 6.9753 | 7.1533 | 7.3359 | 7.5233 | 7.7156 |
| 7 | 7.2135 | 7.4343 | 7.6625 | 7.8983 | 8.1420 | 8.3938 | 8.6540 | 8.9228 | 9.2004 | 9.4872 |
| 8 | 8.2857 | 8.5830 | 8.8923 | 9.2142 | 9.5491 | 9.8975 | 10.2598 | 10.6366 | 11.0285 | 11.4359 |
| 9 | 9.3685 | 9.7546 | 10.1591 | 10.5828 | 11.0266 | 11.4913 | 11.9780 | 12.4876 | 13.0210 | 13.5795 |
| 10 | 10.4622 | 10.9497 | 11.4639 | 12.0061 | 12.5779 | 13.1808 | 13.8164 | 14.4866 | 15.1929 | 15.9374 |
| 11 | 11.5668 | 12.1687 | 12.8078 | 13.4864 | 14.2068 | 14.9716 | 15.7836 | 16.6455 | 17.5603 | 18.5312 |
| 12 | 12.6825 | 13.4121 | 14.1920 | 15.0258 | 15.9171 | 16.8699 | 17.8885 | 18.9771 | 20.1407 | 21.3843 |
| 13 | 13.8093 | 14.6803 | 15.6178 | 16.6268 | 17.7130 | 18.8821 | 20.1406 | 21.4953 | 22.9534 | 24.5227 |
| 14 | 14.9474 | 15.9739 | 17.0863 | 18.2919 | 19.5986 | 21.0151 | 22.5505 | 24.2149 | 26.0192 | 27.9750 |
| 15 | 16.0969 | 17.2934 | 18.5989 | 20.0236 | 21.5786 | 23.2760 | 25.1290 | 27.1521 | 29.3609 | 31.7725 |
| 16 | 17.2579 | 18.6393 | 20.1569 | 21.8245 | 23.6575 | 25.6725 | 27.8881 | 30.3243 | 33.0034 | 35.9497 |
| 17 | 18.4304 | 20.0121 | 21.7616 | 23.6975 | 25.8404 | 28.2129 | 30.8402 | 33.7502 | 36.9737 | 40.5447 |
| 18 | 19.6147 | 21.4123 | 23.4144 | 25.6454 | 28.1324 | 30.9057 | 33.9990 | 37.4502 | 41.3013 | 45.5992 |
| 19 | 20.8109 | 22.8406 | 25.1169 | 27.6712 | 30.5390 | 33.7600 | 37.3790 | 41.4463 | 46.0185 | 51.1591 |
| 20 | 22.0190 | 24.2974 | 26.8704 | 29.7781 | 33.0660 | 36.7856 | 40.9955 | 45.7620 | 51.1601 | 57.2750 |
| 21 | 23.2392 | 25.7833 | 28.6765 | 31.9692 | 35.7193 | 39.9927 | 44.8652 | 50.4229 | 56.7645 | 64.0025 |
| 22 | 24.4716 | 27.2990 | 30.5368 | 34.2480 | 38.5052 | 43.3923 | 49.0057 | 55.4568 | 62.8733 | 71.4027 |
| 23 | 25.7163 | 28.8450 | 32.4529 | 36.6179 | 41.4305 | 46.9958 | 53.4361 | 60.8933 | 69.5319 | 79.5430 |
| 24 | 26.9735 | 30.4219 | 34.4265 | 39.0826 | 44.5020 | 50.8156 | 58.1767 | 66.7648 | 76.7898 | 88.4973 |
| 25 | 28.2432 | 32.0303 | 36.4593 | 41.6459 | 47.7271 | 54.8645 | 63.2490 | 73.1059 | 84.7009 | 98.3471 |
| 26 | 29.5256 | 33.6709 | 38.5530 | 44.3117 | 51.1135 | 59.1564 | 68.6765 | 79.9544 | 93.3240 | 109.1818 |
| 27 | 30.8209 | 35.3443 | 40.7096 | 47.0842 | 54.6691 | 63.7058 | 74.4838 | 87.3508 | 102.7231 | 121.0999 |
| 28 | 32.1291 | 37.0512 | 42.9309 | 49.9676 | 58.4026 | 68.5281 | 80.6977 | 95.3388 | 112.9682 | 134.2099 |
| 29 | 33.4504 | 38.7922 | 45.2189 | 52.9663 | 62.3227 | 73.6398 | 87.3465 | 103.9659 | 124.1354 | 148.6309 |
| 30 | 34.7849 | 40.5681 | 47.5754 | 56.0849 | 66.4388 | 79.0582 | 94.4608 | 113.2832 | 136.3075 | 164.4940 |

(续表)

| 期数 | 11% | 12% | 13% | 14% | 15% | 16% | 17% | 18% | 19% | 20% |
| --- | --- | --- | --- | --- | --- | --- | --- | --- | --- | --- |
| 1 | 1.0000 | 1.0000 | 1.0000 | 1.0000 | 1.0000 | 1.0000 | 1.0000 | 1.0000 | 1.0000 | 1.0000 |
| 2 | 2.1100 | 2.1200 | 2.1300 | 2.1400 | 2.1500 | 2.1600 | 2.1700 | 2.1800 | 2.1900 | 2.2000 |
| 3 | 3.3421 | 3.3744 | 3.4069 | 3.4396 | 3.4725 | 3.5056 | 3.5389 | 3.5724 | 3.6061 | 3.6400 |
| 4 | 4.7097 | 4.7793 | 4.8498 | 4.9211 | 4.9934 | 5.0665 | 5.1405 | 5.2154 | 5.2913 | 5.3680 |
| 5 | 6.2278 | 6.3528 | 6.4803 | 6.6101 | 6.7424 | 6.8771 | 7.0144 | 7.1542 | 7.2966 | 7.4416 |
| 6 | 7.9129 | 8.1152 | 8.3227 | 8.5355 | 8.7537 | 8.9775 | 9.2068 | 9.4420 | 9.6830 | 9.9299 |
| 7 | 9.7833 | 10.0890 | 10.4047 | 10.7305 | 11.0668 | 11.4139 | 11.7720 | 12.1415 | 12.5227 | 12.9159 |
| 8 | 11.8594 | 12.2997 | 12.7573 | 13.2328 | 13.7268 | 14.2401 | 14.7733 | 15.3270 | 15.9020 | 16.4991 |
| 9 | 14.1640 | 14.7757 | 15.4157 | 16.0853 | 16.7858 | 17.5185 | 18.2847 | 19.0859 | 19.9234 | 20.7989 |
| 10 | 16.7220 | 17.5487 | 18.4197 | 19.3373 | 20.3037 | 21.3215 | 22.3931 | 23.5213 | 24.7089 | 25.9587 |
| 11 | 19.5614 | 20.6546 | 21.8143 | 23.0445 | 24.3493 | 25.7329 | 27.1999 | 28.7551 | 30.4035 | 32.1504 |
| 12 | 22.7132 | 24.1331 | 25.6502 | 27.2707 | 29.0017 | 30.8502 | 32.8239 | 34.9311 | 37.1802 | 39.5805 |
| 13 | 26.2116 | 28.0291 | 29.9847 | 32.0887 | 34.3519 | 36.7862 | 39.4040 | 42.2187 | 45.2445 | 48.4966 |
| 14 | 30.0949 | 32.3926 | 34.8827 | 37.5811 | 40.5047 | 43.6720 | 47.1027 | 50.8180 | 54.8409 | 59.1959 |
| 15 | 34.4054 | 37.2797 | 40.4175 | 43.8424 | 47.5804 | 51.6595 | 56.1101 | 60.9653 | 66.2607 | 72.0351 |
| 16 | 39.1899 | 42.7533 | 46.6717 | 50.9804 | 55.7175 | 60.9250 | 66.6488 | 72.9390 | 79.8502 | 87.4421 |
| 17 | 44.5008 | 48.8837 | 53.7391 | 59.1176 | 65.0751 | 71.6730 | 78.9792 | 87.0680 | 96.0218 | 105.9306 |
| 18 | 50.3959 | 55.7497 | 61.7251 | 68.3941 | 75.8364 | 84.1407 | 93.4056 | 103.7403 | 115.2659 | 128.1167 |
| 19 | 56.9395 | 63.4397 | 70.7494 | 78.9692 | 88.2118 | 98.6032 | 110.2846 | 123.4135 | 138.1664 | 154.7400 |
| 20 | 64.2028 | 72.0524 | 80.9468 | 91.0249 | 102.4436 | 115.3797 | 130.0329 | 146.6280 | 165.4180 | 186.6880 |
| 21 | 72.2651 | 81.6987 | 92.4699 | 104.7684 | 118.8101 | 134.8405 | 153.1385 | 174.0210 | 197.8474 | 225.0256 |
| 22 | 81.2143 | 92.5026 | 105.4910 | 120.4360 | 137.6316 | 157.4150 | 180.1721 | 206.3448 | 236.4385 | 271.0307 |
| 23 | 91.1479 | 104.6029 | 120.2048 | 138.2970 | 159.2764 | 183.6014 | 211.8013 | 244.4868 | 282.3618 | 326.2369 |
| 24 | 102.1742 | 118.1552 | 136.8315 | 158.6586 | 184.1678 | 213.9776 | 248.8076 | 289.4945 | 337.0105 | 392.4842 |
| 25 | 114.4133 | 133.3339 | 155.6196 | 181.8708 | 212.7930 | 249.2140 | 292.1049 | 342.6035 | 402.0425 | 471.9811 |
| 26 | 127.9988 | 150.3339 | 176.8501 | 208.3327 | 245.7120 | 290.0883 | 342.7627 | 405.2721 | 479.4306 | 567.3773 |
| 27 | 143.0786 | 169.3740 | 200.8406 | 238.4993 | 283.5688 | 337.5024 | 402.0323 | 479.2211 | 571.5224 | 681.8528 |
| 28 | 159.8173 | 190.6989 | 227.9499 | 272.8892 | 327.1041 | 392.5028 | 471.3778 | 566.4809 | 681.1116 | 819.2233 |
| 29 | 178.3972 | 214.5828 | 258.5834 | 312.0937 | 377.1697 | 456.3032 | 552.5121 | 669.4475 | 811.5228 | 984.0680 |
| 30 | 199.0209 | 241.3327 | 293.1992 | 356.7868 | 434.7451 | 530.3117 | 647.4391 | 790.9480 | 966.7122 | 1181.8816 |

(续表)

| 期数 | 21% | 22% | 23% | 24% | 25% | 26% | 27% | 28% | 29% | 30% |
|---|---|---|---|---|---|---|---|---|---|---|
| 1 | 1.0000 | 1.0000 | 1.0000 | 1.0000 | 1.0000 | 1.0000 | 1.0000 | 1.0000 | 1.0000 | 1.0000 |
| 2 | 2.2100 | 2.2200 | 2.2300 | 2.2400 | 2.2500 | 2.2600 | 2.2700 | 2.2800 | 2.2900 | 2.3000 |
| 3 | 3.6741 | 3.7084 | 3.7429 | 3.7776 | 3.8125 | 3.8476 | 3.8829 | 3.9184 | 3.9541 | 3.9900 |
| 4 | 5.4457 | 5.5242 | 5.6038 | 5.6842 | 5.7656 | 5.8480 | 5.9313 | 6.0156 | 6.1008 | 6.1870 |
| 5 | 7.5892 | 7.7396 | 7.8926 | 8.0484 | 8.2070 | 8.3684 | 8.5327 | 8.6999 | 8.8700 | 9.0431 |
| 6 | 10.1830 | 10.4423 | 10.7079 | 10.9801 | 11.2588 | 11.5442 | 11.8366 | 12.1359 | 12.4423 | 12.7560 |
| 7 | 13.3214 | 13.7396 | 14.1708 | 14.6153 | 15.0735 | 15.5458 | 16.0324 | 16.5339 | 17.0506 | 17.5828 |
| 8 | 17.1189 | 17.7623 | 18.4300 | 19.1229 | 19.8419 | 20.5876 | 21.3612 | 22.1634 | 22.9953 | 23.8577 |
| 9 | 21.7139 | 22.6700 | 23.6690 | 24.7125 | 25.8023 | 26.9404 | 28.1287 | 29.3692 | 30.6639 | 32.0150 |
| 10 | 27.2738 | 28.6574 | 30.1128 | 31.6434 | 33.2529 | 34.9449 | 36.7235 | 38.5926 | 40.5564 | 42.6195 |
| 11 | 34.0013 | 35.9620 | 38.0388 | 40.2379 | 42.5661 | 45.0306 | 47.6388 | 50.3985 | 53.3178 | 56.4053 |
| 12 | 42.1416 | 44.8737 | 47.7877 | 50.8950 | 54.2077 | 57.7386 | 61.5013 | 65.5100 | 69.7800 | 74.3270 |
| 13 | 51.9913 | 55.7459 | 59.7788 | 64.1097 | 68.7596 | 73.7506 | 79.1066 | 84.8529 | 91.0161 | 97.6250 |
| 14 | 63.9095 | 69.0100 | 74.5280 | 80.4961 | 86.9495 | 93.9258 | 101.4654 | 109.6117 | 118.4108 | 127.9125 |
| 15 | 78.3305 | 85.1922 | 92.6694 | 100.8151 | 109.6868 | 119.3465 | 129.8611 | 141.3029 | 153.7500 | 167.2863 |
| 16 | 95.7799 | 104.9345 | 114.9834 | 126.0108 | 138.1085 | 151.3766 | 165.9236 | 181.8677 | 199.3374 | 218.4722 |
| 17 | 116.8937 | 129.0201 | 142.4295 | 157.2534 | 173.6357 | 191.7345 | 211.7230 | 233.7907 | 258.1453 | 285.0139 |
| 18 | 142.4413 | 158.4045 | 176.1883 | 195.9942 | 218.0446 | 242.5855 | 269.8882 | 300.2521 | 334.0074 | 371.5180 |
| 19 | 173.3540 | 194.2535 | 217.7116 | 244.0328 | 273.5558 | 306.6577 | 343.7580 | 385.3227 | 431.8696 | 483.9734 |
| 20 | 210.7584 | 237.9893 | 268.7853 | 303.6006 | 342.9447 | 387.3887 | 437.5726 | 494.2131 | 558.1118 | 630.1655 |
| 21 | 256.0176 | 291.3469 | 331.6059 | 377.4648 | 429.6809 | 489.1098 | 556.7173 | 633.5927 | 720.9642 | 820.2151 |
| 22 | 310.7813 | 356.4432 | 408.8753 | 469.0563 | 538.1011 | 617.2783 | 708.0309 | 811.9987 | 931.0438 | 1067.2796 |
| 23 | 377.0454 | 435.8607 | 503.9166 | 582.6298 | 673.6264 | 778.7707 | 900.1993 | 1040.3583 | 1202.0465 | 1388.4635 |
| 24 | 457.2249 | 532.7501 | 620.8174 | 723.4610 | 843.0329 | 982.2511 | 1144.2531 | 1332.6586 | 1551.6400 | 1806.0026 |
| 25 | 554.2422 | 650.9551 | 764.6054 | 898.0916 | 1054.7912 | 1238.6363 | 1454.2014 | 1706.8031 | 2002.6156 | 2348.8033 |
| 26 | 671.6330 | 795.1653 | 941.4647 | 1114.6336 | 1319.4890 | 1561.6818 | 1847.8358 | 2185.7079 | 2584.3741 | 3054.4443 |
| 27 | 813.6759 | 971.1016 | 1159.0016 | 1383.1457 | 1650.3612 | 1968.7191 | 2347.7515 | 2798.7061 | 3334.8426 | 3971.7776 |
| 28 | 985.5479 | 1185.7440 | 1426.5719 | 1716.1007 | 2063.9515 | 2481.5860 | 2982.6444 | 3583.3438 | 4302.9470 | 5164.3109 |
| 29 | 1193.5129 | 1447.6077 | 1755.6835 | 2128.9648 | 2580.9394 | 3127.7984 | 3788.9583 | 4587.6801 | 5551.8016 | 6714.6042 |
| 30 | 1445.1507 | 1767.0813 | 2160.4907 | 2640.9164 | 3227.1743 | 3942.0260 | 4812.9771 | 5873.2306 | 7162.8241 | 8729.9855 |

# 附录D 年金现值系数表 (P/A, i, n)

| 期数 | 1% | 2% | 3% | 4% | 5% | 6% | 7% | 8% | 9% | 10% |
|---|---|---|---|---|---|---|---|---|---|---|
| 1 | 0.9901 | 0.9804 | 0.9709 | 0.9615 | 0.9524 | 0.9434 | 0.9346 | 0.9259 | 0.9174 | 0.9091 |
| 2 | 1.9704 | 1.9416 | 1.9135 | 1.8861 | 1.8594 | 1.8334 | 1.8080 | 1.7833 | 1.7591 | 1.7355 |
| 3 | 2.9410 | 2.8839 | 2.8286 | 2.7751 | 2.7232 | 2.6730 | 2.6243 | 2.5771 | 2.5313 | 2.4869 |
| 4 | 3.9020 | 3.8077 | 3.7171 | 3.6299 | 3.5460 | 3.4651 | 3.3872 | 3.3121 | 3.2397 | 3.1699 |
| 5 | 4.8534 | 4.7135 | 4.5797 | 4.4518 | 4.3295 | 4.2124 | 4.1002 | 3.9927 | 3.8897 | 3.7908 |
| 6 | 5.7955 | 5.6014 | 5.4172 | 5.2421 | 5.0757 | 4.9173 | 4.7665 | 4.6229 | 4.4859 | 4.3553 |
| 7 | 6.7282 | 6.4720 | 6.2303 | 6.0021 | 5.7864 | 5.5824 | 5.3893 | 5.2064 | 5.0330 | 4.8684 |
| 8 | 7.6517 | 7.3255 | 7.0197 | 6.7327 | 6.4632 | 6.2098 | 5.9713 | 5.7466 | 5.5348 | 5.3349 |
| 9 | 8.5660 | 8.1622 | 7.7861 | 7.4353 | 7.1078 | 6.8017 | 6.5152 | 6.2469 | 5.9952 | 5.7590 |
| 10 | 9.4713 | 8.9826 | 8.5302 | 8.1109 | 7.7217 | 7.3601 | 7.0236 | 6.7101 | 6.4177 | 6.1446 |
| 11 | 10.3676 | 9.7868 | 9.2526 | 8.7605 | 8.3064 | 7.8869 | 7.4987 | 7.1390 | 6.8052 | 6.4951 |
| 12 | 11.2551 | 10.5753 | 9.9540 | 9.3851 | 8.8633 | 8.3838 | 7.9427 | 7.5361 | 7.1607 | 6.8137 |
| 13 | 12.1337 | 11.3484 | 10.6350 | 9.9856 | 9.3936 | 8.8527 | 8.3577 | 7.9038 | 7.4869 | 7.1034 |
| 14 | 13.0037 | 12.1062 | 11.2961 | 10.5631 | 9.8986 | 9.2950 | 8.7455 | 8.2442 | 7.7862 | 7.3667 |
| 15 | 13.8651 | 12.8493 | 11.9379 | 11.1184 | 10.3797 | 9.7122 | 9.1079 | 8.5595 | 8.0607 | 7.6061 |
| 16 | 14.7179 | 13.5777 | 12.5611 | 11.6523 | 10.8378 | 10.1059 | 9.4466 | 8.8514 | 8.3126 | 7.8237 |
| 17 | 15.5623 | 14.2919 | 13.1661 | 12.1657 | 11.2741 | 10.4773 | 9.7632 | 9.1216 | 8.5436 | 8.0216 |
| 18 | 16.3983 | 14.9920 | 13.7535 | 12.6593 | 11.6896 | 10.8276 | 10.0591 | 9.3719 | 8.7556 | 8.2014 |
| 19 | 17.2260 | 15.6785 | 14.3238 | 13.1339 | 12.0853 | 11.1581 | 10.3356 | 9.6036 | 8.9501 | 8.3649 |
| 20 | 18.0456 | 16.3514 | 14.8775 | 13.5903 | 12.4622 | 11.4699 | 10.5940 | 9.8181 | 9.1285 | 8.5136 |
| 21 | 18.8570 | 17.0112 | 15.4150 | 14.0292 | 12.8212 | 11.7641 | 10.8355 | 10.0168 | 9.2922 | 8.6487 |
| 22 | 19.6604 | 17.6580 | 15.9369 | 14.4511 | 13.1630 | 12.0416 | 11.0612 | 10.2007 | 9.4424 | 8.7715 |
| 23 | 20.4558 | 18.2922 | 16.4436 | 14.8568 | 13.4886 | 12.3034 | 11.2722 | 10.3711 | 9.5802 | 8.8832 |
| 24 | 21.2434 | 18.9139 | 16.9355 | 15.2470 | 13.7986 | 12.5504 | 11.4693 | 10.5288 | 9.7066 | 8.9847 |
| 25 | 22.0232 | 19.5235 | 17.4131 | 15.6221 | 14.0939 | 12.7834 | 11.6536 | 10.6748 | 9.8226 | 9.0770 |
| 26 | 22.7952 | 20.1210 | 17.8768 | 15.9828 | 14.3752 | 13.0032 | 11.8258 | 10.8100 | 9.9290 | 9.1609 |
| 27 | 23.5596 | 20.7069 | 18.3270 | 16.3296 | 14.6430 | 13.2105 | 11.9867 | 10.9352 | 10.0266 | 9.2372 |
| 28 | 24.3164 | 21.2813 | 18.7641 | 16.6631 | 14.8981 | 13.4062 | 12.1371 | 11.0511 | 10.1161 | 9.3066 |
| 29 | 25.0658 | 21.8444 | 19.1885 | 16.9837 | 15.1411 | 13.5907 | 12.2777 | 11.1584 | 10.1983 | 9.3696 |
| 30 | 25.8077 | 22.3965 | 19.6004 | 17.2920 | 15.3725 | 13.7648 | 12.4090 | 11.2578 | 10.2737 | 9.4269 |

(续表)

| 期数 | 11% | 12% | 13% | 14% | 15% | 16% | 17% | 18% | 19% | 20% |
|---|---|---|---|---|---|---|---|---|---|---|
| 1 | 0.9009 | 0.8929 | 0.8850 | 0.8772 | 0.8696 | 0.8621 | 0.8547 | 0.8475 | 0.8403 | 0.8333 |
| 2 | 1.7125 | 1.6901 | 1.6681 | 1.6467 | 1.6257 | 1.6052 | 1.5852 | 1.5656 | 1.5465 | 1.5278 |
| 3 | 2.4437 | 2.4018 | 2.3612 | 2.3216 | 2.2832 | 2.2459 | 2.2096 | 2.1743 | 2.1399 | 2.1065 |
| 4 | 3.1024 | 3.0373 | 2.9745 | 2.9137 | 2.8550 | 2.7982 | 2.7432 | 2.6901 | 2.6386 | 2.5887 |
| 5 | 3.6959 | 3.6048 | 3.5172 | 3.4331 | 3.3522 | 3.2743 | 3.1993 | 3.1272 | 3.0576 | 2.9906 |
| 6 | 4.2305 | 4.1114 | 3.9975 | 3.8887 | 3.7845 | 3.6847 | 3.5892 | 3.4976 | 3.4098 | 3.3255 |
| 7 | 4.7122 | 4.5638 | 4.4226 | 4.2883 | 4.1604 | 4.0386 | 3.9224 | 3.8115 | 3.7057 | 3.6046 |
| 8 | 5.1461 | 4.9676 | 4.7988 | 4.6389 | 4.4873 | 4.3436 | 4.2072 | 4.0776 | 3.9544 | 3.8372 |
| 9 | 5.5370 | 5.3282 | 5.1317 | 4.9464 | 4.7716 | 4.6065 | 4.4506 | 4.3030 | 4.1633 | 4.0310 |
| 10 | 5.8892 | 5.6502 | 5.4262 | 5.2161 | 5.0188 | 4.8332 | 4.6586 | 4.4941 | 4.3389 | 4.1925 |
| 11 | 6.2065 | 5.9377 | 5.6869 | 5.4527 | 5.2337 | 5.0286 | 4.8364 | 4.6560 | 4.4865 | 4.3271 |
| 12 | 6.4924 | 6.1944 | 5.9176 | 5.6603 | 5.4206 | 5.1971 | 4.9884 | 4.7932 | 4.6105 | 4.4392 |
| 13 | 6.7499 | 6.4235 | 6.1218 | 5.8424 | 5.5831 | 5.3423 | 5.1183 | 4.9095 | 4.7147 | 4.5327 |
| 14 | 6.9819 | 6.6282 | 6.3025 | 6.0021 | 5.7245 | 5.4675 | 5.2293 | 5.0081 | 4.8023 | 4.6106 |
| 15 | 7.1909 | 6.8109 | 6.4624 | 6.1422 | 5.8474 | 5.5755 | 5.3242 | 5.0916 | 4.8759 | 4.6755 |
| 16 | 7.3792 | 6.9740 | 6.6039 | 6.2651 | 5.9542 | 5.6685 | 5.4053 | 5.1624 | 4.9377 | 4.7296 |
| 17 | 7.5488 | 7.1196 | 6.7291 | 6.3729 | 6.0472 | 5.7487 | 5.4746 | 5.2223 | 4.9897 | 4.7746 |
| 18 | 7.7016 | 7.2497 | 6.8399 | 6.4674 | 6.1280 | 5.8178 | 5.5339 | 5.2732 | 5.0333 | 4.8122 |
| 19 | 7.8393 | 7.3658 | 6.9380 | 6.5504 | 6.1982 | 5.8775 | 5.5845 | 5.3162 | 5.0700 | 4.8435 |
| 20 | 7.9633 | 7.4694 | 7.0248 | 6.6231 | 6.2593 | 5.9288 | 5.6278 | 5.3527 | 5.1009 | 4.8696 |
| 21 | 8.0751 | 7.5620 | 7.1016 | 6.6870 | 6.3125 | 5.9731 | 5.6648 | 5.3837 | 5.1268 | 4.8913 |
| 22 | 8.1757 | 7.6446 | 7.1695 | 6.7429 | 6.3587 | 6.0113 | 5.6964 | 5.4099 | 5.1486 | 4.9094 |
| 23 | 8.2664 | 7.7184 | 7.2297 | 6.7921 | 6.3988 | 6.0442 | 5.7234 | 5.4321 | 5.1668 | 4.9245 |
| 24 | 8.3481 | 7.7843 | 7.2829 | 6.8351 | 6.4338 | 6.0726 | 5.7465 | 5.4509 | 5.1822 | 4.9371 |
| 25 | 8.4217 | 7.8431 | 7.3300 | 6.8729 | 6.4641 | 6.0971 | 5.7662 | 5.4669 | 5.1951 | 4.9476 |
| 26 | 8.4881 | 7.8957 | 7.3717 | 6.9061 | 6.4906 | 6.1182 | 5.7831 | 5.4804 | 5.2060 | 4.9563 |
| 27 | 8.5478 | 7.9426 | 7.4086 | 6.9352 | 6.5135 | 6.1364 | 5.7975 | 5.4919 | 5.2151 | 4.9636 |
| 28 | 8.6016 | 7.9844 | 7.4412 | 6.9607 | 6.5335 | 6.1520 | 5.8099 | 5.5016 | 5.2228 | 4.9697 |
| 29 | 8.6501 | 8.0218 | 7.4701 | 6.9830 | 6.5509 | 6.1656 | 5.8204 | 5.5098 | 5.2292 | 4.9747 |
| 30 | 8.6938 | 8.0552 | 7.4957 | 7.0027 | 6.5660 | 6.1772 | 5.8294 | 5.5168 | 5.2347 | 4.9789 |

(续表)

| 期数 | 21% | 22% | 23% | 24% | 25% | 26% | 27% | 28% | 29% | 30% |
|---|---|---|---|---|---|---|---|---|---|---|
| 1 | 0.8264 | 0.8197 | 0.8130 | 0.8065 | 0.8000 | 0.7937 | 0.7874 | 0.7813 | 0.7752 | 0.7692 |
| 2 | 1.5095 | 1.4915 | 1.4740 | 1.4568 | 1.4400 | 1.4235 | 1.4074 | 1.3916 | 1.3761 | 1.3609 |
| 3 | 2.0739 | 2.0422 | 2.0114 | 1.9813 | 1.9520 | 1.9234 | 1.8956 | 1.8684 | 1.8420 | 1.8161 |
| 4 | 2.5404 | 2.4936 | 2.4483 | 2.4043 | 2.3616 | 2.3202 | 2.2800 | 2.2410 | 2.2031 | 2.1662 |
| 5 | 2.9260 | 2.8636 | 2.8035 | 2.7454 | 2.6893 | 2.6351 | 2.5827 | 2.5320 | 2.4830 | 2.4356 |
| 6 | 3.2446 | 3.1669 | 3.0923 | 3.0205 | 2.9514 | 2.8850 | 2.8210 | 2.7594 | 2.7000 | 2.6427 |
| 7 | 3.5079 | 3.4155 | 3.3270 | 3.2423 | 3.1611 | 3.0833 | 3.0087 | 2.9370 | 2.8682 | 2.8021 |
| 8 | 3.7256 | 3.6193 | 3.5179 | 3.4212 | 3.3289 | 3.2407 | 3.1564 | 3.0758 | 2.9986 | 2.9247 |
| 9 | 3.9054 | 3.7863 | 3.6731 | 3.5655 | 3.4631 | 3.3657 | 3.2728 | 3.1842 | 3.0997 | 3.0190 |
| 10 | 4.0541 | 3.9232 | 3.7993 | 3.6819 | 3.5705 | 3.4648 | 3.3644 | 3.2689 | 3.1781 | 3.0915 |
| 11 | 4.1769 | 4.0354 | 3.9018 | 3.7757 | 3.6564 | 3.5435 | 3.4365 | 3.3351 | 3.2388 | 3.1473 |
| 12 | 4.2784 | 4.1274 | 3.9852 | 3.8514 | 3.7251 | 3.6059 | 3.4933 | 3.3868 | 3.2859 | 3.1903 |
| 13 | 4.3624 | 4.2028 | 4.0530 | 3.9124 | 3.7801 | 3.6555 | 3.5381 | 3.4272 | 3.3224 | 3.2233 |
| 14 | 4.4317 | 4.2646 | 4.1082 | 3.9616 | 3.8241 | 3.6949 | 3.5733 | 3.4587 | 3.3507 | 3.2487 |
| 15 | 4.4890 | 4.3152 | 4.1530 | 4.0013 | 3.8593 | 3.7261 | 3.6010 | 3.4834 | 3.3726 | 3.2682 |
| 16 | 4.5364 | 4.3567 | 4.1894 | 4.0333 | 3.8874 | 3.7509 | 3.6228 | 3.5026 | 3.3896 | 3.2832 |
| 17 | 4.5755 | 4.3908 | 4.2190 | 4.0591 | 3.9099 | 3.7705 | 3.6400 | 3.5177 | 3.4028 | 3.2948 |
| 18 | 4.6079 | 4.4187 | 4.2431 | 4.0799 | 3.9279 | 3.7861 | 3.6536 | 3.5294 | 3.4130 | 3.3037 |
| 19 | 4.6346 | 4.4415 | 4.2627 | 4.0967 | 3.9424 | 3.7985 | 3.6642 | 3.5386 | 3.4210 | 3.3105 |
| 20 | 4.6567 | 4.4603 | 4.2786 | 4.1103 | 3.9539 | 3.8083 | 3.6726 | 3.5458 | 3.4271 | 3.3158 |
| 21 | 4.6750 | 4.4756 | 4.2916 | 4.1212 | 3.9631 | 3.8161 | 3.6792 | 3.5514 | 3.4319 | 3.3198 |
| 22 | 4.6900 | 4.4882 | 4.3021 | 4.1300 | 3.9705 | 3.8223 | 3.6844 | 3.5558 | 3.4356 | 3.3230 |
| 23 | 4.7025 | 4.4985 | 4.3106 | 4.1371 | 3.9764 | 3.8273 | 3.6885 | 3.5592 | 3.4384 | 3.3254 |
| 24 | 4.7128 | 4.5070 | 4.3176 | 4.1428 | 3.9811 | 3.8312 | 3.6918 | 3.5619 | 3.4406 | 3.3272 |
| 25 | 4.7213 | 4.5139 | 4.3232 | 4.1474 | 3.9849 | 3.8342 | 3.6943 | 3.5640 | 3.4423 | 3.3286 |
| 26 | 4.7284 | 4.5196 | 4.3278 | 4.1511 | 3.9879 | 3.8367 | 3.6963 | 3.5656 | 3.4437 | 3.3297 |
| 27 | 4.7342 | 4.5243 | 4.3316 | 4.1542 | 3.9903 | 3.8387 | 3.6979 | 3.5669 | 3.4447 | 3.3305 |
| 28 | 4.7390 | 4.5281 | 4.3346 | 4.1566 | 3.9923 | 3.8402 | 3.6991 | 3.5679 | 3.4455 | 3.3312 |
| 29 | 4.7430 | 4.5312 | 4.3371 | 4.1585 | 3.9938 | 3.8414 | 3.7001 | 3.5687 | 3.4461 | 3.3317 |
| 30 | 4.7463 | 4.5338 | 4.3391 | 4.1601 | 3.9950 | 3.8424 | 3.7009 | 3.5693 | 3.4466 | 3.3321 |